RÉPERTOIRE

UNIVERSEL ET RAISONNÉ

DE JURISPRUDENCE

CIVILE, CRIMINELLE,

CANONIQUE ET BÉNÉFICIALE.

OUVRAGE DE PLUSIEURS JURISCONSULTES :

Mis en ordre & publié par M. GUYOT, Écuyer, ancien Magiftrat.

TOME SIXIÈME.

A PARIS,

Chez PANCKOUCKE, Hôtel de Thou, rue des Poitevins.

Et fe trouve chez les principaux Libraires de France.

M. DCC. LXXVI.

Avec Approbation & Privilége du Roi.

RÉPERTOIRE

UNIVERSEL ET RAISONNÉ

DE JURISPRUDENCE

CIVILE, CRIMINELLE,

CANONIQUE ET BÉNÉFICIALE.

B

BIENFAITEUR. Ce mot s'applique aux perfonnes qui ont fait du bien à autrui. Quoique la reconnoiffance doive naturellement fe manifefter dans ceux qui ont reçu quelque grâce , les lois ne leur en font pourtant pas un devoir: elles fe contentent de punir l'ingratitude lorfque l'outrage l'accompagne. Il eft défendu par exemple de s'échapper en injures & en voies de fait contre un citoyen quelconque ; on ne peut l'offenfer fans devenir coupable ; mais on fe rend bien plus repréhenfible lorfqu'on s'oublie ainfi contre celui de qui l'on a reçu des preuves d'attachement

& de bienfaisance. La juſtice dans ces momens s'arme d'une ſévérité dont elle ne feroit peut-être pas uſage dans toute autre occaſion : l'ingratitude, aggrave l'injure & la rend digne d'une réparation plus marquée. Elle eſt même ſouvent capable d'opérer la révocation d'un bienfait, comme on le verra plus particulièrement à l'article DONATION.

Lorſque des enfans ſont aſſez malheureux pour ne pas reconnoître leurs Bienfaiteurs dans ceux qui leur ont donné le jour, & pour les abandonner à l'indigence, à la douleur, la juſtice vient au ſecours de ceux-ci en forçant les enfans à faire par devoir ce qu'ils auroient dû faire par ſentiment & par affection. Voyez ce qui a été dit à l'article ALIMENS.

La juſtice en uſe à peu près ainſi envers les donateurs contre les donataires : lorſque ces derniers refuſent de ſe prêter aux beſoins de ceux dont ils ont reçu des libéralités, elle les oblige de les ſecourir : & en cela elle ne fait que ſeconder le vœu de la nature & de l'équité.

C'eſt ainſi en quelque façon que pour apprendre aux peuples à être reconnoiſſans, l'égliſe les invite à prier pour ceux qui la protégent, qui la gouvernent & qui ſe ſignalent envers elle par des bienfaits. Dans les prières publiques elle recommande nommément le roi, la reine, la famille royale, le ſouverain pontife, l'évêque, le patron, le ſeigneur haut-juſticier & généralement tous ceux qui ſe ſont rendus ſes Bienfaiteurs. C'eſt ce que l'on expliquera plus au long aux articles DROITS-HONORIFIQUES, PRIÈRES PUBLIQUES, PATRONAGE, &c. (*Article de M. DAREAU, &c.*)

BIENS. Nous entendons ici par ce mot tout ce qui peut composer les richesses & la fortune de quelqu'un.

Pour traiter cet article avec une certaine méthode, nous le diviserons en plusieurs parties. Dans la première nous parlerons des Biens meubles & de tout ce qui se rapporte aux choses mobilières. Dans la seconde, des Biens immeubles, des propres & des acquêts. Dans la troisième, des Biens dotaux & des Biens paraphernaux. Dans la quatrième, des Biens nobles & des Biens roturiers. Dans la cinquième, des Biens du domaine ou de la couronne. Dans la sixième, des Biens de l'église, des fabriques, des confréries & des hôpitaux. Dans la septième, des Biens des communautés d'habitans. Dans la huitième, des Biens des mineurs & des interdits. Dans la neuvième, des Biens vacans.

PREMIÈRE PARTIE.

Biens meubles : ce sont ceux qui peuvent se mouvoir ou être transportés d'un lieu à un autre lorsqu'ils ne sont point destinés à faire perpétuellement partie d'un fond, d'un héritage ou d'un bâtiment. Ainsi les meubles meublans d'un hôtel, les animaux domestiques, l'or, l'argent ; en un mot tout ce qui peut se déplacer sans être détérioré & sans donner essentiellement atteinte au fond dont il dépend, est dans la classe des choses mobilières, sans considérer si l'objet est d'un grand ou d'un petit volume ; & c'est à raison de sa mobilité qu'on lui donne le nom de *meuble*.

Mais outre la mobilité de l'objet il faut encore considérer son inhérence plus ou moins grande avec le fond auquel il est attaché ; savoir si l'on

peut l'en féparer fans altération, & fi ce n'eft que
pour un tems ou fi c'eft pour toujours qu'il eft
deftiné à la place qu'il occupe. S'il paroît qu'on
puiffe le tranfporter fans fracture ni détériora-
tion, s'il ne fait point partie d'un fond, ou s'il
n'eft point deftiné à y demeurer perpétuellement
attaché, il eft purement mobilier conformément à l'article 90 de la coutume de Paris, qui
en cette partie fait le droit commun du royaume : fi au contraire l'une de ces trois conditions
lui manque, il entre dans la claffe des immeubles & en fuit toutes les règles. Voici un détail
qui va plus particulièrement développer cette
diftinction.

Comme les vaiffeaux, les navires font fufceptibles de mobilité, & que le lieu de leur repos
actuel n'eft pas le lieu de leur deftination perpétuelle, on ne laiffe pas de les regarder comme
des meubles quelque vafte que foit leur conftruction. Il en eft de même à plus forte raifon des bar-
ques & des bateaux qui font fur les rivières. Cependant il faut excepter les bacs qui font deftinés dans la feigneurie d'un fief pour le paffage
des particuliers. Lorfque leur deftination eft déterminée & qu'ils emportent avec eux des droits
de fief, on les regarde comme faifant partie de
la feigneurie, & par conféquent comme étant
de la nature des immeubles.

Les moulins affis fur les bateaux font meubles
comme les bateaux eux-mêmes (*), à moins

(*) Lacombe voudroit mettre au rang des immeubles les
bateaux des blanchiffeufes fur la Seine à Paris, attendu que
leur ufage eft perpétuellement deftiné à occuper un certain endroit de la rivière concédé par le prévôt des mar-

que ces moulins ne foient bannaux, parce qu'a-
lors ils font partie de la feigneurie. C'eft ce qu'a
judicieufement fait remarquer Dumoulin fur l'article 382 de la coutume de Bourbonnois. Les
autres moulins conftruits fur le tuf ou fur pilotis, même les moulins à vent, font immeubles:
il en eft différemment de ces petits moulins à
bras que l'on conftruit dans les maifons: lorfqu'on peut les tranfporter fans les défaffembler
& les déteriorer, on les met dans la claffe des
meubles.

Les preffoirs, les cuves & les tonnes qui font
conftruits dans un bâtiment de façon qu'on ne
puiffe les tranfporter fans les mettre en pièces
ou fans aggrandir les portes & les paffages, font
cenfés faire partie de ces bâtimens ainfi que les
uftenfiles qui dépendent des preffoirs.

Il en eft de même de l'artillerie qui fert à défendre une place, un château, une forterefle,
ainfi que d'une horloge pour laquelle on auroit
conftruit une tour ou un donjon particulier; la
deftination de ces objets eft à perpétuité.

Les vafes facrés & les ornemens d'une cha-

---

chands; mais puifque les moulins fur bateaux deftinés
auffi en quelque forte à fervir à l'ufage du public dans un
certain canton font réputés mobiliers, nous ne voyons pas
pourquoi les bateaux des blanchiffeufes feroient d'une qualité différente. Ils ne font pas fur la rivière pour le fervice de la rivière elle-même, mais pour le fervice du public; c'eft-là leur vraie deftination: ainfi quoiqu'ils foient
perpétuellement deftinés au blanchiffage, ils n'en font pas
moins mobiliers que les moulins fur bateaux deftinés à
une mouture perpétuelle. Il faut avec la deftination, l'inhérence au fond: or ils ne font inhérens ni à la rivière ni
à aucun droit qui foit de la qualité des immeubles.

pelle qui fait partie d'une terre, suivent la loi des immeubles selon l'arrêt du 7 juin 1585 cité par Chopin. Il en seroit différemment du mobilier d'une chapelle qu'un seigneur auroit obtenu de faire construire dans son château à raison de ses infirmités.

Tout ce qui est établi pour l'exercice d'un art ou d'un métier est au rang des choses mobilières & suit la personne de l'artiste ou de l'ouvrier. Ainsi on peut déplacer les presses d'une imprimerie, le métier d'un tisserand, &c. A l'égard d'une forge de serrurier, comme ceci demande une construction inhérente au fond où elle se trouve, on la met au rang des immeubles de même que tout ce qui en est l'accessoire. On met aussi dans cette classe les chaudières des brasseurs, des teinturiers, des tanneurs, lorsqu'elles sont assises en fond de terre & qu'elles sont scellées à perpétuelle demeure.

Les marbres & les boiseries d'un appartement qui servent à le completter sont immeubles comme l'appartement même : il faudroit en dire autant des glaces & des tableaux si après les avoir ôtés, ce qui se trouveroit derrière faisoit une difformité, parce qu'alors on juge qu'ils ont été placés à perpétuelle demeure. Il en est de même d'une statue qui est dans sa niche ou sur un piedestal permanent; d'un contrefeu attaché avec des pattes de fer & des cloisons qui servent de retranchemens. Il faut dire la même chose des ferrures, des cadenats, des chassis, en un mot de tout ce qui sert à rendre un appartement complet.

Remarquez cependant que si tous ces objets provenoient de la dépense ou du travail d'un ufufruitier ou d'un locataire, ceux-ci pourroient les enlever à la fin du bail ou de l'ufufruit, parce qu'alors ces mêmes objets ne feroient plus cenfés avoir eu une deftination perpétuelle. Cependant il feroit libre au propriétaire du fond de les retenir en les payant fuivant qu'ils feroient eftimés par des experts.

Les arbres, les arbuftes, les oignons de fleurs, & les femences qui fe trouvent fur un terrein, font cenfés faire partie de ce même terrein ainfi que ce qu'on a retiré de la terre aux approches de l'hiver avec deffein de le replanter au retour de la belle faifon (*). Par la même raifon les échalas d'une vigne ne laiffent pas de faire partie de la vigne, quoiqu'ils en aient été féparés pendant l'hiver : il fuffit que la deftination leur foit acquife par le premier ufage auquel on les a fait fervir, pour qu'ils confervent cette deftination. Il en feroit autrement s'ils n'avoient point été encore employés.

Les arbuftes nés de pepins femés dans une pépinière font auffi partie du terrein; ce qui ne feroit pas la même chofe fi ces arbuftes d'abord arrachés avoient été mis enfuite en dépôt fur un autre terrein; ils feroient alors au rang des chofes mobilières ainfi que les arbres coupés ou renverfés par le vent.

On doit dire la même chofe des carrières; la pierre qui n'en eft point tirée eft cenfée faire partie du fond, au lieu qu'elle fait un objet féparé auffitôt qu'elle eft hors de la carrière.

Les pailles & les engrais qui proviennent de

(*) Il faut pourtant en excepter les arbuftes & les fleurs qui font dans des caiffes mobiles ou dans des pots.

fourrages recueillis d'un domaine font cenfés en faire partie, à moins que le propriétaire ne foit dans l'ufage de les vendre.

A l'égard des animaux il faut diftinguer entre ceux qui font familiers & ceux qui ne le font pas. Ceux de la première efpèce comme les chevaux, les bœufs, les moutons & la volaille, font au rang des chofes mobilières. Les animaux mêmes deftinés à l'exploitation d'une terre font réputés mobiliers & peuvent être vendus feparément de cette terre, ce qui entraîne fouvent bien des inconvéniens, fuivant qu'on peut le remarquer à l'article ANIMAUX : il faut pourtant faire une exception pour les Biens fubftitués : l'article 6 de l'ordonnance de 1717 veut qu'ils foient compris dans la fubftitution, lorfqu'ils dépendent d'un corps d'héritages fubftitués.

Pour ce qui eft des animaux non-familiers, ils fuivent la nature du terrein où ils vivent. Ainfi les lapins d'une garenne, les pigeons d'un colombier, les poiffons d'un étang font au rang des immeubles ainfi que la garenne, le colombier & l'étang. Mais fi ces lapins font pris & mis dans un endroit particulier, fi les pigeons font dans une volière & les poiffons dans un réfervoir, ces animaux deviennent des objets mobiliers : Chopin & d'Argentré affurent à l'égard des poiffons, qu'il fuffit que la bonde de l'étang ait été levée pour que dès ce moment les poiffons foient au rang des chofes mobilières.

Quant aux abeilles, c'eft mal à propos que Chopin, Le Brun, Dupleffis & d'autres auteurs les ont mifes dans la claffe des immeubles. L'avis de Pothier qui les regarde comme meubles eft préférable. Si les poiſſons ſont immeubles, c'eſt parce qu'ils ne ſont qu'un tout avec l'étang où ils vivent ; les abeilles de même ne ſont qu'un tout avec leur ruche, & leur ruche eſt ſans contredit un objet mobilier.

Les nègres, ces eſclaves de nos colonies ſont meubles ou immeubles ſuivant leur déſtination. La déclaration du mois de mars 1685 les répute immeubles lorſqu'ils ſont deſtinés à la culture des héritages, autrement s'ils ne ſont que pour l'uſage des maîtres en qualité de ſerviteurs, ils ſont réputés meubles.

On met auſſi dans la claſſe des Biens meubles, les fruits que produiſent les héritages auſſi-tôt qu'ils ne ſont plus attachés à ces héritages, fuſſent-ils encore ſur le champ qui les a produits ; mais ils ſont immeubles quand ils ſont ſur pied & pendans par racines. Il y a pourtant une différence à faire à cet égard entre un propriétaire & un fermier. Si le propriétaire meurt avant la récolte, l'héritier de ſes immeubles ſuccède comme cela eſt naturel aux fruits qui ſe trouvent encore pendans par racines ; au lieu que ces fruits appartiennent à l'héritier mobilier du fermier qui n'a que le droit de recueillir des fruits ſans pouvoir prétendre au fond qui les a produits. Il faut néanmoins obſerver que dans quelques coutumes on n'attend pas que les fruits ſoient cueillis pour être jugés mobiliers : les foins à la mi-mai, les bleds & autres grains après la ſaint Jean, & les raiſins à la mi-ſeptembre, ſont regardés comme meubles. Mais cette fiction ne s'étend pas aux autres coutumes : elle n'a lieu même dans les pays où elle eſt introduite, que pour les cas prévus par la loi municipale, & ces cas ordinairement ne concernent que les fucceffions & les partages.

Remarquez encore que dans quelques coutumes des !Pays-Bas, on reconnoit une efpèce de Biens qu'on appelle *cateux*. Ces Biens cateux font diftingués en *cateux verds* & en *cateux fecs*. Les premiers font ceux qui pendent par racines fur un fond, les autres font les moulins, les navires, les granges, les étables & autres bâtimens légers deftinés à l'exploitation des terres. Ces fortes de Biens font réputés meubles à tous égards & ne fuivent d'autre loi que celle du lieu de leur fituation. Ils peuvent cependant être hypothéqués & faifis réellement : c'eft ce qu'on verra plus particulièrement à l'article CATEUX.

Quoique nous ayons dit que les fruits cueillis & féparés du fond font mobiliers, ils ne laiffent pas d'être réputés immeubles lorfque le fond vient à être faifi réellement avant la récolte. Les deniers qui en proviennent fe diftribuent en ce cas par ordre d'hypothèque entre les créanciers

A l'égard des bénéfices, les fruits pendans par racines lors du décès du titulaire fe partagent entre fes héritiers & le nouveau titulaire au prorata de l'annnée commencée. On fuit la même règle pour ce qui concerne les autres ufufruitiers à titre onéreux.

Loi des Biens meubles : les Biens de cette nature ne font point fufceptibles d'hypothèque dans le pays coutumier (*), c'eft-à-dire qu'on ne peut pas les fuivre par droit d'hypothèque comme on fuit un fond, un héritage. L'article

_____

(*) Excepté en Bretagne & en Normandie.

170 de la coutume de Paris en a fait une maxime aujourd'hui reçue dans les pays mêmes du droit écrit qui font du reffort du parlement de Paris. Mais dans les autres pays du droit écrit, les meubles reçoivent l'empreinte de l'hypothèque ainfi que les immeubles : c'eft ce qui réfulte de la loi 34 au Digefte *de pign. & hyp.* & de la loi 12 au code *de diftract. pign.* Il faut pourtant obferver que la jurifprudence fur cette matière diffère à certains égards dans chaque parlement de ce pays-là, comme nous le ferons remarquer plus particulièrement aux articles HYPOTHÉQUE , SAISIE , PRÉFÉRENCE , & PRIVILÉGE.

Une autre loi concernant les meubles, c'eft qu'ils fe régiffent fuivant la loi du domicile de celui auquel ils appartiennent quelque part qu'ils foient fitués, & que cette loi change à mefure qu'on change de demeure.

Les meubles ne donnent point ouverture à la reftitution pour léfion d'outre moitié de jufte prix, comme les immeubles, excepté en faveur d'un mineur quoique émancipé , ainfi que l'obferve Carondas. Ils ne font pas fujets au retrait linager ; ils ne le font pas non plus à une action en complainte, à moins qu'il ne s'agiffe d'une univerfalité de meubles. Les donations d'héritages font foumifes à l'infinuation , les chofes mobiliaires en font exemptes , quand il y a tradition réelle , ou qu'elles n'excédent pas la fomme de mille livres une fois payée. La poffeffion d'un meuble vaut titre de propriété ; il n'en eft pas tout-à-fait de même d'un immeuble. L'immeuble peut être fubftitué , au lieu que le meuble ne peut l'être qu'autant que le prix doit en être employé en achat de fonds.

Les meubles vendus, s'ils ne font déplacés, peuvent encore être faifis par un créancier, parce qu'il eft de maxime qu'en fait de mobilier, la vente n'eft parfaite que par une tradition réelle.

Il en eft autrement de ceux dont la profeffion eft de louer des meubles, comme celle des tapiffiers : lorfqu'ils rapportent un bail paffé devant notaires, ils font écoutés dans leur réclamation, en affirmant que les meubles leur appartiennent ; c'eft l'ufage du châtelet de Paris. Le propriétaire de la maifon eft le feul à qui ces fortes de baux ne peuvent nuire pour le payement des loyers, dans les villes où il eft d'ufage que le locataire tienne les lieux fuffifamment garnis de meubles.

Ajoûtons que les meubles ne font pas naturellement affectés à une ligne plutôt qu'à une autre, excepté dans la coutume d'Auvergne où il eft dit qu'ils *eftoquent au premier degré*. Il y a plufieurs autres différences qui font connues & qu'il eft inutile de détailler ici.

Pour les objets mobiliers, comme il y en a quelques-uns qui ne font point mobiles de façon à pouvoir les tranfporter phyfiquement, comme on tranfporte la plupart de ceux dont nous venons de détailler, on les nomme par rapport à cela *meubles incorporels*, & nous allons nous en occuper un moment.

Meubles incorporels. Les Biens de cette efpèce font les droits que nous avons fur des objets mobiliers en vertu de contrats, de promeffes ou d'obligations : les actions auxquelles ces droits donnent lieu font auffi de la même nature, fuivant la maxime *omnis actio ad confequendum mobile, eft mobilis.*

On ne doit point faire attention à la caufe de la dette, pour décider fi la créance eft mobiliaire ou non, mais fimplement à l'objet dû : c'eft la nature de l'objet en lui-même qui détermine la qualité de la créance ou de l'action. Ainfi que je laiffe dans ma fucceffion à réclamer d'un acquéreur le prix d'un héritage que je lui ai vendu, ce prix, quoiqu'il ait pour caufe la vente d'un immeuble, n'en eft pas moins un objet mobilier dans ma fucceffion, parce qu'en effet il ne m'eft dû qu'une fomme mobilière. L'hipothéque qui accompagne cette créance ne la fait point changer de qualité, non plus que le terme de payer quand il feroit au-delà de dix ans ; parce que l'hipothéque, le terme, & toutes les autres claufes & conditions ne font en pareil cas que l'acceffoire de la créance. C'eft ce qui a été jugé dans la coutume de Paris par deux arrêts, l'un du 8 janvier 1611 & l'autre du premier août 1629. Il en feroit de même quand la créance proviendroit d'un retour d'échange ou de partage ; il y a pourtant des cas où des créances de cette efpèce ne tomberoient point dans une communauté conjugale, comme on le verra plus particulièrement à l'article COMMUNUATÉ.

Par une fuite de notre principe, l'action qu'exerceroit celui qui auroit acheté des arbres de haute futaie pour qu'il lui fût permis de les faire abattre, ou celle qu'auroit un fermier pour entrer en jouiffance d'un héritage à lui affermé, ne feroit qu'une action mobilière, parce qu'elle ne tendroit qu'à un objet qui deviendroit mobilier par l'effet même de l'action. Mais en feroit-il de même du droit d'un ufufruitier ou d'un emphithéote à longues années ? Non, le droit de ceux-ci eſt un droit qui fait en quelque façon partie de l'héritage ; c'eſt ce que les docteurs appellent droit dans la choſe, *jus in re :* au lieu que le droit d'un fermier n'eſt qu'un droit réſultant d'une ſimple créance perſonnelle. Cette différence ſe reconnoît encore par la faculté qu'a un acquéreur d'expulſer un fermier, un locataire, ce qu'il ne peut pas faire à l'égard d'un uſufruitier qui a droit de ſuivre ſon fond par tout où il le trouve.

Si en faiſant l'acquiſition d'un fond on acquéroit par le même contrat quelques objets mobiliers, ces objets ne laiſſeroient pas de conſerver leur nature : un contrat ne change rien à la qualité des choſes. Mais ſi par exemple il m'avoit été légué un héritage ou pour cet héritage une ſomme de dix mille livres à mon choix, & que je fuſſe venu à décéder ſans avoir fait mon option, auquel de mes héritiers appartiendroit le legs ? feroit-ce à celui de mes fonds ou à celui de mon mobilier ? Ceci dépendroit du choix le plus avantageux qu'on préſume que j'euſſe fait, & on le reconnoîtroit aux circonſtances où je me ſerois trouvé lors de mon décès.

Ce que l'on accepte en payement eſt meuble ou immeuble ſuivant la nature de ce que l'on prend pour ſa créance, ſoit que cette créance ſoit mobilière ou non

Les fruits civils qui nous ſont dûs, comme les loyers de maiſons, les revenus de forges, de moulins, de garennes, de colombiers, d'étang ; les arrérages de rentes conſtituées, de douaire préfix ; les penſions, les intérêts de ſommes principales ſont des objets qui entrent dans notre mobilier d'un jour à l'autre, ayant même que

que le quartier foit échu ; il faut pourtant obferver que Dupleffis excepte les penfions viagères,
parce qu'elles ne font en quelque forte qu'un
tout avec le fond même du principal, qui femble s'éteindre à mefure qu'on avance en âge.

Les droits de feigneurie quant au fond font
immeubles, mais ils changent de qualité lorfqu'ils font échus, & cette échéance ne fe fait
point d'un jour à l'autre ; comme celle des autres revenus particuliers dont nous venons de
parler ; de forte qu'une rente foncière n'eft dûe
pour le tems, & n'eft mobilière qu'au jour
où elle eft échue. Il en eft de même d'une dîme
qui n'eft dûe qu'à la récolte, des lods & ventes
qui ne font ouverts que le jour du contrat &
d'autres droits de cette efpèce.

Les meubles incorporels fuivent la loi du domicile du créancier & non de celui du débiteur,
par la raifon que ces fortes de meubles ne font
pas des biens pour le débiteur, mais pour le
créancier à qui ils appartiennent.

Meubles fictifs : ce font des biens qui font immeubles de leur nature, mais qu'on ameublit,
c'eft-à-dire, qu'on rend mobiliers par des raifons de famille, ce qui n'arrive que dans des
contrats de mariage, dans des donations ou dans
des teftamens : ainfi le père, la mere ou d'autres
afcendans en mariant leurs enfans, & même des
étrangers qui font des donations à ces enfans,
peuvent ftipuler que les fonds qu'ils leur donnent demeureront ameublis, à l'effet d'entrer
dans une communauté, ou de pouvoir en difpofer comme de chofes mobilières ; & cela,
parce que les donateurs font maîtres d'impofer
à leur libéralité telle condition que bon leur

Tome VI. B

semble. Mais hors ces cas-là , il n'est pas permis aux particuliers de donner à leurs biens une qualité qu'ils n'ont pas , & de déroger de cette manière à l'ordre des successions qui est de droit public.

Questions relatives aux biens meubles : un particulier par son testament me légue *tout son mobilier :* aurai-je ses bestiaux, ses meubles meublans, ses créances mobilières, &c. ? L'affirmative ne souffre aucune difficulté. Dès que la loi de son domicile lui a permis de léguer tout son mobilier , tout ce qui tient de la nature mobilière entre sans contredit dans la libéralité , car qui dit *tout* n'excepte rien.

Si au lieu de tout son mobilier le testateur m'avoit simplement légué *les meubles qu'il a en sa maison*, l'or & l'argent monnoyé seroient-ils compris dans sa disposition ? L'opinion d'Auzanet pour la négative paroît la plus solide , parce que l'or & l'argent sont *meubles* si l'on veut, suivant la généralité du terme , mais ce ne sont pas *des meubles* suivant l'acception commune.

Si le testateur me legue *ses meubles meublans* aurai-je les tableaux , les tapisseries & la vaisselle d'argent ? L'affirmative est reçue ; ces objets particuliers sont des meubles meublans ; on se meuble de vaisselle comme d'autre chose : qu'elle soit d'argent ou d'autre matière , ceci est indifférent, elle sert toujours à meubler un buffet ; d'ailleurs la chose a été ainsi jugée par un arrêt du parlement de Paris de l'année 1626.

Un ami m'a légué sans autre explication *tous ses effets mobiliers ;* ce legs me donne-t-il droit de réclamer tout l'or & l'argent qui se trouve dans sa succession ? Cette question a donné lieu à un procès dont voici l'espèce.

Le fieur de la Cour avoit nommé un avocat au parlement fon légataire univerfel, & en même temps fon exécuteur teftamentaire ; cependant il avoit ajouté par une difpofition particulière qu'il léguoit *tous fes effets mobiliers* à un filleul & à une filleule qu'il avoit. Ces légataires particuliers demanderent la délivrance d'une fomme de 800 livres qui fe trouva dans la fucceffion : le légataire univerfel foutint que cette fomme n'entroit point dans la claffe des effets mobiliers qui fuivant lui ne devoient s'entendre qué des meubles meublans. Les légataires particuliers prétendirent au contraire que fous le nom d'effets mobiliers on devoit entendre nonfeulement les fommes de deniers comptans, mais encore les actions pour fommes mobilières, & leur prétention fut adoptée par arrêt du parlement de Paris du 18 mai 1768.

Si dans le legs d'une maifon le teftateur avoit compris en termes généraux & indéfinis tout ce qui pourroit fe trouver dans cette maifon au tems de fa mort fans en rien excepter, il eft bien certain que ce legs renfermeroit toutes les chofes mobilières & même l'argent. Mais les créances y feroient-elles comprifes ainfi que les autres droits du teftateur dont les titres fe trouveroient dans cette maifon ? La raifon de douter fe tire de ce que les titres fe trouvant dans la maifon & les créances devant fuivre les titres, le tout devroit appartenir au légataire ; mais il faut décider avec Domat, que ces objets en feroient exceptés, parce que les dettes & les droits ne confiftent pas dans les papiers qui en forment les titres, mais dans le pouvoir que la loi donne aux créanciers pour faire acquitter ces dettes & pour exercer ces droits ; les titres ne font que la preuve des droits établis, & non les droits eux-mêmes.

SECONDE PARTIE.

Biens immeubles. Ces sortes de Biens sont de deux espèces ; les uns sont *corporels* comme nous l'avons dit des meubles, & les autres *incorporels*. Les immeubles corporels sont les fonds de terres, comme prés, vignes, étangs, bois, édifices, &c. tout ce qui en dépend essentiellement, comme les fruits pendans par racines, les arbres, les clôtures, &c. est de la même qualité ; en un mot tout ce qui n'est point susceptible de mobilité & qui n'entre point dans la classe des choses mobilières dont nous venons de parler est immeuble. Les immeubles incorporels sont ceux dont l'immobilité n'est pas sensible, & qui par cette raison demandent un certain détail que nous tâcherons de rendre succinct.

Immeubles incorporels. Les Biens de cette espèce sont les droits de seigneurie, de justice, de cens, de terrage, de dîme, de banalité, de corvée, &c.

Les actions qui tendent à nous procurer un immeuble sont de la même qualité que cet immeuble. Ainsi une faculté de rachat, de retrait lignager ou féodal sont des droits immobiliers, parce qu'en les exerçant nous nous procurons des Biens immeubles.

Les rentes constituées sont au rang des choses mobilières dans les provinces du droit écrit. Un arrêt de règlement du 15 mai 1706 l'a ainsi expliqué pour le parlement de Toulouse. La

chambres des comptes , aides & finances de
Montpellier l'a pareillement déclaré dans une
remontrance faite au roi , au sujet du droit
d'amortissement que l'on demandoit aux ecclésiastiques de la province de Languedoc. Le parlement de Grenoble & celui de Bordeaux leur
donnent la même qualité ; mais dans les parties
qui sont du ressort du parlement de Paris on
les met au rang des immeubles , depuis un arrêt
du 16 juillet 1668 , confirmatif d'une sentence
de la sénéchaussée de Lyon. La question souf-
froit beaucoup de difficultés , à raison d'un acte
de notoriété donné par les avocats & les procureurs de Lyon , qui attestoient que dans ce
pays les rentes constituées y avoient toujours
passé pour être mobilières ; l'avocat général
Bignon avoit conclu à ce qu'elles fussent jugées telles ; mais la cour les regarda comme
une espèce de Biens stables & permanens , &
crut devoir les mettre dans la classe des immeubles.

Dans le pays coutumier en général les rentes
constituées à prix d'argent sont sans difficulté
au rang des immeubles. Dans celles qui ne s'expliquent point à cet égard on suit l'article 94 de
la coutume de Paris. N'importe que le créancier soit parvenu à forcer le débiteur au payement du principal , cette circonstance ne change
rien à la nature de la chose. Cependant dans
quelques coutumes ces rentes sont regardées
comme mobilières : telles sont les coutumes de
Vitry , de Troyes , de Rheims , de Chauny ,
de Blois , de Bourgogne , d'Artois , de Lorraine,
&c. Il faut pourtant observer que dans la coutume de Blois on ne suit point à cet égard la dif-

pofition de la loi municipale , fuivant que l'at-
teftent tous les officiers & les gens de palais de
cet endroit ; les rentes conftituées y font au rang
des immeubles. Dans la Bourgogne quoique ces
rentes y foient mobilières , on ne laiffe pas de les
faifir réellement. A l'égard des coutumes de *fai-
fine* & de *nantiffement* , ces mêmes rentes y font
mobilières jufqu'à ce que le contrat de conftitution ait été nanti ou enfaifiné : fur quoi on peut
confulter l'article 201 de la coutume de Senlis ,
& l'article 137 de celle d'Amiens. Il y a d'autres
coutumes où les rentes conftituées ne font immeubles que quand elles font fpécialement affi-
gnées fur des héritages : telles font celles de
Monfort & de Mantes.

Les rentes viagères font de la même qualité
que les rentes conftituées. La coutume de Paris
n'a mis aucune différence entre les unes & les
autres : elle dit en général que *rentes conftituées à prix d'argent font réputées immeubles* ,
ce qui comprend les rentes de l'une & l'autre
efpèce fans diftinction , puifque la loi ne diftingue pas.

Les offices venaux font auffi au rang des immeubles. C'eft une difpofition de l'article 95 de
la coutume de Paris. Par offices venaux , on entend ceux de judicature & de finance , ceux des
notaires , des procureurs & des huiffiers. Anciennement , lorfqu'un office étoit vendu par
decret , le prix s'en diftribuoit au fou la livre
comme celui des biens meubles ; mais l'édit du
mois de mars 1683 a rendu les offices immeubles , quant à tous les effets que l'immobilité
peut produire ; en conféquence le prix s'en dif-

tribue par ordre d'hipothèque comme celui des immeubles. Le droit de lever un office aux parties casuelles a même été jugé un droit immobilier, par arrêt du 6 septembre 1762 ; mais depuis l'arrêt du conseil de 1771 concernant le centième dernier de l'évaluation des offices, on pourroit juger différemment ; cependant la faveur qu'on a coutume de faire aux héritiers en leur remettant une partie de la finance de l'office, participe de la préférence qu'ils avoient avant cet arrêt.

La finance d'un office supprimé, non encore remboursée, est-elle immobilière ? la négative sembleroit devoir être adoptée ; cependant le contraire a été jugé par arrêt du parlement de Paris le 8 mars 1736, & la cour a décidé que cette finance n'entroit point dans une donation d'effets mobiliers.

Quoique les offices venaux soient au rang des immeubles, la pratique qui accompagne ceux des notaires, des procureurs & des huissiers ne laisse pas d'être mobiliere, parce qu'elle n'a rien de commun avec ces offices en eux-mêmes.

Les offices domaniaux, tels que les greffes, sont pareillement dans la classe des immeubles.

Les lettres de privilége des perruquiers sont encore regardés comme des Biens de cette espèce, mais on met dans la classe des choses mobilières le privilége obtenu par un auteur ou par un libraire, pour faire imprimer ou vendre un ouvrage.

Il y a encore une autre espèce d'immeubles qu'on appelle *immeubles fictifs :* ce sont ceux qui sont meubles de leur nature & qu'on n'a rendu immeubles que par, fiction pour des raifons de famille ; c'eft ce que nous expliquerons plus particuliérement en parlant des *Biens propres.*

Loi des immeubles : partout ils font fefceptibles d'hypotèque , de reftitution pour léfion d'outre moitié , de faifie réelle , d'action en complainte, &c. Dans prefque tous le pays coutumier ils font auffi fufceptibles du retrait lignager (*). Mais pour bien des chofes on confidère leur fituation , & cette fituation fe determine différemment pour les immeubles corporels ou réels & pour les immeubles incorporels. Les immeubles corporels ne fuivent d'autre loi que celle du lieu où ils font fitués. Pour ce qui eft des autres immeubles comme des droits de feigneurie , de rentes foncières , &c. ces droits, ces rentes fuivent la même loi que celle des fonds réels dont ils dépendent ; mais les rentes conftituées à prix d'argent qui font auffi des immeubles incorporels fouffrent bien des diftinctions : les rentes dues par le roi fur l'hôtel-de-ville de Paris fuivent la coutume de Paris, excepté pour les étrangers en faveur defquels elles fuivent la loi du pays de leur domicile.

· Il a été jugé par un arrêt du 23 février 1741 , confirmatif d'une fentence des requêtes du palais,

---

(*) Ceci s'entend feulement des immeubles corporels & des droits réels attachés à ces fortes d'immeubles : tels font les héritages , les rentes foncieres , les droits de feigneurie &c ; car pour ce qui eft des rentes conftituées à prix d'argent, la ceffion qui peut s'en faire n'eft point ordinairement fufceptible de retrait linager. Les offices n'en font pas fufceptibles non plus.

que les rentes dues fur les états de Bourgogne
fe régloient par le domicile du créancier & non
par la coutume de la province où elles fe payent
à bureau ouvert ; & il y a lieu de croire qu'on
fuivroit la même décifion pour les rentes dues
fur les états des autres provinces.

A l'égard des rentes dues par des particuliers,
le parlement de Paris a fouvent jugé qu'elles devoient fe régler par le domicile du créancier,
quand même elles feroient fpécialement affectées
fur des héritages fitués dans une autre coutume
que celle du domicile de ce créancier, parce
que l'hipothèque n'eft qu'un acceffoire qui ne
change rien à la nature des chofes.

Le parlement de Rouen juge au contraire que
les rentes dues par des particuliers doivent fe
régler fuivant le domicile du débiteur ; mais le
parlement de Paris fans avoir égard à cette jurifprudence quand il s'agit d'une fucceffion ouverte
dans fon reffort & dans laquelle il y a des rentes
dues en Normandie, juge que ces rentes doivent fe partager fuivant le domicile du créancier.

Mais quand le créancier change de domicile,
la rente conftituée fuit - elle la loi du nouveau
domicile ? Pothier en fon traité de la communauté ne fait aucune difficulté d'affurer l'affirmative ; cependant il a été jugé par deux arrêts
rapportés par Tronçon fur la coutume de Paris,
l'un du 7 mars 1598, & l'autre du 10 février
1608, qu'il falloit fe régler fur le domicile que
le créancier avoit lors de la création de la rente ;
& la décifion de ces arrêts nous paroît jufte,
parce qu'autrement il feroit facile à un particulier qui auroit de ces fortes de Biens, de les ren-

dre meubles ou immeubles à fon gré pour éluder la loi des fucceffions en faveur de quelques-uns de fes héritiers au préjudice des autres.

Lorfque le créancier eft mort & que la rente a paffé à fes héritiers demeurant dans une autre province que celle qu'habitoit le défunt, cette rente doit toujours fe confidérer fuivant la nature qu'elle avoit au temps du contrat, parce que fi le changement du créancier lui-même ne change rien à cette nature, le nouveau domicile des héritiers qui le repréfentent ne doit y rien changer non plus.

Comme parmi les Biens immeubles que nous poffédons, il y en a que nous tenons de nos auteurs, & que les autres ne font que le produit de nos travaux, de notre induftrie ou de la libéralité d'autrui, nous diftinguons ces fortes de Biens en immeubles propres & en immeubles acquêts ; c'eft ce que nous allons expliquer.

Biens immeubles propres : ce font ceux qui nous viennent à titre gratuit de quelques-uns de nos *parens* qui les poffédoient avans nous. Mais il faut diftinguer entre ceux qui nous viennent d'eux par *fucceffion,* & ceux que nous ne tenons que par *donation* entre-vif ou à caufe de mort.

Les immeubles qui nous viennent de nos parens par *fucceffion* foit en ligne directe, foit en ligne collatérale, font dans notre patrimoine des Biens *propres :* il n'eft pas néceffaire que le défunt en ait exercé la propriété, il fuffit qu'il ait eu droit de l'exercer. Il n'eft pas néceffaire non plus d'avoir trouvé les immeubles dans fa fucceffion, il fuffit d'y avoir trouvé le droit de les révendiquer. Ainfi les héritages que je me procure en vertu d'une faculté de rachat que s'étoit réservée le parent à qui je fuccède, feront pour moi des Biens propres, parce que l'exercice de cette faculté rend ces héritages comme s'ils n'avoient point été aliénés.

Quoique les héritages que m'a laiffés le défunt aient donné ouverture contre moi à une action en défiftement & que j'aie tranfigé pour en conferver la propriété, cette tranfaction n'empêchera pas qu'ils ne me foient toujours propres, à moins qu'il ne foit évident que j'étois dans le cas du défiftement & que je n'ai imaginé la tranfaction que pour déguifer mon nouveau titre de propriété.

Si le défunt avoit acquis l'héritage d'un mineur & que j'euffe eu befoin de la ratification de ce mineur devenu majeur pour m'affurer cet immeuble, fa ratification ne feroit pas un nouveau contrat, parce que la vente confentie par ce mineur n'étoit point nulle de plein droit ; fa ratification fuivant les règles connues en cette matière, auroit un effet rétroactif au jour de la vente de ce même héritage.

Il n'en feroit pas de même fi le défunt avoit acquis d'une femme non autorifée de fon mari ; comme l'aliénation feroit nulle de plein droit en pareil cas, la ratification que je ferois faire à cette femme devenue veuve, feroit le vrai titre de propriété qu'elle me donneroit, & l'objet réellement acquis par moi feul ne pourroit plus être un propre dans ma fucceffion.

Lorfqu'on devient poffeffeur d'un héritage par la force d'une claufe ou condition réfolutoire tacitement ou expreffément inhérente au contrat, l'héritage n'en eft pas moins ce qu'il étoit auparavant, propre ou acquêt. Ainfi lorfqu'à défaut de payement je fais réfilier une vente & que je rentre dans l'héritage aliéné, cet héritage m'eft propre s'il l'étoit auparavant ; de même fi par la furvivance d'un enfant la donation que j'avois faite fe trouve anéantie, l'objet donné reprend fa première qualité.

- Dans un partage & même dans une fubdivifion, la portion immobilière de chaque héritier ne laiffe pas de lui être propre pour le tout, quand même il y auroit eu ce qu'on appelle *foulte* ou retour de partage ; la raifon qu'en donne Lebrun, & qui paroît jufte, c'eft que le partage fait des propres, & que la foulte qui eft un moyen néceffaire pour parvenir au partage, n'en détruit pas l'effet : les héritiers ne font pas cenfés être entrés en partage pour acquérir ni pour commercer, mais fimplement pour déterminer la portion que chacun d'eux doit avoir dans l'hérédité. C'eft auffi le fentiment de d'Argentré fur l'article 418 de la coutume de Bretagne.

. Il en eft de même d'une licitation : que l'immeuble ait pu fe partager ou non, la chofe eft égale fuivant que l'obferve Pothier ; la licitation comme il le dit, ne produit d'autre effet que celui d'un partage ; elle fait ceffer l'indivifion ; & quand une fois l'héritier a le total de l'héritage, il eft préfumé avoir eu le tout dès le commencement ; c'eft ce qui a été jugé au parlement de Paris le 9 mars 1722, entre les fieurs de Pomereu & Marivat. Il a encore été jugé dans cette cour par un arrêt du 24 mai 1729 rapporté par Ferrière, que lorfque la licitation d'un immeu-

ble recueilli dans la fucceffion d'un particulier
auquel cet immeuble étoit moitié propre pater-
nel & moitié propre maternel, étoit pourfuivie
entre les héritiers de différentes lignes de ce
particulier décédé, ce même immeuble étoit
propre pour le tout à celui qui s'en rendoit adjudicataire.

Renuffon avoit prétendu qu'en ce cas il étoit
dû à l'héritier des acquêts une indemnité jufqu'à
concurrence de ce qui avoit été payé par le
défunt pour ce qui excédoit fa part dans la fucceffion, & que ce tempéramment étoit fondé fur
l'article 139 de la coutume de Paris qui veut
que l'héritier des acquêts foit rembourfé de ce
qu'il en a couté au défunt pour exercer le retrait lignagner d'un héritage ; mais les arrêts cités
font voir que cette opinion étoit erronée. Il y a
cette différence entre un retrayant & un co-
partageant que celui-ci ne fonge point à acquérir, au lieu qu'il en eft autrement d'un homme
qui exerce un retrait ; ce dernier cherche à
augmenter fon patrimoine, & le retrait eft pour
lui une voie d'y parvenir. Si l'opinion de Renuffon pouvoit prévaloir, il faudroit dire que
l'héritier de celui qui a bâti fur un propre devroit une récompenfe à l'héritier des acquêts,
& c'eft cependant ce qui n'eft point adopté dans
les tribunaux, fur-tout depuis un arrêt de règlement du 3 août 1688, rendu fur le réquifitoire
de M. de Lamoignon, & rapporté au journal des
audiences. Comme celui qui bâtit fur fon propre
ne fonge qu'à fe loger, celui qui partage ou qui
fe rend adjudicataire par licitation, eft pareillement préfumé n'avoir en vue que fa portion
héréditaire qu'il ne peut obtenir autrement.

M. Pothier va plus loin, il prétend que la portion de l’héritage dont un héritier ſe rend acquéreur de ſon co-héritier à prix d’argent, n’eſt pas moins propre que s’il l’avoit par l’effet d’un partage ; & toujours en partant de ce principe généralement adopté, que le premier acte entre co-héritiers relativement à une ſucceſſion ne peut être conſidéré que comme un partage. On peut ajouter à l’appui de cette opinion que la choſe doit d’autant moins ſouffrir de difficulté qu’il eſt vrai de dire que s’il n’y avoit qu’un héritier il ſeroit habile à avoir le tout ; l’argent qu’un héritier donne en cette occaſion n’eſt donc pas pour lui acquérir un nouveau droit, une nouvelle qualité, mais ſimplement pour écarter ceux qui pourroient le lui diminuer en demandant leur portion.

Une queſtion qui ſe préſente ici eſt de ſavoir ſi un fils qui auroit renoncé à la ſucceſſion de ſon père, & qui enſuite auroit acheté du curateur à la ſucceſſion avec le conſentement des créanciers les fonds de cette ſucceſſion, tranſmettroit enſuite à ces héritiers ces mêmes fonds comme acquêts ou comme propres ? Il y auroit des raiſons pour croire qu’il ne les tranſmettroit que comme acquêts ; cependant il faut dire qu’il les tranſmettroit comme propres, par la raiſon que la vente devroit être ſimplement regardée comme un moyen d’empêcher que les créanciers ne le troublaſſent dans ſa poſſeſſion. C’eſt auſſi ce qui a été jugé au parlement de Paris le 16 mai 1718, par un arrêt qui a décidé qu’un héritage de la ſucceſſion d’un père, qu’un curateur à cette ſucceſſion & les créanciers avoient cédé à la veuve & aux enfans pour un douaire préfix conſ-

titué en rente, étoit propre de fucceffion dans
la perfonne des enfans.

Suivant le droit romain & même fuivant le
droit commun de la France, la repréfentation a
lieu a l'infini pour les fucceffions en ligne directe
& jufqu'aux enfans des frères ou fœurs incluſivement en ligne collatérale. Il y a cependant
des coutumes où cette repréfentation n'eſt point
admife & où la fucceffion fe défère au plus
proche parent du défunt, à moins qu'il n'ait
appelé au nombre de fes héritiers d'autres parens
plus éloignés ; lorſqu'il leur a fait cette faveur
par fon teſtament, on demande fi ce que ces
héritiers recueillent en vertu de cet acte leur eſt
propre ou acquêt? Sur cette queſtion qui ne peut
avoir lieu qu'en ligne collatérale , parce que
tout ce qui vient en ligne directe eſt regardé
comme propre , voici la diſtinction qui s'obferve : fi l'héritier appelé étoit dans ce qu'on
nomme les termes de droit, *intra juris terminos*,
c'eſt-à-dire, s'il étoit l'enfant du frère ou de la
fœur du défunt, ce qu'il recueilleroit lui feroit
propre ; mais s'il étoit dans un degré plus éloigné, l'objet recueilli ne feroit pour lui qu'un acquêt. Cependant remarquez bien que cette diftinction n'a lieu que pour ces fortes de coutumes
fingulières ; car dans le reſte du pays coutumier
il eſt de maxime reçue , comme on le verra ci-
après, que ce qui eſt donné par acte entre-vifs
ou à caufe de mort à un collatéral, eſt acquêt
à celui-ci quand même il fe trouveroit le plus
proche héritier du donateur.

Ce qui accroît par union à un immeuble propre , prend la nature de cet immeuble. Ainſi
lorſqu'un fief fervant eſt réuni au fief dominant,

pour une caufe tirée de la nature du contrat de conceffion, fi ce dernier fief eft un propre, le fief fervant le fera de même dès que le titre d'inféodation fera la caufe *immédiate* de ce retour; au lieu que dans tous les autres cas où la réunion n'arrivera que par l'effet d'une caufe *nouvelle*, l'objet réuni ne fera qu'un acquêt.

De ce principe généralement fuivi par les auteurs, il réfulte que fi j'ai en vertu d'un droit de juftice qui m'eft propre, fuccédé par deshérence à un de mes jufticiables mort fans héritiers, ou par confifcation à un homme condamné, les immeubles que j'aurai gagnés par ces évènemens ne feront pour moi que des acquêts, parce que ce ne fera pas ma juftice qui fera la caufe prochaine & immédiate de cette fucceffion, mais ce fera la mort de mon jufticiable décédé fans héritiers; ce feront les délits du coupable condamné qui y auront donné lieu (*).

Par la même raifon fi en fuccédant à un parent j'ai fuccédé à une feigneurie directe qui emporte avec elle le droit de retrait féodal & que j'aye exercé ce droit, l'héritage que je me ferai procuré par-là ne fera dans ma perfonne qu'un acquêt, parce qu'il n'aura point pour caufe immédiate le titre d'inféodation, mais fimplement la vente qui en aura été faite à un étranger : c'eft ce qui a été jugé par arrêt du 24 janvier 1623, rapporté par Bardet. Cependant il eft bon d'obferver qu'en Normandie, lorfque le feigneur fuzerain réunit un fief par la voie du retrait féodal

---

(*) On jugeroit différemment en Bretagne pour la deshérence parce que l'article 595 de la coutume de cette province contient à cet égard des difpofitions particulières.

la réunion opère la nature de propre , fi ce fief fuzerain étoit déjà propre par lui-même.

A l'égard de la commife pour défaveu ou pour félonie , ce droit pénal , fuivant M. Pothier , auroit pour caufe immédiate de réunion le titre d'inféodation ; mais dès qu'il convient que les Biens que l'on gagne par la confifcation ne font que des acquêts par la raifon qu'ils ont pour caufe immédiate les délits du coupable , pourquoi ne pas dire la même chofe de la commife ? C'eft le défaveu, c'eft la félonie qui y donnent lieu comme autant de délits. M. Pothier ne paroît pas en cela d'accord avec lui-même : fans doute qu'il a été induit en erreur par d'Argentré, qui a effectivement cru que les héritages acquis par la commife fuivoient la nature du fief, mais il s'eft trompé : l'opinion contraire adoptée par Dumoulin a prévalu.

Lorfqu'on fait remife à des enfans des Biens confifqués fur leur père , ces Biens font-ils propres ou acquêts ? Voyez cette queftion à l'article ACQUETS , & ajoutez que le parlement de Normandie a jugé propres par un arrêt du 21 mars 1745 , de Biens remis à un proteftant fugitif après fon retour en France , quoique les parens qui s'étoient emparés de ces Biens euffent pu les conferver aux termes des loix portées contre le proteftans fugitifs. Voyez au même article la queftion de favoir fi les Biens du fils auxquels le père fuccède font propres ou fimplement acquêts au père héritier.

Ce que nous venons de dire ne s'applique en général qu'aux Biens qui nous font échus par fucceffion : voyons maintenant ce que l'on doit penfer de ceux qui nous viennent de nos parens.

par *donation* foit entrevifs, foit à caufe de mort.

Parmi les Biens qui nous font donnés par nos parens, il faut diftinguer ceux qui nous viennent en ligne directe de ceux que nous tenons de la ligne collatérale. Les immeubles donnés ou légués en ligne directe font des propres, quand même l'enfant renonceroit à la fucceffion pour s'en tenir au don à lui fait, & que l'objet donné excéderoit fa portion héréditaire (*). On tient pour maxime que ce qui eft donné par les pères aux enfans eft préfumé donné en avancement de fucceffion.

Mais voici une queftion : un père donne à fa fille par fon contrat de mariage une certaine fomme pour lui tenir lieu de dot. Le père dans la fuite au lieu de lui payer cette fomme, lui cède un bien fond en payement : ce bien fond fera-t-il propre ou acquêt à la fille ? La raifon de douter fe tire de cette maxime que ce qui eft donné en payement tient lieu de vente, *datio in folutionem eft venditio ;* cependant dans le cas dont il s'agit le fond fera jugé propre par deux raifons ; la première parce que la promeffe de payer la fomme n'ayant pas empêché que l'acquittement ne s'en foit fait en bien fond, il eft vrai de dire que la donation s'eft terminée à un immeuble, de la fucceffion : la fille eft dès lors confidérée comme donataire de cet immeuble, & elle l'eft effecti-

---

(*) La coutume de Ponthieu & la coutume locale d'Abbeville ont des difpofitions particulières au fujet des enfans puînes Dans le Ponthieu l'enfant aîné eft feul héritier foit en directe foit en collatérale : Il y a fur cet article des actes de notoriété du 16 mai 1667 & du premier mars 1668 qu'il eft bon de confulter..

vement; la feconde parce que la dot en argent étant cenfée tenir lieu à une fille de fa portion héréditaire, l'héritage qu'elle reçoit ne fait que remettre les chofes dans leur état naturel; c'eft toujours le fruit d'une donation.

Il en feroit autrement fi un enfant fe rendoit acquéreur de fon père à titre de vente, ce ne feroit plus une donation: ce feroit un acte à titre onéreux dont l'objet feroit pour cet enfant un véritable acquêt.

Si le père avoit conftitué à fa fille une rente pécuniaire pour fa dot, cette rente ne feroit non plus pour la fille qu'un acquêt. C'eft ce qui a été jugé le 19 mars 1763, au parlement de Paris, dans une affaire concernant la fucceffion de la fille du fieur Pajot de Marcheval époufe de M. le Préfident le Brayer. Une rente conftituée n'eft un Bien que pour celui à qui elle eft dûe : cependant fi le fieur de Marcheval avoit amorti cette rente en cédant un fond à fa fille, comme la rente étoit une donation, le fond cédé auroit pris la même qualité; & le fond fe trouvant venir du père, il auroit été regardé comme un propre, ainfi que nous l'avons déja obfervé.

Les immeubles qu'un père abandonne de fon vivant à fes enfans, quoiqu'à la charge de payer fes dettes, ne laiffent pas d'être propres à ces enfans. Un abandon n'eft autre chofe qu'une hérédité tranfmife par anticipation, & quoiqu'on foit héritier à la charge du payement des dettes du défunt, les héritages auxquels on fuccéde n'en font pas moins des Biens propres pour ceux qui les recueillent.

Il en eft de même de tous les contrats qui fe paffent entre le père & les enfans, lorfque ces contrats ont principalement pour objet des arrangemens de famille.

Mais fi un fils par exemple, faifoit une donation d'un immeuble à fon père, cet immeuble feroit-il propre au père ? La négative adoptée par Lebrun paroît l'opinion la plus jufte ; la raifon en eft que ce qui eft donné à un afcendant n'eft jamais réputé en avancement d'hoirie. Il eft dans l'ordre de la nature que les enfans fuccèdent au père, & non le père aux enfans. Il en feroit autrement fi l'immeuble étoit déja propre au fils. Voyez ce qui a été dit au mot ACQUÊT.

A l'égard des Biens qui nous viennent par donation en ligne collatérale, il eft de maxime généralement reçue dans les pays coutumiers, excepté quelques provinces comme l'Anjou, le Maine, le Blaifois & la Picardie, que ces fortes de Biens ne forment que des acquêts dans la perfonne de ceux qui les reçoivent, quand même ceux-ci fe trouveroient les héritiers préfomptifs du donateur.

Mais que doit-on penfer de la difficulté fuivante ? Mon grand oncle a fait donation à mon père fon neveu d'un immeuble à la charge d'une fubftitution en ma faveur : après la mort de mon père je fuis devenu poffeffeur de l'immeuble, on demande fi cet immeble fera un propre ou un acquêt en ma perfonne ?

Si l'on confulte Denifart, cet immeuble fera un propre, par la raifon que le donateur en faifant une fubftitution dans fa famille, eft préfumé avoir plutôt confidéré la famille elle-même que les perfonnes qui font l'objet de fa libéralité ; mais fon fentiment ne nous paroît

pas dans les principes : nous préférons de dire
avec Pothier , que le fils qui devient possesseur
de l'héritage n'en tient pas le droit de propriété .
de son père qui n'en avoit en quelque façon que
l'usufruit, mais que ce droit lui vient essentiellement de son grand oncle suivant la maxime :
non à gravato , sed à gravante jus accipitur. Il est
vrai que le petit neveu avoit un espoir de succéder à l'héritage substitué , mais comme nous
l'avons observé , quoique la donation soit faite
à l'héritier présomptif en collatérale , ceci n'empêche pas que l'objet donné ne soit un acquêt
dans la personne du donataire.

Voici une espèce assez particulière : deux
sœurs avoient succédé à une rente de 22 mille
livres du chef de leur mère , & elles s'étoient fait
quelque temps après une donation réciproque
de tous leurs biens. Une de ces filles vint à décéder ; la survivante toucha dès-lors la rente
pour le total ; observez qu'elle étoit comme donataire de la moitié qui appartenoit à la dé-
funte : cette fille survivante fit un testament par
lequel elle légua moitié de cette rente à un de
ses parens fort éloigné , & l'autre moitié à l'hôpital des petites maisons.

L'héritier *ab intestat* habile à succéder , demanda la distraction des quatre quints. On ne
les lui contesta pas sur la moitié de la rente que
la testatrice avoit de son chef, mais on les disputa sur l'autre moitié , sous prétexte que cette
autre moitié lui étoit acquise en vertu de la donation de sa sœur. L'héritier fit voir qu'à raison
de l'indivision qui avoit existé entre les deux
sœurs , chacune étoit censée avoir possédé la

rente dans fa totalité , & la décifion portée par un arrêt du 9 juin 1734 , fut en fa faveur.

Propres de fubrogation : on appelle ainfi les Biens qui n'étoient point propres de leur nature, mais qui ont remplacé des propres qui nous appartenoient. Ainfi j'échange un héritage que je tiens de fucceffion & qui m'étoit propre avec l'héritage que poffède un étranger ; cet héritage venant de l'étranger , prend en moi la même qualité que celle qu'avoit l'héritage que je lui cède en échange. Cette fubrogation de qualité eft adoptée dans tout le pays coutumier ; elle eft fondée fur les articles 94 & 143 de la coutume de Paris.

En fait de fubrogation de propres , il eft bon d'obferver que pour qu'elle ait lieu , il faut que la chofe que l'on fubroge foit fufceptible de la qualité que peuvent avoir ces fortes de Biens : ainfi le prix d'un propre que j'aurai vendu ne fera point un propre de fubrogation dans ma perfonne , parce que ce prix n'eft qu'un objet mobilier , comme nous l'avons vu en parlant des *Biens meubles*, & que ce qui eft mobilier n'eft point fufceptible de la qualité de propre. Il y a plus , c'eft que quand même j'aurois ftipulé expreffément par le contrat que le prix de la vente prendroit en moi la nature de l'objet vendu , cette ftipulation feroit fans effet , parce qu'il ne dépend pas de ma volonté de donner à mon bien une qualité différente de celle qu'il a ou naturellement ou par la force de la loi ; de forte que quand même j'aurois employé les deniers de la vente en achat d'autres héritages , avec déclaration que j'entendois qu'ils me fuffent propres , ces héritages n'en demeureroient pas moins des acquêts dans ma fucceffion. C'eft ce qui a été formellement jugé par un arrêt du 16 avril 1671, rapporté au journal du palais (*). Il a même été jugé par un autre arrêt du 16 décembre 1738, qu'une rente conftituée pour le prix de la vente d'un fonds, mais ftipulée rachetable après le décès du vendeur, n'étoit qu'un acquêt en fa perfonne.

Lorfque la fubrogation peut avoir lieu, il eft encore bon d'obferver qu'elle ne porte que fur la qualité de propre, & que cette fiction ne s'étend pas au-delà ; de forte que fi j'échange un fief avec un bien de roture, ce bien de roture ne recevra de fubrogation que pour la qualité de propre, fans acquérir la qualité de fief (**).

Si dans un partage on faifoit paffer des propres paternels à un héritier qui n'auroit droit qu'à des propres maternels, la fubrogation auroit-elle lieu en pareil cas ? L'affirmative adoptée par Lebrun ne paroît pas devoir fouffrir de difficulté : ce feroit un échange formel, & l'échange comme nous l'avons vu produit la fubrogation. D'ailleurs la décifion eft appuyée d'un arrêt du

(*) Remarquez cependant que dans quelques coutumes comme celle de Bourbonnois lorfque le vendeur a déclaré par le contrat qu'il entendoit employer le prix du propre vendu en achat d'un autre immeuble, & que cet achat fe fait peu de temps après la vente avec nouvelle déclaration qu'il entend que l'immeuble lui foit propre, cet immeuble prend pour lui la qualité qu'il lui a imprimée.

(**) Il y auroit cette différence dans les coutumes du Maine & d'Anjou, que les héritiers le partageroient la première fois comme bien noble.

30 mars 1596, rapporté par Tronçon & par Louet.

Comme il eſt libre à chacun de diſpoſer de ſes biens, comme bon lui ſemble, à moins qu'il ne ſoit gêné par quelque loi particulière, & qu'il eſt de maxime en même-temps que les ſucceſſions ſe prennent dans l'état qu'elles ſe trouvent, il réſulte de ces principes que ſi j'ai vendu des acquêts pour racheter des propres, ou que j'aie aliéné des propres pour me faire des acquêts, mes héritiers ſeront obligés de ſe contenter ſuivant leur droit de ce qui ſe trouvera pour chacun d'eux, ſans que les uns ſoient tenus d'aucune récompenſe envers les autres.

Cette regle ſouffre pourtant une exception en Normandie : Si celui qui y a vendu dès propres y décede domicilié, ces propres doivent être remplacés en faveur de l'héritier qui y auroit ſuccédé, & ce remplacement ſe fait au marc la livre ſur tous les acquêts immeubles ſitués en Normandie & ſubſidiairement ſur les meubles. Mais ſi le propriétaire eſt décédé dans une autre Province, ſon mobilier ni ce qui pouvoit lui reſter dû de la vente de ſes propres, n'eſt point ſujet à ce remploi (*).

Propres conventionnels : cette ſorte de Biens qu'on appelle encore propres *fictifs* ſont ceux qui ne ſont point propres de leur nature, mais qui deviennent tels par convention entre les Parties. On a pu remarquer çi-deſſus qu'il ne dépend

_____

(*) Denizart dit l'avoir vu ainſi juger au châtelet en 1756 : voyez l'article 408 de la coutume de Normandie, & l'article 107 des placités.

pas de nous de donner à notre Bien d'autre qualité que celle qu'il peut avoir par lui-même ou par la force de la loi ; cependant cette règle ne laisse pas de souffrir des exceptions au sujet des contrats de mariage & de la Communauté qu'on y stipule ordinairement entre conjoints.

Comme dans les pays de communauté tout ce que les conjoints possèdent de mobilier au temps de leur mariage, & que celui qui leur survient pendant qu'ils vivent ensemble, leur est de plein droit commun ainsi que les immeubles qu'ils acquièrent pendant ce temps-là, on leur a laissé la faculté de déroger à la loi en tout ou en partie suivant les raisons qu'ils peuvent avoir, pour ne faire entrer dans leur communauté que ce qu'ils jugent à propos. Pour cet effet, il leur est libre de stipuler qu'il n'y aura qu'une certaine partie de ce mobilier ou des acquêts qui sera commune & que le reste sera *propre*, c'est-à-dire n'entrera point dans la communauté : ce qui tombe alors dans cette réserve s'appelle *propre de communauté*.

A l'égard des autres stipulations de propres qui peuvent avoir lieu par contrat de mariage, (abstraction faite de toute idée de communauté), ces sortes de stipulations demandent ici quelque explication & des exemples.

Lorsque dans un contrat de mariage il est dit que la dot mobilière (*) d'un des conjoints lui

_____

(*) Nous avons vu plus haut que les meubles n'étoient pas susceptibles de la qualité de propres, mais il en est autrement à l'égard des parties intéressées avec lesquelles on entre en convention : le mobilier ainsi que les immeubles prennent dans cette circonstance la qualité qu'on lui donne.

fortira nature de propre, il réfulte de cette ftipulation que dans une coutume où le furvivant des conjoints fuccéderoit au mobilier de l'autre ce furvivant cefferoit de pouvoir rien prétendre à cette dot mobilière ; il en feroit exclus par l'effet de la convention.

S'il étoit ftipulé que cette dot lui fortiroit nature de propre & *aux fiens*, comme par le mot de *fiens* on entend les enfans (*), l'effet de cette ftipulation feroit que fi l'un des enfans après la mort, par exemple, de fa mere, avoit recueilli fa portion héréditaire de cette fomme mobilière & qu'il vint à décéder, les autres enfans fes frères ou fœurs, excluroient leur père quoiqu'il fe trouvât fuivant la loi héritier du mobilier ; mais obfervez que fi tous ces enfans venoient à décéder, la ftipulation ne pouvant plus alors avoir d'effet, la loi reprendroit fa force en faveur du père, à moins qu'il ne fût ajouté au contrat que la ftipulation auroit lieu pour la femme, pour les fiens & pour ceux de fon *côté & ligne*, car par le terme de *côté* les parens collatéraux étant défignés, la fomme mobilière feroit un propre maternel dans le dernier des enfans décédés, & le père n'y pourroit plus fuccéder au préjudice de ces collatéraux.

Sur quoi il eft bon d'obferver que ces termes de *ceux de fon côté & ligne*, fe réferent aux parens collatéraux de la femme, foit du chef de fon père, foit de celui de fa mère, fans faire

(*) On entend auffi les petits enfans ; on ne confidère même pas fi ces enfans font d'un feul ou de plufieurs mariages.

attention uniquement fi ces parens lui appartiennent du chef de celui dont elle a reçu la dot. Il fuffit pour fuccéder aux enfans dans l'efpèce propofée, d'être leur parent du chef de leur mère, fans qu'il faille l'être du chef de celui qui lui a conftitué la dot, parce qu'un propre conventionnel ne remonte jamais plus haut qu'à celui en faveur duquel il a été ftipulé. C'eft ce qu'a jugé un arrêt en forme de règlement du 16 mars 1733, au profit de la veuve Dumoulin, au fujet de la fucceffion du mineur Fieubet. Cet arrêt eft rapporté par l'auteur du *traité des contrats de mariage*.

Quelques jurifconfultes ont voulu faire une différence en fait de ftipulation de propres, entre ceux qui fe dotoient eux-mêmes & ceux qui étoient dotés par autrui; mais il paroît que les arrêts connus en cette matière n'ont point adopté cette diftinction; & en effet, c'eft la convention que l'on confidère, & l'on juge qu'elle doit être exécutée contre celui qui l'a acceptée, quel que foit l'auteur de la convention en elle-même. Mais l'on juge auffi qu'elle ne doit s'exécuter qu'envers celui contre lequel elle eft portée; c'eft ce qui réfulte de l'efpèce que voici.

M. Bellanger Deffenlis avoit ftipulé par fon contrat de mariage avec demoifelle Marie-Marguerite Maillard qu'une partie de fon mobilier feroit *propre à lui, aux fiens & à ceux de fon côté & ligne*. M. Deffenlis vint à mourir & laiffa pour héritier fon fils M. Bellanger de Beauvoir. Ce fils étant enfuite décédé en minorité fans enfans, fes aïeuls maternels ont réclamé tout fon mobilier, & même celui qui avoit été ftipulé propre par le contrat de mariage. Les héritiers paternels se font élevés contre cette réclamation en faisant valoir la stipulation de propre. Les aïeuls ont répondu qu'une pareille stipulation ne pouvoit point s'appliquer à une famille entière qui n'étoit pas censée faire une seule personne civile capable de contracter, mais simplement à celui qui avoit accepté la condition; qu'eux étant appelés par la loi à succéder au mobilier de leur petit fils, toutes les conventions que sa mère avoit pu accepter ne pouvoient nuire à un droit qu'ils réclamoient de leur chef sans le secours d'aucune représentation. Ces raisons ont prévalu, & par arrêt du 17 mai 1762, tout le mobilier du sieur de Beauvoir fils, y compris celui qui avoit été stipulé propre par le contrat de mariage de son père, a été adjugé à ses aïeuls maternels.

Suivant l'opinion commune qui régnoit alors, on auroit jugé différemment, mais l'arrêt nous paroît dans les principes, & quoiqu'il ait été cassé par un jugement du conseil du 9 février 1767, le parlement n'en a pas moins arrêté qu'il serviroit de règlement jusqu'à ce qu'il ait plu au souverain de porter à ce sujet une loi dûment enregistrée.

L'effet de la stipulation de propre cesse lorsque l'objet de cette stipulation est éteint ou dénaturé. Ainsi une femme avoit pour dot stipulée propre, une créance qu'on lui avoit cédée; après sa mort, son fils est payé de cette créance, & il décéde en majorité (*); le père survivant

(*) Il en seroit autrement si le fils décédoit en minorité, pendant ce temps là les sommes mobilières remboursées con

doit alors fuccéder à cette fomme mobilière, parce que la créance qui avoit été ftipulée propre n'a plus cette qualité. Il en feroit de même, fi le fils fe trouvoit héritier de celui qui devoit la fomme, parce qu'on ne peut être créancier & débiteur, à moins que le fils ne fe fût porté héritier par bénéfice d'inventaire du défunt, car pour lors il feroit évident qu'il auroit voulu empêcher la confufion des deux qualités.

Le tranfport ou la ceffion de la chofe ftipulée propre, lui fait auffi perdre fa nature : de forte que fi j'ai aliéné une créance qui m'étoit propre du chef de ma mère, mes héritiers maternels ne pourront pas rechercher dans ma fucceffion une créance qui n'exifte plus.

Il peut y avoir d'autres ftipulations de propre que celles qui font portées par un contrat de mariage ; quand on fait, par exemple, une donation à un particulier déja marié, on peut ftipuler que l'objet donné lui fera propre pour empêcher qu'il ne tombe dans la communauté qui peut fe trouver entre lui & fa femme, parce que chacun eft maître d'ajoûter à fes libéralités telles conditions qu'ils juge à propos ; mais qu'on remarque bien que ces fortes de ftipulations ne gênent nullement ceux à l'égard de qui elles font faites, ils peuvent toujours difpofer de leurs propres fictifs fuivant leur qualité réelle & naturelle. Ainfi, quoique la dot mobilière d'une femme lui ait été ftipulée propre, cette femme n'aura pas moins la liberté d'en difpofer par teftament dans les coutumes même où l'on ne peut point léguer de fes propres réels, parce qu'il eft

---

fervent pour lui la même qualité qu'ellesavoient auparavant. Voyez l'article 94 de la coutume de Paris.

de maxime que les fictions ne s'étendent point hors des cas pour lesquels elles font introduites. Par la même raison, si le fils a succédé à cette dot également stipulée propre envers lui, & que dans les coutumes où les mineurs peuvent tester, il l'ait léguée en tout ou en partie à son père ; celui-ci, quoique exclus d'y succéder à cause de la stipulation qu'il a soufferte dans son contrat de mariage, ne sera pas moins habile à la recueillir, parce que le fils a pu en disposer comme d'un mobilier, & que le père a un nouveau titre pour la recevoir.

Observez qu'une fiction ne passe pas non plus d'une chose à une autre : si la femme a d'autres Biens que ceux qui ont été stipulés propres, ces mêmes Biens ne seront pas compris dans la stipulation.

La fiction cesse également à l'égard des personnes : de sorte que si la femme, dont la dot lui a été stipulée propre, passe à de secondes nôces sans renouveller cette stipulation contre son second mari, celui-ci ne sera point grevé de la convention portée au premier contrat de mariage qui ne le concernoit pas. Au moyen de ces règles & de ces principes qui font aujourd'hui adoptés, il est peu de questions sur cette matière anciennement sujette à beaucoup de difficultés, qui ne puissent recevoir une décision également simple & naturelle.

Il nous reste à dire deux mots de ce qu'on appelle *réalisation*. La réalisation simple en pays de communauté suffit sans qu'elle soit marquée aux trois degrés pour exclure d'une société conjugale tout ce qui se trouve réalisé ; mais cette réalisation vaut-elle une stipulation d'immeuble ou de propre pour exclure d'une succession?

C'eft ce que nous ne croyons nullement. Une femme ftipule que ce qu'elle apporte en dot à fon mari demeurera *réalifé fur fes biens préfens & à venir* : en pays coutumier, il n'en faut pas davantage pour que cette dot n'entre pas dans la communauté. Il fuffit même qu'il foit dit que fa dot fera employée en achat d'héritages, pour que cette claufe produife le même effet : mais quant au droit fucceffif, cette ftipulation ne dérange rien. La jurifprudence actuelle atteftée par Pothier d'après Renuffon, eft qu'un père ne laiffe pas de fuccéder à fon fils dans la dot de fa mère qu'on avoit déclarée devoir être employée en achats d'héritages ; (*) déclaration pourtant qui équivaut à une réalifation. Il faut donc pour donner à cette claufe tout l'effet d'une ftipulation d'immeuble aux trois degrés, qu'il foit dit que la dot demeurera réalifée *pour la future, pour les fiens & pour ceux de fon côté & ligne*, fans quoi la réalifation fe borneroit à la femme s'il n'étoit parlé que d'elle. Nous fommes d'autant plus enclins à donner cette explication, que dans la Marche pays coutumier où l'on ne connoît point de communauté à moins qu'elle ne foit ftipulée ; on doute fi cette claufe que *la dot demeurera réalifée fur tous les biens préfens & à venir du futur pour être reverfible à la future, aux fiens & à ceux de fon eftoc & ligne*, vaut une ftipulation d'immeuble ou de propre dans les trois cas ; & nous penfons que cette réalifation ne vaut qu'une hypothèque pour affurer la *réverfibilité* à ceux, qui

_____

(*) Cependant fi le pere (autrement le mari) s'étoit formellement obligé à cet emploi ; & qu'il ne l'eût pas fait, on jugeroit différemment.

suivant la loi du pays, seront dans le cas un jour
de répéter cette dot; ce seroit différent, si,
comme nous l'avons dit plus haut, la réalisation étoit nommément stipulée pour la future,
pour les siens & ceux de son côté & ligne. Il y a
une grande différence entre la *réalisation* & la
simple *reversibilité*. La réalisation donne la qualité
d'immeuble, à ce qui n'est point tel par sa nature, mais il faut qu'elle soit portée nommément en faveur de tous ceux pour qui l'on veut
conserver l'objet réalisé. Ainsi un père qui ne
peut succéder qu'au mobilier de son fils, n'y
succédera point, si ce mobilier a été réalisé en
faveur des collatéraux de ce fils; au lieu que la
simple reversibilité ne changeant rien à la nature
des choses, la clause telle qu'elle est ci-dessus
conçue, signifie simplement que la dot sera remboursée ou à la future ou à ses enfans, ou à ses
collatéraux quand le cas du remboursement aura
lieu selon les évènemens : mais cette reversibilité n'empêche pas que le père, s'il est héritier
mobilier de son fils, ne succède à cette dot au
lieu de la restituer aux collatéraux, par la raison,
encore une fois, que la reversibilité ne change
rien ni à la nature des choses ni à l'ordre des
successions.

Nous n'avons pas dit qu'il y avoit des propres
anciens, tels que ceux qui nous sont venus de
nos ancêtres après avoir fait souche en ligne directe; mais comme ces propres ne sont à considérer suivant quelques coutumes que pour le droit
de succéder, nous n'en parlerons qu'à l'article
Succession où il sera question en même-temps
des coutumes *souchères*, des coutumes de *tronc
commun*, des coutumes de *côté & ligne; &c.*
Nous

Nous obferverons feulement ici, qu'en pays de droit écrit on ne connoît pas ces fortes de diftinctions : tout y eft meuble ou immeuble ; la fucceffion d'un défunt n'y compofe qu'un feul & même patrimoine qui appartient à fon plus prochain héritier fans diftinction de famille.

Acquêts : ces fortes de Biens font ceux dont nous ne fommes redevables qu'à nos travaux, à notre induftrie, ou à la libéralité d'autrui. Tout ce qui n'eft point propre eft acquêt : *Voyez* ce qui a été dit à l'article ACQUET, & ajoutez que dans le doute fi l'héritage que poffédoit un particulier lui étoit propre ou *acquêt*, on le préfume acquêt en pays coutumier (*), par la raifon que nous n'apportons rien en venant au monde. Mais cette diftinction eft inconnue dans le pays de droit écrit où tout ne fait, comme nous l'avons dit, qu'une feule & même héré-dité.

TROISIEME PARTIE.

Biens dotaux : ce font les Biens que la femme a apportés à fon mari lors de fon mariage, pour lui en laiffer la libre adminiftration.

En fait de biens dotaux, il faut diftinguer entre le pays coutumier & le pays de droit écrit. En pays coutumier, tout ce que la femme fe trouve poffeder lors de fon mariage lui eft Bien dotal ; au lieu qu'en pays de droit écrit, elle n'a pour Bien de cette nature que celui qu'elle s'eft conftitué, ou qui lui a été donné pour tel.

(*) Exceptez-en la Normandie où l'on préfume au contraire que tous les héritages que poffédoit un défunt lui étoient propres, fi l'on ne prouve le contraire.

Le Bien dotal eft comme un bien privilégié, dont le mari ni la femme ne peuvent abufer. Cependant il faut encore diftinguer entre le pays de droit écrit & le pays coutumier : dans celui-ci la femme fous l'autorifation de fon mari (*) peut aliéner ce bien quoique dotal, fauf au mari à répondre des deniers qui peuvent en provenir. Mais dans le pays de droit écrit, ce bien dotal eft abfolument inaliénable de la part du mari & de la femme, foit que l'aliénation s'en faffe conjointement ou féparément (**). Cependant il faut faire une diftinction : fi le Bien qui conftitue la dot eft un immeuble, ce Bien demeure confervé à la femme : s'il ne confifte, au contraire, qu'en mobilier, il faut encore confidérer fi ce mobilier a été eftimé ou non lors du contrat : s'il a été eftimé, le mari en devient maître ; & s'il en rend l'eftimation, il ne peut plus être recherché à cet égard : mais s'il n'y a point eu d'eftimation, la femme peut empêcher que l'on ne faififfe fur le mari ce mobilier. Defpeiffes prétend même qu'elle peut également l'empêcher, quoiqu'il ait été eftimé, ce qui paroît jufte, parce que celui à qui appartient un objet vendu, eft préféré fur ce même objet pour le payement

---

(*) Exceptez-en les coutumes où la loi *julia* eft en vigueur, comme dans l'Auvergne & dans la Marche : le mari ni la femme conjointement on féparément n'en peuvent aucunement difpofer dans ces fortes de coutumes.

(**) Exceptez toutefois le Lyonnois, le Forez, le Beaujolois & le Mâconnois, quoique pays de droit écrit : la raifon en eft que, par la déclaration du mois d'avril 1664, la loi *julia* a été abrogée dans ces Provinces pour y favorifer le commerce,

de ce qui peut lui être dû ; cet objet eft toujours fon gage jufqu'à ce qu'il ait été payé. Mais fi après l'eftimation faite il eft dit que la femme aura la chofe ou l'eftimation, ce choix appartient au mari comme débiteur.

Si au contraire il n'y a point eu d'eftimation, la femme eft obligée de reprendre fon mobilier dans l'état où il fe trouve, fauf au mari ou à fes héritiers à fuppléer celui qui fe trouveroit perdu ou détérioré autrement que par l'ufage.

Suivant Lacombe, en fa jurifprudence civile, le fonds dotal eftimé eft aliénable par le mari, fauf la reftitution du prix de l'eftimation ; mais fon affertion exige une application : s'il paroiffoit effectivement que l'eftimation n'a eu pour objet qu'une liberté au mari de vendre & d'engager, ceci feroit fans difficulté ; mais aujourd'hui qu'on fait qu'une eftimation n'a lieu ordinairement que pour faciliter la perception des droits du roi, une fimple eftimation de l'immeuble dotal ne feroit pas fuffifante, il faudroit que l'intention des parties pût la faire regarder comme une vraie aliénation de la chofe eftimée. Il devroit en être de même du mobilier, mais il eft d'ufage reçu que la fimple eftimation vaut vente, quel que foit le motif qui ait déterminé cette eftimation. Cependant rien n'empêche, en pays coutumier, que lorfque la femme retrouve de fon mobilier en nature, elle ne puiffe le retenir, fauf à réclamer l'eftimation de celui qui fe trouve perdu.

Obfervez que dans les pays où l'aliénation des Biens dotaux eft prohibée, ceci ne s'entend pas des autres biens régis par des coutumes où cette aliénation eft permife : un arrêt

du 20 Avril 1757, l'a ainfi jugé dans la cou=
tume d'Auvergne.

Ceci ne s'entend pas non plus dans les coutumes prohibitives, des cas où il y a néceffité
de faire l'aliénation. Dans ces coutumes & dans
tous les Parlemens du droit écrit on la permet
à la femme, lorfqu'il eft conftaté (*) que le
mari n'eft pas en état de fournir à la fubfiftance
de fa famille, & que les revenus de la dot ne
font pas fuffifans. On la lui permet auffi pour
fe racheter, pour racheter fon pere ou fon mari
de prifon, ou lorfqu'il s'agit de pourvoir à la
dot d'une de fes filles. C'eft ce qui réfulte notamment des articles 300 & 301 de la coutume de
la Marche.

Lorfque les effets du mariage viennent à ceffer entre le mari & la femme par mort ou par
féparation, la femme eft en droit de réclamer
& de reprendre fes Biens dotaux. Lacombe a dit
qu'elle ne peut les reprendre de fon autorité
privée, mais ceci demande encore une explication: fi ces Biens dotaux confiftent en héritages, elle n'a pas befoin de l'autorité du
juge pour s'en mettre en poffeffion; elle ne feroit obligée d'y recourir qu'autant qu'ils fe

_____

(*) Pour conftater cette néceffité, on préfente une requête au juge par laquelle on lui expofe l'état des chofes,
& on lui demande permiffion d'en faire la preuve pardevant lui. Le juge permet cette preuve qui fe fait par
forme de procès-verbal, de ce que les parens & les témoins ont à dépofer fur les faits à l'égard defquels on
demande leur témoignage. Lorfque cette efpece d'en-
quête eft finie, on communique le tout au miniftere public, & fur fes conclufions intervient le décret portant
permiffion d'aliéner.

trouveroient entre les mains d'autrui. S'ils consistent en mobilier & qu'elle s'en trouve saisie, il seroit pareillement inutile qu'elle se pourvût pour obtenir ce qu'elle auroit déja.

A l'égard de l'hypotheque que peut avoir la femme sur les biens de son mari pour la restitution de ses Biens dotaux & pour l'acquitement de ses conventions matrimoniales, cette hypotheque est du jour du contrat, ou du moins du jour de la célébration du mariage. Mais il faut distinguer entre le pays de droit écrit & le pays coutumier.

Dans le pays de droit écrit, si la loi *assiduis* introduite au code par Justinien, étoit en vigueur, la femme auroit une hypotheque préférable même à celle de tous les créanciers de son mari, quoique antérieurs à son contrat de mariage. Mais cette loi ne s'est soutenue que dans le parlement de Toulouse, & encore avec les modifications que voici : la premiere, que ce privilege n'est que pour la femme & pour ses enfans sans passer à ses héritiers ; la deuxieme que la quittance de dot qui fait le titre de la femme, doit contenir une numération de deniers, autrement cette quittance passe pour une libéralité déguisée ; la troisieme que si les créanciers antérieurs ont fait signifier leurs créances à la femme (*) avant son mariage, elle n'a plus de privilege contr'eux.

Dans les autres pays du droit écrit, la femme n'a d'hypotheque que du jour du contrat ou de

_____

(*) Il ne suffit pas que cette signification ait été faite à son domicile, il faut qu'il soit dit qu'on a parlé à sa personne.

D iij

la célébration du mariage ; mais auffi elle a
une préférence pour le mobilier (*) fur tous
les créanciers de fon mari ; & même à Lyon
elle l'a non-feulement pour fa dot, mais encore
pour l'augment & pour toutes fes conventions
matrimoniales.

Anciennement au parlement de Dijon, un
créancier, premier faififfant fubrogé aux droits
de la femme, étoit préféré aux autres créanciers du mari ; mais depuis une déclaration du
30 décembre 1681, le ceffionnaire n'a plus de
préférence au préjudice des créanciers antérieurs en hypotheque.

Dans le pays coutumier, la femme n'a aucun privilege fur le mobilier de fon mari ; elle
a feulement une hypotheque fur fes immeubles
pour tout ce que le mari a reçu d'elle ou à caufe
d'elle, & cette hypotheque remonte au tems
du contrat ou de la célébration du mariage.

En Normandie, lorfque la femme ne peut
être facilement payée de fa dot, elle demande
qu'on la mette en poffeffion des héritages qui y
font affectés ; on lui accorde fa demande jufqu'à concurrence de ce qui lui eft dû, & fa
jouiffance dure jufqu'à ce qu'elle foit rembour-
fée. Ufage fagement adopté, puifqu'il fait éviter les frais ruineux d'un décret.

Les intérêts & les fruits des Biens dotaux
fuivent de plein droit le principal en faveur de
la femme & des enfans, à compter du jour

(*) Dans le Beaujolois elle n'eft privilégiée que fur
les meubles meublans ; elle ne l'eft pas fur l'or & l'argent
ni fur les fruits pendans par racines. Il y a à ce fujet un
acte de notoriété du 20 Décembre 1706.

que la répétition peut en être faite : & il y a ouverture à cette répétition, immédiatement après le décès du·mari, excepté dans quelques pays de droit écrit où elle ne peut avoir lieu qu'après l'an du deuil, parce que la femme durant ce tems-là eft entretenue aux dépens de la fucceffion.

Lorfqu'il y a des fruits qui ne font pas encore recueillis, ils ne laiffent pas de fe partager entre la femme & les héritiers du mari, à proportion du tems qui s'eft écoulé depuis l'année commencée, & des charges que le mari a fupportées. Si celui·ci a dégradé les Biens dotaux, fes héritiers doivent une indemnité, tout comme il leur en eft dû une, fi le défunt a été obligé d'y faire d'autres dépenfes que celles qui ont pour objet une jouiffance viagere.

Il y a plufieurs queftions relatives aux Biens dotaux; mais comme elles fe rapportent plus particuliérement aux articles *dot, femme, mari* & *veuve*, on les trouvera fur chacun de ces articles.

Biens paraphernaux : ce font ceux que la femme n'a point voulu comprendre dans fes Biens dotaux, & dont elle s'eft réfervé la libre adminiftration. Ce mot grec *paraphernal*, fignifie *extra-dotal.*

Les Biens paraphernaux étoient connus chez les Grecs, comme il eft facile de s'en appercevoir à l'étymologie du mot. Ils l'étoient auffi chez les anciens Gaulois : ce que la femme fe refervoit étoit regardé comme formant fon pécule, & elle étoit maîtreffe d'en difpofer.

Ces fortes de Biens ne font connus aujourd'hui que dans les pays de droit écrit & dans

quelques coutumes, telles que celles de Normandie, d'Auvergne & de la Marche. Dans le
reste de la France tous les biens qu'avoit la
femme, lors de son mariage, & ceux qui lui
sont venus depuis, sont réputés Biens dotaux.
Car ceux qu'elle se stipule *propres* ne sont pas
pour elle des Biens paraphernaux : l'effet de
cette stipulation est simplement d'empêcher que
ces Biens ne tombent dans la communauté ou
que le mari n'y succede.

Nous allons considérer les Biens paraphernaux, d'abord suivant le droit écrit ; nous les
considérerons ensuite suivant les trois coutumes dont nous venons de parler.

Dans le droit écrit on distingue deux sortes
de Biens paraphernaux. Les uns (& ce sont les
véritables) consistent dans ceux dont la femme s'est réservé par son contrat de mariage la
jouissance & la disposition. Les autres sont
ceux qui depuis le contrat lui sont venus par
succession, donation ou autre voie légitime,
& ces derniers se nomment *adventifs*.

On a disputé long-tems pour sçavoir si lorsque la femme ne s'étoit point constitué de dot,
les Biens qu'elle possédoit lors de son mariage,
ou qui lui étoient échus depuis, étoient pour
elle des Biens dotaux ou des Biens paraphernaux : mais aujourd'hui le sentiment le plus
suivi est qu'il n'y a même point de distinction
à faire entre le cas où le contrat ne parleroit
ni de dot ni de paraphernaux & celui où il
n'y a point de contrat : il est reçu que tous les
Biens de la femme sont de plein droit réputés
dotaux, à moins que le contraire ne soit stipulé ;
de sorte que le défaut de réserve suffit pour

rendre les Biens de la femme dotaux dans l'un
& dans l'autre cas. C'est même ce qui paroît
avoir été jugé par un arrêt de la cour des aides
de Paris, le 13 mars 1739, dans une affaire
concernant une femme du Lyonnois, province
de pays de droit écrit.

La femme qui possede des Biens paraphernaux en est maîtresse absolue ; elle peut les
donner, vendre & aliéner, elle peut ester en
jugement pour agir ou pour défendre à l'occasion de ces mêmes biens sans le consentement
& l'autorité de son mari. Les revenus n'en appartiennent pas à celui-ci : cependant il peut en
les recevant libérer valablement ceux qui les
doivent, lorsqu'il est dans l'usage de le faire &
que sa femme ne réclame point contre cet usage, parce qu'alors il est regardé comme son
mandataire. Il n'est point comptable de ces revenus, lorsqu'il ne paroît pas les avoir appliqués à son profit particulier, c'est-à-dire, lorsqu'il n'en est pas devenu plus riche : car s'il
ne les a employés qu'à l'entretien du ménage,
on présume que cela s'est fait du consentement de la femme, dont le silence opere une
fin de non-recevoir contr'elle.

Observez que, quoique le mari puisse être regardé comme mandataire pour la régie & l'administration des Biens paraphernaux de sa femme, il n'est pas regardé comme tel lorsqu'il
s'agit de recevoir des capitaux ; il lui faut en ce
cas un pouvoir particulier.

Il ne suffit pas à la femme d'alléguer qu'elle a
remis à son mari tels ou tels effets de ses Biens
paraphernaux pour s'en faire payer, il faut
qu'elle puisse le constater par une reconnois-

fance; & lorfque cette reconnoiffance paroît, la femme a une hypotheque à compter feu!e-ment du jour que le mari a reçu des débiteurs, à moins qu'il n'ait été ftipulé par fon contrat de mariage qu'elle auroit cette hypotheque du tems du contrat.

Comme il regne quelques ufages particuliers dans les différens pays de droit écrit, nous croyons devoir ici les développer.

Dans les parties qui font du reffort du parlement de Paris, la femme n'a guere que des Biens adventifs, & quoiqu'elle en ait l'admini-ftration & la jouiffance fans la participation de fon mari, elle ne peut cependant en alié-ner la propriété ni même intenter aucune aétion au fujet des jouiffances fans fon autorifation.

La même chofe s'obferve dans les provinces de Breffe, de Bugey, du pays de Gex & de Valromey qui font du reffort du Parlement de Dijon.

Au parlement de Touloufe, quand il n'y a point de contrat de mariage, ou que la femme ne s'eft fait aucune conftitution de dot, on juge paraphernaux tous les Biens qu'elle poffé-doit lors de fon mariage ou qui lui font fur-venus depuis, & ces biens y jouiffent de la faveur de la même hypotheque que les Biens dotaux, fans que les enfans foient obligés de dénoncer cette hypotheque à la feconde femme que leur pere veut époufer.

Au parlement de Bordeaux, on ne remar-que rien de particulier, fi ce n'eft pour la par-tie du pays qui eft régie par la coutume de Bordeaux. Comme dans cette coutume le mari a l'ufufruit & l'adminiftration de *tous* les biens de sa femme, il a aussi l'action qui concerne l'usufruit des paraphernaux.

A l'égard des pays coutumiers il n'est question de Biens paraphernaux, comme nous l'avons dit, que dans la Normandie, dans l'Auvergne & dans la Haute Marche.

L'article 394 de la coutume de Normandie porte que la femme qui renonce à la succession de son mari doit avoir ses *paraphernaux* & son douaire. Les Biens paraphernaux dont elle entend parler par cet article sont une espece de préciput légal qu'elle défere officieusement à la femme qui a renoncé à la succession de son mari, & qui n'a pas eu la précaution de stipuler par son contrat de mariage qu'elle auroit par forme de reprise une chambre meublée, sa garderobe, ses bagues & joyaux ou une certaine somme d'argent à son choix. C'est pour suppléer à cette stipulation que la coutume porte, par l'article suivant, que les paraphernaux de la femme en pareil cas seront les choses mobilieres qui étoient à son usage, & que le Juge lui en fera faire délivrance, l'héritier & les créanciers présens ou duement appellés ; pourvu néanmoins que ces objets n'excedent pas la moitié du tiers des meubles. Il est ajouté que si ces meubles sont absolument peu de chose, elle aura *son lit, sa robe & son coffre.* Les arrêts du parlement de Rouen ont reglé cet avantage à la valeur du sixieme denier des meubles. On voit aisément que cette espece de Bien paraphernal n'a rien de commun avec celui que l'on connoît en pays de droit écrit.

Il en est autrement dans la coutume d'Auvergne. La femme peut y avoir des Biens vraiment paraphernaux & adventifs, car elle n'a pour Biens dotaux que ceux qui lui ont été constitués tels, ou ceux qu'elle avoit lors de ses *fiançailles*. Elle est pleinement maîtresse de ses Biens paraphernaux & adventifs, elle peut en disposer à son gré sans le consentement de son mari par quelque contrat que ce soit, en faveur de ses enfans ou de toutes autres personnes.

Dans la coutume de la Marche, le mari a l'administration de tous les Biens de sa femme, dotaux, adventifs ou paraphernaux, & il en fait les fruits *siens* durant le mariage. Cependant, malgré cette jouissance, la femme n'a pas moins la liberté de disposer de ses Biens adventifs & paraphernaux sans l'autorité de son mari, pourvu que ce soit à titre onéreux, parce que la charge qui accompagne la disposition, sert en quelque façon d'indemnité au mari ; car si les Biens ont été vendus, il est censé trouver sa jouissance dans le prix de la vente qu'il peut faire valoir. Il y a pourtant des cas, où la femme peut en disposer à titre gratuit ; c'est lorsqu'elle en dispose en faveur de quelqu'un par contrat de mariage : elle peut aussi en faire l'objet d'une donation mutuelle avec son mari.

QUATRIEME PARTIE.

Cette partie a pour objet les Biens considérés dans leur origine : & ces Biens on les distingue en Biens nobles & en Biens roturiers.

Biens nobles : ce sont ceux qui ne peuvent être possédés francs & exempts de charges que par des nobles qu'on appelle aujourd'hui *gentils-hommes*. Pour se mettre au fait de cette sorte de

BIENS. 61

Biens, il faut obferver que dans les premiers
tems de la monarchie le fouverain n'avoit à fon
fervice militaire que des chevaliers & des gentilshommes. Lorfqu'il avoit conquis un pays,
une province, il donnoit à chacun d'eux une
portion de cette conquête pour récompenfe de
leurs fervices, fans autre charge que de lui jurer une éternelle fidélité, & c'eft de cette pro-
teftation de fidélité qu'on appelle aujourd'hui
foi & hommage, que ces Biens donnés portent
encore le titre de *fiefs*.

Après la mort de celui qui en avoit été gra-
tifié, le Bien donné retournoit au fouverain,
qui en difpofoit en faveur d'un autre militaire.
Sur la fin de la feconde race & au commencement de la troifieme, les fiefs qui n'étoient qu'à
vie devinrent héréditaires dans les familles,
mais il n'étoit point permis de les aliéner au
profit des étrangers. Cependant comme ceux
qui en étoient poffeffeurs ne pouvoient pas toujours en tirer parti à raifon des abfences qu'ils
étoient obligés de faire pour le fervice du roi, ils
s'accoutumerent à les inféoder en partie à d'autres gentilshommes inférieurs, & c'eft de là que
viennent les arriere-fiefs; mais il n'étoit permis
encore alors qu'à des gentilshommes d'en pof-
féder.

Dans la fuite des tems on fe relâcha de cette
rigueur, on toléra que les roturiers s'en rendif-
fent acquéreurs. Mais pour conferver à cette forte
de Biens leur premiere origine, cette permiffion ne fut accordée aux roturiers qu'à la charge
par eux de payer au roi tous les vingt ans un
droit qu'on appelle *de francs-fiefs*, de forte
qu'il eft toujours vrai de dire qu'il n'appartient

qu'aux nobles de les posséder librement. Voyez
ce que nous avons dit à l'article BAN ET AR-
RIERE-BAN, & ce que nous dirons à l'article FIEF.

· Dans les successions & dans les partages, on
fait une grande différence, suivant plusieurs
coutumes, entre les Biens nobles & les Biens
roturiers. Dans les unes, tous les biens nobles
appartiennent à l'aîné; dans les autres, il n'a
qu'un préciput. Dans celles-ci, le préciput n'a
lieu qu'entre nobles ; dans celles-là, il est admis
sans distinction : chaque pays a, pour ainsi dire,
sa loi municipale à cet égard.

On met encore au rang des Biens nobles les
Biens de *franc-aleu*. Ces sortes de Biens sont regardés comme ne dépendant absolument que
de ceux qui les possedent ; ils ne sont tenus ni
en fief, ni en censive; ils ne doivent ni foi &
hommage, ni aucune espece de droits seigneuriaux. Il y a pourtant deux sortes de franc-aleu,
le noble & le roturier ; mais c'est ce que l'on
verra plus particuliérement à l'article FRANC-
ALEU.

Biens roturiers : ce sont ceux qui sont chargés
de cens, rentes, droits & devoirs seigneuriaux;
ils sont ordinairement possédés par des personnes roturieres qui n'en ont que la propriété utile,
le domaine direct en appartenant aux seigneurs
dont ils dépendent. Ces sortes de Biens sont ordinairement le patrimoine du plus grand nombre des sujets de l'état.

Parmi ceux qui les possedent, il y en a qui
les tiennent à des conditions plus onéreuses les
uns que les autres. Ceux-ci en acquittant les
charges auxquelles ils sont sujets, ont la liberté d'en disposer comme bon leur semble ; les

autres au contraire font comme dans une efpece d'efclavage ; ils font tellement attachés au
fond, à la *glebe*, qu'ils ne peuvent l'abandonner
fans le confentement de celui de qui ils l'ont
reçu, femblables en cela à ceux qu'on appelloit
adfcriptii chez les Romains. Le feigneur a droit
de les pourfuivre par-tout où ils peuvent fe retirer, & de revendiquer leur fucceffion lorfqu'ils meurent fans poftérité. Ils font fujets à la
taille, au guet, à la garde, aux corvées, &c.
fervitude qui fans doute a fon origine dans le
féjour que les Romains ont fait dans les Gaules,
& qui eft connue fous le titre de condition *ferve*
ou *mortaillable*, dans les coutumes de Bourbonnois, de Vitry, de Troyes, de Bourgogne, de
Berry, de Nivernois, d'Auvergne & de la Marche. Cette efpece de fervitude eft néanmoins
bien plus rigoureufe dans quelques-unes de ces
coutumes que dans les autres ; dans le Nivernois, ceux qui y font fujets ne peuvent point fe
marier à des perfonnes d'une autre feigneurie,
ni embraffer l'état eccléfiaftique fans le confentement du feigneur ; & fuppofé qu'ils fuffent
entrés dans le clergé, ils feroient à la vérité
exempts de ces corvées qui fentent abfolument
la fervitude, mais le feigneur n'en auroit pas
moins le droit de revendiquer leur fucceffion.
Dans cette coutume, dans celle de Bourgogne
& dans celle de la Marche, les ferfs dont il s'a-
git ne peuvent aliéner leurs héritages fans le
confentement du feigneur, excepté dans la coutume de la Marche, .pour ceux qui dépendent
de gens d'églife, & encore faut-il que cette aliénation fe faffe en faveur de perfonnes de la même condition ; ils n'ont pour héritiers que leurs

enfans, ou ceux de leurs parens avec lefquels ils poffedent des Biens indivis.

Dans les autres coutumes, ils font traités plus favorablement : ils ne font *ferfs* qu'à caufe des héritages qu'ils poffedent ; & en les remettant au feigneur, ce qu'ils ont le droit de faire (*), ils jouiffent de leur pleine liberté : c'eft ce que nous expliquerons plus particuliérement aux articles Mortaillable & Serf.   •

CINQUIEME PARTIE.

Biens domaniaux : ce font ceux qui dépendent de la fouveraineté, foit en fonds de terre ou en droits particuliers.

Les Biens domaniaux font de trois efpeces ; les uns font les immeubles qui ont été deftinés au fouverain, lors de la formation de l'état, pour fes dépenfes particulieres, & ceux qu'il s'eft procurés par fes conquêtes. Ceux qui lui font venus par fucceffion, donation, confifcation ou autrement, prennent auffi la nature des Biens de la couronne, lorfqu'ils ont été poffédés pendant dix ans de la même maniere & aux mêmes conditions que ceux du domaine.

Dans les Biens de la premiere efpece, on comprend les maifons, les boutiques, les étaux & autres bâtimens qui ont été cédés par le prince pour un certain revenu ; on y comprend auffi les terres vaines & vagues, les terres incultes & qui n'ont point de maître ; les îles & les attériffemens qui fe forment dans les grands fleuves & les rivieres navigables ; les moulins,

---

(*) Ils ont pareillement cette faculté dans la coutume de la Marche.

les

les bacs, les bateaux, les ponts, les péages, &c.
On met pareillement dans cette claſſe de Biens
les revenus que le ſouverain tire des mines (*).

Les Biens de la ſeconde eſpece ſont ceux qui
compoſent les finances de l'état, comme la taille, la capitation, le vingtieme, le contrôle,
&c. à quoi l'on peut joindre les décimes & les
dons gratuits que le roi leve ſur le clergé. On
peut comprendre dans cette claſſe les profits
que peut produire le droit de faire battre monnoie, ſoit par l'augmentation de la valeur de
la matiere frappée, ou de celle des eſpeces.

Les Biens de la troiſieme ſorte ſont les droits
de juſtice, les francs-fiefs, les nouveaux acquêts, les amortiſſemens; les droits ſur les
mers, les eaux & les forêts; les droits de chaſſe, de pêche, &c.

Il eſt de maxime conſtante que les Biens de
la couronne, de quelque eſpece qu'ils ſoient
(**), ſont des Biens inaliénables; quelques-
uns de ces Biens ſont même inaliénables de leur
nature, car le droit, par exemple, de battre
monnoie, de lever des ſubſides, ne peut appartenir qu'au roi. Les autres ne ſont pas de même
abſolument inaliénables : ils ne peuvent être

( ) Ces revenus ſont fixés à un dixieme par les ordonna-
nances, notamment par celle de Charles IX du 26
Mars 1563.

(**) Il faut pourtant en excepter ces petits Biens qui
ne ſont pas précieux par eux-mêmes & qu'on eſt dans
l'uſage de céder à des particuliers à titre d'inféodation.
Telles ſont des échoppes, des boutiques, des terres vaines, des places vagues, &c. Les cens & revenus qu'on
en tire repréſentent ſuffiſamment ces petits objets. Voyez
l'article ALIENATION.

aliénés que parce qu'ils ont paffé à la poffeffion du fouverain, & qu'ils font affectés au bien de l'état.

C'eft parce que les Biens de la couronne font inaliénables, qu'ils font auffi imprefcriptibles. Dans tous les tems, le prince peut faire rentrer dans fon domaine ce qui en a été diftrait : les jugemens même qui auroient pu profcrire les recherches qu'on en auroit faites autrefois, ne peuvent lui nuire dans aucun tems, lorfqu'il produit de nouvelles pieces qui caractérifent l'aliénation : c'eft ce qui a été jugé par deux arrêts du parlement de Paris, des 5 feptembre 1695, & 17 juillet 1699, contre le comte de Brienne, quoiqu'il eût en fa faveur un arrêt contradictoirement rendu avec M. le procureur-général, le 3 feptembre 1648.

Obfervez cependant que, quoique les Biens de la couronne ne puiffent s'acquérir par la prefcription, il n'en eft pas de même des revenus de ces fortes de Biens, comme on le verra plus particuliérement à l'article PRESCRIPTION.

Il y a pourtant des cas où les Biens de la couronne peuvent s'aliéner : c'eft lorfque les befoins de l'état l'exigent ; mais ces aliénations ne fe font jamais qu'à la charge d'une faculté perpétuelle de rachat : c'eft ce qui fait qu'on appelle les acquéreurs de ces Biens des *engagiftes*, & que ceux-ci font obligés de les conferver toujours en bon état.

A l'égard des apanages qu'on a coutume de faire aux enfans puînés de France, ces fortes d'apanages pris fur les Biens de la couronne, ne doivent pas être regardés comme une alié-

nation : ces Biens font réputés faire le patrimoine de la famille royale masculine, & ils retournent néceffairement à la couronne, lorfque
les apanagiftes & leurs defcendans mâles font
décédés ; ils reviennent même exempts de toutes
les charges & de toutes les dettes que les apanagiftes auroient pu contracter. Voyez ce qui a
été dit à l'article APANAGE.

A l'égard des échanges, on les regardoit anciennement comme une aliénation prohibée ;
mais on les confidere aujourd'hui comme une
amélioration & une augmentation du domaine,
pourvu qu'ils foient revêtus de lettres-patentes
enregiftrées, & qu'ils foient accompagnés de
procès-verbaux d'évaluation des chofes prifes &
données en échange. La forme de ces procès-
verbaux eft réglée par un édit du mois d'octobre 1711; & lorfqu'il paroît que les chofes cé-
dées au roi valent plus que ce qu'il reçoit, on
juge alors que l'échange lui eft avantageux. Si
les biens qu'on lui cede étoient grévés de fubftitution & d'hypotheque, ces charges paffe-
roient fur les Biens donnés en contr'échange,
pourvu que les lettres-patentes en continffent
une difpofition expreffe.

Au furplus, qu'on remarque bien qu'il faut
que ce que le roi cede en contr'échange foit de
nature à être poffédé par des feigneurs particuliers; car des droits qui ne peuvent réfider que
dans la perfonne du fouverain, ne font fufceptibles d'aucun genre d'aliénation. Il faut dire
la même chofe de ces grands fiefs de dignité dont
la mouvance qu'a le roi ne peut être tranfpor-
tée à d'autres feigneurs : fur quoi l'on peut voir

un arrêt du 26 janvier 1685, qu'on trouve au Journal du palais.

A l'égard des Biens particuliers qui font furvenus au roi par donation, par fucceffion, par confifcation, deshérence, &c. il peut difpofer de ces mêmes Biens en faveur de qui bon lui femble avant qu'ils aient été réunis au domaine; mais lorfque cette réunion s'eft faite (*), ils tombent dans l'inaliénabilité des autres Biens domaniaux. Voyez encore au fujet de cette inaliénabilité, ce qui a été dit à l'article ALIÉNATION (*des Biens domaniaux.*)

Quand le prince monte fur le trône, il eft regardé parmi nous comme un pere qui va régner fur fa famille; tous les Biens qu'il poffede alors s'uniffent de plein droit à ceux de la couronne. Ceux de Hugues Capet, de Charles-le-Bel, de Louis Hutin, de Louis XII, furent de même réunis lors de leur avénement au trône. Henri IV, qui connoiffoit cet ancien ufage de la monarchie, voulut conferver fon ancien domaine féparé de celui de la couronne de France; il rendit à ce fujet une déclaration le 13 avril 1590; mais le parlement féant pour lors à Tours, rendit un arrêt le 29 juillet 1591 par lequel il fit voir qu'il ne pouvoit ni ne devoit procéder à

(*) Voici comment s'explique l'édit du mois d'Avril 1667: *le domaine de notre couronne eft entendu celui qui eft expreffément confacré, uni & incorporé à notredite couronne, ou qui a été tenu & adminiftré par nos receveurs & officiers, par l'efpace de dix années & eft entré en ligne de compte.* Cette difpofition eft une fuite des articles 1, 2 & 13 de l'ordonnance de Moulins.

l'enrégiftrement de cette déclaration, & cette même déclaration fut révoquée par un édit du mois de juillet 1607.

SIXIEME PARTIE.

· *Biens d'églife :* ils font de deux fortes, les uns fpirituels, comme les prieres, les bénédictions, les indulgences, les facremens, &c. & les autres temporels, comme les dîmes, les oblations, les rentes, les fondations, les bénéfices, &c. Nous ne nous occuperons ici que de cette derniere efpece de Biens; on connoîtra plus particuliérement les autres lorfque nous en ferons à l'article EXCOMMUNICATION.

Dans les premiers tems du chriftianifme, les Biens des fideles & ceux des miniftres de l'évangile ne faifoient, pour ainfi dire, qu'un patrimoine commun, particuliérement deftiné à affifter les pauvres.

Lorfque les miniftres de l'églife furent en plus grand nombre, cette communauté de Biens ne put plus fubfifter; mais on fe crut toujours obligé de pourvoir aux befoins de ces miniftres & à l'indigence des malheureux. Les prémices furent confacrés aux évêques, aux prêtres & aux diacres pour leur entretien : les dîmes furent réfervées pour les autres clercs, pour les veuves, les vierges & les pauvres : & encore faut-il obferver que lorfqu'un eccléfiaftique avoit du Bien particulier, & qu'il n'y avoit pas renoncé au tems de l'ordination, il commençoit par employer ce Bien particulier à fa fubfiftance.

Indépendamment des Biens fpécialement confacrés à l'églife, les fideles ne laiffoient pas de

faire journellement d'autres dons : c'étoit l'évêque qui étoit chargé de les diftribuer de la maniere la plus convenable ; & comme cette diftribution n'étoit pas toujours au gré de tout le
monde, il fut réglé que l'évêque en auroit un
quart, les clercs un fecond, & que les deux
autres feroient pour les pauvres & pour l'entretien des églifes.

Jufques-là l'églife n'avoit que des revenus, &
point de fonds en propriété ; mais aufli-tôt que
les empereurs lui eurent permis d'en poſſéder,
elle ne tarda pas à en acquérir. C'étoient les
évêques qui étoient encore les adminiftrateurs
de ces fonds ; il ne s'en étoit fait aucune divifion, on fe contentoit d'en répartir les revenus.

. Ces mêmes fonds demandoient beaucoup de
foin ; & comme ce foin fembloit convenir particuliérement aux curés qui étoient fur les lieux,
les évêques ne firent aucune difficulté de le leur
abandonner. Il étoit naturel que les curés com-
mençaffent par prendre fur ces fonds ce qui étoit
néceffaire à leur fubfiftance ; cependant, malgré la liberté dont ils ufoient à cet égard, ils
ne fe regardoient pas moins comme de fimples
adminiftrateurs obligés de tout rapporter à la
vie commune qu'ils menoient avec les autres
clercs du diocefe. Ce ne fut que lorfque ces
curés ne purent plus fupporter l'inégalité du
partage qui fe faifoit par l'ordre des évêques
des Biens eccléfiaftiques, qu'ils commencerent
à s'arroger les oblations, les aumônes & même
les fonds qu'on donnoit à leurs églifes ; & ce
fut dans ce tems-là, c'eft-à-dire vers le fixieme
fiecle, que les cures commencerent à devenir

des bénéfices. Les curés fucceffivement fe mirent en poffeffion des revenus qui fe trouverent dans les limites de leurs églifes ; ils fe rendirent indépendans des évêques & des autres économes; ils prirent pour maxime qu'ils étoient les premiers adminiftrateurs des Biens de leurs églifes, & cette maxime gagna infenfiblement par-tout.

Cette divifion des Biens de l'églife d'une maniere fixe & permanente en faveur de ceux qui la deffervoient, ne plut point aux fideles qui aimoient à voir les biens communs entre tous les eccléfiaftiques. Comme les moines confervoient parmi eux cet efprit de communauté, leur maniere de vivre leur valut beaucoup de libéralités ; ils fe reffentirent, comme les clercs féculiers, de la ferveur des premiers empereurs chrétiens. Suivant la novelle 123 de Juftinien, un pere de famille qui embraffoit l'état monaftique, ne laiffoit à fes enfans que la moitié de fon bien ; le refte étoit pour le monaftere. L'ordre de S. Benoît fe trouva très-bien de cette loi; cet ordre & plufieurs autres fe virent dans la fuite poffeder des revenus immenfes : mais leurs grandes richeffes ne contribuerent pas peu à les faire dégénérer: l'efprit du monde s'empara des fupérieurs, & l'indépendance commença à avoir des attraits pour les inférieurs ; on en vint à un partage: l'abbé & les religieux diviferent en deux menfes, les Biens du monaftere. Le concile d'Auch, tenu en 1308 n'approuvoit pas cette divifion, mais elle étoit faite, & il n'étoit guere poffible de remettre les chofes fur l'ancien pied. L'abbé avoit une moitié des revenus, l'autre moitié étoit pour les religieux ; & cette moitié étoit partagée en tre le cellerier qui étoit tenu de fournir ce qui étoit nécessaire pour la table du monastere & des hôtes étrangers ; le sacristain qui étoit chargé de l'entretien de l'église & des ornemens, & l'infirmier qui prenoit soin des malades. On donna aussi à quelques moines des termes éloignées à régir, ces Biens devinrent dans la suite de prieures pour eux.

Il y avoit même des abbés, sur-tout dans l'ordre de S. Benoît, qui possédoient tous les revenus des monasteres ; ils ne donno'ent aux religieux que de simples pensions en especes ou en argent. Les abbés commendataires qui ont succédé aux abbés réguliers, etoient peu exacts à s'acquitter de ces charges, & c'est leur inexactitude qui a fait introduire au commencement du siecle passé le partage des Biens en trois lots : partage aujourd'hui regardé comme de droit commun, quelque arrangement ou quelque composition que l'abbé & les religieux aient pu faire entr'eux, à moins que tout cela n'ait été confirmé par l'autorité du juge royal.

Ce partage peut donc être demandé par l'abbé, ainsi que par les religieux ; il y a des monasteres où il ne se trouve fait qu'en deux portions égales, mais les charges sont également partagées entre l'abbé & les religieux. Dans d'autres maisons, l'abbé ou le prieur prend, comme nous l'avons dit, tous les fruits, & se charge envers les religieux d'une certaine quantité de grains, de vin & d'argent chaque année. Quand ces partages ont été faits sans fraude, & qu'ils ont été homologués au parlement, on n'y donne pas facilement atteinte, à moins qu'il ne paroisse une lésion considérable.

Lorfqu'il s'agit de partage (*), c'eft à l'abbé
à choifir le premier fur les trois lots ; les religieux prennent enfuite celui qui leur convient,
& le troifieme demeure pour les charges, fous
l'adminiftration de l'abbé.

Il eft bon de remarquer que dans ce partage
on ne doit pas comprendre les Biens qui ont

(*) *Idée de la procédure qu'on doit tenir pour parvenir à
un partage entre l'abbé & les religieux.*

On fait donner une affignation devant le juge royal
des lieux, ou au grand-confeil quand l'ordre y a fes
caufes commifes, pour voir dire qu'il fera inceffamment
procédé au partage de tous les Biens de l'abbaye en trois
lots égaux par experts pris parmi gens à ce connoiffans,
par les parties ou nommés d'office en la forme prefcrite
par l'ordonnance, aux frais du tiers-lot ; à l'effet de quoi
tous les titres des Biens leur feront mis entre mains,
& les parties fe purgeront par ferment que par dol, fraude ni autrement elles n'en retiennent aucun ; pour après
le partage fait, être procédé à l'option par l'abbé & les
religieux en la maniere accoutumée.

Les experts eftiment article par article tous les Biens
qui doivent entrer dans le partage (car il eft dit ci-après
qu'il y en a quelques-uns qui ne doivent pas y être compris) cette eftimation fe fait fur les baux qui ont été paffés
depuis les dix dernieres années, ou fur la valeur des
Biens fuivant la commune renommée. D'après cette eftimation ils compofent trois lots avec le plus d'égalité
qu'il eft poffible ; ils dépofent enfuite ce partage fait en
forme de procès-verbal, au greffe de la jurifdiction où
ils ont été nommés, après l'avoir affirmé, fait loyalement
& en confcience.

La partie qui provoque le partage leve une expédition
de l'opération des experts, la fait fignifier, donne fa requête en homologation, & demande que l'autre partie
foit tenue de faire fon option, &c. Si cette partie croit
avoir des moyens pour blâmer le partage, elle les pro-
pofe ; & la conteftation fe fuit en la maniere accoutumée.

été acquis par les religieux, non plus que ceux qui leur ont été aumônés ou donnés pour des fondations depuis l'introduction de la commende.

A l'égard des Biens qui ont été aumônés ou donnés pour fondation avant l'introduction de la commende, ils entrent en partage, à la charge par l'abbé de payer aux religieux sur le tiers-lot l'honoraire des messes, des obits & des services qu'ils doivent acquitter.

Quant aux offices claustraux, ceux qui sont possédés en titre de bénéfices, n'entrent pas non plus dans le partage; mais c'est aux religieux à prouver par trois provisions ou par une possession de 40 ans, que ce sont des bénéfices. Les revenus des offices qui ont été supprimés & réunis à la mense, sont pareillement exempts du partage; mais ceux qui n'ont jamais été regardés que comme de simples commissions, se partagent comme les autres Biens du monastere.

Pour ce qui est des autres Biens aliénés & revendiqués par l'abbé ou par les religieux, on distingue entre ceux qui ont été aliénés pour cause de subvention & ceux qui ne l'ont été que par emphitéose. L'abbé peut faire entrer en partage ceux qui sont du premier genre d'aliénation, en remboursant aux religieux tout ce qu'il leur en a coûté pour les racheter; il peut aussi y faire comprendre, mais sans aucune indemnité, ceux qui sont rentrés après l'expiration des baux emphitéotiques; il ne doit de récompense qu'autant que les religieux auroient fait résilier à prix d'argent les baux avant le tems.

On a agité la question si les bois de haute-futaie devoient être compris au partage, & l'affirmative a été prononcée au parlement de Paris par un arrêt du 22 janvier 1706.

Les droits honorifiques sont pour l'abbé seul:
c'est à lui de nommer & de présenter aux bénéfices de son abbaye. S'il n'y a dans cette même
abbaye qu'une seule justice, elle lui appartient;
il a le droit d'y faire planter des poteaux avec
ses armes, & de nommer les officiers qui doivent l'exercer. Cependant si, outre la justice du
chef-lieu, il y en avoit de particulieres dans
l'étendue de l'abbaye, celles-ci appartiendroient
aux possesseurs du lot où le territoire de ces jus-
tices seroit compris, pourvu, dit d'Héricourt,
que cela fût expliqué, parce que dans la regle
générale les religieux n'ont un lot que pour leur
subsistance.

Quant aux charges dont les lots peuvent être
tenus, celles qui sont naturellement attachées
à chaque lot, comme les rentes foncieres, les
portions congrues des curés, &c. demeurent
sur le compte de ceux qui possedent le lot composé des fonds qui en sont chargés. A l'égard de
celles qu'on appelle *claustrales*, & qui consistent
dans les réparations ou les réédifications de
l'église abbatiale & des lieux réguliers, dans le
paiement des anciennes décimes crées avant
1690, dans ce qui est nécessaire pour la célébration du service divin, comme les ornemens,
le linge, le luminaire, &c. ces charges se prennent sur le tiers-lot. Pour ce qui est des dépenses extraordinaires des monasteres en ce qui
concerne les salaires des médecins, chirurgiens,
apothicaires; les gages des domestiques, des por-

tiers, &c. ces dépenses sont censées comprises dans l'entretien des religieux dont leur lot est tenu. Cependant, en cas d'insuffisance, l'abbé seroit obligé d'y suppléer.

Il arrive assez souvent que les abbés, pour se décharger des réparations concernant le tiers-lot dont ils ont l'administration, s'abonnent avec les religieux moyennant une somme d'argent : cet abonnement est toléré pourvu que ces abbés aient commencé par remettre les choses en bon état, sans quoi les religieux peuvent demander aux successeurs de ces mêmes abbés les réparations, lorsqu'elles n'ont pas été faites.

Le soin des malades pauvres, les aumônes, sont encore des charges qui concernent le tiers-lot, lorsqu'il y a eu des fonds donnés à cette fin. Anciennement les aumônes se distribuoient aux portes des abbayes; mais comme cette distribution étoit abusive, le roi, par différens arrêts du conseil, a voulu que ces aumônes fussent données aux hôpitaux des villes les plus proches des abbayes.

Lorsqu'il ne paroît point que les abbayes soient expressément chargées de ces aumônes, on s'en remet à la conscience de l'abbé & des religieux.

Il nous reste à observer que les Biens d'église sont des Biens privilégiés qui ne suivent pas absolument la loi des autres Biens temporels de la société; ceux-ci se prescrivent par dix ans entre présens, & par vingt ans entre absens, avec titre & bonne-foi de la part des uns & des autres; & par trente ans sans titre. Mais pour les Biens ecclésiastiques, ils ne peuvent se perdre que par une prescription de 40 ans. Si l'on a jugé à propos d'accorder cette grace pour les Biens d'églife, c'eft parce qu'on fait que ceux qui en font poffeffeurs ne font pas toujours fort exacts à les conferver; cependant pour les revenus, ils fe prefcrivent par trente ans, comme les autres Biens temporels. Voyez ce que nous dirons à l'article PRESCRIPTION.

Parmi les Biens eccléfiaftiques, il y en a qui font abfolument imprefcriptibles, tels que les dîmes, & d'autres qui pouvant fe prefcrire, peuvent à plus forte raifon s'aliéner. Mais pour l'aliénation de ces fortes de Biens, il faut des formalités particulieres fur lefquelles on peut voir ce qui a été dit à l'article ALIÉNATION.

Comme les Biens des fabriques fe rapportent affez aux Biens dont nous parlons, nous avons cru devoir les ranger fous cet article.

Biens de fabrique : ce font ceux qui font affectés à l'entretien d'une églife paroiffiale, tant pour les réparations que pour la célébration du fervice divin.

Suivant ce que nous avons dit des *Biens d'églife*, la fabrique devroit avoir une quatrieme portion des revenus des Biens que les eccléfiaftiques tiennent de la libéralité des fideles; mais il s'en faut de beaucoup que toutes les églifes aient confervé à cet égard le droit qui leur étoit originairement acquis; on y fupplée par les quêtes, les legs, les fondations, par les droits de fonnerie, de fépulture, de chaifes, de bancs, &c. Ce font des paroiffiens laïques qui en font les adminiftrateurs: il fera parlé d'eux à l'article MARGUILLIERS.

Les Biens des fabriques font fpécialement affectés, comme nous l'avons dit, aux répara-

tions des églifes, & notamment à la fourniture
des calices, des ornemens & des livres néce-
faires, fuivant ce qui réfulte de l'article 21 de
l'édit de 1695 ; car les eccléfiaftiques décimateurs ne font tenus d'y pourvoir que fubfi-
diairement, & après avoir épuifé les revenus
des fabriques, fur lefquels il faut néanmoins
prélever les fommes néceffaires pour l'acquit
des fondations dont elles font chargées. Mais
fi par la repréfentation des mémoires de recette & de dépenfe, il paroît que leurs revenus
foient épuifés, elles font difpenfées pour cette
fois des réparations & des fournitures dont il
s'agit. Lacombe, en fa Jurifprudence canonique,
obferve que dans les lieux où les décimateurs
font affujettis par l'ufage à ces fortes de dépenfes, ils ne peuvent pas les prendre fur les revenus des fabriques : ceci paroîtroit affez naturel ; cependant l'article 21 de l'édit de 1695
ne fait à cet égard aucune diftinction.

Quoique les revenus des fabriques foient deftinés aux réparations des églifes, on n'eft pourtant pas obligé de les accumuler de façon qu'il
fe trouve toujours de quoi remplir les charges
dont les gros décimateurs font tenus à cet égard.
A mefure que ces revenus fe forment, il eft libre de les employer à l'utilité & à l'ornement
de l'églife, fuivant qu'on le juge à propos d'a-
près le vœu commun des habitans, & le confentement exprès ou préfumé de l'évêque.

On commence par l'acquittement des fondations & des gages & falaires de ceux qui font
employés ou pour donner plus de pompe au fervice divin, ou pour prendre un foin plus particulier de l'églife. On peut enfuite les faire fer-

vir à procurer une plus grande instruction, en
les employant à l'honoraire des prédicateurs de
l'avent, du carême & des octaves. S'il survient
des réparations à la charge des habitans, & qu'il
reste encore des revenus après tous ces prélé-
vemens, il est tout naturel que ces habitans qui
contribuent, pour ainsi dire, seuls au bien des
fabriques, trouvent une ressource dans ces mêmes revenus préférablement aux seigneurs décimateurs, lorsqu'il y a en même tems des réparations qui concernent les uns & les autres.
Les habitans ont droit d'épuiser les premiers ces
revenus à leur décharge, & les décimateurs ne
peuvent se servir que de ceux qui restent après
que les réparations qui concernent les habitans
ont été faites; car les revenus des fabriques
font particuliérement consacrés aux réparations
des églises; & celles de la nef qui concernent
les habitans, ne sont pas moins des réparations
de l'église, que celles du chœur, qui regardent
les décimateurs.

Les Biens des fabriques étant à-peu-près de
même nature que ceux d'église, ce qui a été dit
de l'aliénation des uns s'applique à l'aliénation
des autres; car, quoique les fabriques soient
considérées comme des corps laïques, elles ne
laissent pas de participer aux privileges des
corps ecclésiastiques. La mauvaise administration avec laquelle elles ont été gouvernées jufqu'à l'édit de 1695, a donné lieu à nombre d'a-
liénations tout-à-fait contraires à leurs intérêts.
Louis XIV, pour remédier à cet inconvénient,
rendit, le 12 février 1661, une déclaration par
laquelle il autorisa les églises & les fabriques à
rentrer de plein droit & *de fait*, sans aucune

formalité de juftice, dans tous les Biens, rentes & domaines qui leur appartenoient, & qui depuis vingt ans avoient été vendus ou engagés par les marguilliers, habitans ou communautés des paroiffes, fans fa permiffion, & fans avoir gardé les formalités néceffaires en pareil cas; il voulut même que cette rentrée pût fe faire fans reftitution d'aucun prix principal, frais ni loyaux coûts, fauf aux poffeffeurs à fe pourvoir, s'il y avoit lieu, contre les habitans ou les marguilliers en leur nom. Le parlement de Paris, en enregiftrant cette déclaration, ajouta que l'efpace de vingt ans dont il étoit parlé, ne pourroit préjudicier pour les aliénations antérieures & non prefcrites.

On verra plus particuliérement à l'article FA-BRIQUE tout ce qui a rapport au gouvernement temporel des paroiffes.

Biens des confréries : il y en a quelques-unes qui dépendent des fabriques ; d'autres ont leur gouvernement féparé de celui des paroiffes : c'eft ce que nous expliquerons plus au long quand nous en ferons à cet article. En attendant, nous obferverons que ces fortes de Biens font comme ceux de l'églife & des fabriques pour ce qui en concerne l'inaliénabilité ; car, quoique ceux qui compofent ces confréries foient des perfonnes laïques, néanmoins, comme ces confréries participent des privileges eccléfiaftiques, & que leurs Biens en cas de fuppreffion, tournent au profit de l'églife, on regarde ces mêmes Biens comme s'ils en dépendoient d'une maniere fpéciale.

Biens des hôpitaux : ces fortes de biens font peut-être ceux qui méritent le plus de faveur.

Tout

Tout ce qui avoit pour objet de foulager l'humanité fouffrante excitoit finguliérement le zele des premiers chrétiens. Les eccléfiaftiques dans ce tems - là étoient les miniftres des pauvres, autant pour le temporel que pour le fpirituel : c'étoient eux qui étoient chargés de les vifiter & de leur fournir les fecours qui pouvoient leur être néceffaires : les Biens qu'on leur confioit étoient particuliérement deftinés à une œuvre auffi charitable. Dans la fuite des tems, ces Biens n'ont pas toujours été employés fuivant leur deftination ; il s'eft formé ce qu'on appelle aujourd'hui *des hôpitaux* : on leur a appliqué, autant qu'il a été poffible, les revenus dont l'églife étoit chargée envers eux ; les fideles ont fuppléé à ce qui pouvoit leur manquer. Il étoit tout naturel que ces fortes de Biens fuffent confiés à des perfonnes qui n'euffent aucun prétexte pour en abufer ; auffi voyons-nous qu'ils font actuellement entre les mains des laïques ; ceux-ci s'en chargent par recette & par dépenfe, & en rendent un compte exact ; mais comme tout ceci fe rapporte naturellement à l'article HôPITAL, c'eft - là que nous nous propofons d'en parler avec plus d'étendue.

SEPTIEME PARTIE.

Biens d'une communauté d'habitans : ce font les fonds & revenus que ces habitans poffedent en commun. Ces fortes de Biens pour les habitans de campagne ne confiftent guere qu'en bois ou landes, qu'ils appellent Biens communaux, & qui ont été réfervés pour le pâturage de leurs beftiaux.

Le feigneur & les habitans jouiffent pour

l'ordinaire de ces fortes de Biens par indivis.
Quoique ces habitans ne puissent point entre
eux en faire de partage pour s'en procurer chacun une propriété separée, ce partage peut
néanmoins avoir lieu entr'eux & le seigneur,
lorsque les fonds viennent de lui à titre de concession gratuite. En ce cas le seigneur peut demander qu'il y en ait un tiers de distrait à son
profit, pourvu que les deux autres tiers soient
suffisans pour l'usage de la paroisse (*).

Si les habitans n'avoient pas ces fonds en propriété, & que leur droit se bornât à un simple
usage, le seigneur ne pourroit alors demander
qu'un canton particulier.

Denisart prétend que depuis l'édit de 1749,
concernant *les gens de main-morte*, les seigneurs
ecclésiastiques ne peuvent plus demander la
distraction du tiers des communes qu'ils ont originairement concédées; & sur cela il s'appuie
d'un arrêt du 20 janvier 1762; mais il faudroit
connoître plus particuliérement l'espece de ce
préjugé, car l'édit qui leur défend d'acquérir
peut-il porter sur un droit à eux déja acquis
précédemment? Cette loi ne doit pas leur être
plus contraire en ce cas, qu'elle ne le leur seroit
pour demander le partage d'un Bien composé
de différens fonds dont ils se seroient rendus ac-

(*) Cette suffisance dépend & de l'étendue des fonds
& de celle de la paroisse. Un arrêt du 24 mai 1658, rapporté au journal des audiences, a jugé que quand même
les deux tiers restans aux habitans suffiroient, le partage
ne pourroit être demandé si la commune ne contenoit
pas 50 arpens; mais l'article 4 du titre 25 de l'ordonnance
des eaux & forêts qui autorise cette division, ne fait pas
de restriction pareille.

quéreurs conjointement avec des perfonnes laïques, avant qu'elle exiftât.

Lorfqu'il eft queftion de partage, cet acte doit fe faire judiciairement, afin qu'il ne fe paffe rien au préjudice des habitans. Un arrêt du confeil d'état du 20 août 1737, a annullé un partage fait du confentement des parties par le miniftere feul d'un arpenteur, & cet arpenteur a été condamné à une amende de 100 livres, avec défenfes à lui & à tous autres d'en agir ainfi à l'avenir, à peine de 1000 livres d'amende.

Il faut être feigneur foncier pour demander un partage de l'efpece de celui dont il s'agit ici ; celui qui feroit feulement feigneur haut - jufticier ne pourroit point l'exiger. Sur quoi il eft bon d'obferver qu'aux termes de l'article 19 du titre 25 de l'ordonnance de 1669, ce partage doit être fait, lorfqu'il peut avoir lieu, devant les grands maîtres des eaux & forêts fur les titres repréfentés, & par experts : les frais font à la charge du feigneur pour un tiers, & des habitans pour les deux autres tiers.

La même ordonnance porte qu'une fois le partage fait, le feigneur n'aura plus aucun droit d'ufage pour lui ni pour fes fermiers dans la part des habitans, laquelle leur demeurera franche de tout autre ufage & de toute fervitude.

Il arrive quelquefois que les communautés ont des parties de fonds dont elles ne peuvent pas facilement jouir en commun; alors il leur eft libre, fuivant le même réglement, de les donner par délibération prife dans les formes ordinaires, à titre de ferme pour deux ou trois ans, mais il faut que le bail se fasse par adjudication devant les officiers des lieux (*), & le prix qu'on en retire doit être employé aux réparations dont les habitans sont tenus dans leur paroisse, & aux affaires urgentes de la communauté.

Lorsque le seigneur possede par indivis avec les habitans, il ne peut pas demander la division des revenus pour en avoir le tiers; ils doivent être employés aux besoins de la communauté.

Les Biens communs des paroisses doivent rester perpétuellement indivis entre les habitans, autrement l'intérêt commun en souffriroit. Ceux qui sont destinés pour la pâture des bestiaux ne peuvent pas être défrichés : un arrêt du conseil du 29 mars 1735, qui rappelle à cet égard les dispositions de l'ordonnance du mois d'août 1669, défend tout défrichement, à peine de 1000 livres d'amende, &c. Il est à plus forte raison défendu d'y commettre des usurpations. Chaque particulier peut (**), en son nom seul, agir contre les usurpateurs pour leur faire abandonner les parties de terrein dont ils se sont induement emparés, & jamais ceux-ci ne peuvent opposer la prescription, parce que pour prescrire, il faut posséder à titre de pro-

***

(*) Il est dit par l'ordonnance qu'il doit se faire sans frais.

(**) Il en seroit autrement des actions auxquelles un particulier n'auroit qu'un intérêt indirect confondu avec celui de tous les habitans en général, tel que celui qui pourroit résulter des poursuites qu'on feroit contre un débiteur des revenus communs: il faudroit que ces poursuites se fissent par la communauté, en nom collectif.

priété. Or on ne peut pas faire préfumer qu'on ait été légitime propriétaire d'un fonds qui ne pouvoit point s'aliéner. Voyez ce qui a été dit à ce fujet à l'article ALIÉNATION (*des Biens des communautés d'habitans*), & ajoutez que quoique les communautés aient été autorifées, par l'édit du mois d'avril 1667, à rentrer dans leurs fonds aliénés, cependant, par une déclaration du 6 novembre fuivant, les ventes faites par les officiers des corps & communautés ont été confirmées en faveur des acquéreurs de bonne-foi, en payant par eux le huitieme denier de la valeur des biens de leurs acquifitions. Il y a eu à ce fujet différentes lois burfales, entr'autres une déclaration du 22 juillet 1702; mais ces exceptions n'ont eu lieu qu'en faveur des aliénations faites pour des caufes qui pouvoient faire préfumer la bonne foi dans la perfonne des acquéreurs; car pour celles qui avoient été faites fans motif raifonnable, les communautés ont toujours été en droit de les regarder comme nulles.

· Par la même raifon que les communautés ne peuvent aliéner fans des caufes légitimes & fans y être autorifées, elles ne peuvent non plus emprunter fans les mêmes motifs & fans la même autorifation, parce que tout emprunt peut leur être auffi préjudiciable qu'une aliénation. Un édit du mois d'avril 1683 a pourvu à ce qui concerne les emprunts de la part des communautés; ils ne peuvent avoir lieu qu'en cas de pefte, lorfqu'il eft queftion de fe procurer des fecours extraordinaires, ou que lorfqu'il s'agit de la réédification des nefs des églifes tombées par vetufté, ou à la fuite d'un incendie.

Les habitans doivent à cet effet s'assembler en la maniere accoutumée, exposer les caufes de l'emprunt, déterminer les moyens dont ils entendent fe fervir pour rembourfer la fomme empruntée, foit par impofition, par capitation ou par une levée fur les denrées de leur confommation, & en combien d'années ils entendent faire le remboursement. Il faut que l'acte passe à la pluralité des voix, qu'il foit en forme authentique, figné de la plus grande & de la faine partie des habitans, & qu'il foit envoyé à l'intendant de la généralité pour être par lui autorifé. Si l'on néglige ces formalités, les emprunts font nuls, & encore faut-il bien obferver que ces emprunts ne font permis qu'aux habitans des villes & des gros bourgs fermés; car à l'égard des autres communautés de campagne, il leur eft défendu d'emprunter, fous quelque prétexte que ce foit.

Lorfque les créanciers veulent être payés, il faut-qu'avant d'intenter aucune action, ils en aient obtenu la permiffion par écrit des intendans, & qu'il foit fignifié copie de cette permiffion avec l'exploit de demande, à peine de nullité. C'eft ce que porte l'édit de 1683, dont nous venons de parler.

A défaut de paiement, on ne peut pas faire faifir réellement les fonds des communautés, comme on faifiroit ceux des particuliers : c'eft ce qui réfulte d'un arrêt de la cour des aides, du 23 avril 1651, rapporté au journal des audiences.

Lorfqu'il s'agit de conteftations pour paiement d'emprunts, elles fe portent devant les juges ordinaires, & par appel, au parlement.

Mais lorfque les dettes doivent être payées par impofitions ou par une levée de droits ordonnée au confeil, les conteftations fe portent en premiere inftance devant les juges qui en doivent connoître, & par appel, aux cours des aides : cela eft ainfi réglé par l'édit de 1683, & par un autre édit du mois de juillet 1689 (*).

Les communautés de villes ont ordinairement des officiers qu'on appelle maires, échevins, confuls, &c. pour prendre foin des Biens & des affaires qui peuvent les concerner; celles de campagne ont un fyndic pour le même objet. Ces officiers font comme les procureurs & les adminiftrateurs de ces communautés. Voyez ce qui a été dit d'eux à l'article AUTORISATION. (des fyndics.)

HUITIEME PARTIE.

Biens des mineurs : ce font ceux qui appartiennent à des perfonnes qui n'ont point encore atteint leur âge de majorité.

Les loix veillent particuliérement à la confervation de ces fortes de Biens, & n'en laiffent point la difpofition aux mineurs ; elles en confient l'adminiftration à ceux que les parens de la famille défignent pour s'en charger, & qu'on appelle *tuteurs* ou *curateurs*. Ce font ces perfonnes qui prennent foin des Biens des mineurs, & qui font obligées de leur en rendre un compte

(*) Un arrêt du parlement de Grenoble du 6 mars 1723, porte un réglement particulier pour ce qui concerne l'adminiftration des Biens des communautés des habitans dans le Dauphiné.

exact & fidele lorfqu’ils font parvenus à leur
majorité (*).

Cependant on n’attend pas toujours cette majorité pour laiffer aux mineurs l’adminiftration
de leurs Biens : lorfqu’ils font mariés, ils font
dès-lors habiles à difpofer de leur mobilier, &
à jouir par eux-mêmes du revenu de leurs immeubles : ils acquierent la même faculté lorfque, fans être mariés, ils font émancipés en
vertu de lettres du prince, ou qu’ils le font fimplement par l’autorité du juge fur un avis de parens, comme ceci fe pratique dans quelques
pays du droit écrit, C’eft une grace qu’on leur
accorde fur le témoignage qu’on a de leur fageffe & de leur bonne conduite ; mais à l’égard
de la propriété de leurs immeubles, ils ne peuvent point en difpofer avant leur pleine majorité (**) ; ils n’ont même pas la faculté d’aliéner ceux qu’ils ont acquis. On leur permet à la
vérité tout ce qui peut leur être avantageux ;
mais ce qui eft contraire à la propriété de leurs

(*) Quand les mineurs ont des Biens dans le royaume & dans les colonies françoifes, il doit leur être
nommé des tuteurs dans ces pays étrangers, en même
tems qu’on leur en nomme pour les Biens qu’ils ont
en France. La maniere de procéder à cette nomination
eft réglée par deux déclarations, l’une du 15 octobre
1721, & l’autre du premier février 1743. Ces déclarations règlent en même tems les fonctions de chaque tuteur, & prefcrivent la conduite que doivent tenir les
mineurs qui veulent ou fe marier ou fe faire émanciper.

(**) Ceci ne doit pas s’entendre des difpofitions à
caufe de mort dans les coutumes & les pays où les mineurs peuvent tefter : la loi ne porte plus la même attention à des Biens dont ils ne doivent plus jouir après leur
mort.

fonds, ne fauroit être ftable à leur préjudice.

Pour qu'ils puffent faire une aliénation valable, il faudroit qu'elle fût fondée fur des motifs de néceffité, & qu'on obfervât les formalités dont il a été parlé à l'article ALIÉNATION.

La même loi qui leur défend d'aliéner leurs immeubles, leur défend auffi de les hypothéquer. Ainfi tous les emprunts qu'ils auroient pu faire durant leur minorité, à l'exception néanmoins de ceux qui auroient tourné à leur profit, ne pourroient fe prendre fur la propriété de leurs fonds ; c'eft aflez qu'on puiffe s'en faire payer fur leurs revenus & fur le mobilier. Cependant lorfqu'ils ont formé des engagemens, & qu'ils font parvenus à l'âge de 3 5 ans fans les avoir fait révoquer, ces engagemens produifent le même effet que s'ils avoient été contractés en majorité, à moins qu'ils ne fuffent nuls d'une nullité abfolue, comme ils le feroient s'ils avoient été formés dans un tems où le mineur ne jouiffoit d'aucune efpece d'émancipation.

Il ne fuffiroit pas que le mineur fe fût dit majeur par un acte pour que les obligations qui en réfulteroient fuffent irrévocables. On ne fait attention qu'à l'état de majorité ou de minorité où il fe trouvoit lors de l'acte, autrement ceux qui voudroient l'engager ne manqueroient jamais de lui faire déclarer qu'il eft majeur.

Il en eft autrement des obligations qui ont trait au commerce : les banquiers, les marchands & les artifans mineurs, peuvent valablement s'obliger pour le fait de leur négoce & de leur profeffion, ce qui s'applique aux mineurs de l'un & de l'autre fexe ; l'article 6 du titre 1 de l'ordonnance de 1673 le leur permet

expreffément. Il y a plus, c'eft que ces obligations emportent contr'eux de plein droit la
contrainte par corps; la majorité pour eux commence dès l'inftant qu'ils font un commerce pour
leur compte particulier : c'eft ce qui a été jugé
par un arrêt du 2 juillet 1585, rapporté par
Tronçon fur l'article 224 de la coutume de
Paris.

Le commerce étant donc permis aux mineurs,
une queftion feroit de favoir fi celui qui n'auroit point d'argent pour entreprendre un négoce, pourroit valablement aliéner fes immeubles pour s'en procurer : M. Jouffe, en fon
commentaire fur l'ordonnance de 1673, femble
adopter l'affirmative ; mais nous ne faurions
être de cet avis : il eft néceffaire que le mineur
conferve autant qu'il eft poffible fes immeubles,
au lieu qu'il n'eft pas néceffaire qu'il devienne
un marchand. Il eft vrai que par des obligations
pour fait de commerce, il peut les hypothéquer,
& que l'aliénation peut par ce moyen dans la
fuite devenir néceffaire ; mais cette néceffité,
qui toutefois n'eft qu'accidentelle, eft pour lors
une caufe qui ne fe trouve pas, lorfqu'il ne s'a-
git que d'avoir des fonds pour entreprendre un
commerce, & ceci fait une grande différence.
Au furplus, s'il étoit abfolument néceffaire que
le mineur devînt commerçant, pourquoi feroit-
on difpenfé de fuivre en pareil cas les formalités
requifes pour une aliénation valable ?

Les mineurs qui font au fervice du roi font
encore réputés majeurs pour leur faire payer
les fournitures qui concernent leur fervice,
lorfqu'elles ont été faites de bonne foi.

Ceux qui poffedent des bénéfices font réputés émancipés à 14 ans pour adminiſtrer les revenus de ces bénéfices, & majeurs à 18, pour réſigner ces mêmes bénéfices.

Quoique les mineurs émancipés aient une certaine liberté d'adminiſtration, ils ne laiſſent pas d'avoir beſoin en pluſieurs cas de l'aſſiſtance d'un curateur : c'eſt ce que nous avons expliqué à l'article AUTORISATION.

Il nous reſte à obſerver au ſujet des Biens des mineurs, qu'ils ſont impreſcriptibles pendant que dure la minorité ; l'émancipation ne ſuffit pas pour leur faire perdre cette prérogative : cependant ſi les choſes étoient priſes dans les vrais principes, les objets mobiliers devroient ſe preſcrire contre le mineur émancipé, tout comme ils ſe preſcrivent contre le majeur. Le grand axiome des praticiens (& nous pouvons dire des docteurs) eſt que la preſcription ne peut avoir lieu contre celui qui ne peut agir : *contrà non valentem agere non currit præſcriptio*. Or le mineur émancipé peut agir, il peut réclamer le mobilier dont il a la libre diſpoſition : on pourroit donc preſcrire contre lui. Mais il faut en revenir à un principe plus vrai, & dire que ſi le mineur, en pareil cas, n'agit point, c'eſt que la foibleſſe de ſon âge ne lui permet pas de connoître toutes les loix de la ſociété, & notamment celles de la preſcription.

Nous obſerverons encore que les Biens des mineurs ne changent pas de nature, c'eſt-à-dire, qu'ils leur demeurent tels qu'ils leur ſont venus par ſucceſſion, donation ou autrement, quoique par l'événement ces mêmes Biens prennent une autre qualité que celles qu'ils avoient naturellement. Par exemple, on fait à un mineur

le rembourfement d'une rente conftituée qui
étoit un immeuble; fi ce mineur vient à mourir avant fa majorité, & que ces deniers fe
trouvent dans fa fucceffion, ces mêmes deniers
conferveront leur premiere nature à l'égard de
fes héritiers; de forte que ce qui lui fera propre
lui demeurera propre, & fuivra la loi des propres fictifs ou réels. Mais à fa majorité, les biens
n'auront plus d'autre qualité que celle qu'ils ont
naturellement, & fa fucceffion fe partagera fuivant les regles ordinaires: c'eft une jurifprudence tirée de l'article 94 de la coutume de
Paris.

Biens des interdits : ce font ceux qui appartiennent à des perfonnes qui n'en ont plus la
libre adminiftration, à caufe du dérangement
de leur efprit ou du déréglement de leur conduite.

L'homme majeur eft toujours préfumé capable de gouverner fes Biens, & de fe gouverner lui-même, jufqu'à ce qu'on l'ait privé de
cette faculté par un jugement rendu en connoiffance de caufe. C'eft aux parens de celui qu'on
veut faire interdire qu'il appartient de pourfuivre un jugement d'interdiction: le miniftere
public pourroit feul auffi le folliciter, fi la famille demeuroit indifférente fur l'état de la perfonne qui n'eft plus capable de fe conduire. Les
étrangers pour l'ordinaire ne font point rece-
vables dans une telle démarche, à moins qu'ils
n'aient à cet égard un intérêt bien marqué:
toute leur faculté fe borne à dénoncer l'état
de celui qui eft dans le cas de l'interdiction (*).

(*) On verra plus particuliérement à l'article INTER-

Lorfqu'un particulier eft interdit pour caufe de démence, il n'a plus la moindre adminiftration de fes Biens : elle eft confiée à un curateur qui fait pour lui les mêmes fonctions que celles que fait un tuteur pour un mineur ; car l'interdit tombe comme dans une efpece de minorité, & la prefcription ne peut pas plus lui nuire qu'à un mineur. Il peut pourtant dans des momens lucides, lorfqu'il eft affez heureux pour en avoir, contracter à fon avantage ; mais auffi-tôt que les engagemens lui font contraires, ils font regardés comme faits dans ces inftans où la liberté de l'efprit & de la raifon lui manquoit, & on les confidere comme non avenus.

A l'égard des aliénations, on doit fuivre pour lui les mêmes regles que celles qu'on obferve pour les mineurs. En général on ne lui permet même pas de difpofer par teftament, comme on le permet dans plufieurs pays aux mineurs ; car pour tefter, il faut avoir l'efprit fain, & l'on ne peut pas le fuppofer tel dans un homme qui a été jugé l'avoir aliéné. Cependant, à la faveur des momens lucides que peuvent avoir quelquefois les infenfés, on tolere les teftamens qu'ils ont faits, lorfqu'il paroît que le teftateur y a mis toute la réflexion que peut y mettre un homme raifonnable, & c'eft ce qui fe reconnoît par l'acte même : mais il faut que ce foit un acte olographe, parce qu'un acte pareil manifefte plus particuliérement l'état & la volonté de celui qui en eft l'auteur : c'eft pourquoi un arrêt du parlement de Paris, du 2 juin 1734, a jugé bon &

DICTION quelles font les caufes pour lefquelles elle peut avoir lieu.

valable le teftament olographe du fieur Coin-
tret, fait deux mois avant fon interdiction, quoique fes héritiers offriffent de prouver que fa démence étoit connue au tems de fon teftament:
mais fes héritiers n'offroient qu'une preuve tef-
timoniale, tandis qu'on leur oppofoit une preuve
écrite du difcernement & de la réflexion du teftateur dans l'acte émané de lui.

Il ne faut pourtant pas croire qu'il n'y ait que
les actes faits depuis l'interdiction qui puiffent
être attaqués : l'interdiction a un effet rétroactif au tems où les caufes qui y ont donné lieu
ont paru. Ainfi tous les actes faits depuis que les
caufes de cette interdiction ont commencé, peuvent être attaqués, par la raifon qu'il faut être
fain de jugement pour contracter, & qu'il n'y
a pas de contrat où il n'y a pas de jugement, &
par conféquent de volonté. Mais la preuve de
ce défaut de jugement fouffre quelquefois bien
des difficultés : c'eft ce que nous expliquerons
plus au long à l'article INTERDICTION.

Quant à l'interdiction pour fait de diffipation,
de prodigalité ou de mauvaife conduite, elle
n'eft pas toujours auffi abfolue que celle qui a
pour caufe la démence ; on peut la borner à une
défenfe d'aliéner les fonds, & laiffer à l'interdit
l'adminiftration de fes revenus, en un mot, le
réduire fimplement à l'état d'un mineur émancipé. On peut être encore moins févere ; on
peut fe contenter de lui donner un confeil, avec
défenfes de former aucun engagement, de faire
aucun contrat, & d'entreprendre aucun procès
fans l'avis par écrit de ce confeil, ou fans fon
intervention dans l'acte : tout ceci doit dépen-

ƌre de la nature des caufes de l'interdiction, &
de la prudence des juges.

Celui qui n'eft interdit que pour caufe de prodigalité, conferve une entiere faculté de difpofer par teftament, car il y a une grande différence à faire entre un homme interdit pour
caufe de démence, & un homme qui ne l'eft
que pour fait de diffipation. Pour tefter, il fuffit
d'avoir une volonté, & le prodigue a la fienne
comme tout autre individu : c'eft auffi le fentiment de Ricard. Cependant fi le teftament paroiffoit fait par haine contre la famille qui auroit
provoqué l'interdiction, il refteroit toujours
aux juges le droit de réduire ce teftament au
point où l'on auroit lieu de croire que le teftateur l'eût réduit lui-même, s'il n'avoit point
cherché à fatisfaire un injufte reffentiment.

Obfervez que l'interdiction pour prodigalité
n'empêche pas l'interdit de toucher par lui-même les rentes viageres qu'il peut avoir fur l'hôtel-de-ville de Paris ; un arrêt de la chambre
des comptes, du 17 juin 1758, l'a ainfi réglé;
mais il n'en eft pas de même de l'interdit pour
fait de démence.

La prefcription court-elle contre un interdit
pour prodigalité? L'affirmative paroît l'opinion
la plus faine : le prodigue peut toujours faire
fon avantage, malgré l'interdiction, qui n'a pour
but que de lui conferver fes Biens. Il y a cette
différence entre lui, les infenfés & les mineurs,
que ceux-ci font regardés comme n'ayant pas
affez de connoiffance pour écarter tout ce qui
peut leur être préjudiciable, au lieu que le prodigue connoiffant les loix, & ayant pu agir pour
fes intérêts, il eft dans fon tort de ne l'avoir pas
fait.

Quand le curateur nommé à un prodigue vient à décéder, l'interdit reprend de plein droit l'adminiſtration de ſon Bien, à moins que la famille ne lui faſſe nommer un autre curateur : mais il n'en eſt pas de même de l'interdit pour fait de démence : ſon état de démence eſt toujours contre lui un obſtacle, comme la minorité l'eſt contre un mineur.

Lorſqu'il y a lieu à une aliénation des Biens d'un prodigue, les formalités ne ſont pas auſſi rigoureuſes qu'elles le ſont pour l'aliénation des Biens des mineurs ou des interdits pour démence. Une vente ordinaire faite par le prodigue, avec le conſentement exprès de celui qui lui eſt donné pour curateur ou pour conſeil, ſeroit ſuffiſante, à moins qu'il n'y eût une connivence marquée entre l'acquéreur & le curateur. Cependant il ſeroit toujours néceſſaire que l'acte fît mention des motifs & de l'intérêt qui auroient donné lieu à l'aliénation.

Obſervez que les Biens des interdits pour démence ou pour prodigalité ne ſont pas comme ceux des mineurs ; ces Biens ne conſervent pour les interdits d'autre qualité que celle qu'ils ont naturellement.

NEUVIEME PARTIE.

Biens vacans : ce ſont ceux dont le maître n'eſt point connu, & qui par-là ſont cenſés n'appartenir à perſonne. Telles ſont les épaves, les héritages déſerts, &c.

Les beſtiaux & les choſes mobilieres compriſes ſous le nom d'épaves, ſont adjugés au ſeigneur haut - juſticier dans le territoire duquel elles ſe trouvent. C'eſt une eſpece d'aubaine

dont

dont on a cru qu'il étoit naturel qu'il profitât préférablement à tout particulier.

A l'égard des héritages vacans & abandonnés par ceux à qui ils appartenoient, la coutume de Paris & plusieurs autres les donnent au seigneur haut-justicier dans le territoire duquel ils sont situés ; mais il est d'usage que ce seigneur ne puisse s'en emparer qu'après un certain tems fixé par la coutume d'Auxerre, à dix ans entre âgés & non privilégiés. Dans quelques coutumes particulieres, comme dans celles de Lorris & de Nivernois, c'est le seigneur censier qui en profite, quoiqu'il n'ait point de justice attachée à sa seigneurie; mais il faut observer que le seigneur ne peut les réclamer qu'autant qu'ils ne sont possédés par personne ; car dès qu'il y a un tenancier, le seigneur est non-recevable à rechercher si ce tenancier est fondé ou non en titre de propriété. La présomption est pour ce dernier, & elle suffit pour écarter la demande du seigneur.

Au surplus remarquez que la coutume de Nivernois ne donne au seigneur les fruits que jusqu'à concurrence de son cens & de ses arrérages : de sorte que si le propriétaire veut rentrer dans son héritage dans les 30 ans après que le seigneur s'en est mis en possession, il est en droit de le faire & d'exiger un compte du surplus ; mais si une fois il a laissé passer ces 30 ans, il n'est plus recevable à rien demander. On peut sur cela consulter Coquille en ses questions sur la coutume de Nivernois.

Il ne faut pas comprendre dans la classe des Biens vacans ceux auxquels on a renoncé lors de l'ouverture d'une fucceffion. C'eft un genre de vacance tout particulier, comme on le verra aux articles CURATEUR & SUCCESSION.

Voyez *les commentateurs de la coutume de Paris ; l'inftitution au droit François, les queftions de Bretonnier ; le traité des propres ; celui des fucceffions ; celui de la communauté par Pothier ; les loix civiles ; les loix eccléfiaftiques ; la jurifprudence civile ; la jurifprudence canonique ; le traité des minorités ; celui de la fouveraineté ; celui des contrats de mariage ; les coutumes de Normandie, de l'Auvergne & de la Marche ; la collection de jurifprudence ; le journal des audiences ; Dargentré fur la coutume de Bretagne ; Ferrieres en fon dictionnaire ; Coquille en fes queftions fur la coutume de Nivernois ; Catelan au fujet des biens vacans ; l'ordonnance des eaux & foréts & celle du commerce ; les édits de juillet 1607, d'avril 1667, d'avril 1683, de juillet 1689, d'avril 1695 & d'octobre 1711 ; les déclarations du 12 février 1661, du 6 novembre 1667, du 30 décembre 1681, du mois de mars 1685 & du 22 juillet 1702 ; les arrêts de réglement du parlement de Paris du 16 mars 1733, & du parlement de Grenoble du 6 mars 1723, &c.* Voyez auffi les articles ALIÉNATION, ACQUET, PROPRES, SUCCESSION, DOT, PARAPHERNAUX, FIEF, SERF, MORTAILLABLE, EGLISE, FABRIQUE, CONFRÉRIES, HÔPITAUX, COMMUNAUTÉ, MINEUR, INTERDIT, EPAVE, PRESCRIPTION, &c. (*Article de M. DAREAU, avocat au parlement, de la fociété littéraire de Clermont-Ferrand*).

BIENSÉANCE. On appelle ainfi dans quelques coutumes le droit qu'on a d'exercer par préférence à d'autres parens, le retrait de la portion qu'un co-détenteur a vendue ou cédée à prix d'argent à un parent ou à un étranger. Ce retrait est appellé de *Bienséance*, parce qu'il paroît naturel & convenable que celui qui a déja une portion de la chose, puisse, s'il le juge à propos, retenir le surplus, en remboursant à l'acquéreur ce qu'il lui a coûté légitimement : au moyen de cette préférence, le retrayant évite un partage qui pourroit entraîner des discussions. L'article 272 de la coutume de la Marche semble adopter cette espece de Bienséance : après avoir parlé du droit de ceux qui exercent un retrait, elle ajoute : *sauf la prérogative des communs en tous biens.* (*Article de M. Dareau avocat, &c.*).

BIENVENUE. Ce mot s'emploie pour désigner la premiere fois qu'on arrive dans un endroit ou qu'on est reçu dans quelque corps, à cause de l'usage dans lequel on est. de payer quelque droit en y entrant. La Bienvenue se paye ordinairement en repas, en bougies, en jetons, &c.

Il y a des sociétés, des confréries où cette espece de droit est exigé sans qu'on puisse s'y soustraire ; dans d'autres il est expressément défendu. Il est permis dans celles où l'on est entiérement maître d'admettre ou de rejeter les sujets qui se présentent, parce que quand on est maître de l'association, il est libre de ne l'accorder qu'à telles conditions que l'on juge à propos, & lorsque ces associations sont autorisées par des lettres patentes & que le droit exigé est porté par les statuts, ou qu'il est introduit par un ufage foit ancien, qui ne renferme rien d'abufif (*), ceux qui le doivent peuvent être condamnés à le payer.

Dans les corps & communautés où il eft de droit public que tous ceux qui ont les talens & les qualités requifes pour y entrer, y foient admis, on ne peut exiger des recipiendaires autre chofe que ce qui eft porté par les ftatuts. Tout ce qu'on prétend au-delà par forme de bienve-nue, dégénere en concuffion ; il y a plus, c'eft que quand même le récipiendaire fe prêteroit volontairement à payer la bienvenue, ce qui lui eft défendu, il ne feroit pas permis de rece-voir ce qu'il voudroit donner.

Il y a une efpece de Bienvenue, qu'on appelle droit d'entrée ou de chapelle, & qu'on fait payer dans quelques Eglifes à l'avénement d'un titu-laire à fon bénéfice. Juftinien par fa novelle 12; défend de rien exiger à cette occafion. Le Pape Urbain IV regarde un droit pareil, comme ayant trait à la fimonie : il s'en explique dans l'extra-vagante commune de fimoniâ de façon à le faire entiérement rejeter, à moins que ce que l'on donne en pareil cas, ne foit offert volontaire-ment dans un efprit de charité, au profit de l'églife.

Anciennement il étoit affez ordinaire qu'un chanoine ne pût entrer dans un chapitre fans donner un feftin à fes confreres : Pie V par une bulle de 1570 abolit cet ufage. La congré-

---

(*) Il ne faut pas confondre des repas honnêtes qui s'exigent quelquefois, avec des parties de cabaret qui dégénèrent fouvent en mauvais propos, en injures & en voies de fait.

gation des cardinaux modifia cette bulle en y-
ajoutant : *si ce n'est pour la fabrique ou autres.
usages pieux*, ce qui est conforme à l'esprit du
concile de Trente.

Il y a quelques sieges épiscopaux où le Prélat-
lorsqu'il fait son entrée, est obligé de donner
un repas aux ecclésiastiques & à la noblesse du
diocèse qui lui fait les honneurs accoutumés ;
ces repas ne peuvent avoir trait à aucune
simonie , puisque le bénéfice est déja acquis
au prélat. Les évêques ont cherché quelquefois à se soustraire à ces dépenses qui ne
laissent pas de leur coûter beaucoup, sur-tout
quand la vaisselle d'argent qu'on y employe &
même qu'on est obligé d'y employer dans quelques diocefes, doit tourner au profit de ceux
qui ont fait les frais des honneurs de la cérémonie de l'entrée ; mais il ne leur a pas été
possible de réussir : les cours lorsqu'elles ont-
eu à statuer sur ces usages, n'y ont rien trouvé
d'abusif, & les ont maintenus.

L'archidiacre de Sens prétend avoir droit
d'installer les évêques de sa province, & d'exiger un marc d'or pour lui & un marc d'argent
pour chacun des chanoines qui l'accompagnent
dans cette cérémonie. Cette prétention a donné
lieu à une consultation sur laquelle M. d'Héricourt se déclare ouvertement contre l'archidiacre sur les deux chefs de cette même prétention. Cependant il n'est pas moins en possession de ce droit, lequel paroît aussi légitime que-
celui de se faire payer des curés une certaine-
rétribution qu'on ne lui dispute pas lorsqu'il est-
en cours de visite. *Voyez* ce qui a été dit à l'ar-

ticle *archidiacre*, & ce que nous ajouterons aux articles CHAPELLE & INTRONISATION.

Un autre droit de Bienvenue eft celui que l'on fait payer aux accufés lorfqu'on les confti tue prifonniers ; mais c'eft un abus fur lequel les juges qui ont la police des prifons, devroient être plus attentifs qu'ils ne le font ordinairement L'article 14 du titre 13 de l'ordonnance de 1670 défend « à tous géoliers, greffiers & gui » chetiers & à l'ancien des prifonniers, appellé » doyen ou prevôt, fous prétexte de Bienve » nue, de rien prendre des prifonniers en ar » gent ou vivres, quand même il feroit vo » lontairement offert, ni de cacher leurs har » des, ou les maltraiter & excéder, à peine » de punition exemplaire ». *Voyez* ce qui fera dit aux articles GÉOLE, GÉOLIER, PRISONS &c. (*Cet article eft de M. DAREAU, avocat, &c.*)

BIERE. Sorte de boiffon faite avec du bled & du houblon.

Il doit être fait de tems en tems des vifites chez les revendeurs de Bières & cervoifes en détail, pour voir s'il n'y en a point qui foient gâtées & altérées, auquel cas elles doivent être faifies, pour la confifcation en être ordonnée avec amende.

Les braffeurs & autres qui fabriquent de Bières, font tenus, lors de chaque braffin, d'a vertir par écrit les commis des aides du jour & de l'heure qu'ils doivent mettre le feu fous les chaudières, au moins trois heures avant de l'al lumer. Ils font pareillement tenus de retirer le double de leur déclaration, lequel doit leur être délivré fans frais, & exprimer l'heure à laquelle la déclaration aura été faite, fans qu'il leur foit permis de mettre le feu à d'autres heures qu'à celles indiquées par la même déclaration. Cela est ainsi prescrit par les ordonnances des aides pour Paris & pour Rouen, & par les arrêts du conseil des 15 octobre 1718, & 20 novembre 1725, revêtus de lettres-patentes.

· Il est enjoint aux brasseurs d'entonner la Bière de jour, savoir, pendant les quartiers d'avril & de juillet, depuis cinq heures du matin jusqu'à sept heures du soir; & dans les autres quartiers, depuis sept heures du matin jusqu'à cinq heures du soir, les commis étant présens ou duement appellés; le tout à peine de confiscation de la Bière, ainsi que des instrumens servant à la faire, outre cent livres d'amende contre les brasseurs, & cinquante livres contre chacun des compagnons, apprentis & autres qui auront été employés à la fabrication des mêmes Bières (*).

· Il est défendu aux brasseurs de se servir de cuves, chaudières & bacs, que l'épallement, c'est-à-dire, la jauge n'en ait été faite avec le fermier ou ses commis, qui sont autorisés à y appliquer leurs marques dans tous les endroits qu'ils jugent nécessaires, & d'en dresser leur procès-verbal. Dans le cas de contravention de

---

(*) Ces peines n'ayant pas suffi pour empêcher la fraude de la part de certains brasseurs, plusieurs d'entr'eux ont été condamnés par deux arrêts du conseil, à des amendes plus fortes, qui ont été portées jusqu'à 500 livres, & le commerce de brasseur leur a d'ailleurs été interdit pour un certain tems. On peut à ce sujet voir les arrêts du conseil des 14 mars & 4 avril 1719, premier août & 26 septembre 1721, 12 mai 1722, & 22 janvier 1726.

la part des brasseurs, les vaisseaux non marqués doivent être confisqués, ainsi que la Bière qu'ils contiennent, & les contrevenans condamnés à cent livres d'amende.

Les commis doivent marquer les tonneaux à mesure qu'ils sont remplis, & tenir registre de leur nombre & de leur contenance. Il est défendu aux brasseurs d'en souffrir l'enlèvement avant qu'ils aient été démarqués par les commis, à peine de confiscation & de cinq cens livres d'amende.

Ils sont tenus de les enlever dans le jour de la démarque, afin d'éviter la confusion.

Ces opérations de marque & de démarque sont sur-tout nécessaires pour remédier à la fraude que peuvent faire les brasseurs par le moyen des entrepôts cachés. Tous les vaisseaux rencontrés dans le transport ou trouvés chez les revendeurs sans avoir été marqués & démarqués, proviennent, à coup sûr, de ces entrepôts. La défense de les enlever sans congé ne suffiroit point pour détruire ce genre de fraude, parce que les brasseurs, autant de fois qu'ils ne seroient pas rencontrés dans le transport, pourroient se servir du même congé pour enlever de nouveau de leur entrepôt la quantité portée par ce congé.

Il est au choix du fermier de se faire payer sur le nombre & la contenance des vaisseaux dans lesquels la Bière aura été entonnée, sans aucune déduction pour les remplages & coulages, ou sur le pied de l'épallement des chaudières à la déduction du quart, à quoi ont été réglés les déchets de la fabrication & les coulages, tant de ces chaudières où il y a des gantes (*), que de celles où il n'y en a point. Les gantes ne peuvent être que de quatre pouces de haut, & il est défendu aux brasseurs de se servir d'aucun mastic ou autre matière pour les soutenir & augmenter.

Il est défendu aux brasseurs d'enlever ou laisser enlever les Bières qu'ils vendent en gros sans congés ou billets de remuage, & à d'autres heures que depuis cinq heures du matin jusqu'à sept heures du soir dans les quartiers d'avril & de juillet, & depuis sept heures du matin jusqu'à cinq dans les autres quartiers, à peine de confiscation des Bières & équipages servant à les conduire, outre l'amende de cent livres contre les brasseurs, & de cinquante livres contre les compagnons & autres employés à l'enlevement des Bières.

Ils sont tenus sous les mêmes peines pour l'exécution des dispositions ci-dessus, de souffrir les visites & exercices des commis, même hors le tems & les heures qu'ils ont déclaré devoir brasser, & à toutes sortes d'heures, soit de jour, soit de nuit.

L'injonction de n'entonner leurs Bières que de jour, & dans les heures marquées, deviendroit illusoire, sans la faculté de voir si les brasseurs n'y contreviennent pas.

Toutes ces dispositions sont fondées tant sur les ordonnances des aides de 1680 & 1681, que sur divers arrêts du conseil & des cours des

(*) On appelle gante un bord qu'on adapte aux chaudières, pour empêcher que la bière ne se répande lorsqu'elle bout.

aides de Paris & de Rouen, qui feront indiqués à la fin de cet article.

La Bière a été déchargée des droits de fub-vention, de gros & de détail, dans la ville & les fauxbourgs de Paris, par une déclaration énoncée dans les baux des fermes, notamment dans ceux de le Gendre, article 250, & de Du-frefnoy, article 73. L'ordonnance a confirmé cette exemption; de forte que la Bière n'eft affu-jettie dans Paris qu'au droit de contrôle & à celui des effayeurs.

Le droit de contrôle fut établi par l'édit de décembre 1625, la déclaration du 16 février 1635, & un autre édit du mois de mars 1646, & fixé par l'ordonnance à une livre dix-fept fous fept deniers dans Paris. Ce droit n'eft point par-ticulier à cette ville; il fe perçoit dans tous les pays où les aides ont cours, à la différence néanmoins qu'il ne fe perçoit dans ces pays qu'à raifon de trente fous par muid.

Le droit des effayeurs, qui eft de trente-cinq fous par muid, fut créé par l'édit d'août 1697, & attribué aux offices établis par le même édit. L'édit de mais 1698 fupprima ces offices, & ordonna la perception du droit au profit de fa majefté.

Ces deux droits, qui montent enfemble à trois livres douze fous fept deniers, fe perçoi-vent tant à la fabrication qu'à l'entrée par eau ou par terre; les lettres-patentes de 1719 n'ont rien changé à cette fixation (*).

_____

(*) Outre ces droits, on perçoit à Paris trois livres par chaque muid de bière qui y entre par eau ou par terre. Ce droit eft fondé fur l'article 7 de l'édit du mois de juil-

On perçoit le double droit de contrôle fur la Bière venant de l'étranger, en vertu de la déclaration du 16 février 1635.

La manufacture de tapifferies des Gobelins jouit de l'exemption des droits de contrôle fur la quantité de trois cens cinquante muids de Bière par an, à quoi a été évalué le privilège qui lui a été accordé par l'édit de novembre 1667.

Dans la ville, les fauxbourgs & la banlieue de Rouen, on perçoit fur la Bière les droits d'entrée ordinaires tels qu'ils fe lèvent dans les autres villes de la province, c'eft-à-dire, la fubvention, le contrôle, les droits de jauge & courtage, & celui des infpecteurs aux boiffons. Nous parlons de chacun de ces droits fous le nom qui lui eft propre.

A l'égard de la Bière façonnée dans la ville & la banlieue de Rouen, elle n'eft fujette pour tout droit à la vente en gros & en détail, qu'à cinquante fous par muid, payables à mefure qu'elle eft façonnée : c'eft ce qui réfulte de l'article 7 du titre 27 de l'ordonnance des aides de Normandie, du mois de juin 1680.

Mais fi les Bières font apportées du dehors dans la ville & la banlieue, elles doivent pour la vente en détail les droits de quatrième, parifis, fou, & fix deniers pour livre & de fubvention.

Lorfque la Bière deftinée en paffe-debout paffe à l'étranger ou dans les provinces réputées étrangères, fi elle vient d'un pays non fujet au gros, elle doit payer ce droit à la fortie.

let 1767. Il fe lève au profit de la ville & ne doit avoir lieu que jufqu'au 31 décembre 1790.

Un édit du mois d'août 1745 a ordonné que
la Bière payeroit pour droit d'entrée à Versailles quarante sous par muid, outre le droit
de contrôle de trente sous par muid dû sur la
Bière façonnée dans cette ville, comme dans
les autres lieux sujets aux aides.

Les droits de gros se perçoivent sur les Bières
qui s'enlèvent de la ville de Paris, parce qu'elle
est exempte de ces droits : c'est ce qui résulte
d'un arrêt du conseil du 6 juin 1730, rendu
contre plusieurs habitans d'Etampes.

Les brasseurs sont tenus de laisser les congés
des Bières qu'ils vendent, entre les mains des
acheteurs dans l'instant de la livraison, & les
acheteurs de leur côté sont obligés de les représenter aux commis sur-le-champ à la premiere requisition, à peine du 100 livres d'a-
mende pour chaque contravention. C'est ce
qui résulte des arrêts du conseil des 18 juillet
1713, 7 novembre 1721, & 5 mars 1726.

Les Bières façonnées chez les brasseurs pour
la provision des particuliers à qui ils ne font
même que prêter leurs chaudières, sont sujettes
aux droits de gros.

Cette loi paroît dure, mais elle est devenue indispensable par la fraude qui se faisoit
sous prétexte de l'emprunt des chaudières, &
par l'impossibilité de découvrir si la Bière qu'un
ou plusieurs bourgeois déclarent avoir brassées
dans une chaudière étrangère, n'a point été
vendue à ces bourgeois par les propriétaires
de la brasserie.

La cour des aides avoit, par arrêt du 17
août 1740, défendu au fermier de percevoir

les droits fur les Bières braffées par les bourgeois dans les brafferies & chaudières d'emprunt d'autres bourgeois. Ces défenfes étoient
également préjudiciables au fermier dont on
fraudoit les droits, en cachant les ventes ef-
fectives des Bières fous l'emprunt fimulé des
chaudières, & aux braffeurs chez lefquels les
bourgeois n'envoyoient plus façonner leurs
Bières ; les braffeurs, d'accord avec le fermier,
préfentèrent requête au confeil à l'effet de faire
affujettir aux droits les Bières des bourgeois
braffées dans des chaudières empruntées chez
d'autres bourgeois, de même que celles façonnées chez les braffeurs. Le confeil, pour tran-
cher toute difficulté à l'égard des uns & des
autres, défendit par différens arrêts des 22
août 1741, 14 août 1742 & 19 fevrier 1743 à
tous particuliers autres que les braffeurs, de
braffer des Bières pour autrui, & de prêter
leurs brafferies & chaudières fous quelque prétexte que ce foit, à peine de quinze cens livres
d'amende payable folidairement tant par ceux
qui prêtent leurs chaudières que par ceux qui
les empruntent.

Suivant le tarif de 1664, chaque baril de
Bière doit douze fous à l'entrée des cinq groffes
fermes.

En exécution de l'ordre du confeil du 11
juillet 1737, la Bièrre venant d'Angleterre en
futailles ne peut pas entrer dans le royaume ;
mais elle peut y entrer en bouteilles en payant
par chaque bouteille, dix fous pour droit d'entrée, conformément à l'arrêt du 6 feptembre
1701.

Il faut remarquer qu'indépendamment du

droit de la Biere, celui des bouteilles eſt dû ſuivant la déciſion du conſeil du 12 juin 1722.

Voyez *la déclaration du 3 août 1465 ; les ordonnances des aides pour Paris & pour Rouen ; les arrêts du conſeil des 4 décembre 1683, 22 juillet 1684, 11 mars 1698, 15 octobre 1718 & 20 novembre 1725 ; les arrêts de la cour des aides de Paris des 15 mars 1697 & 11 mars 1698 ; les lettres-patentes des 19 novembre 1718 & 4 décembre 1725 ; l'arrêt de la cour des aides de Rouen du 2 août 1718 ; les édits des mois de décembre 1625 & mars 1646 ; la déclaration du 16 fevrier 1635 ; les édits d'août 1697 & mars 1698 ; le traité général des droits d'aides ; l'édit du mois de novembre 1667, & celui du mois d'août 1745 ; les arrêts du conſeil des 18 juillet 1712, 7 novembre 1721, 5 mars 1726, 6 juin 1730, 13 février 1731, 22 août 1741, 14 août 1742 & 19 février 1743 ; les arrêts de la cour des aides de Paris, des 13 décembre 1730 & 17 août 1740 ; les obſervations ſur le tarif de 1664, l'édit du mois de juillet 1767, &c.* Voyez auſſi les articles SUBVENTION, GROS, CONTRÔLE, JAUGE, INSPECTEURS AUX BOISSONS, VENTE, QUATRIEME, INVENTAIRE, ENTRÉE, SORTIE, VISITE, COMMIS, SOU POUR LIVRE, &c.

BIGAMIE. C'eſt dans le droit canonique, l'état du bigame, c'eſt-à-dire, de celui qui a paſſé à un ſecond mariage.

Les canoniſtes diſtinguent trois ſortes de Bigamie ; la Bigamie proprement dite, la Bigamie interprétative, & la Bigamie exemplaire ou ſimilitudinaire.

La Bigamie proprement dite eſt celle que contraĉte un homme par deux mariages ſucceſſifs, quand même il auroit contracté le premier avant d'avoir reçu le baptême.

La Bigamie interprétative est celle qui se contracte par le mariage avec une veuve ou avec une fille qui a perdu notoirement sa virginité, soit qu'elle ait vécu dans la prostitution, soit que s'étant déja mariée à un autre, son mariage ait été déclaré nul.

La Bigamie similitudinaire est celle dont se rend coupable un religieux profès, ou un clerc engagé dans les ordres sacrés, en contractant un mariage, quoique dans le droit ce mariage soit nul. Dans ce cas, on ne regarde pas la nullité du sacrement, mais l'intention de la partie contractante, & l'exécution qui l'a suivie.

La Bigamie est mise au nombre des irrégularités. Quant à la raison pour laquelle les bigames sont déclarés irréguliers, elle est toute mystique. Voici de quelle maniere les pères & les conciles l'expliquent : Le mariage des chrétiens est, selon saint Paul, une image de l'union de Jesus-Christ avec l'église. Or, par la Bigamie proprement dite, ou interprétative, cette conformité est ôtée, parce que Jesus-Christ n'a eu pour épouse que l'église, qui est toujours une & incorruptible. Ainsi celui qui n'a point gardé le célibat après un premier mariage, ou dont le mariage ne peut représenter l'union de Jesus-Christ, ne doit point être mis au nombre des ministres de l'église. D'autres disent qu'on a déclaré les bigames irréguliers, parce que ceux qui ont passé à de secondes noces, paroissent peu propres à exhorter les fidelles à la chasteté. Cependant on ne regarde point comme irréguliers, ceux qui ont eu successivement ou en même tems plufieurs concubines. C'eft fur des décifions de cette nature, qu'on peut dire qu'il y a beaucoup de loix très-anciennes, dont il eft prefque impoffible de découvrir la véritable raifon : on n'eft pas moins obligé de les obferver.

Quand un homme époufe une vierge qui avoit été mariée auparavant, mais dont le mariage n'a point été confommé, foit à caufe de l'impuiffance du premier mari, foit par fa mort arrivée auffi-tôt après la bénédiction nuptiale, cet homme n'eft point réputé bigame.

Un clerc qui a eu plufieurs concubines, foit en même tems, foit fucceffivement, avant d'entrer dans le clergé, ou depuis qu'il y a été admis, n'eft point irrégulier, quoiqu'il doive être puni pour ce crime, fur-tout s'il l'a commis après avoir reçu les ordres.

Le pape eft feul en poffeffion d'accorder difpenfe de l'irrégularité qui vient de la Bigamie proprement dite, & de la Bigamie interprétative (*). Mais l'évêque peut difpenfer de la Bigamie fimilitudinaire, pour permettre à celui qui eft tombé dans cette efpèce d'irrégularité,

---

(*) Il y a plufieurs textes dans le droit canonique, qui portent, qu'on ne doit en aucun cas difpenfer de l'irrégularité qui vient de la Bigamie : on n'en doit pas conclure que le pape ne puiffe pas en difpenfer à préfent ; car outre que ces textes ne parlent que des évêques, il y a plufieurs loix eccléfiaftiques dont les papes ne difpenfoient point autrefois, & dont ils font en poffeffion depuis plufieurs fiècles d'accorder des difpenfes. L'irrégularité que produit la Bigamie n'eft qu'un empêchement du droit pofitif, qui peut être levé pour le bien général de l'églife.

de faire les fonctions de l'ordre qu'il a reçu, & non pour être élevé aux ordres supérieurs. L'évêque ne pourroit cependant difpenfer fi la Bigamie fimilitudinaire étoit en quelque manière jointe à la Bigamie proprement dite ou interprétative, comme il arriveroit, fi celui qui eft dans les ordres facrés époufoit une veuve, ou s'il avoit été déja marié valablement avant de recevoir les ordres.

Comme il faut que les mariages aient été confommés pour donner lieu à l'irrégularité qui provient de la Bigamie, celui qui a époufé une veuve, avec laquelle il n'a point eu d'habitude, ou qui, après avoir époufé une fille, paffe à de fecondes noces qu'il ne confomme pas, peut être ordonné fans difpenfe.

BIGAMIE, en matière criminelle, fe dit du crime d'une perfonne qui eft mariée en même tems avec deux autres.

Ce crime eft également condamné par les loix de l'églife & par celles de l'état. Il eft d'autant plus grave qu'à la profanation du facrement de mariage, il joint un adultère continuel.

Les Romains avoient laiffé à l'arbitrage du juge la punition de ce crime.

La loi 18, cod. *ad legem juliam de adulteriis*, déclare infames les bigames, & ne prononce point d'autres peines contre eux.

Suivant l'authentique *hodie*, cod. *de repudiis*, la femme dont le mari eft abfent, & qui fe marie fans avoir des nouvelles certaines qu'il foit décédé, doit être punie comme adultère. La novelle 117 contient une pareille difpofition & veut que la femme & celui qui l'époufe, foient punis comme adultères; c'eft-à-dire, de la peine de mort, conformément à la loi 30, *cod. ad l. jul. de adulteriis*. Mais cette peine a été changée par l'authentique qui suit ce paragraphe.

Nous n'avons en France aucune loi qui établiſſe une peine déterminée contre les bigames.

Autrefois ce crime étoit puni du dernier ſupplice. Le nommé Chambon, bigame, fut condamné à la potence, par arrêt du parlement de Paris du 17 avril 1565.

Un autre arrêt du parlement de Bretagne du 23 août 1567, condamna un procureur du préſidial de Rennes à être pendu pour avoir épouſé deux femmes.

Imbert rapporte un autre arrêt du 27 août 1583 par lequel un particulier fut condamné à être pendu pour avoir épouſé pluſieurs femmes vivantes en même tems, & à deux mille livres de réparation civile envers la femme qu'il avoit trompée.

Jacques Belouſeau, baron de Saint-Angel, qui avoit épouſé pluſieurs femmes vivantes, fut condamné par arrêt du 12 février 1626, à être pendu à Paris.

Aujourd'hui on ne punit plus de mort la Bigamie. La peine ordinaire eſt de condamner le coupable à être expoſé au carcan ou au pilori avec autant de quenouilles qu'il a de femmes vivantes, ou ſi c'eſt une femme, avec autant de chapeaux qu'elle a de maris vivans. On ajoute ordinairement la peine des galères ou du banniſſement à tems, à l'égard des hommes ; & à l'égard des femmes, on les condamne auſſi au banniſſement ou à être renfermées pendant un certain tems dans une maiſon de force.

᾽ Jeanne le Roi , couturiere , ayant fait fabriquer à prix d'argent un faux extrait mortuaire
de Jean-Jacques Derriere , fon mari, afin de
pouvoir contracter un fecond mariage, qu'elle
contracta en effet avec Firmin Corbaux, tandis
que Jean-Jacques Derriere vivoit encore , a été
condamnée par arrêt de parlement de Paris du
31 janvier 1767 , à faire amende honorable , au
carcan, ayant deux chapeaux pendus à fes côtés,
à la marque , & à être détenue à l'hôpital de la
Salpétrière pendant neuf ans. Jacques Henri le
Texier , écrivain pour le public , qui avoit fa-
briqué le faux extrait mortuaire dont on vient
de parler, a été condamné par le même arrêt,
à faire auffi amende honorable , à la marque fur
les deux épaules , & aux galères à perpétuité.

᾽ Par un autre arrêt du 13 feptembre 1775 , le
parlement de Paris a condamné pour crime de
Bigamie , le nommé Nicolas Berdat à être attaché au carcan dans la place de Grève , ayant
deux quenouilles à fes côtés, & aux galères pour
trois ans (∗).

_____

(∗) *Voici le difpofitif de cet arrêt qui peut fervir de*
formule en pareil cas.

Vu par la chambre des vacations le procès criminel
fait par le prevôt de Paris , ou fon lieutenant criminel au
châtelet , à la requête du fubftitut du procureur général
du roi audit fiège , demandeur & accufateur , contre
Nicolas Berdat, compagnon maçon & charpentier , défendeur & accufé , prifonnier ès prifons de la concier-
rie du palais à Paris , & appelant de la fentence contre
lui rendue le 16 juin 1775 , par laquelle ledit Nicolas
Berdat a été déclaré duement atteint & convaincu du
crime de Bigamie mentionné au procès ; pour réparation
de quoi a été condamné à être attaché au carcan dans la
place de Grève, & y demeurer depuis midi jufqu'à deux

Outre les peines dont on a parlé, les enfans
nés du second mariage contracté du vivant du
premier mari ou de la premiere femme, font

---

heures, ayant deux quenouilles à fon côté, & écriteau
devant & derrière portant ce mot (*Bigame*) ; ce fait,
conduit à la chaîne pour y être attaché & fervir le roi
comme forçat fur fes galères, pendant le tems & efpace de
trois ans ; défenfes lui ont été faites de fe retirer en aucun
cas, même après le tems de fa condamnation expiré,
dans cette ville de Paris, fauxbourgs & banlieue d'icelle,
ni à la fuite de la cour, fous les peines portées par les
déclarations du roi. Il a été dit auffi qu'il étoit donné
acte au fubftitut du procureur général du roi de l'appel
comme d'abus qu'il interjetoit de la célébration du mariage contracté le 15 février 1774 entre ledit Nicolas Berdat, fous les noms & qualités de Paul Berdat, dit la
Douceur, compagnon maçon, & Marie-Jeanne Queurelle, en la paroiffe de Montreuil, près Vincennes,
pour ledit appel comme d'abus dénoncé au procureur
général du roi, être par lui requis & par la cour ftatué ce
qu'il appartiendroit ; & que ladite fentence feroit, à la
diligence du fubftitut du procureur général du roi, imprimée, publiée & affichée dans tous les lieux & carre-
fours accoutumés de la ville, fauxbourgs & banlieue de
Paris, même au village de Montreuil, lieux circonvoifins,
& par-tout où befoin feroit. Conclufions du procureur
général du roi. Oui & interrogé en la chambre ledit Nicolas Berdat fur fes caufes d'appel & cas à lui impofés:
tout confidéré.

La chambre, faifant droit fur l'appel interjetté par ledit
Nicolas Berdat de ladite fentence, a mis & met l'appellation au néant ; ordonne que ladite fentence fortira fon
plein & entier effet ; condamne ledit Nicolas Berdat en
l'amende ordinaire de douze livres ; reçoit le procureur
général du roi appelant comme d'abus de la célébration du
mariage contracté le 15 février 1774, entre ledit Nicolas
Berdat, dit la Douceur, compagnon maçon, & Marie-
Jeanne Queurelle, en la paroiffe de Montreuil, près
Vincennes ; tient l'appel pour bien relevé ; lui permet de
faire intimer qui bon lui femblera fur ledit appel, fur le-

bâtards, & ne peuvent hériter ni de leur père ni de leur mère. Cependant fi l'un des deux conjoints étoit dans la bonne foi, ces enfans feroient admis à fa fucceffion. Cela a été ainfi jugé par un arrêt du 21 juin 1659, rapporté par Jovet.

M. Duperray, dans fon *Traité des contrats de mariage*, rapporte un arrêt du 28 janvier 1691, qui a condamné un particulier à la peine des bigames, parce qu'il s'étoit remarié fans avoir des preuves légitimes de la mort de fa femme.

Mais quelle doit être la preuve pour être cenfée légitime ?

Les uns, tels que le cardinal de Panorme, penfent qu'elle doit être fondée fur des écrits ou fur la foi des témoins, tantôt de plufieurs, tantôt d'un feul, felon les circonftances qui peuvent augmenter ou diminuer la vraifemblance du décès.

Les autres, tels qu'Antonius de Rofellis, difent que c'eft affez qu'on ait une probabilité morale du décès de l'abfent : il y en a même qui prétendent qu'on doit ajouter foi à la nouvelle d'un pareil décès, lorfqu'elle eft fondée fur le bruit public & fur le certificat d'une perfonne non fufpecte.

---

quel les parties auront audience au lendemain de faint Martin. Ordonne que le préfent arrêt fera imprimé, publié & affiché dans tous les lieux indiqués par ladite fentence, & par-tout où befoin fera : & pour le faire mettre à execution, renvoie ledit Nicolas Berdat prifonnier pardevant le lieutenant criminel du châtelet. Fait en parlement, en vacations, le treize feptembre mil fept cent foixante-quinze. Collationné NOURICHEL.

Signé, LECOUSTURIER.

H iij

- Divers arrêts ont jugé conformément à cette opinion ; Soefve en rapporte un du 14 mai 1647, par lequel on a jugé qu'une femme qui, sur le bruit de la mort de son mari, s'étoit remariée après l'année de son deuil, pouvoit répéter ses deniers dotaux & ses conventions matrimoniales, sans être obligée de représenter les preuves de cette mort.

Il résulte de tout ce qu'on vient de dire qu'il n'est pas possible de donner des règles précises sur la matiere dont il s'agit, & qu'on doit s'en rapporter à la prudence du juge pour examiner si la femme ou le mari qui veut contracter un second mariage, a des preuves suffisantes de la mort du conjoint absent.

Lorsqu'une femme qui s'est mariée une seconde fois apprend que son premier mari est vivant, elle doit aussi-tôt cesser de vivre avec le second, à peine d'être punie comme adultère ; & si le premier mari revient, elle doit retourner avec lui.

L'action pour Bigamie doit être poursuivie tant à la requête de la partie publique du lieu où le bigame demeure, que par la seconde femme qu'il a épousée durant son premier mariage, parce que c'est cette seconde femme qui a reçu la principale injure. C'est ce qui a été jugé par un arrêt du 18 juin 1636, au sujet d'un nommé Brunet, qui se trouvoit marié en même tems avec deux femmes. Dans cette espèce, les deux femmes contestoient pour savoir laquelle seroit obligée de poursuivre le procès.

Voyez les loix ecclésiastiques de France ; le

Dictionnaire de droit canonique ; le pere Thomaf-
fin dans fon Traité de la difcipline eccléfiaflique ;
le Recueil de Jurifprudence canonique ; Janus à
cofta ad tit. dè Bigam. Efpen, de irregul. Fagnan ,
ad cap. nuper , extr. de bigamis ; le Traité des ma-
tières criminelles ; la loi Neminem , cod. de inceft.
& inutil. nuptiis ; l'authentique Hodie , cod. de
répudiis ; Profper Farinacius , praxis & theoria
criminalis ; Rebuffe fur le concordat ; Imbert en
fes Inftitutions forenfes ; les Œuvres de Henrys ;
le Preftre, au chapitre 96 de fa deuxieme centu-
rie ; les arrêts de Dufaïl ; Duperrai , dans fon
Traité des contrats de mariage ; le Journal des au-
diences , &c. Voyez auffi les articles IRRÉGU-
LARITÉ, DISPENSE, CLERC, ORDRE, MA-
RIAGE, ADULTÈRE, &c.

BIJOU. C'eft un de ces ornemens d'or ou
d'argent qui fervent à la parure, comme les
bagues, les boucles d'oreilles, les girandoles,
les bracelets, &c. ou à d'autres ufages, comme les tabatières, les étuis, les pommes de
canne, les flacons, &c.

On comprend encore d'une manière générale fous le mot de *Bijou*, toutes fortes d'ouvrages d'or ou d'argent, & même ceux qui participent de l'ameublement d'une cuifine, d'une
garde-robe ou d'un buffet.

Une déclaration du 23 novembre 1721 permet la fabrication de ces fortes d'ouvrages, aux
conditions qui y font portées. En voici l'ana-
lyfe :

Article 1. Il eft permis de fabriquer des Bijoux d'or, comme étuis, tabatières & autres,
jufqu'au poids de fept onces au plus ; des baf-

H iv

fins d'argent de douze marcs, des plats de huit marcs, des affiettes d'argent de trente marcs à la douzaine ; des foucoupes de 5 marcs ; des aiguières de 7 marcs ; des flambeaux & chandeliers de 4 marcs chacun ; des écuelles de 5 marcs ; des fucriers de 3 marcs ; des falières & poivrières & autres menues vaiffelles pour l'ufage des tables, de 2 marcs ; des réchauds de 6 marcs ; des cafetières & chocolatières de même poids ; des porte-huiliers, jattes, faladiers, boîres à fucre & taffes couvertes, de 3 marcs ; des baffinoires de 9 marcs ; des pots à thé, baffins à barbe, coquemards, pots-à-l'eau & poëlons de 5 marcs ; des écritoires garnies de leur encrier, poudrier & fonnette de 6 marcs.

Article 2. Il eft fait défenfes de fabriquer des ouvrages d'un poids plus fort, à peine de confifcation & de trois mille livres d'amende.

Article 3. Il eft défendu aux maîtres & gardes des orfèvres d'appofer leurs poinçons aux ouvrages excédant le poids marqué, à peine d'être condamnés folidairement à l'amende de trois mille livres, & d'être déchus de la maîtrife.

Article 4. Ceux qui débitent de ces ouvrages fans être marqués, doivent, outre la confifcation, être condamnés à une pareille amende de trois mille livres, jufqu'au paiement de laquelle ils font dans le cas de tenir prifon.

Article 5. On réitère les défenfes portées par l'édit du mois de mars 1700, de débiter aucun des ouvrages prohibés par cet édit (*).

(*) Il fera parlé de cet édit plus amplement à l'article *vaiffelle*.

Article 6. Il eſt permis aux orfèvres & aux horlogers de fabriquer & de vendre de menus ouvrages ſujets à ſoudure, comme croix, tabatières, étuis, boucles, boutons, boîtes de montre & autres, au titre ſeulement de vingt karats un quart, au remède d'un quart de karat; mais il leur eſt défendu d'en vendre au-deſſous de ce titre. A l'égard des autres ouvrages, ils ne peuvent être fabriqués qu'au titre de vingt-deux karats un quart de remède, conformément aux anciennes ordonnances; & il ne peut en être fait aucun d'un poids de plus de ſept onces, ſans une permiſſion par écrit du roi.

Article 7. Tous les ouvrages d'or doivent être marqués du poinçon du maître qui les a fabriqués, & eſſayés & marqués par les jurés & gardes aux bureaux des maiſons communes des orfèvres, ainſi qu'il ſe pratique pour les ouvrages d'argent. Et quant aux menus ouvrages d'or qui ne peuvent ſouffrir les eſſais à la coupelle, ils doivent être eſſayés aux touchaux; & s'ils ſe trouvent au titre, ils doivent être marqués du poinçon des jurés-gardes, autrement ils doivent être rompus. Il eſt dit en même tems qu'il ne pourra être perçu plus de trois ſous des ouvrages au-deſſous de deux onces, & plus de cinq ſous pour ceux de deux onces & au-deſſus, à raiſon de l'eſſai.

Articles 8 & 9. Ces articles concernoient les ouvrages faits dans ce tems-là, & pour la vente deſquels on accordoit ſix mois, à certaines conditions.

Article 10. Il eſt défendu à tous ceux qui emploient des matières d'or & d'argent, de travailler dans des monaſtères & dans des lieux

privilégiés, à l'exception des galeries du Lou-
vre, à peine de trois ans de galères.

Article 11. Les ouvrages faisis à la requête du
fermier des droits de marque, doivent être remis au greffe de la cour des monnoies la plus
prochaine, pour y rester quinzaine au plus,
& être jugés, quant au titre, suivant l'ordonnance. Ceci doit être observé, soit qu'il y ait
lieu à main-levée ou confiscation, ou que même les parties s'accommodent. Les ouvrages
qui ne se trouvent point au titre, doivent être
portés aux hôtels des monnoies, & le prix doit
en être remis au fermier, si la confiscation en
a été jugée à son profit, sauf les autres condamnations à prononcer contre les ouvriers,
&c.

Les dispositions de ce dernier article ont été
renouvelées par un arrêt de la cour des monnoies du 7 mai 1768; & il a été ajouté que le
fermier de la marque & du contrôle doit chaque année remettre au même greffe dans le
courant de janvier, un état signé & certifié de
tous les ouvrages d'or & d'argent qui auront
été faisis pendant l'année précédente.

Il y a environ 20 ans, c'est-à dire en 1755,
qu'il paroissoit nombre d'ouvrages de bijouterie composés à l'extérieur de plusieurs morceaux d'or de différentes couleurs & à différens
titres, incrustés sur des matières étrangères. Les
gardes de la communauté de l'orfévrerie de Paris envisagèrent ces ouvrages comme contraires
aux réglemens, & crurent devoir en conséquence en faire une saisie sur un des maîtres orfèvres de la communauté.

Ce maître orfèvre fit naître à ce sujet une

conteftation d'autant plus intéreffante, qu'il
prétendit que loin d'avoir commis une contravention, il avoit fait le bien du commerce &
de l'état, en ce que la main-d'œuvre & l'habileté de l'artifte faifant le principal objet de ces
fortes de Bijoux, & diminuant le poids de la
matière qui dès-lors reftoit dans le royaume,
cette branche de commerce devenoit beaucoup
plus floriffante, & attiroit l'argent des étrangers curieux de ces fortes d'effets.

Ces confidérations exigèrent un certain tems
pour approfondir les prétendus avantages ; &
pour concilier les vues de l'intérêt public avec
les difpofitions des réglemens qui défendoient
de fourrer les ouvrages d'or & d'argent de matières étrangères, la cour des monnoies fe con-
tenta dans cette occafion de faire des défenfes
générales par un arrêt du 30 avril 1755, tant
au maître faifi qu'à tous autres orfevres, de
contrevenir aux réglemens.

· Cette décifion auroit dû arrêter la fabrique
des ouvrages pour lefquels elle avoit été rendue, jufqu'à nouvel ordre ; mais au contraire,
ils fe multiplièrent, fous prétexte que la forme
& le goût en faifoient le mérite principal, &
que la matière n'en étoit que l'acceffoire. Ceci
donna lieu à différens mémoires qui furent mis
fous les yeux de la cour des monnoies. M. le
procureur - général repréfenta qu'il recevoit
tous les jours de nouvelles plaintes fur les ouvrages dont il s'agiffoit; que les particuliers qui
les achetoient ne fe doutoient point pour la
plupart des matières étrangères qui y étoient
cachées ; qu'un artifice pareil, bien loin de
faire honneur à la nation, ne pouvoit que la

décréditer; que quand même l'ouvrier feroit d'affez bonne foi pour prévenir les acheteurs, cette bonne foi ne devoit pas fe fuppofer dans ceux qui revendoient ces ouvrages; que cependant en remédiant à ces inconvéniens, il falloit y apporter tous les tempéramens poffibles, afin de ne pas mettre d'entraves au génie & à l'habileté des artiftes: de forte qu'après avoir propofé les expédiens qui pouvoient le mieux convenir, la cour des monnoies rendit un nouvel arrêt le 2 décembre de la même année, par lequel, en interprétant en tant que de befoin celui qu'elle avoit rendu le 30 avril précédent, il fut dit que les réglemens intervenus au fujet des ouvrages d'orfévrerie, tant pour leur confection que pour les matières qu'on devoit y employer (*), feroient exécutés felon leur forme & teneur; en conféquence il fut fait défenfes d'en faire paroître où il feroit fourré des matières étrangères & non apparentes en fraude, à peine de confifcation, & même de peines capitales, fuivant la rigueur des ordonnances; il fut feulement permis de varier les couleurs des parties extérieures d'or & d'argent, d'y ajouter, fouder, appliquer ou incrufter en émaux, vernis, nacre ou autrement, tels ornemens qu'on jugeroit convenables, fans que néanmoins, fous quelque prétexte que ce fût, on pût introduire dans ces fortes d'ouvrages des corps étrangers non apparens. Il fut ordonné en même tems que dans quinzaine tous marchands & orfèvres ayant de ces ouvrages fourrés, feroient tenus

(*) On fera connoître ces réglemens d'une manière plus étendue à l'article orfèvre.

d'en faire leur déclaration en la maison commune des orfèvres de Paris , & de les y faire marquer d'un petit poinçon particulier représentant une *quinte-feuille*, lequel seroit insculpé sur la table de cuivre destinée à recevoir l'empreinte des poinçons , &c.

Le roi fut informé des défenses portées par cet arrêt ; il le regarda comme pouvant donner des bornes dangereuses à l'industrie des ouvriers. Sa majesté considéra que pour la perfection de plusieurs ouvrages dont il s'agissoit, & pour leur procurer en même tems la légéreté & la solidité convenables , il étoit nécessaire d'y introduire des corps étrangers ; mais qu'il falloit pourvoir à la sûreté des acheteurs, sans nuire à l'industrie & à l'émulation : c'est à quoi il fut pourvu par un arrêt du conseil du 30 mars 1756 , dont voici la teneur :

. « Sa majesté étant en son conseil, a ordonné
» que tous ouvrages de bijouterie dont la
» surface sera entiérement d'or ou d'argent,
» seront composés sans aucun mêlange inté-
» rieur de corps étrangers non apparens , à
» peine contre les contrevenans d'être pour-
» suivis extraordinairement , suivant la rigueur
» des ordonnances. A l'égard des ouvrages de
» bijouterie montés en cage, ou composés de
» différentes plaques assemblées dans une ser-
» tissure d'or ou d'argent , lesquels se trouve-
» ront en même tems revêtus d'un corps étran-
» ger apparent , permet sa majesté qu'ils puis-
» sent contenir un corps étranger non appa-
» rent, à condition que lesdits ouvrages ne pour-
» ront être vendus au poids, & que pour les
» distinguer des autres ouvrages du même gen-

» re qui feroient entiérement d'or & d'argent,
» on gravera diftinctement fur la fermetuie des
» boîtes, & dans le lieu le plus apparent def-
» dits ouvrages, le mot *garni*, de manière que
» le poinçon de décharge foit appliqué fur le
» corps de la lettre G; dérogeant en ce point
» feulement aux réglemens prefcrits par l'orfé-
» vreie & la marque d'or & d'argent, lefquels
» feront exécutés felon leur forme & teneur,
» en ce qu'ils ne portent rien de contraire au
» préfent arrêt, lequel fera imprimé, lu, pu-
» blié & affiché par-tout où befoin fera. Or-
» donne fa majefté que toutes lettres-patentes
» à ce néceffaires, feront expédiées fur le
» préfent arrêt. Fait, &c ».

Cet arrêt fut effectivement fuivi de lettres-
patentes adreffées à la cour des monnoies, qui les
enregiftra le 4 mai 1756, « à la charge que dans
» les ouvrages mentionnés èfdites lettres, cha-
» cune des parties montées en cage ou fertiffure
» ne pourroit être fufceptible d'un corps étran-
» ger non-apparent qu'autant qu'elle feroi
» chargée d'un corps étranger apparent; & en
» core à la charge que les ouvriers qui uferoien
» de ladite faculté, fe conformeroient à ce qu
» étoit prefcrit par ledit arrêt du confeil & let
» tres-patentes fur icelui, à peine contre le
» contrevenans tant audit arrêt du confei
» qu'aux charges & conditions ci-deffus, d'ê
» tre pourfuivis extraordinairement, & puni
» comme pour crime de faux.

- Un arrêt de la même cour, du 20 janvie
1759, a fait très-expreffes défenfes à tous Juif
colporteurs, revendeurs, forains, & à toute
perfonnes fans qualité, fous quelque dénomina

tion qu'elles foient, de vendre, acheter, troquer ou autrement débiter de la vaiffelle, des Bijoux & d'autres marchandifes d'or & d'argent, foit en chambre, en boutique ou dans des échopes; dans les rues, dans les foires & les places publiques, qu'ils n'y foient autorifés par des permiffions particulières duement enregiftrées en la cour, à peine de confifcation, de cinq cens livres d'amende, & même d'être pourfuivis extraordinairement.

Ces défenfes ont été renouvelées par un arrêt de la même cour du 27 novembre 1771.

Claude Paradis, marchand, s'étoit avifé de s'immifcer dans le commerce des matières d'or & d'argent, fans y être duement autorifé. Il y eut des ouvrages faifis chez lui qu'il tenoit d'un nommé Jean Lafond. On fit d'autres faifies chez ce Lafond, qui étoit un ouvrier fe mêlant de bijouterie. Ces faifies donnerent lieu à des pourfuites à l'extraordinaire, par l'événement defquelles les ouvrages faifis chez l'un & chez l'autre furent confifqués au profit du roi, par arrêt de la cour des monnoies du 12 mars 1774; Lafond fut même condamné à 300 livres de dommages-intérêts, & à un banniffement pour fix ans de la ville, prévôté & vicomté de Paris. Un nommé Nicolas Chaté fut impliqué dans cette affaire : il fut condamné en 50 livres d'amende, avec injonction d'être plus circonfpect à l'avenir. Il fut dit pourtant qu'une bague fine & des breloques trouvées chez lui, lui feroient rendues, mais qu'auparavant les breloques feroient *caffées & brifées*, &c.

Une declaration du roi du 9 feptembre 1769, regiftrée en la cour des monnoies le 24 janvier fuivant, porte que les ouvrages d'orfévrerie venant des pays étrangers ou des provinces réputées étrangères, ne pourront être débités par les merciers que conformément à la déclaration du 26 janvier 1749, il ne foit juftifié par la repréfentation de l'acquit des droits d'entrée dans le royaume, vifé par l'un des gardes des orfèvres du bureau où ces ouvrages auront été marqués, qu'ils viennent effectivement de l'étranger, & que ceux d'or pefant plus d'un gros n'aient été trouvés par l'effai au titre de dix-huit karats; & ceux au-deffous d'un gros, au titre de dix-fept karats, finon ils doivent être rompus & remis aux propriétaires. La cour des monnoies, par fon enregiftrement, difpenfe les propriétaires de ces fortes d'ouvrages provenant des provinces du royaume réputées étrangères (lefquelles il ne faut pas confondre avec les pays abfolument étrangers) de juftifier de l'acquit des droits d'entrée, pourvu que ces ouvrages foient au titre prefcrit par les ordonnances & que ceux qui viendront de l'étranger, foient marqués du poinçon dont il eft parlé par cette déclaration.

Un arrêt du confeil du 20 juin 1769, ordonne que les cœurs & autres menus ouvrages d'or & d'argent, feront marqués d'un poinçon de décharge nouvellement inventé. Les orfèvres de Blois avoient formé oppofition à cet arrêt; mais nonobftant leur oppofition, la faifie faite chez eux de ces ouvrages non-marqués, a été déclarée valable, & ils ont été condamnés à l'amende & aux dépens par autre arrêt du confeil du 23 février 1770. Il avoit été encore formé une tierce-oppofition à ce dernier arrêt; mais

mais par un nouvel arrêt du 19 mars 1771, les oppofans ont été déboutés, & condamnés à 300 livres par forme de dommages-intérêts envers le fermier.

. Ce dernier arrêt a été déclaré commun le 7 mai fuivant, avec les orfèvres du bourg de Lieffe; il leur a été enjoint, conformément à l'article 9 de la déclaration du 26 janvier 1749, de déclarer au bureau des fermiers les ouvrages qui ne peuvent être marqués du poinçon de décharge, & de les repréfenter après leur perfection pour en payer les droits; & pour leur contravention, ils ont été condamnés à mille livres de dommages-intérêts envers le fermier, & au coût de l'arrêt liquidé à 75 livres.

Le même arrêt rendu contre les orfèvres de Blois a pareillement été rendu commun avec les orfèvres de Noyon, de Provins, de Sens, de Gien, & avec le fieur Bourgault, orfèvre à Nemours. Tous ces orfèvres avoient formé oppofition à l'exécution de l'arrêt du 20 juin 1769. La faifie faite chez le fieur Bourgault de différens menus ouvrages qu'il n'avoit point déclarés au bureau du fermier avant de les commencer, a été déclarée bonne & valable; cependant, par grâce, il a été déchargé de l'amende encourue.

Les orfèvres de Clermont-Ferrand avoient cherché de même à fe fouftraire aux difpofitions de l'arrêt du confeil du 20 juin 1769. Le fermier s'étoit pourvu contre eux, & ils avoient été déchargés de fes demandes par fentence de l'élection & par arrêt de la cour des aides de la même ville. Mais le fermier s'étant pourvu au confeil, il fut rendu contre ces or-

fèvres un arrêt le 10 juillet 1770, qui déclara
valable la faisie des cœurs & autres menus ou
vrages faits chez eux, & les condamna en 500
livres de dommages-intérêts envers le fermier.
Les orfèvres ayant formé opposition à cet arrêt, ils en ont été déboutés par deux autres
arrêts des 10 juillet 1770 & 19 mars 1771; ils
ont été condamnés folidairement avec les orfèvres d'Iffoire qui étoient intervenus, au coût
de l'arrêt liquidé à 120 livres.

En exécution de l'arrêt du confeil du 20 juin
1769, il fut décidé par un autre arrêt du confeil du 21 mai 1771, que les orfevres de Senlis, quoique auparavant abonnés, étoient fujets à déclarer au bureau du fermier les menus
ouvrages qu'ils entendoient faire, & à les re-
porter pour recevoir la marque de décharge,
& pour en payer les droits; & faute de l'avoir
fait, les chofes chez eux faifies furent déclarées
confifquées, & l'on prononça une amende de
cent livres contr'eux.

Le même jour il fut prononcé une pareille condamnation contre les orfèvres de Compiegne.

Toutes ces contraventions donnerent lieu à
des lettres-patentes du 21 mai 1771, regiftrées
au parlement le 9 août fuivant, par lefquelles
il fut dit que dans les villes où il n'y a point de
fiege d'élection, foit que les orfèvres y aient ou
n'y aient point de maifon commune & de ju-
rande, les commis du fermier des droits de
marque fur les ouvrages d'or & d'argent, pourront fe faire affifter du premier juge fur ce requis, même d'un juge de feigneur, & à leur défaut, d'un notaire royal. Ceci avoit déja été
autorifé par un arrêt du confeil du 15 août

1769, & par cet arrêt il est enjoint aux officiers des élections d'accompagner les commis dans leurs visites chez les orfèvres sur une simple réquisition verbale, sans se faire suivre du procureur du roi, du greffier & d'un huissier, à moins que le cas ne l'exige, comme celui d'une rebellion ; & par chaque vacation de trois heures, ils doivent se contenter de trois livres.

En 1760, les président & directeurs de la chambre du commerce de Lyon représentèrent au roi que le commerce des ouvrages de bijouterie, mode, habillemens, &c. étoit un de ceux qui méritoient le plus de faveur de la part du gouvernement : que cependant le commerce étoit arrêté par les droits considérables qu'il y avoit à payer sur la route de Lyon à Marseille : que ces marchandises, dont la valeur consistoit principalement dans la main-d'œuvre & dans le goût de l'ouvrier, étoient dans le cas d'être admises à l'exemption accordée par les arrêts des 13, 15 octobre & 19 novembre 1743, à différentes manufactures qui ne méritoient pas plus : que s'il ne plaisoit point à sa majesté de faire participer les mêmes marchandises au bénéfice de cette exemption, il étoit du moins de sa bonté de faire à celles du commerce de Lyon une modération pareille à celle qui avoit été accordée aux mêmes espèces envoyées de Paris à l'étranger par la route de Marseille : que les droits dûs par cette route avoient été réduits par décision du 8 avril 1754, à six pour cent de la valeur de ces marchandises expédiées de Paris : que même, pour établir une égalité dans le commerce de celles de Lyon avec celles de Paris, il conviendroit de réduire à trois pour cent les droits de celles du commerce de Lyon, parce que tout ce qui eſt entré à Lyon a payé le droit de la douane, qui revient environ à trois pour cent.

‘ Ces repréſentations ayant été communiquées aux fermiers généraux, ils répondirent que les motifs qui avoient déterminé la déciſion du (avril 1754 pour le commerce de Paris, n’étoient pas tout-à-fait les mêmes que pour celui de Lyon : que la ville de Paris avoit deux voies pour le tranſport de ſes marchandiſes dans le levant, l’une par le Havre, & l’autre par Lyon & Marſeille; que celle du Havre étoit beaucoup moins diſpendieuſe, tant pour les frais de tranſport que pour les droits, mais que les armemens dans ce port à la deſtination de Marſeille n’étant pas fréquens, il falloit en attendre les occaſions; que la route par Lyon & Marſeille, quoique moins naturelle, plus longue & plus diſpendieuſe, offroit en tout tems le débouché des mêmes marchandiſes ; mais que les droits de douane de Lyon & de Valence, & ceux de foraine dûs par cette route, joints aux frais conſidérables de tranſport, formoient un obſtacle à ce débouché : que par ces conſidérations ils ſe portèrent d’eux-mêmes à accorder que la vaiſſelle d’argent, les ouvrages d’orfévrerie, bijouteries, montres, pendules, fuſils & piſtolets montés en or & argent, & ouvrages de marqueterie, ne payaſſent par la route de Lyon & Marſeille, que les mêmes droits auxquels elles étoient ſujettes en paſſant par celle du Havre, à condition que ces marchandiſes feroient préſentées au bureau de la douane de Paris, où elles feroient plombées & expédiées par acquit

caution, pour en assurer la destination : que
dans la délibération qu'ils prirent à ce sujet, &
qui fut approuvée par le conseil le 21 février
1752, ils fixèrent le terme de cette faveur au
premier janvier 1754, & se réservèrent de ne
la plus continuer, s'ils reconnoissoient qu'il en
fût abusé : que cette faveur, qui étoit restreinte
aux espèces de marchandises ci-dessus dénom-
mées, & à la seule destination de Constanti-
nople, fut prorogée pour deux ans par une nouvelle délibération pareillement approuvée du
conseil le 8 avril 1754; qu'elle fut même étendue à la destination des échelles du Levant; qu'à
ces marchandises il fut encore ajouté les ouvrages de mode, les glaces & miroirs de toute
espece, les galons, gazes, points d'Espagne &
autres ouvrages pareils d'or & d'argent, pour
ne payer pareillement que les mêmes droits
qu'elles acquitteroient, si l'envoi en étoit fait
par le Havre : que ces droits font ceux de sortie des cinq grosses fermes, qui, pour les marchandises avec or ou argent, font de six pour
cent de la valeur, & en général de cinq pour
celles qui font sans or ni argent: que cette faveur,
qui n'a point depuis été renouvelée, a toujours
été continuée, parce qu'il n'a point été reconnu qu'il en eût été abusé : que la ville de Lyon
est dans une position différente de celle de Paris; que Lyon ne peut jamais dire que le port
du Havre soit pour elle une voie ouverte à son
commerce dans le Levant; que la seule route
qui lui soit offerte, est celle de Marseille : qu'admettre la ville de Lyon à payer les droits de sortie des cinq grosses fermes, imposés par le tarif
de 1664 pour les marchandises qu'elle enver-

roit à l'étranger par la route de Marſeille,
feroit changer les principes des tarifs partic
liers : que les provinces qui ſe ſont refuſées
celui de 1664 ont voulu ſe conſerver, & inte
vertir totalement l'ordre de l'adminiſtration d
fermes : que ſi néanmoins il eſt jugé que l
droits qui ont lieu ſur la route de Lyon à M:
ſeille, peuvent faire quelque préjudice à l'e
portation des eſpèces de marchandiſes dont
s'agit à l'étranger, & qu'à cet égard il ſoit tro
vé à propos de faire une modération des droi
ils concourront volontiers à cette faveur : qu
eſtiment qu'au lieu des droits de douane de V
lence, de foraine & autres dûs ſur cette rou
on pourroit en ſubſtituer un qui tiendroit li
de tous ces droits, & qui feroit perceptible:
bureau de Lyon ; que ſi ce droit ſubſtitutif n'
toit que trois pour cent, il iroit au détrime
du commerce de la ville de Paris, qui ne pou
roit le faire en concurrence avec Lyon : que
les marchandiſes ſont fabriquées à Lyon av
des matières qui aient déja payé la douane (
Lyon, on peut dire de même de celles man
facturées à Paris, qu'elles l'onf été avec des m
tières qui ont payé les droits d'entrée des cia
groſſes fermes : que s'il y a une préférence
donner ſur les droits dûs par cette route, c'e
au contraire à celles qui proviennent du con
merce de Paris, à cauſe des frais de tranſpo
qu'elles ont de plus à ſupporter : qu'il paroîtro
donc plus convenable de fixer ce droit ſubſt
tutif pour les marchandiſes provenant du con
merce de Lyon, à ſix pour cent de la valeur
que ce droit remplaceroit & feroit repréſenta
tif de tous ceux qui ſont dûs ſur la route juſqu'

Marſeille : qu'à l'égard de celles qui ſeroient expédiées dans le tems des foires de Lyon, pendant leſquelles elles jouiſſent de l'exemption des quatre cinquièmes de la foraine, elles pourroient être exemptées de deux tiers du droit de ſix pour cent, & admiſes à ne payer que deux pour cent, qui tiendroient lieu tant du cinquième de la foraine & des réapréciations, que de la douane de Valence, dont le privilege des foires n'exempte point les mêmes marchandiſes : que, pour ces réductions, ils ne répéteroient aucune indemnité ſur le prix de leur bail ; mais que s'il plaiſoit à ſa majeſté d'étendre plus loin la grâce, & d'accorder aux marchandiſes en queſtion la même exemption que celle qui eſt attribuée aux marchandiſes mentionnées dans les arrêts des 13, 15 octobre & 19 novembre 1743, cette exemption feroit un trop grand vide dans les produits, pour qu'ils puſſent en ſupporter la perte.

En conſéquence le Roi rendit un arrêt en ſon conſeil, le 26 Août 1760, par lequel il ordonna, 1°. que les ouvrages de bijouterie, d'orfévrerie, d'horlogerie & de marqueterie, la vaiſſelle d'argent, les fuſils & piſtolets montés en or ou en argent, les glaces & miroirs de toute eſpèce, les galons, gazes, points d'Eſpagne, & autres ouvrages pareils en or ou en argent ; & les ouvrages de mode, tels que bonnets, coëffes, palatines, & autres habillemens ou ajuſtemens, tant pour hommes que pour femmes, qui ſeroient envoyés de Lyon à Marſeille, ſoit pour la deſtination de cette dernière ville, ſoit pour celle du Levant, & autres pays étrangers, ne payeroient à l'avenir qu'un droit de ſix pour cent de la valeur; lequel droit tiendroit lieu de ceux de douane de Valence, de foraine, & autres droits généraux, ou baux des fermes, qui font dus fur la route de Lyon à Marfeille.

2°. Que les marchandifes qu'on vient de dénommer, qui feroient expédiées de Lyon pendant le tems des foires de cette ville, foit pour la deftination de l'étranger ou de Marfeille, ne payeroient que deux pour cent de leur valeur, qui tiendroient lieu des droits de la douane de Valence, du cinquième de la foraine, réappréciations, & autres droits généraux & locaux des fermes.

3°. Que pour jouir de la modération accordée par les articles précédens, les marchandifes dont il s'agit feroient préfentées au bureau de la douane de Lyon, & déclarés par quantité, qualité & valeur de chaque efpèce; pour enfuite, après la vifite faite, & le droit acquitté, être, les ballots qui les renfermeroient, plombés & expédiés par acquits à caution, à la deftination de Marfeille, où les mêmes marchandifes feroient portées au bureau du poids & caffe, & les acquits à caution déchargés par les Commis de ce bureau.

4°. Qu'au furplus les tarifs de la douane de Valence, foraine & autres droits, établis fur la route de Lyon à Marfeille, feroient exécutées felon leur forme & teneur, en ce qui n'y étoit pas dérogé par l'arrêt dont on vient de rapporter les difpofitions.

Comme les bijoutiers en tableterie fe donnoient la licence de fabriquer en or ou en argent les garnitures de leurs ouvrages, un arrêt de la cour des monnoies, du 17 juin 1769,

leur a fait défenſes & à tous autres qu'aux orfevres, de fondre & de travailler des matières
d'or & d'argent, ni d'employer aucun cercle
de tabatières, gorges, galons tournés, gravés
& percés à jour pour garnir des boîtes & d'autres ouvrages, qu'ils ne ſoient marqués du poinçon des maîtres orfevres.

Voyez *la déclaration du 23 novembre 1721 ; un
arrêt du conſeil du 30 mars 1756 ; un autre arrêt du
conſeil du 20 juin 1769 ; une déclaration du 9 ſeptembre 1769 ; un arrêt du conſeil du 26 août 1760 ;
le nouveau traité des monnoies.* Voyez auſſi les articles ORFEVRE, VAISSELLE, MODE, MON-
NOIE, DOUANE, ENTRÉE, SORTIE, MARCHAN-
DISE, SOU POUR LIVRE, &c. (*Article de M.
DAREAU, Avocat, &c.*)

BILAN. C'eſt le livre où les banquiers, les
marchands & les négocians écrivent tout ce
qu'ils doivent & tout ce qui leur eſt dû.

Lorſqu'un marchand ou négociant a fait faillite, & qu'il veut s'accommoder avec ſes créanciers, il doit leur préſenter ſon Bilan, c'eſt-à-
dire, l'état de ſes affaires (*).

(*) *Formule du Bilan qu'on peut produire en cas de
faillite.*

Etat ou Bilan des affaires de M...... marchand, demeurant à....... pour être dépoſé au greffe du conſulat de la
ville de...... & communiqué à mes créanciers.

Premiere partie, contenant ce que j'ai & ce qui m'eſt dû.

Le chapitre premier doit contenir l'état des immeubles
qu'on peut avoir ; leur ſituation, & ce qu'ils valent.

Le chapitre ſecond, l'état des meubles meublans &
leur valeur.

Le chapitre troiſieme, l'état des marchandiſes & leur
valeur.

Le chapitre quatrième, l'état de ce qui eſt dû en bonnes créances.

On appelle à Lyon, *l'entrée & l'ouverture du*

Le chapitre cinquième, l'état des créances douteuſes.

Le chapitre ſixième, l'état des créances dont il n'y a pas lieu d'eſpérer le payement.

On doit indiquer la nature des créances actives, ſi c'eſt par ſentences, obligations, billets ou non, & la demeure des débiteurs, autant qu'on le peut.

Deuxieme partie, concernant les dettes paſſives.

Le chapitre premier doit contenir les dettes privilégières.

Le chapitre ſecond doit énoncer les dettes hypothécaires, par ſentences, obligations, contrats, les rentes foncieres ; ce qui eſt dû à la femme du failli, par contrat de mariage, &c.

Le chapitre troiſième doit contenir ce que le failli doit à ſes créanciers chirographaires.

Enſuite on fait une récapitulation en cette forme.

Premiere partie.   *Ce que j'ai.*

Chapitre premier, en immeubles.
Chapitre ſecond en meubles meublans.
Chapitre troiſième, en marchandiſes.
Chapitre quatrième, en bonnes créances.

TOTAL.......

Seconde partie.   *Ce que je dois.*

Chapitre premier, dettes privilégiées.
Chapitre ſecond, dettes hypothécaires.
Chapitre troiſième dettes chirographaires.

TOTAL.......

Je ſuis au-deſſus ou *au-deſſous de mes affaires de* . . . .

On ne comprend point dans la récapitulation les dettes douteuſes, parce qu'on n'en retire preſque rien.

On doit faire mention de l'argent comptant qu'on a.

Au bas de chaque page du Bilan, le failli doit ſigner, & à la fin il doit certifier ſon état ſincere & véritable, ſauf erreur de calcul, faux ou double emploi.

Bilan, le fixième jour de chaque mois des quatre payemens ; parce que c'eft depuis cette époque jufqu'au dernier jour de chaque mois inclufivement, qu'on fait le virement des parties : chaque négociant écrit de fon côté fur fon Bilan les parties qui ont été virées ; mais fi après le mois expiré il fe faifoit quelques viremens de parties, ils demeureroient nuls, fuivant l'article 4 du réglement de la place du change de Lyon, du 2 juin 1667.

. Ceux qui veulent faire des viremens de parties s'adreffent à ceux à qui ils doivent quelque fomme, & leur propofent d'en faire virement, en leur donnant pour débiteurs une ou plufieurs perfonnes qui leur doivent une pareille fomme : la chofe réfolue, ils en font mention réciproquement fur leur Bilan ; & dans le moment les parties font cenfées virées, & demeurent aux rifques de ceux qui les ont acceptées. C'eft de cette manière que fe font les payemens ; & à la

Le failli doit enfuite dépofer fon état au greffe, & l'affirmer fincère & véritable ; s'il ne peut faire le dépôt lui-même, il peut pour cet effet donner à quelque perfonne un pouvoir par écrit ou devant notaire.

Il eft à propos que le failli faffe note au pied de fon Bilan des pertes qu'il a fouffertes, foit par maladie, banqueroutes, ou autrement, & de la dépenfe de fa maifon à tant par an.

Le dépôt fait, il faut écrire des lettres circulaires aux créanciers pour leur en donner avis, & les prier de s'affembler tel jour à telle heure, chez tel notaire de la ville de.... ou d'envoyer leur procuration pour affirmer au greffe devant le juge, la fincérité de leurs créances, les vérifier & accéder aux propofitions & arrangemens, &c.

Dans les lettres qu'on écrit aux créanciers, il eft à propos d'y mettre la récapitulation de l'état dépofé.

fin du mois ceux qui doivent plus qu'il ne leur est dû, s'acquittent en argent comptant.

Si un banquier, marchand ou négociant, qui est dans l'habitude de porter Bilan sur la place, ne s'y trouvoit pas, ni personne pour lui, dans les tems ordinaires des payemens, il seroient réputé avoir fait faillite.

Voyez *le réglement de la place du change de Lyon, du 2 juin 1667 ; l'ordonnance du commerce, de mois de mars 1773 ; le Dictionnaire de droit, & celui du commerce ; le Traité de la jurifdiction confulaire, &c.* Voyez auffi les articles FAILLITE, BANQUEROUTE, PROTEST, LETTRE DE CHANGE, PAIEMENT, FOIRE, VIREMENT DE PARTIES, &c.

BILLET. C'est, en général, la reconnoif-fance d'une dette, avec promeffe de la payer.

On distingue plufieurs fortes de Billets, de chacun defquels nous allons parler fucceffive-ment.

Des Billets fimples. Les Billes fimples font ceux qui ne font ni Billets de change, ni Billets à ordre, ni Billets au porteur, &c. (*).

Autrefois on étoit obligé de ftipuler dans un Billet que la valeur de la fomme y énoncée avoit été fournie : mais aujourd'hui la recon-noiffance de devoir cette fomme, fuffit pour faire condamner le débiteur à la payer, à moins toutefois qu'il n'y ait lieu de préfumer du dol de la part du créancier.

_____

(*) *Formule d'un Billet fimple.*
Je reconnois devoir à Jacques Langevin trois cents livres, pour valeur reçue comptant (*ou pour marchandifes qu'il m'a fournies*) laquelle fomme je promets lui payer au premier décembre prochain ; à Paris, ce......

C'eſt d'après cette juriſprudence, que l'arrêt du 19 mars 1738, rapporté dans la collection de juriſprudence, a été rendu en faveur du ſieur de Bruix. Il convenoit de n'avoir pas fourni les 10000 livres portées au Billet dont il demandoit le payement : mais il faiſoit voir que ce Billet avoit été fait à ſon profit, pour ſervir de dot à la femme qu'il avoit épouſée ; & qu'on n'en avoit point exprimé la cauſe, parce qu'on vouloit éviter de donner des preuves de l'état qu'elle a depuis réclamé.

Les particuliers qui ne ſont ni banquiers, ni marchands, ni artiſans, ni fermiers, ni laboureurs, &c. & qui ſont des Billets, cauſés pour valeur reçue en argent, doivent écrire eux-mêmes le corps du Billet, ou reconnoître, par une approbation en toutes lettres, les ſommes portées au Billet ; autrement les juges ne peuvent pas en ordonner le payement. Celui qui refuſe de payer un pareil Billet eſt néanmoins tenu d'affirmer qu'il n'en a pas reçu la valeur. C'eſt ce qui réſulta de la déclaration du 22 ſeptembre 1733 (*).

(*) *Cette déclaration eſt ainſi conçue.*

Louis, &c. Salut. Nous avons été informés que depuis quelques années, différens particuliers qui ont trouvé le moyen de ſe procurer par artifice ou autrement des ſignatures vraies de pluſieurs perſonnes, ont porté l'infidélité & la fraude juſqu'au point d'écrire, ou de faire écrire par les mains étrangeres une promeſſe ou un billet ſuppoſé dans le blanc qui étoit au-deſſus deſdites ſignatures, après avoir plié ou coupé le papier pour lui donner la forme qui leur a paru la plus convenable, ou même après avoir enlevé l'écriture qui pouvoit faire obſtacle à l'exécution de leur deſſein. Un genre de faux ſi puniſſable nous a paru d'autant plus digne de notre attention, qu'étant plus difficile à découvrir, le coupable

échappe souvent à la févérité de la juftice ; & les parties
intéreffées ne pouvant nier une fignature qu'elles connoiffent pour veritable, font fouvent réduites à exécuter de
faux engagemens, ou préférer au fuccès incertain d'une
procédure criminelle, la voie d'un accommodement qui
leur eft préjudiciable, & qui eft encore plus contraire
à l'intérêt public, en donnant lieu à l'impunité d'un crime
fi dangereux dans l'ordre de la fociété. La protection que
nous devons à nos fujets pour affurer leur commerce, &
empêcher que de faux engagemens ne prennent la place
des véritables, nous oblige non feulement à réprimer par
la terreur des peines, mais même à prévenir & arrêter
dans leur fource ces fauffetés qui intéreffent la foi publique, & qui troublent l'ordre de l'état. Nous avons cru
que le meilleur moyen pour y parvenir, étoit de déclarer nuls les Billets qui ne feroient pas écrits, ou du moins
approuvés de la main de celui qui paroitroit les avoir
fignés, en exceptant néanmoins de cette régle les actes
néceffaires pour le commerce, ou faits par des gens
occupés aux arts & métiers, ou à la culture des terres,
qu'il feroit difficile & même fouvent impoffible d'affujetir
à l'obfervation de cette nouvelle formalité. A ces caufes,
& autres à ce nous mouvant, de l'avis de notre confeil,
& de notre certaine fcience, pleine puiffance & autorité
royale, nous avons dit, déclaré & ordonné, & par ces
préfentes fignées de notre main difons, déclarons & ordonnons, voulons & nous plait que tous billets fous fignature
privée au porteur, à ordre ou autrement, caufés pour
valeur en argent, autres néanmoins que ceux qui feront
faits par des banquiers, négocians, marchands, manufac-
turiers, artifans, fermiers, laboureurs, vignerons, manouvriers & autres de pareille qualité, feront de nul effet
& valeur, fi le corps du Billet n'eft écrit de la main de
celui qui l'aura figné, ou du moins fi la fomme portée audit billet n'eft reconnue par une approbation écrite en
toutes lettres auffi de fa main ; faute de quoi le payement n'en pourra être ordonné en juftice.

Voulons néanmoins que celui qui refufera de payer le
contenu auxdits billets ou promeffes, foit tenu d'affirmer

rendu au parlement de Paris, a déclaré nul un Billet qui n'étoit que figné par celui qu'il défignoit débiteur : il avoit néanmoins écrit de fa main ces deux mots : *j'approuve l'écriture :* mais la Cour jugea qu'ils ne pouvoient pas tenir lieu de la reconnoiffance que le légiflateur avoit prefcrite pour la validité d'un Billet. Au refte, dans une affaire de cette nature, les Juges doivent fe déterminer par les circonftances.

Il ne réfulte aucune hypothèque d'un Billet fous fignature privée, tant qu'il n'eft pas reconnu en juftice, ou pardevant notaires ; mais l'hypothèque s'acquiert par une telle reconnoiffance.

Comme ce n'eft pas l'hypothèque qui fait qu'un bien eft meuble ou immeuble, on peut faifir réellement comme immeuble, un Billet portant obligation de paffer çontrat de confti-

---

qu'il n'en a point reçu la valeur ; & à l'égard de fes héritiers ou repréfentans, ils feront feulement tenus d'affirmer qu'ils n'ont aucune connoiffance que lefdits Billets foient dus. Ordonnons pareillement que tous les Billets ou promeffes, fous fimple fignature privée, faits antérieurement à la date des préfentes, par autres que ceux de la profeffion ou qualité ci-deffus marquées, & qui ne feront pas conformes à la préfente difpofition, foient renouvelés dans l'efpace de deux ans, ou que pour les faire valider, la demande afin de renouvellement ou de payement en foit faite dans le même délai ; à défaut de quoi, & ledit tems paffé, lefdits Billets ou promeffes feront & demeureront nuls & de nul effet.

Défendons à tout juge d'en ordonner le payement, à la charge pareillement de l'affirmation, fuivant & ainfi qu'elle eft ci-devant prefcrite & ordonnée, foit par celui qui aura figné lefdits Billets, foit par fes héritiers ou repréfentans après fa mort. Si donnons en mandement, &c.

tution à la première requifition. Ceci, toutefois, ne doit avoir lieu que dans les coutumes qui déclarent immeubles les conftitutions de rente.

Les Billets des mineurs émancipés, & de femmes féparées, font valables jufqu'à concurrence des revenus dont ils peuvent difpofer.

Quoique réguliérement les Billets & promeffes doivent être datés, ils ne font toutefois pas nuls lorfque la date eft omife, fur-tout, lorfqu'il n'y a pas lieu de foupçonner de la fraude.

Les fimples Billets doivent être contrôlés avant qu'on puiffe s'en fervir : mais le droit de contrôle n'eft dû que fur la fomme qui refte à páyer lorfqu'on les préfente : il n'eft rien dû pour ce qui eft déclaré payé en déduction de cette fomme.

C'eft d'après ce principe, que par arrêt du 20 Mai 1723, le confeil a décidé que le porteur d'un Billet de 2100 livres, au dos duquel étoit annexé un reçu de 1740 livres, ne devoit payer le droit de contrôle que fur le pied des 360 livres qui reftoient dues.

Obfervez toutefois que cela ne fe pratique ainfi, que quand le porteur du Billet ne fe fert pas des quittances qui font au dos pour en tirer une induction active, & que le débiteur n'eft dans le cas de s'en prévaloir que par forme d'exception, pour diminuer d'autant le contenu du Billet : mais fi un co-obligé, ou quelqu'autre vouloit répéter en tout ou en partie, la fomme portée au Billet, en vertu des quittances qui lui en auroient été fournies, il feroit tenu de les faire préalablement contrôler, puifqu'elles ferviroient de fondement à fa demande.

C'

C'eſt d'après ces principes que, par arrêt du conſeil du 20 mai 1723, rendu en faveur du ſieur Bougis, porteur d'un Billet de 2100 livres, endoſſé de 1740 livres, il a été décidé que le droit ne devoit être perçu que ſur les 360 livres qui reſtoient dues des 2100 livres.

Par un autre arrêt du 21 ſeptembre 1723, rendu au ſujet d'un Billet ſolidaire, dont l'un des débiteurs, qui avoit payé le tout, vouloit ſe ſervir pour en répéter la moitié à ſon co-obligé, il a été décidé qu'il ne payeroit le droit que ſur le pied de cette moitié, en déclarant au dos qu'il ne vouloit agir que pour cette ré-pétition.

Par un autre arrêt du 16 ſeptembre 1725, rendu au ſujet d'un traité non exécuté, dont l'une des parties vouloit ſe ſervir pour répéter des dommages & intérêts, réſultans de l'inexé-cution, il a été jugé que le droit ne ſeroit perçu que ſur la ſomme à laquelle le demandeur ſe reſtraindroit, en le déclarant au dos.

Les Billets de marchands à marchands, cauſés pour fourniture de marchandiſes de leur com-merce réciproque, ſont exemptés du contrôle, par l'article 97 du tarif du 29 ſeptembre 1722.

Ces termes de *commerce réciproque* ont été inſérés dans le tarif, en conformité de l'arrêt du 7 février 1719, qui avoit pour fondement l'article 4 du titre 12 de l'ordonnance du mois de mars 1673, portant que « les Juges-Conſuls » connoîtront des différends, pour ventes faites » par des marchands, artiſans & gens de mé-» tier, afin de revendre ou de travailler de leur » profeſſion ; comme à tailleurs d'habits, pour » étoffes, paremens & autres fournitures ; bou-

» langers & pâtiffiers, pour blé & farine; ma
» çons, pour pierre, moëlons & plâtre ; & au
» tres femblables ».

Le mot *réciproque* a quelquefois été pris dan
un fens trop rigoureux, en exigeant que l
créancier & le débiteur fuffent marchands l'u
& l'autre, faifant le même commerce ; & qu
le Billet fût caufé pour fourniture de marchan
difes de ce commerce.

Mais le véritable motif de l'exemption a ét
de favorifer le commerce ; & en conféquence
de ne pas faire payer le droit de contrôle de
Billets que les marchands & artifans font, lor
qu'ils font caufés pour marchandifes de leu
commerce ou profeffion. Ainfi, il fuffit que l
caufe du Billet foit relative au commerce d
celui qui l'a figné, indépendamment de l'éta
& de la qualité de celui au profit duquel il ef
fait : tel eft le Billet d'un boulanger à un ecclé
fiaftique, à un gentilhomme ou à un bourgeois,
pourvu qu'il foit caufé pour fourniture de blé;
celui d'un marchand de vin à un particulier,
pour du vin ; & autres cas femblables, où il
s'agit de Billets faits pour raifon du commerce
du débiteur.

Il n'eft donc queftion que de favoir fi celui
qui a fait le Billet eft marchand, & fi la caufe
du Billet eft pour fourniture de marchandife
de fon commerce, auquel cas il eft exempt de
contrôle; mais fi la caufe eft pour l'ufage particulier du débiteur, ou étrangère à fon commerce, il ne s'eft alors obligé que comme particulier, & fon Billet eft fujet au contrôle.

L'exemption n'a lieu que pour les Billets des
marchands, caufés pour fourniture de marchan-

difes de leur commerce ; & non pas pour les marchés, qui, quoique faits entre marchands, font fujets au contrôle avant qu'on puiffe s'en fervir, pour quelque caufe qu'ils foient faits.

Des Billets de change. Le caractère diftinctif d'un Billet de change eft qu'il foit caufé pour lettres de change fournies ou à fournir. Tout Billet qui a un autre objet, n'a pas le privilège d'un Billet de change.

Ainfi il y a deux efpèces de Billets de change : les uns font pour lettres de changes fournies, & les autres pour lettres de change à fournir.

Le Billet pour lettres de change fournies, eft celui par lequel quelqu'un s'oblige envers un autre à lui payer une certaine fomme pour le prix des lettres de change qu'il lui a fournies (*).

L'article 28 du titre 5 de l'ordonnance du commerce, prefcrit une certaine forme pour ces Billets. Voici ce qu'il porte : *les Billets pour les lettres de change fournies, feront mention de celui fur qui elles auront été tirées, qui en aura payé la valeur, & fi le payement a été fait en deniers, marchandifes, ou autres effets, à peine de nullité.*

Il réfulte de cette loi, que pour former un Billet pour lettres de change fournies, il faut le concours de quatre conditions : la première

(*) *Formule d'un Billet pour une lettre de change fournie.* Je reconnois devoir & promets payer dans trois mois à M. de Laveline ou ordre, deux mille livres pour lettre de change qu'il m'a fournie, payable par André Boyer............ de Rouen, à quatre ufances, valeur déclarée comptant, à Paris, le 15 octobre 1775.

CHAMPINÉ.

confifte dans la déclaration des lettres de change fournies, pour le prix defquelles le Billet eft fait; la feconde eft d'exprimer dans le Billet fur qui les lettres ont été tirées; la troifième eft de nommer celui qui, par ces lettres, eft déclaré en avoir payé la valeur; & la quatrième eft d'exprimer fi la valeur a été payée en argent ou autrement.

Il faut remarquer que quoique la peine de nullité foit prononcée par l'ordonnance, fi les conditions qu'on vient de rapporter ne fe trouvent pas dans un Billet de l'efpèce dont il s'agit il ne faut néanmoins pas croire que le légiflateur ait voulu par-là libérer le débiteur; il a feulement voulu dire qu'un tel Billet ne pourroit pas être réputé Billet de change, & qu'il ne pourroit valoir que comme un Billet ordinaire.

Le Billet pour lettres de change à fournir eft celui par lequel quelqu'un s'oblige envers un autre à lui fournir des lettres de change fur un certain lieu, pour la valeur qu'il lui en a fournie (*).

L'article 29 du titre cité, s'exprime ainfi fur les Billets de cette efpèce : *les Billets pour lettre de change à fournir feront mention du lieu où elle feront* tirées, & *fi la valeur en a été reçue, & de quelles perfonnes, auffi à peine de nullité.*

_____

(*) *Formule d'un Billet pour lettre de change à fournir.*
J'ai reçu de M. Gremillet la fomme de trois mille livres comptant, *ou bien* en marchandifes qu'il m'a fournies pour laquelle fomme je promets lui fournir, ou à fon ordre, lettre de change payable à Rouen dans le courant du mois d'avril prochain, à Paris, ce 15 octobre 1775. CHAMPINE.

Il faut par conséquent, pour la validité de ces Billets, que trois chofes concourent : l'une, qu'ils faffent mention du lieu où doivent être tirées les lettres de change, que ceux qui fouf-crivent ces Billets s'obligent de fournir ; la fe-conde, qu'ils contiennent une déclaration de la valeur·reçue ; & la troifième, qu'ils indiquent les perfonnes qui ont délivré cette valeur.

Au furplus, il faut appliquer à la peine de nullité, prononcée par l'article 29, ce que nous avons dit à l'égard de celle qui eft prononcée par l'article précédent.

Les Billets de change font fouvent dits paya-bles à l'ordre de celui au profit duquel ils font faits ; mais ce n'eft pas cela qui en fait le carac-tère effentiel : un tel Billet peut être dit payable à la perfonne qui y eft défignée, fans ceffer d'être Billet de change : la raifon en eft qu'il fuffit à cet effet qu'il ait pour caufe ou pour objet une lettre de change.

Il y a feulement cette différence, que lorf-qu'un Billet de change eft payable à ordre, il fe négocie ou s'endoffe de même qu'une lettre de change ; & que s'il n'eft pas payable à ordre ou au porteur, il eft cenfé toujours appartenir à la perfonne au profit de laquelle il eft fait.

L'endoffement des Billets de change qui font à ordre, produit le même effet que celui des lettres de change ; il transfère de plein droit, & fans aucune fignification, la propriété du Billet de change à la perfonne au profit de la-quelle l'endoffement eft fait ; & l'endoffeur s'oblige envers elle à lui faire recevoir ce qui eft porté par le Billet. C'eft pourquoi fi le dé-biteur du Billet ne paye pas à l'échéance, la

perfonne qui en a la propriété a une action ed
recours, tant contre celui qui a endoffé le Billkc
à fon profit, que contre tous les endoffeur
précédens : elle eft en droit de les faire conc
damner folidairement à la payer.

On voit par là que l'action que le propriétain;
d'un Billet de change a contre les endoffeur
de ce Billet, eft pareille à celle que peut exei
cer le propriétaire d'une lettre de change, conu
les endoffeurs & le tireur. L'une & l'autre on
les mêmes privilèges, & font foumifes au
mêmes règles, relativement aux fins de nor
recevoir.

Suivant l'article 31 du titre cité, le porteu
ou propriétaire d'un Billet pour lettres d
change fournies ou à fournir, eft tenu de fai
fes diligences contre le débiteur dans dix jour
Ainfi cette loi paroît ordonner pour les Billet
de change, ce que l'article 4 du même tim
ordonne à l'égard des lettres de change. C
pendant les jurifconfultes d'Orléans ont penf
que l'article 31 n'ordonnant que *des diligencu*
au lieu du protêt prefcrit par l'article 4 ; il fuf
foit, pour fe conformer à l'article 31, de fai
conftater par une fimple fommation faite a
débiteur, fon refus de remplir fes obligation
mais cette pratique n'eft pas en ufage, & l'on
coutume de faire protefter les Billets de chang
de même que les lettres de change.

Il faut néanmoins convenir que fi au lieu
d'employer la voie du protêt contre le débiteu
qui eft en demeure de payer, le propriétair
du Billet s'étoit contenté de lui faire une fommation dans les dix jours, il feroit jufte de
confidérer cette fommation comme l'équivalent

des diligences ordonnées par l'article 31 : ainſi ce propriétaire ne devroit pas pour cela être privé de ſon recours de garantie contre les endoſſeurs du Billet. La raiſon en eſt qu'en fait de formalités on ne peut être tenu que de celles auxquelles la loi oblige : or, dans le cas particulier, l'ordonnance ne preſcrit que des diligences, ſans ſpécifier le protêt; c'eſt pourquoi le porteur ou propriétaire du Billet ne doit pas être aſſujetti au protêt plutôt qu'à toute autre eſpèce de diligence.

Après avoir fait ſes diligences, le porteur ou propriétaire du Billet *doit les ſignifier à celui qui a ſigné le Billet ou l'ordre*, & faire donner l'aſſignation en garantie dans les mêmes délais que ceux qui ſont preſcrits pour les lettres de change. C'eſt la diſpoſition de l'article 32.

Si le Billet n'avoit été endoſſé au profit du porteur, qu'après les dix jours depuis l'échéance du Billet, Bornier penſe qu'il n'y auroit alors aucun tems fatal dans lequel le porteur pût être obligé de faire des diligences contre le débiteur du Billet, pour avoir recours contre l'endoſſeur; mais cette opinion n'eſt pas ſuivie, & le porteur eſt tenu de faire ſes diligences dans le temps que le juge détermine pour cet effet.

Le Billet de change produit, contre le débiteur, une action qui le ſoumet à la juriſdiction conſulaire, & à la contrainte par corps.

Les Billets de change ſont, ainſi que les lettres de change, cenſés acquittés après cinq ans depuis leur échéance, ſi l'on n'a fait aucune pourſuite; ou depuis la dernière pourſuite, ſi l'on a pourſuivi. C'eſt une diſpoſition de l'or-

K iv

donnance (*) : après ce tems le créancier et
non-recevable à demander le payement du Billet
soit au débiteur, soit aux endosseurs : il lui rest
seulement le droit de faire affirmer, par le pré
tendu débiteur, qu'il ne doit plus rien, ou par
sa veuve ou ses héritiers, qu'ils estiment la
créance acquittée.

Les Billets pour lettres de change fournies,
ou portant promesse de fournir lettres de change,
sont sujets au contrôle comme tous les autres
Billets. Le conseil l'a ainsi décidé le 7 mai 1729,
contre le sieur Rochet ; le 8 juillet 1730, contre
le sieur Després de Chambli ; & le 22 mai 1734,
contre le nommé Guibert, huissier à verge au
châtelet de Paris, qui a été condamné à l'a
mende, pour s'être servi d'une promesse de
fournir lettre de change, avant que cette promesse fût contrôlée.

Par une autre décision du 29 mai 1751, le
conseil a jugé sujet au contrôle, un Billet de
change fait par un receveur des fermes.

Des Billets payables à domicile. Ces Billets
nouvellement inventés, sont aujourd'hui fort
usités dans le commerce.

Par cette espèce de Billet, Pierre s'oblige de
me payer, ou à celui qui aura ordre de moi,

(*) *Voici ce que porte l'article 21 du titre 5.*

Les lettres ou billets de change seront réputés acquittés après cinq ans de cessation de demande & poursuites, à compter du lendemain de l'échéance ou du protêt, ou de la dernière poursuite. Néanmoins les prétendus débiteurs seront tenus d'affirmer, s'ils en sont requis,
qu'ils ne sont plus redevables ; & leurs veuves, héritiers,
ou ayant cause, qu'ils estiment de bonne-foi qu'il n'est
plus rien dû.

une certaine fommé, dans un certain lieu, par le moyen de fon correfpondant; à la place de la fomme ou de la valeur qu'il a reçue ici de moi, ou qu'il en doit recevoir (*).

Ainfi ce Billet renferme le contrat de change, & il eft de la nature de la lettre de change, de laquelle il diffère néanmoins par la forme. Dans la lettre de change, celui fur qui elle eft tirée doit l'accepter, & en devient par ce moyen le débiteur, & celui qui l'a fournie en eft feule-ment le garant ; au contraire, lorfque vous me donnez un Billet payable à domicile, vous en êtes le feul débiteur ; votre correfpondant, au domicile duquel vous promettez de payer, n'eft qu'une perfonne que vous me défignez comme celle qui doit vous repréfenter pour faire le payement : c'eft pour cela que ces Billets ne fe font pas accepter par celui au domicile duquel ils font payables.

Ces Billets, entre banquiers, marchands ou négocians, donnent à ceux qui en font porteurs ou propriétaires, les mêmes droits contre ceux qui les ont fournis, que donnent les lettres de change : mais il faut pour cela, que les porteurs ou propriétaires faffent les diligences prefcrites par l'article 31 du titre 5 de l'ordonnance du commerce.

Des Billets à ordre. Le Billet à ordre eft celui par lequel je promets de vous payer une fom-

---

(*) *Formule d'un Billet payable à domicile.*

Le 20 du mois prochain, je payerai à M. de Domar-tin, ou ordre, au domicile de M. Bidault, banquier, à Paris, rue des Marmouzets, deux mille livres, valeur reçue comptant, à Paris ce 15 octobre 1775.

MEYNIER.

me , foit à vous, foit *à votre ordre* , c'eſt-à-dire, à celui à qui vous aurez paſſé votre ordre au dos du Billet (*).

Les Billets à ordre ſe négocient de la même manière que les lettres & billets de change ; c'eſt pourquoi il y a entre les Billets ſimples & les Billets à ordre les différences ſuivantes.

1°. Vous ne pouvez devenir propriétaire d'un Billet ſimple , paſſé au profit d'une autre per- ſonne , ſi ce n'eſt par un acte de tranſport que vous devez faire ſignifier au débiteur du Billet. Juſqu'alors , votre cédant demeure propriétaire de la créance , tellement que le débiteur auquel vous n'avez point fait ſignifier votre tranſport, peut valablement payer entre les mains de ce cédant ; & que , d'un autre côté , les créanciers de celui-ci peuvent faire arrêter à leur profit , entre les mains du débiteur , le montant du Billet.

S'il s'agit , au contraire , d'un Billet à ordre, il ſuffit que le propriétaire ait paſſé ſon ordre à votre profit , pour que vous ſoyez ſur le champ le créancier légitime , & que la ſomme y énon- cée ne puiſſe être payée qu'à vous , ou à celui au profit de qui vous avez paſſé votre ordre.

2°. Lorſque vous cédez & tranſportez un Billet ſimple , vous n'êtes obligé qu'à garantir que le montant du Billet eſt véritablement dû, mais vous ne répondez pas de la ſolvabilité du débiteur , à moins que par une clauſe particu-

___

(*) *Formule d'un Billet à ordre.*
Le 15 du mois prochain , je payerai à M. Boula, mar- chand à Dijon , ou à ſon ordre , la ſomme de trois mille livres, valeur reçue de lui en deniers comptant. Fait à Paris , le 15 octobre 1775. THOMAZETTE.

lière du tranfport vous ne vous foyez foumis à cette garantie.

Au contraire, fi vous tranfportez un Billet à ordre, l'endoffement qui opère le tranfport vous rend garant que le montant du Billet fera payé à celui auquel vous avez paffé votre ordre. C'eft pourquoi le porteur de ce Billet a un recours contre vous pour être payé, lorfque le débiteur n'a pas rempli fon obligation.

3°. Si vous êtes ceffionnaire d'un Billet fimple, & qu'on vous ait garanti la folvabilité du débiteur, il n'y a aucun tems déterminé dans lequel vous foyez obligé de faire des diligences contre le débiteur, pour conferver le droit d'exercer votre action de garantie : mais fi vous êtes porteur ou propriétaire d'un Billet à ordre, vous ne confervez le droit de recourir contre les endoffeurs qu'autant que vous avez fait contre le débiteur les diligences néceffaires, dans le tems prefcrit par la loi. Ce tems eft le même pour les Billets à ordre, que pour les Billets de change, c'eft-à-dire, de dix jours, à compter du lendemain de l'échéance du Billet, s'il eft caufé pour valeur reçue en deniers ; & de trois mois, s'il eft pour valeur reçue en marchandifes ou autres effets (*).

Savary penfe que quand le Billet n'explique pas fi la valeur a été fournie en argent ou en marchandifes, & qu'il s'agit de favoir fi les diligences faites après les dix jours, mais avant

_____

(*) Obfervez que conformément à l'article 5 du titre 31 de l'ordonnance du commerce, trente jours compofent un de ces mois, fans qu'il faille avoir égard au nombre de jours du mois courant.

l'expiration des trois mois, ont eu lieu dans un tems utile, les Juges doivent ordonner qu'il fera vérifié si la valeur a été fournie en argent ou en marchandises, & cette preuve peut se faire par les livres de commerce.

Sur la question de savoir si c'est à l'endosseur ou au porteur du Billet à faire la preuve dont il s'agit, M. Pothier décide que c'est à l'endosseur. La raison qu'il en donne est que celui qui oppose une fin de non-recevoir, doit la justifier : or, l'endosseur opposant contre la demande en garantie du porteur, la fin de non recevoir, qui résulte de ce que les diligences n'ont pas été faites à tems, il faut en tirer la conséquence que c'est à cet endosseur à prouver que la valeur du Billet a été fournie en argent, & non en marchandises.

Il faut aussi que le porteur d'un billet à ordre qui veut conserver son action de garantie contre les endosseurs, leur dénonce ses diligences dans le délai fixé pour les lettres de change. C'est ce qu'on doit inférer des articles 31 & 32 du titre 5 de l'ordonnance du commerce (*).

_____

(*) Voici ce que portent ces articles:

« ARTICLE 31. Le porteur d'un Billet négocié, sera tenu de faire ses diligences contre le débiteur dans dix jours, s'il est pour valeur reçue en deniers, ou en lettres de change qui auront été fournies, ou qui le devront être ; & dans trois mois, s'il est pour marchandises, ou autres effets. Et seront les délais comptés du lendemain de l'échéance, icelui compris ».

« ARTICLE 32. A faute de payement du contenu dans un Billet de change, le porteur fera signifier ses diligences à celui qui aura signé le Billet ou l'ordre ; & l'assignation en garantie sera donnée dans les délais ci-dessus prescrits pour les lettres de change ».

Les Billets à ordre diffèrent aussi des Billets de change par plusieurs caractères.

Premièrement, celui qui passe un Billet de change, pour lettres fournies, peut valablement s'obliger à payer pour droit de change, jusqu'à concurrence de ce que les lettres gagnent sur l'argent dans le lieu où elles sont fournies : au contraire, si le débiteur d'un Billet à ordre s'oblige à payer au-delà de la somme qu'il a reçue, l'excédent de cette somme est un intérêt usuraire, qu'on doit imputer sur le principal.

Observez toutefois que cette doctrine souffre exception relativement à certaines provinces, telles que la Lorraine, où les loix permettent au créancier de tirer l'intérêt de l'argent qu'il prête, même sur simple Billet.

Secondement, lorsque le débiteur d'un Billet à ordre n'est ni banquier, ni négociant, ni financier par état (*), on n'a contre lui qu'une action pareille à celle qu'on peut exercer en vertu d'un Billet simple, c'est-à-dire, que le payement de l'un & de l'autre ne peut être poursuivi que par les voies ordinaires. Le Billet de

---

Quoique ces articles ne désignent pas en propres termes les Billets à ordre, ils sont compris dans l'expression de *Billet négocié.*

(*) La contrainte par corps a lieu contre les banquiers, les négocians & les financiers, non-seulement à l'égard des Billets à ordre dont ils sont débiteurs, mais encore relativement aux Billets qu'ils passent *pour valeur reçue comptant*, ou *pour valeur en marchandises,* quand même ces Billets-ci ne seroient point à ordre. C'est une disposition de l'article 1 du titre 5 de l'ordonnance du commerce.

change au contraire entraîne la contrainte par corps contre le débiteur, quel qu'il foit (*), conformément aux difpofitions de l'article 4 du titre 34 de l'ordonnance de 1667, & de l'article 1 du titre 7 de l'ordonnance du commerce (**).

L'article 97 du tarif du 29 feptembre 1721 excepte du contrôle les Billets à ordre *entre* gens d'affaires, marchands & négocians.

Le mot *entre*, qui ne fe trouve inféré dans

_____

(*) Obfervez néanmoins que cette jurifprudence n'a pas lieu contre les femmes ou les filles qui ne font pas marchandes publiques, ni contre les feptuagénaires, ni contre les perfonnes conftituées dans les ordres facrés, ni contre les mineurs émancipés, à moins qu'ils ne foient marchands, banquiers ou financiers.

(**) Défendons à nos cours & à tous autres juges de condamner aucuns de nos fujets par corps en matiere civile, finon & en cas de réintégrande pour délaiffer un héritage en exécution des jugemens, pour ftellionat pour dépôt néceffaire, confignation faite par ordonnance de juftice, ou entre les mains de perfonnes publiques, repréfentation de biens par les féqueftres commiffaires ou gardiens, lettres de change, quand il y aura remife de place en place, dettes entre marchands pour fait de marchandife dont ils fe mêlent. *Article 4 du titre 34 de l'ordonnance du mois d'avril 1667.*

Ceux qui auront figné des lettres ou Billets de change, pourront être contraint par corps ; enfemble ceux qui y auront mis leur aval, qui auront promis d'en fournir, avec remife de place en place, qui auront fait des promeffes, pour lettres de change à eux fournies, ou qui le devront être, entre tous négocians ou marchands qui auront figné des Billets pour valeur reçue comptant, ou en marchandife, foit qu'ils doivent être acquittés à un particulier y nommé, ou à fon ordre, ou au porteur. *Article 1 du titre 7 de l'ordonnance du mois de mars 1673.*

aucun réglement précédent, & qui a été fubftitué dans le tarif à celui de *des*, que l'on trouve
dans l'article 183 du tarif de 1708, dans l'arrêt
du 7 février 1719, & même dans celui du 29
juillet 1732, a donné lieu à des difficultés fans
nombre, en exigeant mal-à-propos que le Billet à ordre fût fait par un homme d'affaires, ou
par un marchand, au profit d'un autre du même
état ; mais cela eft fans principes. Le motif de
l'exemption du contrôle des Billets à ordre ou
au porteur, a été de favorifer le commerce, d'où
il réfulte que les Billets étant faits par les gens
d'affaires, ou par ceux qui, en qualité de banquiers, marchands, négocians & artifans, font
valoir le commerce, chacun fuivant fon état,
ne peuvent être affujettis au contrôle, quels
que foient l'état & la qualité de celui au profit
duquel le Billet eft fait, d'autant plus que l'argent prêté à un homme d'affaires, ou à un négociant par un gentilhomme, un eccléfiaftique,
un bourgeois ou autre, ne facilite pas moins le
commerce & l'exécution des traités de l'em-
prunteur, que fi cet argent lui étoit prêté par
un homme de fon état. Il ne faut donc confidérer que la qualité de celui qui a fait le Billet à
ordre.

Un arrêt du confeil du 27 mars 1736 ayant
condamné à une amende les religieufes de Notre-Dame de Pont-le-Roi, & l'huiffier qui avoit
exploité en vertu d'un Billet à ordre non con-
trôlé fait à ces religieufes par un marchand de
bois pour marchandifes en bois, l'huiffier s'eft
pourvu en oppofition, fur le fondement que le
Billet étoit à ordre, & fait par un marchand pour
fon commerce : en conféquence il a été dé-

chargé de l'amende par un autre arrêt du 8 mai 1736. La décision est juste, parce que le Billet ayant pour objet le commerce du marchand, étoit exempt de contrôle, comme fait à ordre, quand bien même il n'auroit été causé que pour argent prêté ; à plus forte raison en devoit-il être exempt, puisqu'il étoit causé pour marchandises de son commerce ; au moyen de cela il n'étoit pas même nécessaire qu'il fût à ordre pour être dispensé du contrôle.

Le 27 avril 1748, le conseil a décidé qu'un Billet à ordre fait pour solde de compte entre marchands, étoit sujet au contrôle, sur le fondement qu'il n'étoit pas pour fourniture, & qu'il valoit quittance au débiteur ; mais le débiteur ne peut se donner quittance à lui même, & le Billet à ordre pour solde ne mérite pas moins de faveur que les autres ; aussi, par une autre décision du 23 novembre 1752, rendue sur le mémoire du sieur Ardant, syndic & marchand de la ville de Limoges, il a été déchargé des droits de contrôle prétendus pour des lettres, Billets à ordre & endossemens, pour solde de compte, attendu que les termes de solde de compte ne constituent pas un compte, quand même ils le supposeroient.

Des Billets en blanc. On a appellé Billets en blanc des Billets par lesquels on s'obligeoit de payer une certaine somme à quelqu'un dont le nom étoit laissé en blanc dans le Billet, ensorte que le propriétaire ou porteur d'un de ces Billets pouvoit y inférer tel nom qu'il jugeoit à propos pour représenter le créancier.

Comme ces Billets servoient souvent à couvrir des usures & des fraudes, le parlement les proscrivit profcrivit par deux arrêts de réglement des 7 juin 1611, & 26 mars 1624.

Des Billets payables au porteur. Aux Billets en blanc ont fuccédé les Billets payables au porteur (*). On appelle ainfi des Billets portant promeffe de payer une certaine fomme au porteur du Billet, fans aucune défignation de la perfonne du créancier qui en a fourni la valeur.

Il faut dans ces Billets, comme dans tous les autres, qu'il foit fait mention fi la valeur en a été reçue en argent ou en marchandifes.

L'ufage des Billets payables au porteur ayant paru dangereux dans le commerce, ils ont été fupprimés pendant un tems; mais on les a enfuite rétablis, parce qu'on les a reconnus utiles à certains égards.

Lorfqu'on donne des Billets de cette efpèce en payement, on n'y met aucun endoffement, parce que celui qui les emploie en transfère la propriété de la main à la main. Ainfi le propriétaire d'un Billet au porteur n'a pour débiteur que celui qui l'a foufcrit.

Un arrêt rendu au parlement de Paris le 10 décembre 1717, entre le fieur de Beaufort-la-Roche-Canillac & Jean Cortigier, marchand à Clermont en Auvergne, a jugé qu'un marchand propriétaire d'un Billet payable au porteur, n'étoit point obligé de déclarer de qui il tenoit ce Billet.

La même chofe a été jugée par un autre arrêt

(*) *Formule d'un billet payable au porteur.*
Le 20 juin prochain, je payerai au porteur douze cent francs, valeur reçue comptant, à Paris ce.....

rendu le 7 juillet 1730, entre Jacques Dupin marchand à Varzy, le fieur de Bloffet & la veuve Aubepin. Ce dernier arrêt a infirmé les fentences rendues aux confuls d'Auxerre, les 2 mai & 4 juin 1730, par lefquelles il étoit or donné que Dupin mettroit en caufe celui qu avoit remis le Billet au porteur de la fomme d 500 livres dont il s'agiffoit, pour favoir à qui l valeur en avoit été fournie. Ces deux arrêt font rapportés dans la collection de jurifpru dence.

Au refte quand on prend en payement u Billet payable au porteur, il eft prudent de l faire garantir par celui de qui on le reçoit, & de faire figner cette garantie au dos du Billet.

Par arrêt du 5 feptembre 1685, le parlement de Bordeaux a fait, relativement au Billets payables au porteur, un réglement qu porte :

« 1°. Que celui qui aura reçu un Billet en
» deniers payable au porteur, fans autre reçu,
» & fans qu'il y ait de délai réglé, demeurer
» garant de ce Billet pendant trente jours, à
» compter de la date du même Billet, ceux d
» la date & échéance compris dans les trent
» jours.

» 2°. Que pendant ces trente jours le por
» teur du Billet fera obligé de fommer par act
» celui qui l'aura fait, de le payer.

» 3°. Qu'en cas que le Billet ne foit pa
» payé, le porteur fera obligé de recouri
» trois jours après contre celui qui aura don
» né le Billet, & le fommer de le rembour
» fer.

» 4°. Que s'il arrive que ce Billet ait paſſé
» en diverſes mains, & que le rembourſement
» ait été fait au porteur par celui qui l'avoit
» donné en dernier lieu, celui qui l'aura rem-
» bourſé ſera obligé trois jours après la ſom-
» mation qui lui aura été faite, de le dénon-
» cer à celui des mains duquel il l'avoit pré-
» cédemment reçu.

» 5°. Que cela aura pareillement lieu pour
» les autres garants de ce Billet, pourvu que
» les ſignifications de la ſommation ſoient faites
» dans le même délai de trois jours dont chacun
» doit jouir.

» 6°. Que celui qui aura fait ce Billet ori-
» ginairement, ne pourra prétendre jouir du
» délai de trente jours, étant à l'option du
» porteur de s'en faire payer à toute heure.

» 7°. Qu'à faute de faire les ſommations &
» ſignifications dans les délais preſcrits, celui
» qui aura donné le Billet n'en ſera plus garant;
» mais que ce Billet ſera pour le compte de
» celui qui aura manqué à faire ſes diligen-
» ces ».

Il faut appliquer aux Billets au porteur ce que
nous avons dit du contrôle relativement aux
Billets à ordre.

Des Billets d'honneur. On appelle *Billet d'honneur,* celui par lequel un gentilhomme ou un
officier militaire déclare ſur ſon honneur qu'il
payera la ſomme y portée au terme convenu.

Suivant l'article premier du réglement des
maréchaux de France du 20 février 1748, tout
gentilhomme ou officier qui pour quelque cauſe
que ce ſoit fait un Billet d'honneur à un mar-

chand ou à quelqu'autre particulier non jufticiable du tribunal des maréchaux de France,
doit être puni d'un mois de prifon ou plus, felon
les circonftances, lorfqu'il ne remplit pas fon
engagement d'honneur, & le créancier doi
être renvoyé à fe pourvoir devant les juge
ordinaires.

Suivant l'article 2 du même réglement, s'il
arrive qu'un gentilhomme ou un officier mili
taire confente qu'un Billet d'honneur foit fai
en fa faveur en prêtant fon nom à un marchan
ou à un autre particulier qui foit le véritabl
créancier, il doit être puni de trois mois de prifo
pour avoir ainfi prêté fon nom, & le débiteur
qui a paffé le Billet doit être puni d'un mois d
prifon : l'un & l'autre peuvent même être puni
d'une plus longue prifon, felon la qualité d
fait & des circonftances.

Les maréchaux de France ont fait un autn
réglement le 5 août 1762, par lequel il eft o
donné, article premier, que les requêtes pré
fentées pour raifon de Billets faits par des gen
ti hommes ou officiers ne peuvent être répon
dues de l'ordonnance de communiqué, qu
quand elles font fignées & datées par le créat
cier, ou accompagnées d'un pouvoir figné qu
contienne la date du Billet, le lieu de la de
meure & les qualités du demandeur.

L'article fecond veut que les requêtes foien
communiquées au débiteur dans le mois,
compter de la date de l'ordonnance de comm
niqué, quand le débiteur eft à Paris ou dans le
environs, à la diftance de dix lieues, & dan
trois mois au pluftard de la même date, quan
le débiteur fe trouve hors la diftance de di

lieues, foit à l'armée, foit dans le refte du royaume, fauf à demander un nouveau délai en juftifiant des motifs du retard.

Suivant l'article 3, la réponfe au communiqué doit être écrite de la main du débiteur & fignée de lui, à la fuite de l'ordonnance de communiqué..S'il ne peut écrire & figner, le procès-verbal de communication doit contenir les raifons qui l'en ont empêché.

L'article 4 veut que les requêtes ainfi revêtues de la réponfe du débiteur foient remifes dans le mois, à compter de la date de la réponfe, entre les mains du rapporteur.

Suivant l'article 5, qui eft le dernier du réglement dont il s'agit, aucun officier ni garde de la compagnie de la connétablie ne peut exécuter définitivement une ordonnance qu'elle n'ait été précédemment fignifiée, à moins qu'il n'en ait été autrement ordonné.

On a parlé des *Billets de banque* à l'article *Banque.*

On appelle *Billet de gabelle*, la déclation du receveur du grenier, qu'il a expédié à un tel, & dans un tel tems, telle quantité de fel, l'endroit où il le porte & fa deftination.

Aucun fel ne peut être voituré fans Billet de gabelle, pour en juftifier la qualité & le grenier où il a été pris.

Voilà la règle générale : cette règle s'applique fpécialement aux regratiers & aux muletiers.

Les regratiers font tenus de conferver leurs Billets de gabelle, pour qu'ils puiffent faire la preuve des fels qu'ils ont vendus, par les regiftres ou feuilles des gabelles, où ils doivent inférer le nom des différens acheteurs ; c'eſt ce que preſcrit un arrêt du conſeil du 6 juillet 1666.

Les muletiers ayant la faculté, ſuivant le même arrêt, d'enlever du ſel des greniers, de le vendre & débiter en conformité de l'arrêt de 1666, ils ne peuvent en faire le tranſport qu'a-vec les Billets de gabelle, ce qui leur eſt preſ-crit par l'article 28 de l'édit de 1664, qui or-donne à tous gabeleurs, ſoit vendeurs de ſel à petite meſure & autres, de prendre des Bil-lets des receveurs & contrôleurs de chaque grenier, de la quantité de ſel qui leur ſera déli-vrée, & de le porter aux lieux pour leſquels ils auront pris les Billets.

L'article 168 du bail de Carlier établit cette règle en ces termes ; *pourront néanmoins les mule-tiers & voituriers en Languedoc, Rouergue, Au-vergne & Provence, vendre & débiter dans les lieux accoutumés, au minot, demi-minot, quart de mi-not, le ſel qu'ils auront levé aux greniers & cham-bres dépendans de la ferme des gabelles de Langue-doc & Provence, à la charge d'en juſtifier par des Billets de gabelle qu'ils feront obligés de prendre des receveurs des greniers & chambres où ils auront levé le ſel, à peine de confiſcation du ſel & de 100 livres d'amende.*

L'article 28 de l'édit de 1664 portoit l'amende de 1000 livres, mais la modification en a été faite à 100 livres à l'égard de ceux qui font cette vente dans l'intérieur de la province ; c'eſt encore la diſpoſition de l'article 178 du bail de Forceville, dont l'exécution a été preſ-crite de nouveau par un arrêt de la cour des aides du 29 octobre 1738, à la tête duquel eſt imprimé l'article 28 de l'édit. Cet arrêt fait très-expresses inhibitions & défenses aux vendeurs de sel, à petite mesure, & à tous autres, de voiturer & faire voiturer aucun sel sans Billet de gabelle.

En cette partie il est relatif aux articles des baux de Carlier & de Forceville qu'on vient de rapporter.

Mais en la seconde, qui se refère aux muletiers qui prennent du sel aux greniers de Provence pour le Dauphiné, il les oblige, comme la seconde partie de l'article 28, de faire passer leurs sels aux bureaux de Sisteron & de Seyne, pour en payer l'imposition.

L'article 28 ordonne que faute d'y passer, & sur la vérification de leur contravention sur les registres des bureaux & greniers, les contrevenants seront condamnés comme faux-sauniers à 1000 livres d'amende outre la confiscation du sel ; l'arrêt déclare qu'étant convaincus d'avoir fraudé l'imposition, ils seront poursuivis comme faux-sauniers pardevant les visiteurs des gabelles, pour les faire condamner aux peines, amendes & confiscations portées par l'article 28 de l'édit de 1664 ; sauf l'appel.

Il faut donc distinguer deux sortes de contraventions : celle qui est commise par les muletiers vendant du sel en Provence au minot, demi-minot & quart de minot, trouvés sans Billet de gabelle, les met dans le cas de l'amende portée par les articles des baux de Carlier & de Forceville.

Les muletiers, au contraire, qui ont chargé pour le Dauphiné, doivent être condamnés, suivant les dispositions de l'article 28 de l'édit de 1664, & l'arrêt de la cour des aides du 29 octo-

bre 1738, à la confiscation du sel & à l'amende
de 1000 livres quand ils sont convaincus d'avoir fraudé le droit d'imposition aux bureaux
de Seyne & de Sisteron.

Ce qu'on vient de dire s'observe en Dauphiné, conformément à l'article 162 du bail de
Domergue, lequel porte que les marchands,
voituriers & muletiers qui conduiront du sel de
Provence dans les trois bailliages des montagnes du Dauphiné, ne pourront l'exposer en
vente dans les marchés publics, qu'ils ne l'aient
représenté aux commis de l'adjudicataire, avec
l'acquit des impositions qu'ils auront payées
aux commis des bureaux de Sisteron & de Seyne, à peine de confiscation & de 300 livres
d'amende; c'est la même disposition que dans
les articles 162 du bail de Carlier & 161 de celui
de Forceville.

En Dauphiné, la vente du sel en gros & en
détail est libre, à petites mesures, & au poids,
en prenant des commis de l'adjudicataire des
Billets qui leur sont délivrés sans frais, de la
quantité de sel qu'ils achetent aux greniers :
c'est ce qui résulte de l'arrêt du conseil du 24
novembre 1722.

Dans presque toutes les provinces de petites gabelles, comme dans le Lyonnois, les
feuilles des gabelles, qui sont l'équivalent des
Billets de gabelle, ont lieu. Ce sont des feuilles paraphées par les commis de l'adjudicataire,
qui contiennent la quantité de sel que les particuliers ont levé aux greniers & chambres; ils
sont tenus de les prendre, à peine de 100 livres
d'amende, & de les représenter lors des visites, pour justifier que le sel qui se trouve

chez eux, a été effectivement levé dans les greniers. Cela est ainsi prescrit par l'article 159 du bail de Forceville.

Il suit de cet article, conforme à ceux des précédens baux, que les particuliers qui n'achetent point le sel en détail des regratiers, & qui en font leurs provisions aux greniers, doivent, selon les règles, être en état de représenter leurs Billets de gabelle pour la justification que leur sel a été levé dans les greniers ; mais comme les muletiers peuvent vendre en Provence à minot, demi-minot & quart de minot, & qu'on s'y sert d'eux pour les grosses salaisons, l'on n'y exige la représentation du Billet de gabelle, que dans le cours de la voiture du transport, & non au domicile quand le sel est trouvé de la nature & qualité de celles des greniers.

Dans les grandes gabelles, comme chaque particulier est obligé de prendre une certaine quantité de sel pour sa consommation dans les greniers du ressort où il fait sa résidence, & qu'il ne peut le prendre ailleurs, les certificats ou Billets de gabelle du sel qu'il auroit acheté dans d'autres greniers, ne le mettent pas à couvert des recherches qui peuvent être faites contre lui, s'il n'a pas levé dans les greniers de son ressort sa provision : l'arrêt du conseil du 10 mars 1772 le soumet aux peines imposées contre ceux qui ne prennent pas aux greniers de leur ressort, la quantité de sel pour laquelle ils se trouvent imposés dans les états & rôles de leurs paroisses.

Dans le ressort de la cour des aides de Rouen, on appelle *Billet sommaire*, une sorte d'acte dans

lequel les commis des aides énoncent sommai
rement la fraude qu'ils ont découverte (*), et
attendant qu'ils dreffent à cet égard un proces
verbal plus ample & plus détaillé.

Comme les droits de détail font confidérable
dans le reffort de la cour des aides de Rouen,
où l'on perçoit le quatrième & la fubvention
au détail, la perception de ces droits a pu fe
trouver fouvent troublée par les redevables
Lorfque les commis découvroient des fraude
& des contraventions, il leur étoit difficile &

(*) *Formule d'un Billet fommaire.*
L'an mil.... lè.... jour de.... à.... midi, à la requête d
M.... fermier de.... nous M.... & N.... commis aux ayde
à.... y réfidans & reçus à juftice ; favoir M.... en l'Élec
tion de.... & N.... en celle de.... fouffignés, certifion
avoir déclaré à.... demeurant à.... que nous rendrion
dans ce jour à juftice notre plus ample procès-verbal
qui lui fera fignifié en tems de droit, pour avoir..
(*faire ici l'expofé fuccint de la fraude*) pourquoi, vu l
fraude, lui avons déclaré la faifie defdits.... (*faire l'énu
mération des chofes faifies*) comme de fait les avons fai
fies & laiffées à la charge & garde dudit.... (*dans le ca
où il eft néceffaire d'enlever chofes faifies, on en fait mention*
après avoir exercé & contre-marqué lefdits vaiffeaux,
& eftimé le tout à la fomme de.... (*faire ici l'eftimation
des chofes faifies pour, en cas de confifcation, en demande
la valeur à défaut de les repréfenter*) & ce, par Billet fom
maire rédigé fur le champ dans la maifon dudit .. & à lu
à l'inftant délivré après lecture faite parlant à fa perfonne
auquel il a refufé de figner, de ce fommé (*fi le préven
figne, on met fur le double qu'on lui délivre*) fur l'original
duquel refté entre nos mains, il a figné : *les commis dan
ce cas doivent garder le double qu'il a figné ; fi au contraire i
refufe, il eft inutile qu'ils confervent de double de lu
Billet fommaire, ils en ont été difpenfés par les réglemens.*
S'il y a plufieurs complices de la fraude, on délivre
à chacun un double du Billet fommaire.

quelquefois dangereux de donner le tems &
l'attention néceſſaire pour dreſſer leurs procès-
verbaux ſur le lieu & à l'inſtant de la découverte de la fraude, c'eſt ce qui détermina à les
autoriſer à faire ces procès-verbaux où ils jugeroient à propos, en laiſſant toutefois aux prévenus pour leur ſûreté un Billet ſommaire, qui
pût fixer ſur le champ l'objet & le genre de
fraude, ſur lequel le procès-verbal devoit être
rendu.

Les commis ne ſont point obligés de repréſenter l'original de leur Billet ſommaire, ils en
ont été diſpenſés par arrêt de la cour des aides
de Rouen du 12 juin 1708. La raiſon en eſt,
que ce Billet n'eſt fait que pour les prévenus,
qu'il ne ſert qu'à déterminer la fraude ou contravention où ils ſont tombés, & que le double en eſt inutile au fermier, qui a pardevers lui
le procès-verbal, lequel doit être conforme au
Billet ſommaire, & ſur lequel il doit faire ſes
pourſuites.

Voyez *l'ordonnance du commerce du mois
de mars 1673 ; le traité du contrat de change;
les parères de Savary ; l'eſprit des ordonnances de Louis XIV ; la collection de juriſprudence ; le tarif du 29 ſeptembre 1722 ; le dictionnaire raiſonné des domaines ; la déclaration du
22 ſeptembre 1733 ; le journal des audiences ; la
déclaration du 30 juillet 1730 ; l'ordonnance du
mois d'avril 1667 ; l'arrêt de réglement du parlement de Paris du 16 mai 1650 ; les déclarations
des 26 février 1692, 28 novembre 1713, & 20
février 1714 ; les arrêts de réglement du parlement
de Paris des 7 juin 1611, 26 mars 1624, & 7
ſeptembre 1660 ; la déclaration du 9 janvier 1664;*

le traité de la vente des immeubles par décret ; l'é dit du mois de mai 1716, & la déclaration du 2 janvier 1721 ; le réglement des maréchaux de Franc du 20 février 1748 ; l'ordonnance des gabelles d mois de mai 1680 ; l'arrêt du conseil du 6 juille 1666 ; les baux de Domergue, de Carlier & d Forceville ; le commentaire de l'ordonnance des ga belles ; le traité général des droits d'aides, &c. ·

Voyez aussi les articles ACTE, HYPOTHÈ QUE, CHARGE, CONTRAINTE, PROTÊT LETTRE DE CHANGE, ENDOSSEMENT, G RANTIE, PRESCRIPTION, PROMESSE, COM MIS, PROCÈS-VERBAL, &c.

BILLON, BILLONNAGE, BILLONNEUR *Billon* se dit de toute matière d'or ou d'arge alliée ou mêlée d'une portion de cuivre pl considérable que celle qui est réglée par les o donnances rendues sur le titre des monnoie *Billonnage* est l'espèce de délit que commette ceux qui font un mélange prohibé de ces sort de matières, ou qui trafiquent des espèces a tres que celles qui ont cours dans le royaum & *Billonneur* est celui qui se rend coupable d ce délit.

On appelle aussi *Billon* toute espèce de mo noie dont le cours est défendu, à quelque titr qu'elle puisse être.

On donne encore le nom de *Billon* à la mo noie de cuivre mêlée d'un peu d'argent, com me celle des pièces de dix-huit deniers & d deux sous. Les liards qui sont purement de cui vre sont encore compris sous le nom de *Billo* Enfin ce même mot s'entend des lieux où l'o doit porter la monnoie décriée, légère & dé fectueuse, pour la mettre à la fonte, & en re

cevoir la jufte valeur : ces lieux font les bureaux de la monnoie & du change.

Il avoit été expreffément défendu par un arrêt du confeil du 3 mai 1736, & par l'article 5
de l'édit du mois d'octobre 1738, de faire aucun mêlange de différentes efpèces dans les facs
d'argent donnés en payement, & il étoit prefcrit que ces facs ne feroient compofés que d'une
feule efpèce d'argent ou de Billon ; mais comme
on étoit peu exact à fe conformer aux difpofitions de ces réglemens, & que les inconvéniens
qu'on avoit voulu prévenir fe renouveloient,
la cour des monnoies, pour en empêcher le
progrès, ordonna par un arrêt du 20 juin 1750,
l'exécution de l'arrêt du confeil du 3 mai 1736,
& de l'article 5 de l'édit de 1738 ; en conféquence il fut dit qu'aucun des facs qui feroient
donnés en payement, ne pourroient être mêlés
ni compofés de différentes efpèces, mais qu'ils
feroient feulement en entier d'écus ou de demi-
écus, de cinquièmes, de dixièmes ou de ving-
tièmes d'écus, fans mêlange de différentes efpèces enfemble : que pareillement aucun fac
de Billon ne pourroit être compofé d'efpèces
de différentes fabrications ; il fut fait défenfes
en même tems de mêler dans les mêmes facs aucun fou des anciennes fabrications avec les
fous de la fabrication ordonnée par l'édit du
mois d'octobre 1738, le tout à peine de confifcation au profit du roi de toutes les efpèces différentes qui fe trouveroient mêlées dans les mêmes facs.

La même cour voyant que plufieurs perfonnes refufoient les pièces de deux fous qui avoient
été fabriquées en exécution de l'édit d'octobre

1738, défendit expressément par un autre arrêt
du 3 septembre 1757, de refuser ces pièces, dès
qu'il paroîtroit quelque empreinte servant à
faire connoître qu'elles avoient été fabriquées
en exécution de cet édit, à peine de poursuites
extraordinaires contre ceux qui les refuseroient,
ou qui n'en donneroient pas la valeur fixée,
& d'être punis comme Billonneurs, suivant la
rigueur des ordonnances.

Plusieurs arrêts du conseil des 27 juillet 1728,
27 mars 1729, & 1 août 1738, avoient défendu l'introduction dans le royaume des espèces
de Billon de fabrique étrangère, ainsi que le
cours & l'exposition de ces espèces dans aucun
payement. La cour des monnoies avoit renou-
velé ces défenses par un arrêt du 3 juin 1758,
à peine de trois mille livres d'amende contre
chacun des contrevenans, de confiscation des
espèces, même des marchandises dans lesquelles
elles seroient emballées, ainsi que des chevaux,
chariots, équipages, &c. mais comme ces défenses n'avoient pas empêché qu'il ne s'introdui-
sît journellement une quantité considérable de
ces espèces de fabrique étrangère, principalement dans les villes limitrophes des pays étrangers, & qu'on faisoit souvent passer ces espèces
pour le double de la valeur qu'elles avoient dans
les lieux de leur fabrication, la même cour, par
un arrêt du 21 novembre 1759, réitéra ces défenses, notamment dans la ville de Rocroi; &
un autre arrêt du 14 juin 1760, les renouvela
pour Philippeville & les autres villes frontières, & ordonna qu'il seroit informé contre les
Billonneurs, les introducteurs & les expositeurs
de ces espèces défendues.

Le *Billonnage* pris pour un négoce & une fubftitution de mauvaifes à de bonnes pièces, fe
commet de différentes manières.

1°. Lorfqu'on achete ou qu'on change la
monnoie pour une valeur moindre que celle
qu'elle a dans le public, afin de la remettre à
plus haut prix, foit dans le même lieu, foit dans
une autre province.

2°. Quand les collecteurs & les receveurs retiennent les bonnes efpèces d'or & d'argent
qu'ils ont reçues des contribuables, pour n'envoyer au tréfor royal que des efpèces de Billon ou de cuivre, ou qu'ils retiennent les efpèces pefantes, pour ne payer qu'en efpèces lé-
gères.

3°. Lorfque les changeurs remettent dans
le commerce les efpèces défectueufes étrangères & décriées qu'ils ont changées.

4°. Quand on ne veut recevoir les efpèces
qu'au prix de l'ordonnance, & ne les expofer
qu'au prix qu'elles ont par le furhauffement du
peuple.

5°. Lorfqu'on trafique des monnoies étrangères & décriées, & qu'on leur donne cours
dans le royaume.

6°. Quand les marchands fe tranfportent fur
les ports de mer pour y acheter les efpèces à deniers comptans plus qu'elles ne valent, ou qu'ils
ftipulent que leurs marchandifes leur feront
payées avec ces fortes d'efpèces, afin de les paffer enfuite de ville en ville à la faveur du commerce, jufqu'aux places frontières, ou de les
vendre aux orfevres.

7°. Lorfqu'on choifit les efpèces les plus

peſantes pour les fondre ou les vendre aux orfèvres qui les fondent pour leurs ouvrages.

8°. Quand on change les eſpèces qu'on a reçues, & qu'on en achete d'autres pour faire des
payemens.

9°. Lorſqu'enfin on recherche des eſpèces
d'or ou d'argent dans une province, & qu'on
en donne quelque bénéfice, afin de les remettre à plus haut prix dans une autre province.

Les ordonnances de 1559, 1574, 1577,
1578, 1629, & pluſieurs arrêts de la cour
des monnoies, notamment celui du 13 juin
1600, font d'un commerce pareil un crime
capital. Une déclaration du 8 février 1716, &
un édit du mois de février 1726, font défenſes
à tous les ſujets du roi & aux étrangers qui ſont
dans le royaume, même à ceux qui jouiſſent du
privilège de regnicoles, de faire aucune négociation d'eſpèces & de matières d'or & d'argent à plus haut prix que celui qui eſt porté
par les édits, les déclarations & les arrêts de
réglemens, ni de faire à ce ſujet aucun Billonnage, à peine, pour la première fois, du carcan, de confiſcation des eſpèces ou matières,
& de trois mille livres d'amende, & des galères à perpétuité en cas de récidive : punition
encourue tant par ceux qui achetent que par
ceux qui vendent (*).

_____

(*) Cette déclaration veut que celui des Billonneurs
ou négociateurs qui aura déclaré ſes complices au procureur-général en la cour des monnoies ou aux juges
des lieux, ſoit exempt de la peine, & reçoive la part
des confiſcations & des amendes qui revient au déno-
ciateur.

Ceux

Ceux qui font trouvés faifis de rognures & de pièces de Billon qui en procèdent, encourent la même peine que celle des faux-monnoyeurs, lorfqu'il paroît qu'ils ont été de concert avec eux. C'eft ce qui réfulte d'une déclaration du 14 janvier 1549.

Voyez *les ordonnances de 1559, 1574, 1577, 1578, 1629; l'arrêt de réglement de la cour des monnoies du 13 juin 1600; une déclaration du 8 février 1716; un arrêt du confeil du 3 mai 1736; l'édit du mois d'octobre 1738; les arrêts de la cour des monnoies des 21 novembre 1759, & 14 juin 1760; les traités des monnoies, par Boizard & par Abot de Bafinghem, &c.* Voyez auffi l'article MONNOIE, &c.

BILLOTS. En Bretagne on appelle *impôts & billots* certains droits qui faifoient partie du domaine des anciens ducs de Bretagne, & qui fe perçoivent fur les boiffons.

Dans l'origine, ces droits n'étoient pas une impofition générale perpétuelle; c'étoit un fimple octroi que les communautés des villes & les barons obtenoient fous les ducs de Bretagne, pour lever des deniers fur ce qui fe débitoit dans les villes ou dans les territoires des feigneurs, pendant un tems déterminé, à la charge d'en employer le produit à la fortification ou à la réédification des clôtures des villes, ou à d'autres ouvrages publics. Cette deftination du produit eft juftifiée par un édit de Charles VIII du 14 juillet 1492.

Comme les communautés & les feigneurs particuliers s'approprioient ces droits au lieu de fatisfaire aux conditions fous lefquelles ils avoient été octroyés, nos rois les réunirent au domaine de la couronne, ainſi que les autres droits dont avoient joui les ducs de Bretagne.

En 1554, il fut ordonné une aliénation de 10000 livres de rentes affeêtées ſur les impôts & Billots ; l'aliénation fut même ordonnée des droits d'impôts & Billots, par édit du mois de juillet 1638, ſous la faculté de rachat perpétuel; mais cet édit fut révoqué par un autre du mois de décembre 1664, qui réunit ces droits au domaine. Les beſoins de la guerre déterminerent Louis XIV à en ordonner l'aliénation à titre de propriété incommutable, par édit du mois de juin 1710; mais cette aliénation n'eut pas lieu : les mêmes circonſtances ont déterminé Louis XV à en faire l'aliénation aux états de la province de Bretagne, par contrat du 18 février 1759, ratifié par lettres-patentes du mois de mats ſuivant.

Enfin par arrêt du conſeil du 9 juin 1771, les mêmes droits ont été réunis au domaine du roi, & ſa majeſté s'eſt chargée d'acquitter les rentes de l'emprunt fait par les états pour acquérir ces droits.

Les droits d'impôts & Billots ſont fixés, ſavoir, ceux d'impôts, à vingt-deux ſous dix deniers par barique de 120 pots de vin autre que le vin breton, & à pareille ſomme par barrique d'eau-de-vie.

Chaque barique de vin breton, de bière, de cidre ou de poiré, paye pour le même droit onze ſous cinq deniers.

Le droit de Billots eſt de ſix pots par barrique de 120 pots, ſans aucune déduêtion pour les lies & coulages (*).

(*) Un arrêt du parlement de Bretagne du 13 mars

On perçoit en outre les fous pour livre de ces droits comme des autres droits dépendans des fermes du roi.

Les droits d'impôts & Billots font dus fur toutes les boiffons vendues en détail de quelque façon & par quelques perfonnes que ce foit, & fur celles que l'on confomme dans tous les lieux & affemblées, comme noces, baptêmes & autres où l'on fait courir le plat pour recevoir de l'argent des affiftans.

Ils doivent être payés par préférence aux devoirs des états & aux octrois des villes & communautés de la province : c'eft ce que porte un arrêt du confeil du 14 novembre 1676.

Suivant l'article 292 de la coutume de Bretagne, l'action du fermier pour les impôts, ainfi que pour les octrois, fe prefcrit par an & jour, s'il n'a cédule ou obligation par écrit.

Il eft fait défenfe à toutes perfonnes de permettre qu'il foit tiré de leurs caves des boiffons pour tranfporter en quelque façon que ce foit chez les cabaretiers, & à ceux - ci, ainfi qu'à tous autres débitans, d'en vendre aucune fans

---

1671 avoit réglé qu'il feroit déduit pour les lies & coulages un vingt & unième pour vingt ; mais les arrêts du confeil des 9 juillet 1671 & 29 février 1672 ont ordonné que le procureur-général du parlement enverroit au confeil les motifs de cet arrêt, & que cependant par provifion les droits feroient perçus fans déduction comme auparavant, & cela fur le fondement que la fixation de ces droits, ainfi que celle des devoirs ayant été faite fur une évaluation de la barique, à raifon de cent pots au lieu de cent vingt qu'elle contient effectivement, cette diminution d'un fixième devoit tenir lieu de toute autre déduction pour les lies & coulages.

brandon, & d'en acheter par pots, ou pintes à peine de confifcation & de 500 livres d'amende.

Il eft enjoint à tous les propriétaires & locataires des maifons & lieux où fe fait la fraude, de faire ceffer le débit auffi-tôt après la dénonciation du fermier, à peine de demeurer refponfables en leur propre & privé nom des condamnations encourues par les fraudeurs.

Il eft défendu aux marchands en gros de fournir à leurs fermiers ou locataires aucune boiffon pour être vendue en fraude, & de fouffrir qu'il en foit enlevé de leurs caves & celliers qu'ils n'en aient averti au bureau du fermier des impôts & Billots, les commis à la marque, pour qu'il leur en foit donné décharge, à peine d'être refponfables du payement des droits & de l'amende ; il eft pareillement défendu aux rouliers & charretiers de conduire des boiffons fans avoir déclaré au même bureau leur nom, le nom de ceux chez qui ils les ont chargées, & de ceux pour qui elles font deftinées, à peine de confifcation des équipages fervant à conduire ces boiffons, & de pareille amende de cinq cens livres, & à tous vagabonds & gens infolvables de vendre en détail fans le confentement du fermier, à peine du carcan, à défaut du payement des droits, ainfi que de l'amende, pour la premiere fois, & fous peine du fouët en cas de récidive.

Il eft permis aux commis du fermier de faire leurs vifites & perquifitions dans les maifons foupçonnées de fraude, & il eft enjoint aux propriétaires & locataires de ces maifons d'en faire ouverture à la premiere fommation des mêmes commis, pour appofer leur contremarque fur les futailles ; & en cas de refus de la part de ces propriétaires ou locataires, les juges royaux doivent faire faire, aux frais des mêmes propriétaires ou locataires, l'ouverture des caves & lieux foupçonnés. Toutes ces chofes font fondées fur l'arrêt du confeil du 6 décembre 1666, & fur les arrêts du parlement de Bretagne des 28 février 1663, 15 mars 1667, 6 avril & 15 mai 1669.

Suivant un autre arrêt du confeil du 19 août 1673, les braffeurs ne peuvent vendre leurs bières en gros dans d'autres futailles que des bariques, pipes ou tierçons.

Sur la conteftation des commis avec les fraudeurs, & lorfqu'il importe que les preuves de la fraude foient conftatées fur le champ, les commis peuvent fefaire affifter d'un notaire ou greffier des lieux pour recevoir les dires des parties & les déclarations de ceux qui ont connoiffance de la fraude.

Enfin il eft enjoint aux juges des lieux de tenir la main à ce que ces difpofitions foient exécutées, à peine d'en répondre en leur propre & privé nom, & il leur eft défendu de réduire au-deffous de cent livres les amendes encourues pour fraude. C'eft ce qui réfulte des arrêts du parlement de Bretagne des 15 mai 1669, & 22 janvier 1734.

Comme l'ordonnance des aides du mois de juin 1680 n'eft point connue au parlement de Rennes, où elle n'a point été enregiftrée, le fermier des impôts & Billots fuit pour la perception de ces droits les réglemens particuliers dont on vient de rapporter les difpofitions ; on voit qu'elles diffèrent en plusieurs cas de celles de l'ordonnance de 1680.

Il n'y a point de qualité ni d'état qui exempte des droits d'impôts & Billots; les ecclésiastiques & les nobles y sont sujets, même sur le vin du crû de leurs bénéfices ou de leur patrimoine; mais il y a des exemptions particulières tant en faveur des arquebusiers qui ont abattu le pape-gault, que de plusieurs maisons franches dans différentes villes de la province, & de quantité de seigneuries & communautés. Le nombre de ces privilèges est considérable; le préjudice qu'ils portent à la ferme des impôts & Billots a donné lieu à la recherche des titres sur lesquels ils sont fondés. Il fut ordonné par arrêt du 9 septembre 1669, que ces titres seroient rapportés pardevant le sieur Boucherat, qui fut nommé à l'effet de les examiner. Sur son rapport intervint l'arrêt du 27 juillet 1671, lequel a fixé les lieux qui doivent jouir de l'exemption, & la manière dont ils doivent en jouir.

Suivant cet arrêt, celui qui a abattu le pape-gault jouit pendant un an, à commencer du jour qu'il l'a abattu, de l'exemption des impôts & Billots sur la quantité de vin fixée suivant les différens lieux. Il lui est libre d'exploiter par lui-même son droit, ou de le céder à un seul autre cabaretier ou habitant du nombre de ceux qui ont tiré au même papegault, pour vendre sous un même brandon, à la charge par l'abatteur du papegault ou son cessionnaire de souffrir les exercices des commis. Dans le cas de cession du droit, elle doit être signifiée au fermier.

Ce privilège a été fixé pour Rennes à 20

tonneaux ; pour Nantes, à 20 tonneaux ; pour
Fougères, à 20 pipes ; pour Saint-Malo, à 40
pipes ; pour Quimper-Corantin, à 15 tonneaux;
pour Saint-Brieux , à 20 tonneaux ; pour Vannes, à 20 tonneaux ; pour Treguier, à 30 pipes ;
pour Vitré, à 30 pipes, pour la Roche-Bernard,
à 20 pipes; pour Port-Louis, à 15 tonneaux ;
pour Auray, à 20 bariques ; pour Maleſtrois,
à 16 tonneaux , dont 8 pour l'hôpital ; pour
l'iſle de Grois, à 30 pipes ; pour Dinan , à 20
bariques; pour Joſſelin , à 20 barriques; pour
Cancalles , à 20 pipes; pour Quimperlé, à 30
pipes ; pour le terroir de Pennemare ; à 20 tonneaux ; pour Roſternau , à 15 pipes ; pour Pont-
l'Abbé, à 15 pipes ; pour Concarneau, à 15
tonneaux ; pour Fahou, à 15 pipes; pour Lam-
balle, à 20 bariques, ainſi que pour Quintin,
Guincamp, Montcontour & Lanion; pour Lan-
dernau, à 20 pipes ; pour Leſvenen , à 20 pipes, & pour Pontivy, à 4 tonneaux.

Les maiſons franches de la province de Bretagne qui ſont exemptes des droits d'impôts &
Billots , ſont des auberges anciennement établies dans différentes villes de la province: Quelques-unes étoient néceſſaires dans ces villes
pour la commodité du commerce & des voya-
geurs : le prince y a attaché des privilèges pour
en favoriſer l'établiſſement : cette exemption ,
à l'égard de quelques autres , eſt une récompenſe que les ducs de Bretagne ont jugé à propos de donner aux propriétaires de ces maiſons
pour reconnoître leurs ſervices ou pour d'autres conſidérations. Enfin il y en a qui ne ſont
franches qu'à certaines conditions , comme
d'entretenir des parties de mur , réparer un

chemin, & à d'autres titres onéreux. Ces privilèges, quel qu'en fût le motif, ne s'accordoient que du consentement des états. L'arrêt dont il s'agit a réglé dans les différentes villes les maisons qui doivent jouir de l'exemption.

Il y a 24 de ces maisons dans Rennes & dans les fauxbourgs de cette ville (*). Il y en a une au bourg de Mordelie, appelée la Peruche, une à Guimené Guincamp, appelée la Croix verte, & trois à Dinan, appelées l'Image faint Jean, la Croix verte & les trois Rois.

Les propriétaires ou locataires de ces maisons jouissent de l'exemption des impôts & Billots, pour les vins qu'ils vendent aux gens qui logent actuellement chez eux, sans qu'ils puissent donner à boire & à manger à d'autres, tenir cabaret, ni vendre des boissons en pots ni en bouteilles, à peine de déchéance de leur privilège, de cent livres d'amende, & d'être condamnés au payement des droits comme les autres débitans, pour les boissons par eux vendues pendant le quartier où ils sont contrevenus

---

(*) Ces maisons sont la harpe & le pot d'étain, près de la rue de la Fauverie ; les trois rois, l'écu de France, la tête noire & les clefs dans la rue Saint-Georges ; le griffon & l'image Sainte-Catherine, près les Porches ; la bannière, dans la rue de la...., l'image S. Nicolas, la maison & l'hôtellerie de l'épine, le cerf-volant, l'image S. Michel, la tête noire & l'image S. Julien, dans la rue S. Michel ; le flacon dans le fauxbourg S. Michel, le dauphin & l'écu de France, proche la rue de la Revendière ; l'image notre-dame dans la rue haute ; les quatre bœufs dans le faubourg de l'Evêque ; le heaume & l'homme sauvage, dans la rue de la Madeleine, l'image S. Pierre dans le fauxbourg de la Madeleine, & le pot d'étain, dans le fauxbourg S. Helier.

à ces défenses. Il leur est enjoint à cet effet de souffrir les visites & exercices des commis. Ces maisons ne peuvent être augmentées par aucune acquisition, donation ou échange, ni l'exemption des droits transférée en quelque façon que ce soit à d'autres maisons, à peine de déchéance. C'est ce qui résulte des arrêts du conseil des 24 mars 1667, 22 janvier & 27 juillet 1671, & 21 août 1677.

Il y a à Guincamp une autre maison, appelée *le Cheval blanc*, dont l'exemption n'a lieu que pour le droit de Billot, & à la charge par le propriétaire de réparer une partie du mur de la ville attenant la maison.

Il y en a une autre à Morlaix, appelée *la Maison franche*, dont le propriétaire reçoit de l'adjudicataire des impôts & Billots, la somme de 300 livres par an, qui lui tient lieu de l'exemption de ces droits, conformément à une convention du 27 septembre 1718.

Suivant le même arrêt du 27 juillet 1671, les prévôt, officiers & ouvriers de la monnoie de la ville de Nantes, servant actuellement & demeurant dans les six lieues des environs de cette ville, & leurs veuves, tant qu'elles demeurent en viduité, sont exempts des droits d'impôts & Billots pour le vin de leur crû qu'ils vendent en détail; à la charge de mettre chaque année au greffe de la sénéchaussée un rôle contenant les noms, surnoms & demeures de ceux qui doivent être compris, & servent actuellement, pour jouir de cette exemption.

Les buvetiers de la chambre des comptes de Nantes jouissent de la même exemption sur quinze tonneaux qui fe confomment dans la buvette de cette chambre, fans qu'ils puiffent mettre brandon hors le Palais.

Il y a, outre ces privilèges, nombre de feigneurs & de communautés qui jouiffent de l'exemption des mêmes droits à différens titres. En voici l'état, fuivant le même arrêt du confeil du 27 juillet 1671, & celui du 21 août 1677, qui règlent leurs privilèges; favoir, l'abbé, le prieur & les religieux de Notre-Dame des Prières, pour les maifons qu'ils poffèdent, dépendantes de cette abbaye, dans les paroiffes de Biliers, Mufillac, du Manoir, Boifderos & Liverfel; la maifon de l'Ours-lié de la ville de Guérande, & deux autres maifons qui leur appartiennent au paffage de Guidas & l'Ifle.

- Le doyen de l'églife de Notre-Dame du Falgoet, pour les maifons & caves dépendantes de cette églife, fans qu'ils puiffent mettre aucune *rivelle* ou *brandon* pendant le cours de l'année, fi ce n'eft durant le tems du pardon feulement.

La maifon de Notre-Dame de la Martyre, pour la quantité de dix pipes de vin par an.

Le fieur d'Efpinaffe, comme feigneur de la terre de Pofterie, pour les vins & cidres crus fur les héritages de fon fief.

M. le duc de Briffac, feigneur de la Guerche, pour le droit de ban & étanche, & faire vendre vin & cidre dans la ville & fauxbourgs de la Guerche pendant quarante jours confécutifs, à commencer du mardi d'après la pentecôte à l'exclufion de tous autres, & en exemption des droits d'impôts & Billots.

M. le marquis de Charoft, feigneur d'Ance-

nis, pour le même droit dans la ville d'Ancenis, depuis le premier fon de vêpres de la vigile
de faint Barnabé, jufqu'au premier fon de vêpres du jour de la Magdelaine, vingt-un juillet
fuivant.

M. le duc de Coaflin, feigneur de la Roche-
Bernard, pour le même droit pendant quarante-
jours confécutifs, à commencer au jour de l'afcenfion de chaque année, dans la ville de la
Roche-Bernard. Il eft néanmoins permis aux
cabaretiers de cette ville de vendre & débiter
leur vin en détail, en payant au feigneur chacun onze livres, fans être tenus d'aucun autre
droit pour les vins qu'ils auront débités pendant
ces quarante jours, à la charge de fouffrir les
exercices des commis.

M. le duc de Retz, feigneur de Pornic, pour
le même droit dans fa terre de Pornic pendant
un mois confécutif, en le faifant publier huit
jours avant l'ouverture du ban & étanche, fans
que ceux qui auroient vendu en détail pendant
ce tems puiffent en être recherchés, fi la publication n'a pas été faite, en payant vingt fous
chacun au feigneur de Pornic.

Le prieur d'Indre, pour le même droit de ban
& étanche, & de faire vendre vin provenant
du crû & dixme de fon prieuré pendant quinze
jours confécutifs au lieu d'Indre, en le faifant
publier huit jours avant l'ouverture du ban.

Le fieur de Monty, feigneur de la terre de
Rezé, pour le même droit pendant quinze jours
confécutifs, à commencer la veille de faint Eu-
trope, pour les vins du crû de cette terre débités
dans la maifon feigneuriale feulement.

Le fieur de Tréveler, feigneur de la châtellenie de Coueron, & de sept maisons dépendantes de cette châtellenie, pour le même droit pendant quinze jours, en le faisant publier huit jours auparavant dans la châtellenie, & pendant un mois aussi consécutif dans la seigneurie de sept maisons dépendantes de la même châtellenie, à commencer quinze jours avant la saint Symphorien pour finir quinze jours après, à la charge de ne consommer que du vin du crû des terres dont il s'agit.

L'abbé, le prieur & les religieux du couvent de saint Guidar, pour le même droit pendant quarante jours, à commencer après les vêpres de la vigile de saint Marc.

Le sieur d'Epinay & la dame de Brondneuf, co-seigneurs de Broon, pour le même droit de ban & étanche, à l'effet d'en jouir entr'eux alternativement d'année à autre pendant quarante jours consécutifs au même lieu de Broon, sans qu'ils puissent prétendre les droits d'impôts & Billots des vins & autres boissons vendus dans cet endroit pendant le même tems.

Les sieurs de la Bouessiere & de la Ville-au Févre, co-seigneurs du fief de la Mothe-Allemand, pour le même droit pendant les quinzaines des fêtes de la Pentecôte & sainte Marguerite, au bourg de saint Nazaire, à cause du même fief, à l'effet d'en jouir entr'eux alternativement d'année en année.

Le seigneur d'Assigné, pour le même droit pendant quinze jours de chaque année, en le faisant publier huit jours auparavant.

Les seigneurs de la Hunaudaye & de Montafilan, pour l'exemption des impôts & Billots sur la quantité de quatre pipes par an ; savoir , une pipe aux fêtes de la Pentecôte, au pardon & affemblée du Saint Efprit, dans la paroiffe de Blédeliar; une autre pipe le jour de la faint Symphorien, au pardon & affemblée, dans la paroiffe de Pleven; une autre pipe à la foire de la Montbran, dans la paroiffe de Pleboul; & une autre pipe à la foire de fainte Catherine, qui fe tient au lieu de Plancoet.

Les cabaretiers & autres habitans de faint Aubin-du-Cormier, Liffré, Vieillevigne & faint René-du-Bois, pour l'exemption des impôts & Billots.

Ceux de la ville d'Hédé, pour l'exemption des impôts feulement.

Les habitans de la terre & feigneurie de Porterie, pour l'exemption des impôts & Billots fur les vins & cidres du crû des héritages fitués dans le fief de la Porterie.

Les cabaretiers & autres débitans aux foires de la Noyalle, la Houffaye & de la Broulade, transférées à Pontivy, pour l'exemption des impôts feulement.

Tous les privilégiés ci-deffus, tant ceux dont l'exemption eft à tems & fur une quantité fixée, que ceux qui en jouiffent indéfiniment fur toutes les boiffons qu'ils peuvent vendre, font tenus de fouffrir les exercices des commis du fermier comme les autres habitans, à peine de déchéance de leur privilège & de cent livres d'amende.

Voyez *l'édit de Charles VIII du 14 juillet 1492; les queftions féodales d'Hevin; les édits de juillet 1638, décembre 1664 & juin 1710; les lettres patentes du mois de mars 1759; les arréts du confeil des 9 juillet 1671; 29 février 1672, 9.*

*août 1680 & 9 juin 1771 ; le Dictionnaire rai-
fonné des domaines ; les arrêts du confeil des 6 décembre 1666 & 14 novembre 1676 ; les arrêts du
parlement de Bretagne des 15 mai 1669 & 22 janvier 1734 ; la coutume de Bretagne ; les arrêts du
confeil des 9 feptembre 1669 & 27 juillet 1671 ; le
traité général des droits d'aides ; les mémoires fur
les impofitions & droits établis en France, &c.*

Voyez auffi les articles PRIVILÈGE, FRAN-
CHISE, EXEMPTION, BOISSON, ARQUEBU-
SIER, BRETAGNE, VIN, BIERRE, SOU POUR
LIVRE, DEVOIR, &c.

BLADAGE. Terme employé dans les environs d'Albi, pour fignifier le réfultat de
l'enfemencement qu'ont reçu les terres de ce
pays-là.

Ce mot eft encore pris pour un droit qui
confifte dans une certaine quantité de grains
que paye un emphitéote à fon feigneur au-delà
de fa redevance annuelle pour chaque bête qu'il
emploie à la culture du fonds qu'il tient à titre
d'inféodation.

Ce droit de *Bladage* n'eft pas dû par la feule
détention des terres inféodées, il faut qu'il foit
expreffément porté par les titres d'inféodation.
Il eft de la nature de la plupart de tant d'autres
droits feigneuriaux conftitués qui exigent des
titres, & qui font fufceptibles de prefcription.
Voyez *Graverol fur la Rochefilavin*. Voyez auffi
l'article DROITS SEIGNEURIAUX. (*Article de*
M. DAREAU, *Avocat, &c.*)

BLAIRIE. C'eft un droit qui eft dû dans
certaines coutumes au feigneur haut-jufticier
pour la permiffion qu'il accorde aux habitans
de fon territoire de faire paître leurs beftiaux

fur les terres qui ont été moiffonnées, ainfi que dans les bois & dans les héritages qui ne font pas clos, & qui ne font pas défenfables en hiver.

Ce droit inconnu hors du pays coutumier, ne doit fon exiftence qu'à un ancien ufage incapable feul d'acquérir aucune propriété à celui qui en jouit. Il eft mis au nombre des droits réels feigneuriaux, c'eft ce qui fait que les redevances qui y font attachées, peuvent fe percevoir tant fur les nobles que fur les roturiers.

Les religieux céleftins de Vichi eurent anciennement fur ce droit de Blairie un procès qui fut terminé en leur faveur par un arrêt du 14 juillet 1657 qu'on trouve dans Henrys, & cet arrêt prouve que ce droit ne peut être difputé dans les coutumes où il eft introduit, & lorfqu'il eft foutenu de la poffeffion.

Ce droit de Blairie fe nomme auffi quelquefois droit *de vaine pâture*.

Voyez *les coutumes de Bourbonnois, de Nivernois & de Berri ; Coquille en fes queftions, & Henrys.* Voyez auffi l'article DROITS SEIGNEURIAUX. (*Article de M. DAREAU, Avocat, &c.*)

BLAME. C'eft, en matière criminelle, la réprimande que fait un juge à un coupable, enfuite d'une fentence ou d'un arrêt (*).

(*) *Formule d'un jugement qui condamne un accufé à être blâmé.*

Vu le procès, &c. Nous ordonnons que ledit Pierre.... fera mandé en la chambre du confeil, pour être blâmé d'avoir commis..... & excès mentionnés au procès; lui faifons défenfes de récidiver, fous telles peines que de raifon ; le condamnons en...... d'amende envers le roi, en.... de réparation civile envers ledit.... & aux dépens du procès.

Le Blâme eft une peine infamante ; c'eft pourquoi on n'y condamne un coupable qu'après que fon procès a été inftruit par récolement & confrontation.

On eft libre d'appeler ou de ne pas appeler d'une fentence qui prononce la peine du Blâme, Mais dans le cas d'appel, c'eft à la tournelle-criminelle qu'on doit procéder. C'eft ce qui réfulte de l'arrêt rendu entre les greffiers criminels le 4 mai 1620, lequel a mis au nombre des procès de grand criminel toute condamnation infamante.

Dans l'ordre des peines infamantes, le Blâme fuit immédiatement le banniffement à temps.

BLAME, fe dit en termes de jurifprudence féodale, de l'improbation que fait le feigneur de l'aveu & dénombrement que fon nouveau vaffal lui a fourni.

Le dénombrement peut être défectueux par excès ou par défaut, & encourir le Blâme dans l'un & dans l'autre cas.

Il fera défectueux par excès, fi le vaffal y a compris quelque héritage qui ne faffe pas partie du fief dont il s'agit ; s'il a prétendu ne tenir qu'en arrière-fief ce que le feigneur prétendoit qu'il tenoit en plein-fief, & s'il a pris dans le dénombrement une qualité qui ne lui fût pas due, & qui foit préjudiciable au feigneur.

Le dénombrement fera défectueux par défaut, fi le vaffal n'a déclaré qu'une partie du domaine relevant du feigneur féodal ; s'il n'a point dit tout ce qu'il tenoit en cenfives & arrière-fiefs ; s'il n'a pas fpécifié les charges & les fervitudes

fervitudes de fon fief, & s'il n'en a pas détaillé les tenans & les aboutiffans.

M. Dareau eft entré à ce fujet dans quelques détails à l'article *Aveu & Dénombrement.*

Le Blâme n'eft foumis à aucune formalité : il fuffit que le feigneur défigne les objets qu'il entend contefter.

Au furplus, il eft effentiel de remarquer qu'auffi-tôt que le dénombrement a été préfenté au feigneur, celui-ci ne peut plus faifir le fief, quelques motifs de Blâme qu'il puiffe avoir : s'il a faifi avant que le dénombrement lui ait été préfenté, il eft obligé de donner mainlevée de fa faifie, & le vaffal jouit librement du fief pendant le cours de la conteftation.

Si le vaffal content de cette jouiffance néglige de faire juger la validité du Blâme, le feigneur peut le traduire en juftice pour cet effet, fans que cette demande lui impofe la néceffité de la preuve à laquelle tout demandeur eft foumis. C'eft que dans cette conteftation, de même que dans les redditions de compte, le feigneur & le vaffal font tour-à-tour demandeurs & défendeurs. Le feigneur, par fes Blâmes, eft demandeur ; mais il eft comme oyant compte, c'eft-à-dire, que par fes Blâmes il débat le compte, le détail du fief du vaffal; & alors le vaffal, quoique défendeur originaire à la demande en réformation d'aveu, doit juftifier par titres le détail qu'il a donné de fon fief, comme le rendant compte eft tenu de juftifier les articles débattus de fon compte ; fauf au feigneur, comme oyant compte, à juftifier fes Blâmes en fourniffant des contredits. Dans ce

feul cas-ci, le feigneur doit, pour appuyer fes
Blâmes, produire fes titres pour écarter ceux
du vaffal. Cependant fi le vaffal fe purgeant par
ferment qu'il n'a aucun aveu d'après lequel il
ait pu s'inftruire, offroit de s'en rapporter aux
anciens aveüx qui feroient entre les mains du
feigneur, Guiot penfe qu'il faudroit encore
dans ce cas obliger le feigneur à juftifier fes
Blâmes. La raifon en eft qu'il ne faut pas réduire le vaffal à l'impoffible ; & que fi l'on ne
doit pas le croire fur fon fimple aveu, le feigneur ne doit pas être cru non plus fur fes fimples Blâmes fans communiquer les anciens
aveux.

Une maxime importante en fait de dénombrement, c'eft que tous les biens que poffède le
vaffal dans l'étendue de fon fief, font préfumés
féodaux : telle eft l'opinion de tous les jurifconfultes : c'eft pourquoi le feigneur pourroit blâmer l'aveu dans lequel ces mêmes biens ne feroient pas compris, à moins que le vaffal n'en
prouvât la roture par de bons titres.

Voyez *le Style criminel ; le Traité des matières
criminelles ; le Traité des fiefs de Dumoulin, & la
Conférence de M. Henrion de Penfey ; Guiot & Bil-
lecoq dans leurs Traités des fiefs ; le Droit commun
de la France ; le préfident Bouhier fur la coutume de
Bourgogne,* &c. Voyez auffi les articles FIEF,
VASSAL, SEIGNEUR, AVEU, COMMISE,
&c.

BLANCHIMENT. C'eft l'action par laquelle on donne aux toiles la blancheur dont
elles font fufceptibles.

Plufieurs réglemens concernant les toiles qui

se fabriquent dans la Bretagne & la Normandie, défendent d'en blanchir qu'elles n'aient été visitées & marquées.

Un arrêt du conseil du 3 mai 1728, défend de blanchir des toiles, batistes & linons avant le 15 mars & passé le dernier septembre. Ces défenses ont été renouvelées aux blanchisseurs des provinces de la Picardie, de l'Artois, de la Flandre, du Hainaut & du Cambresis, ainsi que dans les généralités de Paris & de Soissons, par un autre arrêt du conseil du 18 février 1737; en ajoutant qu'à l'égard des autres espèces de toiles que les batistes, les linons & les demi-hollandes, elles pourroient être blanchies depuis le premier mars jusqu'au dernier novembre. Il est défendu d'en recevoir aucune à blanchir qu'elle n'ait la marque de visite & celle du marchand. On ne peut même pas les rendre qu'elles n'aient été marquées aux deux bouts de chaque pièce, d'une marque particulière. Les blanchisseurs doivent tenir un registre pour y écrire le nombre de pièces de toiles qui leur sont données à blanchir, le nom de ceux à qui elles appartiennent, le jour qu'ils les ont reçues, & celui auquel ils les ont rendues.

Comme il est intéressant que le Blanchiment des toiles se fasse sans en altérer la substance, il a été rendu le 15 juin 1738 un arrêt du conseil qui fait défenses à tous blanchisseurs & autres de lessiver ni de blanchir aucun fil de lin & de chanvre avec de la chaux ou d'autres ingrédiens corrosifs, & à tous fabriquans, tisserands & ouvriers d'employer dans la fabrication des toiles, de quelque espèce qu'elles puissent être, aucun fil ainfi leffivé & blanchi, fous les peines portées par cet arrêt. ⸱ ⸱⸱⸱⸱

Voyez *un réglement du confeil du 14 août 1676, & trois arrêts du confeil, l'un du 3 mai 1728, l'autre du 18 février 1737, & le troifième du 15 juin 1738.* Voyez auffi *un Effai fur le Blanchiment des toiles, traduit de l'anglois.* (*Article de M.* DAREAU, *Avocat, &c.*)

BLANC-SEING. C'eft une fignature privée au-deffus de laquelle on laiffe plus ou moins de papier blanc, fuivant l'acte auquel on veut que la fignature correfponde.

Une queftion eft de favoir fi des actes intervenus fur des Blancs-Seings font valables. Les uns prétendent que ces Blancs-Seings font auffi permis que le font des procurations où on laiffe en blanc le nom de la perfonne qui en fait ufage; & que celui qui a eu la facilité de livrer un Blanc-Seing, ne doit s'en prendre qu'à lui même, fi l'on en abufe. D'autres foutiennent au contraire, & avec plus de fondement, que les actes auxquels fe rapportent des fignatures de cette efpece, ne fauroient être valables, par la raifon qu'il eft de l'effence des contrats que chacun connoiffe la nature & la force des engagemens qu'il foufcrit, & qu'on ne peut pas dire que celui qui a donné fa fignature d'avance ait eu cette connoiffance lorfqu'on en a fait ufage. On ajoute qu'il feroit trop dangereux pour la fociété de tolérer une faculté pareille, parce qu'au lieu de remplir le blanc fuivant l'intention de celui qui l'a donné, on pourroit fouvent trahir fa confiance & fa bonne foi. Il eft vrai qu'on tolère les procurations en blanc pour le nom du procureur conftitué, mais ceci n'eft

pas de la même conféquence. Celui qui donne
une procuration dicte lui-même les claufes &
les conditions de l'acte qui en font l'objet : il
fait que cet acte ne fera obligatoire qu'autant
qu'il fera conforme à la procuration que connoît parfaitement celui qui la donne ; & comme il eft prefque toujours indifférent que tel ou
tel particulier foit porteur de cette procuration,
voilà pourquoi on ne cherche point à réclamer
contre les actes qui en ont été la fuite, fous ce
feul prétexte que la perfonne chargée du pouvoir de contracter n'a pas été défignée dans la
procuration au moment même où elle a été donnée.

Il eft quelquefois très-difficile de reconnoître
fi la fignature eft antérieure ou poftérieure à
l'acte : dans ce cas, on doit la fuppofer poftérieure, parce qu'il eft naturel de préfumer que
les chofes fe font paffées dans les règles. Mais
peut-on faire ceffer cette préfomption en offrant
de prouver par témoins que la fignature a été
donnée avant que l'acte fût écrit ? Si aucune
circonftance n'indiquoit la vérité de ce fait,
nous ne faurions croire que cette preuve fût ad-
miffible; fans quoi il n'eft pas d'acte fous fignature privée contre lequel il ne fût permis de propofer la même objection, ce qui feroit de trop
grande conféquence : mais s'il paroiffoit par le
peu de correfpondance de la fignature avec les
derniers mots de l'acte, que cette fignature avoit
été appofée avant l'acte même, fi la fituation
des perfonnes dans ce tems-là étoit notoirement telle qu'il ne fût pas vraifemblable que la
partie qui réclame ait été dans le cas de fouf-
crire l'engagement à l'exécution duquel on veut

la forcer, ces indices & nombre d'autres qui dépendroient des circonstances , pourroient alors déterminer les juges à admettre une preuve vocale qu'ils pourroient refufer dans toute autre occurrence.

Lorfque la fignature a été furmontée d'un billet de commerce payable au porteur, il eft bien plus difficile de réclamer contre la furprife , parce que dans le commerce le porteur d'un billet n'a point de garantie contre celui de qui il le tient ; il n'a pour débiteur que la perfonne obligée ; & la bonne foi dans laquelle ce porteur eft préfumé être, ne permet pas d'écouter aucune exception contre lui, à moins que la forme du billet ne fût telle que la furprife fût évidente.

Voyez *les arrêts du parlement de Provence rapportés par Boniface ; Boucheuil fur la coutume de Poitou ; Brodeau fur celle de Paris, &c.* Voyez auffi les articles BILLET, SEING & SIGNATURE. (*Article de M.* DAREAU *, Avocat, &c.*)

BLANQUE. On appelle *droit de Blanque* un droit dont jouiffent en Languedoc les propriétaires des falines de Pecquais. Voici l'origine de ce droit, & en quoi il confifte.

Lorfque le territoire de Pecquais fut inféodé à différens particuliers pour y conftruire des falines, c'étoit un lieu marécageux & ftérile: quinze falines y furent conftruites : on les environna d'une chauffée pour les mettre à l'abri des inondations de la mer & du Rhône : de petites chauffées fixèrent l'étendue de chaque faline ; enfin rien ne fut oublié de ce qui pouvoit préparer, faciliter, perfectionner & conferver l'ouvrage des fauneries.

Il est facile de fentir que tant de travaux dûrent occafionner des dépenfes confidérables; mais les propriétaires en furent amplement dédommagés par le gain que leur procuroit la faculté qu'ils avoient pour lors de vendre leurs fels à telles perfonnes, à tels prix & en tels endroits que bon leur fembloit, même à l'étranger.

L'établiffement de la gabelle en Languedoc les priva de cette faculté, & conféquemment des avantages qui en réfultoient; ils ne furent plus les maîtres de difpofer de leurs fels; on leur impofa la néceffité de ne le vendre qu'aux fermiers du roi, & à un prix très-modéré.

D'un autre côté, leur débit étant partagé avec celui des autres falines qu'on avoit conftruites dans la même province, il devint moins lucratif ; & le tems ayant miné une partie des ouvrages qu'ils avoient élevés, ils fe trouvèrent moins en état de les réparer, enforte que la plupart des falines demeurèrent abandonnées.

On craignit avec raifon la ceffation générale des fauneries dans le territoire de Pecquais ; elle auroit anéanti le produit des droits royaux, & auroit mis dans le cas d'acheter de l'étranger une denrée qu'on pouvoit lui vendre. Le duc d'Anjou, lieutenant-général en Languedoc pour le roi Charles V fon frère, crut qu'il étoit à propos de venir au fecours des propriétaires : il ordonna qu'ils prendroient fur le droit de gabelle le quart d'un gros par quintal de fel, compofé de deux minots.

En 1388, le duc de Berry, qui commandoit pour le roi Charles VI son neveu, fixa cet octroi à un blanc valant quatre deniers parisis, aussi par quintal; mais au lieu de l'affecter sur les deniers de la gabelle, il le rejeta sur l'acheteur du sel, & il dispensa les propriétaires de rendre compte de son produit, soit à la chambre des comptes, soit ailleurs.

C'est ce nom de *blanc*, propre à la monnoie destinée originairement à payer l'octroi dont il s'agit, qui a donné lieu de le qualifier *droit de Blanque*, dénomination qu'il a toujours conservée depuis, & qui s'est communiquée aux augmentations que ce droit a successivement reçues.

En 1412, un officier de la chambre des comptes ayant fait saisir le droit de Blanque, Charles VI, par des lettres-patentes du mois de décembre de la même année, accorda main-levée de cette saisie, autorisa les propriétaires des salines à percevoir le droit, & ordonna qu'il fût distribué entr'eux en la manière accoutumée.

Ils représentèrent, en 1422, que ce droit ne pouvoit suffire à toutes les dépenses qu'ils avoient à faire, & ils obtinrent de Charles VII des lettres-patentes par lesquelles il fut augmenté de deux deniers parisis, qui, avec les quatre antérieurement concédés, firent sept deniers obole, relativement à la livre tournois.

Louis XI & Charles VIII le confirmèrent successivement par des lettres-patentes des mois d'octobre 1462, & septembre 1489; ces dernières le déclarèrent *droit ordinaire*.

Par d'autres lettres-patentes de Charles IX,

e 1565, il fut porté à dix-sept deniers, obole qui compofent ce qu'on appelle *l'ancien droit de Blanque*, & qui ont formé les cinq livres cinq fous à quoi il montoit pour chaque gros muid de fel : ce montant fuppofe une divifion du gros muid en foixante-douze quintaux, parce que foixante-douze fois dix-fept deniers obole reviennent précifément à la fomme de cinq livres cinq fous.

Henri IV ordonna, par des lettres-patentes du 19 octobre 1594, que les propriétaires continueroient d'en jouir fur le même pied, & qu'il leur feroit payé par le fermier des gabelles à mefure que les chargemens de fel fe feroient à Pecquais.

Enfin Louis XIII leur accorda de nouvelles lettres-patentes au mois d'août 1616, confirmatives des précédentes.

Par deux arrêts du confeil, l'un du 15 novembre 1639, & l'autre du 8 août 1640, les propriétaires des falines furent impofés à une fomme de 100 mille livres pour raifon du droit de confirmation dû au roi, à l'effet d'être maintenus dans la perception du droit de Blanque & dans la difpenfe d'en compter : ils fatisfirent en partie au payement de cette fomme dès le mois de feptembre fuivant ; mais peu après les befoins de l'état devenus chaque jour plus preffans, exigeant des fecours extraordinaires, on les taxa de nouveau à 100 mille livres, & cette nouvelle taxe, qu'ils fe foumirent à payer, leur fervit de prétexte pour demander une augmentation de 2 livres 5 fous par gros muid fur le droit de Blanque ; ils l'obtinrent par arrêt du confeil du 25 mai 1641, revêtu de lettres-pa-

tentes : ils parvinrent même le 7 août à se procurer un second arrêt du conseil, qui les autorisoit à imputer sur le payement de la nouvelle
imposition les deniers qu'ils avoient fournis au
tréforier de l'épargne, au mois de septembre
1640, à titre de droit de confirmation & de dispense de compter.

Il est vrai que les propriétaires des salines
prétendent qu'ils n'ont point été assujettis à une
double taxe ; que la somme de 100 mille livres
qu'ils ont payée en conséquence de l'arrêt du
25 mai 1641, est identiquement la même que
celle exprimée dans les arrêts de 1639 & 1640;
que les dépenses de la guerre ont été l'unique
motif de cette taxe ; que l'attribution des deux
livres cinq sous est étrangère à la jouissance du
droit de Blanque ; qu'on ne peut la mettre au
nombre des revenus destinés aux frais des sau-
neries & aux réparations des salines ; qu'enfin
elle leur tient lieu de l'intérêt de 100 mille livres.

. On peut leur répondre qu'il est assez indifférent que cette finance ait été payée, soit à titre
de droit de confirmation, soit à titre de contribution aux besoins de l'état, soit sous ces deux
différens titres, parce que le payement d'un
droit ou d'une contribution n'est que l'acquit
d'une dette légitime, ce qui détruit toute idée
& tout prétexte de dédommagement ou d'intérêt ; que ce ne seroit plus s'acquitter du droit,
ou contribuer aux charges publiques de la part
de ceux qui en sont tenus, si on leur attribuoit
un revenu proportionné aux finances qu'ils
payent ; que si dans l'origine on leur a d'abord
accordé des intérêts pour leur faciliter les

moyens de fe procurer les deniers qu'ils devoient fournir au roi, le fort de ces intérêts a
été d'éprouver des réductions confidérables, &
d'être à la fin fupprimés entierement, d'où il
réfulte que fi jufqu'à préfent on a confervé aux
propriétaires des falines une attribution auffi
forte & auffi avantageufe que celle de 2 livres
5 fous par gros muid, ce n'a pu être qu'en confidération de la fabrication des fels, & comme
le dit l'arrêt même du 25 mai 1641, pour leur
donner plus de moyens de fubvenir aux frais
confidérables des fauneries ; qu'elle y eft d'ailleurs rellement deftinée par fa nature, qu'elle
fe perçoit à proportion de la quantité des fels
fabriqués que les propriétaires fourniffent aux
fermiers des gabelles.

En 1675, on propofa d'appliquer l'ancien
droit de Blanque de 5 livres 5 fous à la réparation des canaux de la Radelle, Bourgidon &
Silvéréal, qui communiquent pour le tranfport
des fels & de toutes fortes de marchandifes,
d'Aiguemortes au Rhône, aux étangs & à la
mer : avant de fe determiner fur ce changement de deftination, le roi ordonna que les propriétaires des falines repréfenteroient pardevant
M. d'Aguefleau, intendant de Languedoc, les
titres en vertu defquels ils jouiffoient de ce
droit, & qu'ils juftifieroient de fon emploi.

Ils commencèrent par réclamer contre cette
dernière difpofition, comme contraire aux lettres de conceffion qui les difpenfoient de rendre aucun compte ; ils produifirent néanmoins
leurs titres, & rendirent un compte : l'avis de
M. d'Aguefleau leur fut favorable, & cet avis
fut adopté par arrêt du confeil du 5 avril 1677,

qui les maintint dans la jouissance du droit de Blanque, à condition qu'ils entretiendroient les salines en bon état, & qu'ils fabriqueroient la quantité de sel nécessaire pour l'approvisionnement des gabelles.

Une inondation considérable survenue en 1706, avoit emporté une grande partie des chaussées du Rhône & des digues qui couvrent les salines : la dépense que cette reconstruction devoit occasionner formoit un objet de 200 mille livres : on agita la question de savoir si elle devoit être supportée en entier par les propriétaires, & l'on remit aussi en doute dans le même tems, si l'on devoit leur laisser la jouissance du droit de Blanque ; on leur demanda un nouveau compte : ils le rendirent devant M. de Basville, successeur de M. d'Aguesseau.

On considéra, quant au premier article, qu'il s'agissoit d'une destruction arrivée, non par le manque d'entretien, mais par une force majeure ; & il parut d'autant plus juste de venir au secours des propriétaires, que le service de l'état & du public étoit essentiellement intéressé à la prompte réparation du dommage : on sentit aussi que les propriétaires devoient entrer dans la dépense, parce qu'une partie des risques devoit tomber sur eux.

Il fut rendu en conséquence, le 4 septembre 1706, un premier arrêt du conseil, revêtu de lettres-patentes, le 15 mars 1707, qui, conformément à l'avis de M. de Basville, ordonna une levée de 5 sous par minot pour servir aux réparations des chaussées du Rhône & des digues de Pequais : cette levée fut limitée à quatre années : ce même arrêt soumit les propriétai-

ées à y contribuer d'une fomme de trente
mille livres.

Quant à la jouiſſance du droit de Blanque,
il intervint le 5 avril 1707, un ſecond arrêt
du conſeil, donné comme le premier ſur l'avis
de M. de Baſville, qui, ainſi qu'avoit fait celui
du 5 avril 1677, maintint les propriétaires
dans la jouiſſance de ce droit ſous les mêmes
conditions & la même charge.

Ils obtinrent en 1714, une indemnité mo-
mentanée, payable en argent.

En 1717, ils réitérèrent leurs repréſentations & demandèrent de nouveaux ſecours: il
fut conſtaté par l'avis de M. de Baſville, qu'ils
ſouffroient une perte réelle & effeƈive, qui
les mettoit hors d'état de continuer l'exploitation de leurs ſalines ; ce qui donna lieu à
un arrêt du conſeil du 27 ſeptembre 1717,
& à des lettres-patentes du 20 janvier 1718,
portant : 1°. que l'ancien droit de Blanque perçu par les propriétaires, & fixé à 5 livres
5 ſous par gros muid, ſeroit payé à l'avenir
à raiſon de 10 livres 10 ſous, ſur le pied du
double de cet ancien droit, par chaque gros
muid compoſé de cent ſoixante-onze minots,
par les adjudicataires des gabelles de Languedoc & autres, qui enlèveroient des ſéls ſur
les ſalines de Pecquais ; ſa majeſté ſe réſervant
de pourvoir à l'indemnité de l'adjudicataire
aƈuel.

2°. Que les greniers & chambres à ſel du
pays de Rouſſillon, Conflans & Cerdagne,
ſeroient fournis du ſel de Pecquais, au lieu
du ſel de Peyriac & de Sijean, dont ils avoient
été fournis juſqu'alors.

La contagion qui défola depuis 1720 juſqu'en 1722, la ville de Marſeille & les environs, avoit interrompu la communication entre les provinces circonvoiſines.

Le fermier des Gabelles, dans la crainte du
défaut de communication avec Pecquais, fut
obligé de forcer ſes approviſionnemens, afin de
prévenir la pénurie dans les greniers.

Ces enlévemens firent diſparoître tous les
ſels qui ſe trouvèrent alors ſur les ſalines, & déterminèrent les propriétaires à faire des ſauneries générales en 1723 & 1724 ; à peine
étoient-elles achevées, qu'elles devinrent pour
eux un nouveau motif de prétentions : ils expo-
sèrent que la diſette d'hommes & de vivres cau-
ſée par la contagion avoit rendu beaucoup plus
coûteux les frais de ſaunerie, & que d'ailleurs
les pluies avoient détruit la plus grande partie
des ſels.

Leur demande en indemnité ne fut point ac-
cueillie, 1.º. parce qu'en ſuppoſant qu'ils euſſent
ſupporté quelque perte ſur les ſauneries de 1723
& 1724, elle étoit plus que compenſée par les
bénéfices conſidérables, que leur avoit procurés
dans les deux années précédentes le débit de
tout leur ſel.

2º. Parce que ces deux ſauneries mêmes ne
les avoient pas privés d'un bénéfice raiſonnable,
puiſqu'en réuniſſant le produit du droit de 30
livres, fixé pour le prix de leur ſel à celui du
droit de Blanque pour les deux années, & en
déduiſant ſur le total de ce produit la totalité de
leur dépenſe, les déchets pour les grands chargemens, & ce qui revenoit au roi pour ſon
droit de ſeptem, il étoit juſtifié qu'ils avoient

encore retiré un produit net, qui excédoit 70 mille livres.

En 1725, le peu de succès de la saunerie les engagea à se pourvoir de nouveau au conseil : leur requête fut renvoyée à M. de Bernage, intendant de Languedoc, par devant lequel ils rendirent un compte de leur recette & dépense depuis 1706 ; & le 4 janvier 1729, il intervint un arrêt du conseil qui, conformément à l'avis de M. de Bernage, fixa l'indemnité prétendue par les propriétaires à la somme de 90 mille livres, pour le payement de laquelle sa majesté ordonna que le droit de Blanque seroit augmenté de 2 livres 12 sous 6 deniers par gros muid de cent soixante-onze minots dont la perception subsisteroit pendant dix-sept années au profit des propriétaires, sans que pour cela, le prix du sel pût être augmenté par l'adjudicataire des gabelles, & comme le produit de cette augmentation ne fut évalué qu'aux deux tiers de l'indemnité, l'adjudicataire des gabelles fut chargé de leur payer en trois années, & en trois payemens égaux, une somme de 30 mille livres, dont il lui seroit tenu compte sur le prix de son bail.

Tels sont les différens détails dans lesquels il a paru à propos d'entrer pour faire connoître l'origine du droit de Blanque, & tout ce qui peut y avoir rapport.

Voyez *les lettres-patentes de décembre 1412 ; octobre 1462, & septembre 1489 ; celles de Charles IX de 1565 ; celles de Henri IV du 19 octobre 1594 ; celles de Louis XIII du mois d'août 1616 ; les arrêts du conseil des 15 novembre 1639 & 8 août 1640 ; l'arrêt & les lettres-patentes du 25 mai 1641 ; l'arrêt du conseil du 5 avril 1677 ; l'ar-*

rêt du conseil du 4 septembre 1607, & les lettres patentes du 15 mars 1707 ; l'arrêt du conseil du 5 avril 1707 ; l'arrêt du conseil du 27 septembre 1717, & les lettres-patentes du 20 janvier 1718 ; les mémoires sur les impositions & droits en France, &c. Voyez aussi les articles SALINE, SEL, GABELLE, &c.

BLASPHÊME. C'est un mot tiré du grec qui signifie *atteinte à la réputation*. On l'emploie ordinairement pour marquer les injures qui ont rapport à la divinité.

C'est blasphémer que d'attribuer à Dieu ce qui ne lui convient pas, ou de lui refuser ce qui lui convient. C'est encore une espèce de Blasphême que de s'échapper en mauvais propos contre la vierge & les saints ; de renier sa foi, sa religion ; de parler avec impiété des mystères & des choses saintes ; de prononcer des juremens avec colère & mépris par ce qu'il y a de plus saint & de plus sacré, &c.

Suivant la novelle 77 de Justinien, les blasphémateurs devoient être punis de mort. Les capitulaires ordonnoient le dernier supplice, tant contre les blasphémateurs que contre ceux qui cachoient les Blasphêmes dont ils avoient connoissance.

Louis XII, par son ordonnance du 9 mars 1510, voulut que ceux qui blasphémeroient le nom de Dieu ou qui feroient *d'autres vilains sermens contre Dieu, la sainte vierge & les saints,* fussent condamnés pour la première fois à une amende arbitraire, en doublant toujours jusqu'à la quatrième fois inclusivement ; qu'à la cinquième, outre l'amende, ils fussent mis au carcan ; qu'à la sixième, ils eussent la lèvre supérieure fupérieure *coupée d'un fer chaud , & qu'ils fuffent menés au Pilori ;* qu'à la feptième , la lèvre inférieure leur fût coupée, & la langue à la huitième.

Les ordonnances poftérieures des années 1570, 1572, 1581, 1617 & 1647, ayant beaucoup varié fur les châtimens convenables en pareil cas, Louis XIV rendit une déclaration en date du 7 feptembre 1651 , confirmative de l'ordonnance de Louis XII de l'année 1510 ; avec cette particularité que les deux tiers de l'amende feroient appliqués aux hôpitaux ou aux pauvres du lieu , & l'autre tiers au dénonciateur ; en ajoutant que ceux qui ayant entendu prononcer des Blafphêmes , manqueroient de les dénoncer , feroient condamnés à une amende de foixante fous. A l'égard des Blafphêmes énormes , qui, felon la théologie , appartiennent , eft-il dit , à *l'infidélité, & qui dérogent à la bonté , à la grandeur de Dieu & à fes autres attributs,* le fouverain veut qu'ils foient punis de plus grandes peines, fuivant que les juges l'arbitreront.

Cette déclaration a été depuis renouvellée par un arrêt du 30 juillet 1666, qui renferme les mêmes difpofitions que cette loi.

Une ordonnance du 20 mai 1681 , défend à tous foldats de jurer & de blafphémer *le faint nom de Dieu, de la fainte vierge & des faints ,* à peine d'avoir la langue percée d'un fer chaud. Cette difpofition a été renouvellée par l'article 36 de l'ordonnance du 1 juillet 1727 , concernant les délits militaires.

Il nous feroit facile de rapporter une infinité d'exemples de châtimens même très-févères, prononcés contre des blafphémateurs. Il y en eut un qui, pour avoir blafphémé contre le *faint nom de Dieu*, *l'euchariftie & la fainte vierge*, fut condamné en 1748, par arrêt du parlement de Paris, à faire une amende honorable, à avoir la langue coupée & enfuite être pendu, ce qui fut exécuté à Orléans.

Nous obferverons qu'une punition fi févère dépend beaucoup des circonftances qui accompagnent le Blafphême. Les juges bien pénétrés qu'il n'appartient point aux hommes de venger la divinité à laquelle il doit être réfervé de punir ou de pardonner, fe bornent à confidérer les maux qui peuvent réfulter pour la fociété d'une impiété ou d'un fcandale, & à punir ces fortes de délits fuivant l'offenfe que les mœurs publiques peuvent en fouffrir. Ils ne confondent plus, comme autrefois, une indifcrétion, une ignorance, avec une malice réfléchie. Ils craindroient de punir un emportement de jeuneffe, comme on punit des empoifonneurs & des parricides. Ils regarderoient une fentence de mort pour un délit qui mériteroit fimplement une correction, comme un affaffinat commis avec le glaive de la juftice. Ce n'eft pas que nous prétendions dire que les magiftrats croient devoir être moins attentifs qu'autrefois à pourfuivre la réparation des injures faites à la divinité ; mais ils favent que la punition ne doit jamais excéder le mal que la fociété peut en fouffrir, & que quelquefois, en prêtant trop facilement l'oreille aux cris d'une populace qui fe fcandalife aifément, il eft dangereux par là de devenir trop enclin à punir févèrement des fautes qui mériteroient quelque indulgence.

Une autre espèce de Blasphême, est celui ui attaque la religion. C'est un crime public que de la décrier ouvertement, sur-tout par des livres ou des libelles. Une déclaration du 16 avril 1757, porte que ceux qui seront convaincus d'avoir composé, fait composer ou imprimer des écrits tendans à attaquer la religion, seront punis de mort. Sans doute qu'il faudroit que ces écrits fussent bien violens, bien dangereux & bien refléchis, & que l'étendard de l'irréligion y fût entiérement déployé pour que la peine de la loi fût ouverte dans toute sa rigueur.

Les propos impies contre les cérémonies de l'église, dégénèrent aussi quelquefois en Blasphême : il n'est nullement permis de les tourner en dérision ni de s'en moquer. A l'égard de ces usages, qui peuvent paroître singuliers dans quelques endroits à ceux qui n'y sont pas accoutumés, il faudroit que la dérision fût bien affectée, & qu'elle causât du trouble & du scandale pour qu'elle méritât l'attention du ministère public.

Comme le Blasphême donne atteinte à l'ordre public, en donnant atteinte à la religion, les juges féculiers peuvent prendre connoissance des délits de cette espèce ; le juge d'un seigneur haut-justicier est même compétent, suivant Bornier, pour en connoître. Mais qu'on fasse bien attention que la punition du Blasphême n'étant nécessaire à la société que pour l'exemple, & non pour venger la divinité qui est au-dessus des vains outrages des hommes; le Blasphême ne doit exciter le ministère public

O ij

qu'autant que l'impiété, comme nous l'avons dit, est grave & scandaleuse.

Voyez la novelle 77 ; les capitulaires de Charle-magne ; les ordonnances d'Orléans, de Blois & de Moulins ; celle du 9 mars 1510 ; une déclaration du 7 septembre 1651 ; un arrêt de réglement du 30 juillet 1666 ; une ordonnance du 20 mai 1681 ; une ordonnance militaire du 1 juillet 1727 ; la con-férence des ordonnances ; les mémoires du clergé ; le traité de la police de la Marre ; le code pénal, le traité de la justice criminelle ; celui des injures, &c. Voyez aussi l'article SACRILÈGE. (*Article de* M. DAREAU, *Avocat, &c.*)

BLED. *Voyez* GRAINS.

BLESSÉ & BLESSURES. Blessé est celui qui a reçu des coups, des plaies, des contu-sions ; & les Blessures sont les mauvais traite-mens qu'il a soufferts.

L'ordre & la tranquillité qui doivent régner parmi les citoyens, défendent dé se livrer à des excès envers qui que ce soit. Anciennement les outrages, l'homicide même se rachetoient à prix d'argent. Il y avoit des tarifs, suivant les-quels se payoient les Blessures de tel ou tel genre : plusieurs de nos coutumes nous ont transmis des restes de cet ancien & ridicule usage auquel on ne s'arrête plus aujourd'hui. Les Blessures se punissent arbitrairement, sui-vant le préjudice qu'on voit en résulter pour celui qui les a reçues.

L'article 195 de l'ordonnance de Blois con-damne particulièrement les outrages de propos délibéré. Elle ne met presqu'aucune différence entre les assassins & ceux qui se prêtent à *ou-trager ou excéder autrui.* Cette loi veut que les

inftigateurs, & ceux qui fe prêtent à leur mauvais deffeins, foient punis de mort fans efpoir
de pardon.

Les excès feuls excufables, font ceux qui fe
commettent dans une rixe, une querelle, une
difpute : on préfume que dans ces momens la
chaleur des fens ne laiffe point la liberté de la
raifon.

A l'égard des Bleffures, qui n'ont lieu que
par accident, elles ne forment, à proprement
parler, qu'un délit matériel auquel on ne fauroit appliquer les peines portées contre les
délits volontaires.

Il y a donc trois fortes de Bleffures : les unes
de propos délibéré ; les autres dans des mouvemens de colère, & les troifièmes par accident.
Ce font ces trois genres de Bleffures que nous
allons développer.

Bleffures de propos délibéré. Les Bleffures de
cette efpèce dégénèrent, comme nous venons
de le voir, en crime public. Lorfqu'il eft revenu aux oreilles du juge, qu'il fe trouve dans un
grand chemin, ou quelqu'autre part que ce foit,
un particulier mort, ou expirant, couvert de
Bleffures, ce juge doit fe tranfporter fur le
champ, avec le greffier du fiége, au lieu du délit, pour dreffer procès-verbal de l'état des
chofes. Ce procès-verbal doit être fait fans
perte de tems & *fans déplacer* ; c'eft ce que porte
l'article 1, du titre 4 de l'ordonnance de 1670.
Il n'eft pas néceffaire que le procureur du roi
y foit appellé, fauf à lui à prendre communication du procès-verbal qui doit être dépofé au
greffe dans les vingt-quatre heures de fa date,
en fuppofant toutefois que la diftance des lieux

& des circonstances imprévues n'obligent pa
de différer plus long-tems ce dépôt.

Comme le procès-verbal du délit sert, pou
l'ordinaire de fondement à l'instruction qu
peut s'ensuivre, on ne sauroit trop apporte
d'attention à le·bien rédiger : il doit êtr
le plus circonstancié qu'il est possible. Si la per
sonne Blessée est encore en état de répondre,
le juge doit lui faire prêter serment de dire vé
rité, & l'interroger sur toutes les particular,
tés du délit; il peut aussi exiger la déclaratio
par serment des personnes qui se trouvent ei
core sur les lieux, & qui ont été présente
à ce délit.

Pour constater la nature & le genre des Ble
sures, le juge doit appeller un medecin & u
chirurgien, ou du moins deux chirurgien
quand on n'a pas le tems d'appeller un méd
cin. Ces deux ministres de l'art, doivent prê
ter serment de s'acquitter fidèlement de leu
commission. Ils doivent avoir attention de bie
désigner le lieu, l'état & la position où ils on
trouvé le malade; reconnoître autant qu'il e
possible, si les coups lui ont été portés de gue
à-pens, ou si simplement il a succombé à un
attaque; expliquer de quels instrumens offe
sans on s'est servi contre lui; dire encore, quan
cela se peut, si les Blessures seront mortelles
ou s'il y a espérance de guérison. Si l'on reco
noissoit, ce qui ne seroit pas sans exemple,
que le Blessé se fût donné lui-même les coup
qui paroissent, on ne devroit pas oublier d'en
faire mention. On doit entrer en même tem
dans tous les détails qui peuvent être une suit
des Blessures, comme les fractures, les suffo

cations, les hémorragies & les douleurs dont le Blessé peut se plaindre, &c.

Ce rapport, ainsi que le procès-verbal du juge, doit être fait sur les lieux & sans interruption, parce que si l'on en usoit autrement, on pourroit oublier bien des choses qui seroient peut-être intéressantes pour le Blessé ou pour le coupable.

Si le Blessé étoit mort & qu'il eût déja été inhumé, le juge pourroit ordonner l'exhumation de son cadavre, en prescrivant aux fossoyeurs de prendre toutes les précautions nécessaires pour n'y faire aucune meurtrissure en l'exhumant (*) : sur quoi il est bon d'observer que l'article 12 de la déclaration du 9 avril 1736, porte que ceux qui auront été *trouvés morts avec des indices de mort violente*, ou dans des circonstances capables de le faire soupçonner, ne pourront être inhumés que sur une ordonnance du juge criminel rendue sur les conclusions du procureur du roi ou des seigneurs hauts-justiciers, & cela encore après avoir fait toutes les procédures, & pris toutes les instructions convenables à ce sujet. Il est ajouté que toutes les circonstances ou observations qui pourront servir à indiquer ou à désigner l'état de ceux qui seront ainsi décédés, & de celui où leurs corps morts auront été trouvés, seront insérées dans les procès-verbaux qui en seront dressés, & que la minute de ces procès-ver-

_____

(*) Ceux qui sont chargés de faire la visite des cadavres, doivent bien faire attention si les coups qui paroissent ont été portés avant ou après la mort. Il s'est trouvé des cas où cette observation a été fort intéressante.

baux, ainſi que l'ordonnance dont ils feront fuivis pour inhumation du cadavre, fera dépofée
au greffe. On eſt même obligé de faire mention de cette ordonnance dans l'acte de fépulture.

On trouve encore dans le recueil des réglemens une déclaration du 5 feptembre 1712, où
il eſt dit que lorſqu'il fe trouvera dans la ville
de Paris & dans les lieux circonvoiſins des cadavres de perfonnes que l'on foupçonnera n'être
pas décédées de mort naturelle, foit dans les
maifons, foit dans les rues ou autres lieux publics ou particuliers, & même dans les filets
des ponts & vannes de moulins, ainſi que fur
les bateaux de la rivière, tous ceux qui auront
connoiſſance de ces cadavres feront tenus
d'en donner avis auſſi-tôt, favoir dans la ville
& les fauxbourgs de Paris, au commiſſaire du
quartier, & dans les lieux circonvoiſins, aux
juges qui en doivent connoître. Il eſt enjoint à
ces officiers de fe tranſporter avec diligence fur
les lieux, de dreſſer procès-verbal de l'état où
le cadavre aura été trouvé ; de lui appliquer le
fceau de la jurifdiction au front ; de le faire
viſiter par des chirurgiens en leur préfence ;
d'informer & d'entendre fur le champ ceux qui
feront en état de dépofer de la caufe de la mort,
du lieu du délit, des mœurs du défunt, & de
tout ce qui pourra conduire à la connoiſſance
du fait (*).

(*) *Modèle d'un procès-verbal de viſite de cadavre.*
. Aujourd'hui...... nous..... lieutenant criminel, &c. informé par la voix publique qu'on venoit de trouver un
cadavre fur le chemin de..... à la diſtance de cette ville

La même déclaration défend d'inhumer ces

de... (trois quarts de lieue) nous nous sommes transportés avec notre greffier ordinaire & l'huissier de service, sur l'endroit, où étant nous avons effectivement trouvé le cadavre d'un homme inconnu la face tournée au ciel, vêtu... (de telle manière), de la taille d'environ... paroissant âgé de.... & comme nous lui avons apperçu des blessures qui dénotent un homicide, nous avons envoyé le sieur.... huissier de service interpeller de notre autorité N.... médecin, & N.... chirurgien juré de la ville de.... de se rendre sur-le-champ auprès dudit cadavre pour en faire la visite & leur rapport, sur laquelle interpellation, ont effectivement comparu lesdits.... lesquels après serment prêté de s'acquitter exactement de leur commission, ont fait la visite dudit cadavre, & nous en ont remis leur rapport qu'ils ont affirmé sincère & véritable, lequel demeurera annexé à notre présent procès-verbal : & comme il nous a paru que l'inconnu étoit décédé de mort violente, nous avons interpellé les personnes présentes à notre opération de nous déclarer, avec serment de dire la vérité, si elles avoient connoissance de quelques particularités concernant ce délit, lesquelles personnes nous ont fait réponse qu'elles n'en avoient aucune si. ce n'est le nommé (tel) qui nous a dit avoir vu passer de grand matin, par le chemin où est le cadavre, un homme.... (de telle & telle façon) avec un fusil, & que peu de tems après il a entendu un coup de feu, de laquelle déclaration nous avons fait acte & de ce que ledit.... a déclaré en même tems ne savoir signer.

Et en procédant à la description des effets & des hardes du cadavre, nous avons trouvé.... *on fait ici l'énumération de ce qui se trouve.* de tout quoi nous avons ordonné le dépôt au greffe pour y avoir recours ainsi qu'il appartiendra. Et après avoir fait apposer le sceau de notre jurisdiction au front du cadavre, nous avons chargé l'huissier de service de le faire transporter aux portes de l'église paroissiale de .... de le faire inhumer en la manière accoutumée, de faire constater sa sépulture sur les registres de la paroisse en y faisant mention de

fortes de cadavres, que la vifite n'en ait été faite, & que l'inhumation n'en ait été ordonnée, à peine d'amende contre les contrevenans, même de punition corporelle contr'eux, comme fauteurs & complices du délit, fi l'homicide eft conftaté.

Une ordonnance de police du 5 novembre 1716, oblige les chirurgiens de Paris de donner au magiftrat une déclaration des perfonnes qu'ils ont panfées à la fuite des bleffures qu'elles ont reçues, de la qualité de ces perfonnes & du genre de leurs bleffures.

Une chofe à laquelle les médecins & les chirurgiens doivent faire beaucoup d'attention, c'eft de difcerner quelles font les principales bleffures qui ont pu occafionner la mort. Ceci eft important pour les peines & les condamnations qui peuvent intervenir contre les accufés; car celui qui a porté le coup mortel paroît fans contredit bien plus repréhenfible que celui dont l'outrage n'auroit point tiré à conféquence, comme on le verra à l'article *complicité*.

On prétend que lorfque le Bleffé a furvécu à fes Bleffures quarante jours, l'accufé ne peut plus être puni comme homicide, fous prétexte que, fuivant l'opinion commune des médecins, une perfonne bleffée mortellement, ne peut

notre ordonnance, lui donnant à cet effet pouvoir de faire tous les actes néceffaires en pareil cas. Fait & dreffé fur les lieux le préfent procès-verbal pour être dépofé au greffe & être communiqué au procureur du roi; & avons figné avec lefdits.... médecin & chirurgien, notre greffier, l'huiffier de fervice, & ceux des affiftans qui ont fçu figner, lefdits jour & an que deffus.

pas vivre plus de quarante jours après l'offense reçue; la chose a même été ainsi jugée par un arrêt du parlement de Provence du 19 janvier 1652, rapporté par Boniface : mais il est singulier qu'on ait cherché à établir une règle fixe sur un cas pareil. Lorsqu'un homme maltraité décéde après les quarante jours, on peut ce semble, toujours reconnoître si sa mort a été une suite ou non des coups qu'il a reçus. Dans le doute, il est peut-être bien plus convenable de l'attribuer à une cause étrangère ; mais lorsqu'il est évident que la mort n'est qu'une suite directe des coups qu'il a reçus, il est toujours vrai de dire que celui qui les a portés est un homicide, & qu'il doit être poursuivi comme tel.

La seule observation à laquelle on puisse s'arrêter, est de savoir si la blessure est devenue mortelle par la faute du Blessé : qu'un homme de campagne après avoir été frappé par exemple à la tête, soit assez imprudent pour aller continuer ses travaux au soleil, il peut fort bien se faire que sa blessure, qui n'auroit point tiré à conséquence en se tenant tranquille, devienne mortelle par sa faute ; en ce cas l'auteur de l'outrage peut être excusé d'homicide, que l'outragé soit mort dans les quarante jours, ou après. Ainsi, il faut examiner entre les causes directes & les causes indirectes de l'homicide. Sur quoi il est bon d'observer encore que quoi qu'on ne puisse point être puni d'homicide lorsqu'on n'est point directement l'auteur de la mort du Blessé, on ne laisse pas d'être tenu de toutes les réparations civiles que cette mort peut entraîner, lorsqu'elle est une suite des bleffures reçues, quand même elle ne furvien droit qu'après les quarante jours. C'eft ce qu' fut jugé par un arrêt du 18 janvier 1631 , rapporté au journal des audiences, par lequel un homme Bleffé fut regardé comme étant mort de fa bleffure, quoiqu'il eût vécu 45 jours : il fut adjugé une réparation à fa veuve. C'eft pourquoi les parens, dans ce cas, peuvent demander une vifite & conclure à des dommages-intérêts.

, Au refte, quand les bleffures ont été faites de deffein prémédité, elles font toujours criminelles, & le coupable ne peut être à l'abri de toute peine civile qu'après la prefcription du délit. Nous obferverons pourtant à ce fujet, que quoiqu'un délit de cette efpèce foit dans le cas d'être puni d'une peine capitale par la raifon que les loix, comme nous l'avons dit, ne mettent prefqu'aucune différence entre affaffiner un homme & l'outrager de propos délibéré, on ne laiffe pas néanmoins, dans la pratique, de fe décider par les actes extérieurs qui peuvent décéler l'intention de l'accufé. S'il paroît que celui-ci n'en vouloit pas moins qu'à la vie de celui qu'il a maltraité de fang-froid, on ne fait aucune difficulté de le punir comme affaffin. Mais fi l'on voit au contraire que fon intention n'étoit pas de lui ôter la vie, on ufe d'indulgence, & l'on fe contente de le punir plus ou moins févèrement, fuivant les circonftances.

Bleffures occafionnées par une rixe. Ces bleffures n'étant pas regardées comme l'effet d'une volonté réfléchie, ceux qui en font les auteurs, n'encourent ordinairement aucun châtiment public ; mais ils peuvent être condamnés à des réparations civiles envers les maltraités ; ceci dépend des circonstances que nous allons expliquer.

Dans une dispute suivie de voies de fait, on doit s'attacher principalement à reconnoître l'agresseur : il est certain que celui qui s'expose à une insulte, qui provoque un outrage, est le premier & quelquefois le seul coupable. Si je me vois attaqué, & que pour me défendre je blesse mon adversaire ou que je lui occasionne une chûte douloureuse, je ne serai nullement repréhensible, parce que la défense est naturellement permise à tout homme qui se sent attaqué. Il n'en seroit pas de même si sur un simple propos, si sur des injures verbales, je me livrois à des excès envers lui ; la défense ne seroit plus du même genre que l'attaque, ce seroit une vengeance que j'aurois cherché à me procurer de mon autorité privée, & pour laquelle je deviendrois repréhensible ; mais tout ceci s'examine au fond lors d'un jugement définitif.

Lorsqu'un particulier a été blessé, & qu'il a besoin de pansemens, on peut par provision, & sans entrer dans un examen approfondi, s'il a mérité ou non les blessures qu'il a reçues, lui adjuger une certaine somme pour subvenir à ces pansemens. Pour cet effet le Blessé doit commencer par rendre plainte, exposer le fait, demander permission de faire informer & de se faire visiter (*) : le juge donne acte de la plain-

---

(*) *Formule de conclusion à prendre à ce sujet.*
Ce considéré, monsieur, il vous plaise donner acte au suppliant de la plainte qu'il vous rend des faits ci-dessus contre... & tous autres qui seront découverts être ses

te, permet d'informer, & par provision commet un chirurgien à l'effet de visiter le Blessé.

Le juge d'un côté procède à l'information, & le chirurgien de l'autre se transporte chez le malade pour le visiter : ce chirurgien dresse son rapport suivant les observations que nous avons faites ci-dessus, & l'affirme devant le juge. Le Blessé donne ensuite une nouvelle requête, par laquelle il expose le besoin qu'il a de pansemens & de médicamens, & conclut à ce qu'il lui soit adjugé à cet effet une certaine somme (*).

- Le juge voit, par la plainte & par l'information, quel est l'auteur des blessures : le rapport en chirurgie lui fait connoître l'état du blessé & de quelle étendue doivent être les secours dont il a besoin ; il lui adjuge dès-lors une somme proportionnée qui se paie solidairement, par corps & nonobstant toutes oppositions, lorsque

---

complices, lui permettre d'en faire informer & pour ce effet d'assigner les témoins pardevant vous : cependant l'autoriser par provision a se faire voir & visiter par le chirurgien qu'il vous plaira de commettre, pour, sur son rapport & sur l'information à intervenir, être de nouveau requis & ordonné ce qu'il appartiendra.

(*) *Formule de conclusion à cet effet.*

Ce considéré, monsieur, il vous plaise, vu la plainte rendue par le suppliant, l'information qui constate l'auteur (ou les auteurs) de ses blessures, le rapport en chirurgie qui atteste l'état où il se trouve, & le décret intervenu sur toute la procédure, lui adjuger par provision la somme de... pour être employée en pansemens & médicamens & condamner au payement de cette somme ledit (ou lesdits)... & tous autres que vous aurez jugé coupables du délit dont il s'est plaint, même solidairement & par corps sans préjudice des poursuites commencées, & d'autres condamnations définitives, &c.

dans les bailliages, fénéchauffées & autres juftices qui reffortiffent nuement aux cours, cette
fomme n'excède pas deux cens livres; fix vingt
livres dans les autres juftices royales, & cent
livres dans celles des feigneurs. Il n'eft même
pas néceffaire que le Bleffé donne de caution
pour recevoir la fomme qui lui eft adjugée par
provifion, ce qui eft fagement établi, parce
qu'autrement un malheureux qui auroit befoin
de fecours, ne pourroit prefque jamais en recevoir par les difficultés où il feroit de trouver
une caution. Le Juge pourroit pourtant quelquefois exiger fa caution juratoire pour remettre la fomme en définitive s'il étoit ainfi ordonné; mais on ne voit pas que dans l'ufage
cette caution juratoire foit jamais exigée, ce
qui eft fans doute omis pour éviter des frais
qui n'aboutiroient à rien.

On eft pourtant libre d'interjetter appel des
fentences de provifion; mais l'article 8 du titre
12 de l'Ordonnance de 1670, ne permet d'accorder de défenfes que fur le vu des charges,
informations & fur le rapport des médecins &
chirurgiens; encore faut-il que ces défenfes
portent expreffément fur la provifion, fans quoi
on ne doit y avoir aucun égard.

S'il paroiffoit par l'information que le Bleffé
étoit lui même dans fon tort lors de l'offenfe,
& que l'accufé ne s'eft pas comporté moins fagement que ne l'auroit fait la perfonne la plus réfléchie, le juge pourroit très-bien alors fe difpenfer d'accorder aucune provifion; mais il faudroit que la chofe fût bien évidente, parce que
dans le doute il eft toujours prudent de fubvenir aux befoins d'un maltraité, fauf à lui faire

reſtituer en définitive ce qui ne lui a été accordé que par proviſion.

Lorſque deux particuliers ſe ſont mutuelle-ment maltraités, & qu'il y a plainte de part & d'autre de voies de fait, le juge feroit mal de leur accorder à chacun des proviſions pour pan-ſemens & médicamens : ceci lui eſt défendu par l'art. 2 du titre 12 de l'ordonnance de 1670, à peine de ſuſpenſion de ſon office, & de tous dé-pens, dommages-intérêts. Il ne doit en adjuger qu'à celui qui paroît le moins coupable, ce qui dépend de ſa prudence ; & lorſque chacun des Bleſſés a porté ſa plainte devant un juge diffé-rent, & qu'ils ont obtenu l'un & l'autre une proviſion, il faut alors ſe pourvoir devant le juge ſupérieur pour décider à qui elle demeu-rera adjugée.

La même ordonnance de 1670 veut que les deniers adjugés par proviſion ne puiſſent être ſaiſis pour frais de juſtice ni pour autre cauſe ſous aucun prétexte ; elle défend de les conſi-gner, & veut que ceux qui les auroient conſi-gnés ſoient tenus de payer, comme s'il n'y avoit point eu de conſignation de leur part.

Il arrive quelquefois que la proviſion adjugée n'eſt pas ſuffiſante, ſoit à cauſe de la longueur de la maladie, ſoit à cauſe des accidens ſur-venus au Bleſſé ; le plaignant peut alors deman-der une ſeconde proviſion, & le juge l'accor-der, pourvu qu'il ſe ſoit écoulé au moins quinze jours depuis la premiere proviſion obtenue. Mais le juge doit ordonner au préalable une ſeconde viſite pour ſavoir ſi le Bleſſé eſt réellement dans le cas d'avoir beſoin de nouveaux ſecours ; & ſi l'accuſé avoit connoiſſance que le mal n'a augmenté

augmenté que par la faute du malade ou par des caufes étrangères à fes bleffures, il pourroit être admis à le prouver; tout comme s'il avoit de juftes motifs pour foupçonner le rapport du chirurgien, il pourroit demander ce qu'on appelle une *contre-vifite* par un nouveau chirurgien; cette vifite feroit à la vérité aux frais de l'accufé qui la demanderoit, mais le juge ne devroit point la refufer.

Obfervez qu'avant d'adjuger une provifion, il faut qu'il y ait eu un décret rendu contre l'accufé. Mais la provifion ne concernant que l'intérêt particulier du plaignant & de l'accufé, elle peut fe décerner fans la participation du miniftère public; c'eft même ce que porte l'art. 1 du titre 12 de l'ordonnance de 1670.

Lorfque les bleffures reçues dans une rixe ont été telles que la mort en a été la fuite, le miniftère public peut alors fe déclarer partie & fe joindre à l'inftruction commencée : il peut demander une vifite particuliere du cadavre, conclure à ce que la procédure foit continuée, provoquer un nouveau décret, un réglement à l'extraordinaire par récollement & par confrontation, &c. Mais s'il paroît que l'homicide a été involontaire, ou qu'il n'a été commis que dans la néceffité d'un légitime défenfe de la vie, l'accufé eft dans le cas d'arrêter ces pourfuites en obtenant des lettres de rémiffion. L'article 2 du titre 26 de l'ordonnance 1670, ne laiffe aucune difficulté fur l'obtention de ces lettres. Elles peuvent même fe délivrer dans les chancelleries établies près les cours fupérieures. Les juges, en pareil cas, ne peuvent abfoudre l'accufé de leur propre autorité. Un homicide com-

mis, quoique involontairement, préfente tou
jours aux yeux du public un délit grave, & l
néceffité de recourir aux graces du prince peu
rendre les citoyens plus fages & plus réfervés.

Bleffures faites par accident. Ce font celles aux
quelles la volonté n'a eu abfolument aucun
part. Ces fortes de bleffures donnent quelque
fois ouverture à des dommages-intérêts, & que
quefois auffi elles n'en entraînent aucuns, ce
dépend des circonftances. Qu'un particulie
paffe fous mon toit lors d'un tems orageux, l
qu'il foit Bleffé par la chûte d'une tuile, je n
ferai nullement refponfable de cet accidem
parce que je n'ai pas été obligé de prendre pou
lui de plus grandes précautions que mes voifi
n'en ont prifes eux mêmes pour les autres. Ma
fi faifant travailler à mon toit j'ai négligé d
faire ufage des fignes ordinaires qu'on emplo
pour avertir les paffans de prendre garde à eu
& que ce particulier, par ma négligence, a
été Bleffé, je fuis dans le cas de fupporter d
dommages-intérêts envers lui.

Ceux qui bleffent en commettant des faut
dans leur art, font pareillement tenus des fu
tes qu'elles entraînent. Tels font les chirurgien
les fages-femmes, &c. La bonne-foi peut bi
les excufer en quelque forte; mais comme
eft égal pour celui qui fouffre qu'il y ait de
bonne foi ou qu'il n'y en ait pas, il n'en eft pa
moins dans le cas de demander des dommage
intérêts.

L'imprudence groffière n'empêche pas no
plus de réparer le mal que l'on a fait. Ainfi la mal
adreffe des cochers & des charretiers, dans l
conduite de leurs voitures, ne les rend pas ex

cũfables ; le maître même qui ſe trouve dans ſa voiture eſt reſponſable de ſes chevaux & de ſon conducteur. C'eſt par cette raiſon que nous ſommes garans des bleſſures que peuvent faire nos animaux. On trouve dans Soëfve un arrêt du 14 janvier 1648, par lequel un particulier fut condamné à mille livres de dommages-intérêts envers un autre particulier, qui avoit été tellement bleſſé à la jambe par le cheval du premier, qu'on fut obligé de la lui couper.

Un autre arrêt du 18 juillet 1688, rapporté au journal des audiences, confirme une ſentence du châtelet de Paris, par laquelle le maître d'un dogue, qui avoit mordu au bras une demoiſelle en paſſant de plein jour dans une cour commune pour aller à ſon appartement, fut condamné en cinq cens livres de dommages-intérêts, & en deux cens livres pour les panſemens de la bleſſure : cette bleſſure avoit été ſi conſidérable, que la demoiſelle en avoit gardé le lit trois mois.

Nous ſommes pareillement reſponſables des délits que peuvent occaſionner ceux que nous prépoſons à quelques-unes de nos fonctions : un braſſeur nommé Long-Champ fut condamné, par arrêt du 16 mars 1726 confirmatif d'une ſentence de police du châtelet de Paris, à faire une penſion viagere de cent-vingt livres à un jeune homme qu'avoit eſtropié un garçon qui conduiſoit la voiture de ce braſſeur.

Un inſenſé qui feroit des bleſſures à quelqu'un, ne commettroit qu'un délit matériel ; cependant ſes biens répondroient toujours de dommages-intérêts qui pourroient en réſulter. Un marchand de Paris convaincu d'avoir, de deſſein prémé-

dité, coupé le nez à une femme contre laquelle
il avoit eu des procès, fut condamné, par une
sentence du châtelet, au fouet, à un bannissement de neuf ans, à une amende de deux cens
livres, & à six mille livres de dommages-intérêts. Il y eût appel de cette sentence; la famille
chercha à établir l'imbécillité de l'accusé. Un
premier arrêt ordonna une visite par médecins
& chirurgiens, & une information de vie & de
mœurs; & par l'arrêt définitif, qui intervint le
10 septembre 1683, il fut dit que l'insensé seroit
renfermé à Bicêtre, à la charge par sa famille
d'y payer cent cinquante livres pour sa pension.
La sentence du châtelet fut dès-lors infirmée
quant aux peines afflictives, mais elle resta dans
son entier pour les dommages-intérêts.

Ceux qui sont nommés pour curateurs à des
furieux & à des insensés, sont responsables des
délits commis par ceux-ci, lorsqu'il a dépendu
de ces curateurs de leur ôter la liberté de faire
du mal. Les parens eux-mêmes en sont responsables, faute par eux d'avoir donné des curateurs à ces personnes là : c'est ce que porte formellement l'article 150 de la coutume de Normandie. « Les parens, est-il dit, doivent avoir
» soin de tenir en sûre garde ceux qui sont trou-
» blés d'entendement, pour qu'ils ne fassent
» mal à d'autres; sinon ils seront tenus civile-
» ment des dommages-intérêts qui en pourront
» arriver ».

L'article suivant ajoute que, « s'il n'y a pa-
» rens, les voisins seront tenus de dénoncer l'in-
» sensé à justice, & cependant qu'ils seront tenus
» de le garder sous les mêmes peines ».

C'eſt en effet un devoir de famille & d'humanité de prendre ſoin de ceux qui ont eu le malheur de tomber dans une aliénation d'eſprit. Leurs proches parens, habiles à leur ſuccéder, ſe rendent coupables, tant envers la ſociété qu'envers ces malheureux, lorſqu'ils les abandonnent, & qu'il en réſulte des accidens. Ainſi, les diſpoſitions de la coutume de Normandie ne portant rien à cet égard que de juſte & deraiſonnable, on peut en faire l'application aux autres pays.

Par la même raiſon, un père peut être reſponſable des délits de ſes enfans, lorſqu'il dépendoit de lui de les retenir & de les corriger. Un écolier âgé de 16 ans en ayant tué un autre âgé de 13, dans une diſpute, le coupable fut condamné avec ſon père, par un arrêt du 5 mai 1661 rapporté au journal des audiences, à deux cens livres d'aumône envers les priſonniers, à huit cens livres pariſis de réparation civile, & aux dépens. Le père, compris dans cette condamnation, n'avoit eu aucune part à la diſpute; mais il fut jugé repréhenſible de n'avoir pas donné à ſon fils une meilleure éducation.

C'eſt ordinairement par la voie civile qu'on doit ſe pourvoir pour obtenir la réparation d'une bleſſure faite par accident. On peut demander au juge ordinaire la faculté de ſe faire viſiter par médecins ou chirurgiens, comme on peut le demander au Juge criminel dans le cas où la bleſſure a été la ſuite d'une voie de fait. La procédure eſt d'expoſer, par une requête, le délit; de conclure à des dommages-intérêts, à une proviſion, & pour cet effet, de demander

une vifite (*). L'affaire peut même être portée
devant les juges préfidiaux, lorfqu'on fe borne,
pour dommages-intérêts, à une fomme qui
n'excède pas le taux de leur compétence.

· Si nous difons que c'eft ordinairement par
la voie civile qu'on doit fe pourvoir pour des
bleffures de l'efpèce de celles dont il s'agit, c'eft
parce qu'il eft bon de remarquer que ces fortes
de bleffures peuvent auffi quelquefois donner
ouverture à l'action criminelle. Qu'un cocher,
par exemple, ait été averti de prendre garde à
fes chevaux, & qu'il n'en ait rien voulu faire,
que le maître d'un animal malfaifant ait pareillement refufé de le tenir à l'attache après l'en
avoir averti, & qu'il foit arrivé des accidens,
on peut fort bien, en pareil cas, prendre la
voie extraordinaire contre ces perfonnes là,

(*) *Formule de conclufion à ce fujet.*
Ce confidéré, monfieur, il vous plaife donner acte au
fuppliant de l'expofé de la préfente requête, lui permettre
de faire affigner pardevant vous dans les délais de l'ordonnance ledit... pour voir dire que le fait expofé demeurera pour avéré ou qu'en tout cas, il fera permis
d'en faire la preuve en la manière accoutumée, qu'en
conféquence ledit... fera condamné pour dommages-intérêts envers le fuppliant à la fomme de... ou à telle autre qu'il vous plaira d'arbitrer, & aux dépens, & cependant comme il eft de l'intérêt des fupplians de faire
conftater fes bleffures, & d'obtenir une provifion pour
alimens & médicamens, lui permettre de fe faire vifiter
par tel chirurgien qu'il vous plaira de commettre, & fur
le provifoire de faire affigner à votre plus prochaine
audience ledit...... pour voir dire que fur le rapport
du chirurgien qui fera mis fous vos yeux, il fera condamné à lui payer par provifion la fomme de... à imputer
fur les dommages-intérêts à adjuger en définitive, & déclarer la fentence qui interviendra exécutoire nonobftant
oppofition ou appellation quelconque, &c.

parce qu'elles font cenfées avoir voulu le délit, dès qu'elles ne l'ont pas empêché, le pouvant faire.

Voyez *l'ordonnance de Blois ; l'ordonnance de 1670 ; une déclaration du 5 feptembre 1712 ; une ordonnance de police du 5 novembre 1716 ; la déclaration du 9 avril 1736 ; la coutume de Normandie ; le journal des audiences ; les arrêts de Soëfve ; le traité de la juftice criminelle ; le traité des injures*, &c. Voyez auffi les articles COMPLICITÉ, CADAVRE, RAPPORT, PROCÈS-VERBAL, VISITE, &c. (*Article de M. DAREAU, avocat*, &c.)

BLEU *de Pruffe.* C'eft une couleur ufitée en peinture.

Le Bleu de Pruffe n'étant pas tariffé, il étoit dans le cas de payer pour droit d'entrée cinq pour cent de la valeur ; mais par décifion du 10 août 1736, fondée fur l'eftimation que l'on en pouvoit faire à fix cent livres du cent pefant, & fur fa compofition, il a été trouvé plus convenable de fixer le droit à trente livres du cent pefant, comme Lazully vrai, quant aux droits d'entrée feulement, n'étant pas dans le cas des vingt pour cent, de l'arrêt du 22 décembre 1750, où ce Bleu n'eft pas cité.

Voyez *les obfervations fur le tarif de 1664*, & les articles ENTRÉE, SORTIE, MARCHANDISES, SOU POUR LIVRE, &c.

BŒUF. animal fort connu, qui eft un taureau que l'on a coupé pour le rendre moins vif & plus docile.

Un arrêt du confeil du 17 avril 1763 a réglé que les Bœufs ne payeroient pour tout droit des traites, foit à l'entrée, foit à la fortie du

royaume, que dix fous ou un demi pour cent
de leur valeur, fixée à cent livres pour chaque
Bœuf par le tarif annexé au même arrêt. Ces
beftiaux font d'ailleurs affranchis de tous droits
locaux des traites lors de leur circulation &
paffage dans les différentes provinces, foit réputées étrangères, foit des cinq groffes fermes.

Le Bœuf & les langues ou chairs falées &
fumées de toute efpèce, venant des provinces
réputées étrangères, doivent, à l'entrée des
cinq groffes fermes, quarante fous par cent
pefant, felon le tarif de 1664.

Si les Bœufs ou les chairs falées viennent de
l'étranger, ils doivent, pour droit d'entrée,
cinq livres par cent pefant, conformément aux
arrêts du confeil des 29 juin 1688 & 6 feptembre
1701.

L'article 28 du titre 15 de l'ordonnance des
gabelles du mois de mars 1681, défend l'entrée
des chairs falées dans les provinces fujettes à la
gabelle, à peine de confifcation & de 300 livres
d'amende : défenfe qui comprend également les
chairs falées des provinces réputées étrangères, exemptes de gabelles, comme celles des
pays étrangers, mais qui ne s'étend pas aux
jambons de Mayence, de Bayonne, aux cuiffes
d'oyes & aux langues : ces chofes peuvent y
entrer, en les déclarant à l'adjudicataire de la
ferme, fuivant le même article de l'ordonnance,
l'arrêt du 19 juin 1691 & le bail de Forceville,
en payant les droits portés par les arrêts des 29
juin 1688 & 6 feptembre 1701 ; d'où il faut
conclure qu'on ne peut admettre, pour la confommation des provinces des gabelles, les chairs
falées en faumure, à moins qu'elles ne foient

deſtinées pour les îles, & miſes, en ce cas, en entrepôt, parce que ces arrêts de 1688 & 1701 ne dérogent point à l'ordonnance ci-deſſus, ſuivant les lettres-patentes de 1717 ; ainſi on ne doit y recevoir que les chairs ſalées & fumées. Voyez les articles XI & XII de ces lettres-patentes.

Le Bœuf ſalé venant des pays étrangers, à la deſtination des îles & de la Louiſiane, eſt exempt des droits d'entrée, conformément aux lettres-patentes du mois d'avril 1717, article II, & à l'arrêt du 30 novembre 1751.

Le Bœuf ſalé d'Irlande, entrant dans les provinces non ſujettes aux gabelles, doit payer les droits ſur le poids brut, ſans déduction pour la ſaumure ni pour les barils qui le contiennent. Le conſeil l'a ainſi décidé le 4 mars 1738 ; cette déciſion, relative à l'ordonnance de 1687, s'applique aux chairs ſalées venant des autres pays étrangers.

Un arrêt du conſeil du 8 avril 1767 a permis d'envoyer à l'étranger du Bœuf & d'autres chairs ſalées, en payant à toutes les ſorties du royaume un demi pour cent de la valeur eſtimée vingt livres le quintal.

Le roi ayant, par édit du mois de février 1776, ſupprimé la caiſſe de Poiſſy, a ordonné, par l'article deux, que pour ſuppléer en partie à la diminution apportée dans les finances de ſa majeſté par la ſuppreſſion des droits énoncés en l'article premier de cet édit, il ſeroit à l'avenir perçu aux entrées de Paris, avec les droits actuellement établis, un nouveau droit de cinq livres par Bœuf, & un autre de cinq deniers dix-ſept vingt-cinquièmes par chaque livre de Bœuf.

Suivant l'article trois, ces fupplémens de droits ne peuvent être augmentés d'aucun vingtième ni fou pour livre, ou autre droit quel qu'il foit. .

Voyez *les loix citées ; les obfervations fur le tarif de 1664*, &c. Voyez auffi les articles EN-TRÉE, SORTIE, MARCHANDISE, SOU POUR LIVRE, &c.

BOIS. C'eft un lieu planté d'arbres propres à la conftruction des édifices, à la charpente, à la menuiferie, au charonnage, au chauffage & à divers autres ufages.

Dans tous les tems, & chez toutes les na-tions, les Bois ont été mis au rang des biens le plus précieux. Auffi voit on que dans les tems les plus reculés il y avoit déja des perfonnes prépofées pour veiller à la confervation des Bois.

Salomon demanda à Hiram, roi de Tyr, la permiffion de faire couper des cèdres & des fa pins du Liban pour bâtir le temple.

On lit auffi dans Efdras, que quand Nehe-mias eut obtenu du roi Artaxercès, furnommé Longuemain, la permiffion d'aller rétablir Jé-rufalem, il lui demanda des lettres pour Afaph, garde de fes forêts, afin qu'il lui fît délivrer tout le Bois néceffaire pour le rétabliffement de cette ville.

Ariftote, en toute république bien ordon-née, defire des gardiens des forêts, qu'il ap pelle *Sylvarum cuftodes*.

Ancus Martius, quatrième roi des Romains, réunit les forêts au domaine public, ainfi que le remarque Suétone.

Entre les lois que les décemvirs apportèrent

e Grèce, il y en avoit qui traitoient *de glande*, *arboribus*, & *pecorum paftu*.

Ils établirent même des magiftrats pour la garde & confervation des forêts, & cette commiffion étoit le plus fouvent donnée aux confuls nouvellement créés, comme il fe pratiqua à l'égard de Bibulus & de Jule-Céfar, lefquels étant confuls, eurent le gouvernement général des forêts, ce que l'on défignoit par les termes de *provinciam ad fylvam & colles* ; c'eft ce qui a fait dire à Virgile : *fi canimus fylvas, fylvæ funt confule dignæ.*

Les Romains établirent dans la fuite des gouverneurs particuliers dans chaque province pour la confervation des Bois, & firent plufieurs loix à ce fujet. Ils avoient des foreftiers ou receveurs établis pour le revenu & profit que la république percevoit fur les Bois & forêts, & des prépofés à la confervation des Bois & forêts néceffaires au public.

Lorfque les Francs firent la conquête des Gaules, ce pays étoit, pour la plus grande partie, couvert de vaftes forêts, ce que nos rois regardèrent, avec raifon, comme un bien ineftimable.

Les Bois & les forêts dépendans du domaine ne furent d'abord adminiftrés que relativement à la confervation du gibier : les premiers officiers dont il eft fait mention dans les ordonnances, quant à cette partie, font les foreftiers, dont la première inftitution, ainfi que les fonctions qui leur étoient attribuées, avoient pour objet les chaffes ; on voit cependant par une ordonnance de Philippe-le-Hardi, de 1280, qu'ils étoient chargés de délivrer aux ufagers

les Bois néceffaires pour leur ufage, dans le
lieux les plus propres & les plus convenable
pour l'aménagement des forêts.

. Une ordonnance de Philippe-le-Bel, du mois
d'août 1291, adreffée aux maîtres des eaux &
forêts, donne lieu de préfumer que ces officiers
furent établis fous ce prince : cette ordonnan-
çe contient un réglement fur le fait de la pêche
dans toutes les rivières ; elle porte : «Sachet
» que par notre grand-confeil & par nos ba-
» rons, nous avons fait certaines ordonnance
» fur les pêcheries & fur la manière de pêche
» en toutes rivières, grandes ou petites, la ma
» nière qui s'enfuit». Cette ordonnance pref
crit la dimenfion des filets, ceux qui doivent
être regardés comme défendus, l'échantillon
auquel le poiffon peut être pêché, ordonne que
celui qui fera pris au-deffous de ces échantil-
lons, fera confifqué & *donné pour Dieu*, c'eft-à
dire, aux pauvres, & que les engins & filets
prohibés feront brûlés, & le délinquant condamné à une amende de foixante fous tournois.

Nous avons une ordonnance de Philippe-le-
Bel, de 1302, fur l'adminiftration des Bois,
foit des bénéfices depuis l'ouverture de la ré
gale jufqu'à ce qu'elle foit fermée, foit des fiefs
faifis pendant qu'ils font fous la main du roi.
L'objet de cette ordonnance eft que pendant ce
tems, l'aménagement établi dans ces Bois continue d'être obfervé, & qu'il ne s'y faffe aucune coupe par anticipation.

Dans les lettres de Louis Hutin, du 22 juillet 1315, connue fous la dénomination de la

hartre aux Normands, il eſt dit que les droits
e tiers & danger ne feront pas levés ſur le
mort-bois, dont il rappelle les neuf eſpèces, qui
font le faulx, marſaux, épine, puiſne, feur,
aulne, genêt, genièvre & ronces; ce font les
mêmes qui font exprimés dans l'article 5 du
titre 23 de l'ordonnance de 1669.

L'ordonnance de Philippe - le - long, du 18
juillet 1318, porte que les maîtres des eaux &
forêts, ainſi que les autres officiers, compteront des émolumens de leurs offices à la chambre des comptes, & que les ventes des Bois
feront faites aux enchères, à peine de nullité.

Ce prince donna à la fin de cette même année 1318, c'eſt-à-dire le mardi devant Pâque,
que nous compterions 1319, un réglement pour
l'adminiſtration de ſes forêts & de ſes étangs de
Champagne : il ne renfermoit que quelques diſpoſitions ; mais le 2 juin ſuivant, il fit pour ſes
forêts une ordonnance générale & beaucoup
plus étendue.

Il commença par faire ceſſer un abus qui
anéantiſſoit preſque entièrement le produit des
ventes : cet abus conſiſtoit dans les dons excef-
fifs qui étoient faits, ou en argent, ou de Bois
en nature, à prendre ſur les ventes ; il déclara
qu'il ne feroit plus de pareils dons, & que le
prix des ventes tourneroit en totalité à ſon
profit.

Cette ordonnance ne ſupprime cependant
pas les dons de Bois que le roi étoit dans l'uſage de faire, mais elle règle la forme dans laquelle ces dons feront faits, & la manière dont
il ſera pourvu à leur exécution.

Les maîtres des eaux & forêts doivent d'a
bord conftater & reconnoître le canton de l
forêt où la livraifon fera le moins domma
geable au roi & aux marchands ; ils doivent dan
ce canton délivrer une certaine quantité d'ar
pens , eu égard à l'état & à la poffibilité des fo
rêts : l'ordonnance dénomme même plufieur
forêts dans lefquelles ces livraifons n'auror
pas lieu, attendu leur peu d'étendue & leu
mauvais état.

Les maîtres doivent avoir égard à la valer
différente des différens arpens ; faire arpente
le canton qu'ils auront affigné , & le délivre
par compte, par nombre & par pièce, aux ve
diers & maîtres fergens, qui, chacun à ler
égard, rendront aux maîtres le compte le pl
exact & le plus détaillé, des livraifons qu'il
auront faites , & les maîtres feront tenus de l
porter à la chambre des comptes.

Comme les cantons affignés devoient être fe
parés du furplus de la forêt par des haies o
routes, les maîtres des eaux & forêts & les a
penteurs prenoient une partie de leurs gage
fur ce que les maîtres pouvoient retirer du Bo
provenant de ces routes : l'ordonnance port
que ce Bois fera vendu aux enchères, que furl
montant de l'adjudication, le marchand payer
les gages du maître des eaux & forêts, de l'ar
penteur, & les falaires des ouvriers qui auron
été employés à faire ces routes, & que le fur
plus du prix fera remis aux baillis, fénéchaur
ou receveurs, qui en compteront au profit du
roi.

Les lettres de dons de Bois à bâtir ou à brûler, doivent, aux termes de cette ordonnance,

énoncer la quantité de Bois qui fera délivrée : les verdiers & maîtres fergens font tenus de faire ferment qu'ils ne fouffriront pas que ceux qui auront de pareils dons, en difpofent par vente, échange, ni pour d'autres ufages, fous peine d'amende contre ces officiers', & même de privation de leur office ; les marchands doivent, de leur côté, faire ferment de ne point acheter les bois ainfi donnés.

Les lettres de don n'ont d'effet que pour un an ; elles doivent être adreffées & vérifiées en la chambre des comptes, & ceux qui les ont obtenues, doivent y faire ferment de faire couper, façonner & charger à leurs frais le Bois donné, & de l'employer en totalité, fans fraude & fans en rien vendre, ni en faire aucune autre difpofition, à la deftination pour laquelle le don leur aura été fait : s'il l'eft à quelque abbaye, chapitre, communauté de ville, églife paroiffiale, &c. Les procureurs & fyndics font tenus de faire le même ferment.

Il eft dit que de toutes les ventes qui feront faites, les marchands payeront par chaque quarante fous, une livre de cire pour les hôtels du roi & de la reine.

Toute vente de Bois extraordinaire, à deniers fecs, eft interdite.

L'entrée des bois taillis eft interdite aux beftiaux, jufqu'à ce que les Bois foient défenfables, attendu, porte cette ordonnance, qu'une bête qui ne vaudra pas 60 fous ou 4 livres, peut y faire dommage de 100 livres ou de plus en une feule année.

Elle ordonne que les poiffons des étangs du roi feront vendus ; cette vente ne devoit avoir

lieu que lorfque les viviers du roi étoient rem
plis , ce qui fait connoître l'économie qui diri-
geoit l'adminiftration de fes domaines.

Au mois de Juin 1326 , Charles - le - Bel fi
un réglement fur le fait de la pêche, & pour
la confervation du poiffon dans les rivières.

Ce réglement contient la dénomination des
filets ou engins qui font prohibés.

Il interdit toute pêche depuis la mi - mars
jufqu'à la mi-mai , qui eft le tems du frai du poiffon.

Il eft adreffé aux maîtres des eaux & forêts
pour le faire exécuter, ou par eux , ou par ceux
qu'ils commetiront.

Une ordonnance de Philippe de Valois, du 1
juillet 1333 , ôta aux maîtres des eaux & forêts
l'infpection fur les rivières , & en donna la connoiffance aux baillis & fénéchaux ; ils font en
même tems chargés du foin des étangs ; ils doivent vérifier la quantité d'étangs que le roi a
dans chaque bailliage & fénéchauffée, celle d'arpens d'eau que chaque étang contient , & comment ils font peuplés , & en inftruire la chambre des comptes , afin que le roi puiffe ordonner ce que bon lui femblera.

Ces difpofitions furent changées par une ordonnance du même prince , du 29 mai 1346,
qui regle & réforme l'adminiftration des eaux &
forêts.

Elle nomme des maîtres des eaux & forêts
& défigne les départemens dans lefquels ils doivent exercer leurs fonctions ; elle fupprime tou
les autres , ainfi que les gruyers ; les maîtres des
eaux & forêts qu'elle établit font au nombre de
dix.

Deu:

Deux d'entr'eux, l'un nommé *Bertaud*, &
l'autre *Poillevilain*, font chargés de fonctions
particulières, relativement aux tables du roi,
de la reine & des princes : Bertaud doit faire
venir pour ces tables, le poiſſon des étangs du
domaine, vendre celui qu'il n'y auroit aucun
profit à conſommer pour cette deſtination, &
en acheter du poiſſon de mer.

Tout l'argent provenant des forêts & des
Bois, doit être remis à Poillevilain, pour l'employer à l'achat des viandes & volailles, &
autres objets qui lui ſont commis.

Le tout doit être exécuté de la manière la
plus profitable, par ordonnance des gens des
comptes.

Il eſt enjoint aux maîtres des forêts d'y faire
de fréquentes viſites : leurs gages ſont fixés à dix
ſous par jour, & cent livres par an ; & leurs jour-
nées & vacations, lorſqu'ils iront pour le fait
des eaux & forêts, à 40 ſous tournois par
jour.

Il leur eſt défendu de prendre aucun autre
droit ni profit, de recevoir robes ni penſions de
quelque perſonne que ce ſoit, de ſe charger
d'aucune ferme.

Il eſt défendu aux verdiers, châtelains ou
maîtres-ſergens, de faire aucune vente, que du
commandement des maîtres : ils ne peuvent connoître des délits, que juſqu'à 60 ſous ; l'appel
de leur ſentence doit être porté devant les maîtres, & l'on ne peut appeler que devant le roi,
des ſentences que rendront ces derniers.

Les parens des maîtres, les gentilshommes,
les officiers du roi, les avocats, les eccléſiaſtiques, ſont exclus des ventes.

Les verdiers, les châtelains & les maîtres-
fergens, doivent rendre compte aux maîtres de
leur adminiftration deux fois l'année ; en Normandie, cinq femaines ou un mois avant Pâques, & cinq femaines ou un mois avant la Touffaint ; & dans les autres pays, avant l'Afcenfion
& avant la Touffaint.

Les maîtres des eaux & forêts doivent, dans
les mêmes termes, faire paffer les produits des
revenus ordinaires des forêts aux baillis, fénéchaux & receveurs, pour qu'ils puiffent les
comprendre dans leurs comptes, & ils doivent
être préfens à la reddition de la partie de ces
comptes qui concerne le fait des forêts, pour
qu'on foit affuré de la remife exacte de la totalité des produits : ils doivent auffi rendre compte de ceux qui ne font pas employés dans le
compte des baillis, fénéchaux & receveurs.

Cette ordonnance ôte aux baillis & aux châtelains l'ufage de la pêche & tous les chauffages
qui leur avoient été accordés ; elle rend aux
maîtres des eaux & forêts la connoiffance & l'adminiftration des rivières ; leur enjoint de faire
empoiffonner les étangs, & d'en prendre la dépenfe fur le produit des amendes, & en cas d'infuffifance, fur celui des ventes des Bois ; elle les
autorife à donner à ferme les petits étangs & les
petits buiffons d'un revenu médiocre, & dont
la garde eft onéreufe, mais à condition que les
baux feront faits en préfence des baillis & des
procureurs du roi.

Les pillages auxquels la France avoit été ex-
pofée dans les tems qui avoient précédé Charles V, & fous fon règne, avoient occafionné
la deftruction prefque totale des forêts, à la

confervation defquelles les maîtres & enquêteurs des eaux & forêts n'avoient point d'ailleurs apporté l'attention néceffaire; ce fut ce
qui engagea ce prince à établir plufieurs membres de fon confeil, généraux réformateurs fur
le fait des eaux & forêts, & ce fut fur le rapport qu'ils lui firent de l'état des chofes & des
moyens qu'ils avoient jugés les plus propres à
rétablir l'ordre convenable dans cette adminiftration, qu'il donna, en 1376, une ordonnance
contenant un réglement général, qui, en rap-
pellant plufieurs des difpofitions des réglemens
précédens, en contient un grand nombre de
nouvelles; & cette ordonnance mérite d'autant
plus d'être remarquée, qu'elle a fervi de bafe
& de fondement à la plus grande partie de celles qui ont été données dans la fuite fur cette
matière, & notamment à celle de 1515, dans
laquelle la plupart des articles de celle de
1376 ont été inférés prefque dans leur totalité.

On reconnoît auffi dans l'ordonnance de
1669, plufieurs de ces difpofitions; c'eft pourquoi il importe, pour faire connoître dans fa
fource cette branche d'adminiftration, d'entrer
dans quelques détails relatifs à l'économie de
cette loi.

Elle commence par reftreindre & fixer le
nombre des maîtres des eaux & forêts qui, felon les apparences, avoit été confidérablement
accrû; elle ordonne que dans le duché de Normandie, qu'elle dit être plus-peuplé qu'aucune
autre province du royaume, de forêts, Bois &
buiffons, tant du domaine que fujets au tiers &

danger, il fera établi, pour gouverner & vifiter les eaux & forêts, deux maîtres inftruits des coutumes & ufages du pays, par lefquels les droits du prince & des fujets feront bien gardés ; & que pour les autres provinces, il fera établi tel nombre de maîtres que le roi jugera à propos de fixer ; & que, quant à préfent, il en fera prépofé un pour l'Orléanois, & deux pour la Brie, la Champagne, l'ifle de France & la Picardie : ils doivent avoir chacun par an 400 livres tournois pour tous gages & chevauchées, & un chauffage en nature, dont la quotité eft fixée par cette ordonnance : ce chauffage doit leur être délivré par les marchands, auxquels, fur la quittance des maîtres, les vicomtes ou receveurs doivent en tenir compte fur le pied de la valeur des Bois dans le tems de cette livraifon.

Cette ordonnance impofe aux maîtres l'obligation de faire chaque année au moins deux vifites générales des forêts ; d'aller de garde en garde, en préfence des baillis, prévôts, vicomtes des lieux ou leurs lieutenans, des verdiers, gruyers, maîtres-fergens & fergens ; de dreffer à chaque vifite procès-verbal de l'état de la forêt, pour en faire leur rapport où il appartiendra, notamment en la chambre des comptes.

Les verdiers, gruyer, garde ou maître-fergent, doivent vifiter, de quinzaine en quinzaine au moins, toutes les gardes de la forêt dont ils font chargés ; examiner l'état & la conduite des fergens ; reconnoître les délits qui auront été commis, & en faire fans délai leur rapport aux maîtres des eaux & forêts.

Ces différens officiers font assujettis à donner chacun en la chambre des comptes une caution de 500 livres tournois.

Les différens officiers des eaux & forêts exerçoient une juridiction ambulatoire ; ils faisoient
donner aux parties des assignations en général,
pour comparoître devant eux dans les lieux où
ils se trouveroient, sans en désigner aucun fixe
ni certain ; il leur est enjoint de tenir leur juridiction dans des lieux publics & notables, &
dans lesquels les parties puissent trouver com-
modément les conseils dont elles peuvent avoir
besoin.

Il leur est défendu de prendre connoissance
d'aucune autre matière que de celle concernant
les eaux & forêts.

On étoit dans l'usage de faire à volonté, dans
les forêts, des coupes multipliées, sans aucun
ordre ni règle : l'ordonnance fait cesser cet
abus ; elle prescrit de faire des ventes de vingt
& trente arpens, tant pleins que vuides, sans
accorder aux marchands aucun remplage ou
remplacement.

Les maîtres des eaux & forêts doivent déterminer le canton où la vente sera assise, après
en avoir conféré avec les officiers, en y ap-
pellant les sergens (qui sont aujourd'hui les
gardes) les plus intelligens, & même des marchands, s'ils le jugent nécessaire : on doit donner six mois pour la coupe & vidange, sans
que les maîtres puissent accorder aucune prorogation de ce terme, qui ne peut être prorogé
que par le roi ou la chambre des comptes ; on
donne trois années pour le payement final de la
vente; les marchands sont tenus de fournir bonne

& suffisante caution devant le vicomte ou receveur du lieu ; ils doivent être chargés, par les
clauses de l'adjudication, de faire clorre les
ventes, afin de mettre la recrue à l'abri du
dégât des bestiaux.

L'ordonnance prescrit les formes dans lesquelles les ventes ordinaires, & celles qui se
font comme menus marchés, doivent être ordonnées, publiées & adjugées.

On ne fera plus de vente extraordinaire à
l'occasion des dons, ni de tout autre mandement : le bois sera pris dans la vente ordinaire
de la forêt sur laquelle le don aura été assigné,
& sur le marchand, auquel il en sera tenu
compte sur le premier terme de payement & sur
les suivans.

Il est défendu aux maîtres des eaux & forêts
de mettre à exécution aucun mandement ni lettres de don, terme, repit, prorogation ni autre
grace, s'il ne leur appert qu'elles ont été vérifiées par la chambre des comptes.

On voit par cette ordonnance, que la réserve
des baliveaux ou étalons, pour le repeuplement
des forêts, étoit depuis long-tems ordonnée;
mais souvent les maîtres des eaux & forêts, ou
par négligence, ou par tout autre motif, omet-
toient, dans les clauses des adjudications, cette
réserve ; & lorsqu'il falloit ensuite y revenir,
le marchand faisoit payer à un prix très-consi-
dérable, les arbres dont on lui interdisoit la
coupe : l'ordonnance fait cesser cet abus; elle
ordonne que la retenue des huit ou dix baliveaux par arpent, sera sous-entendue dans toutes les ventes, quand même elle ne seroit pas
exprimée ; elle rend les maîtres solidairement

responsables, avec les marchands, des restitutions auxquelles donneroit lieu l'inexécution de cette réserve.

Il doit être délivré au marchand, à l'audience ou aux affises, un marteau pour marquer les Bois de sa vente : il doit faire serment de ne l'employer qu'à cet usage ; & s'il en marque d'autres Bois, la vente est confisquée, & le marchand condamné en telle amende qui sera arbitrée par les maîtres des eaux & forêts ; le terme de la coupe & vidange expiré, le marchand doit rapporter son marteau, pour être brisé de maniere qu'il ne puisse plus en être fait aucun usage.

On a vu ce qui concerne le chauffage qui est attribué aux maîtres des eaux & forêts ; celui des autres officiers doit être fixé par les vicomtes ou receveurs, & pris sur le Bois sec ou les remanens, coupeaux & branches qui ne peuvent avoir d'autre destination.

Cette ordonnance règle en même tems ce qui concerne l'exercice des usages, tant en Bois que pâturages, panages & autres choses semblables ; les dispositions en font rédigées sous le point de vue que les usagers jouissent de leurs droits, & que les forêts du domaine ne soient plus exposées à être détruites par le mauvais usage qu'ils en feroient.

Les maîtres des eaux & forêts doivent se faire représenter les titres, constater la possession, la manière d'user, l'état de la forêt & sa possibilité ; ceux qui ont abusé, doivent être privés de leurs usages, & ceux qui ont usé avec modération, doivent être maintenus suivant la possibilité de la forêt, mais uniquement dans les

cantons qui leur font affignés par leurs titres &
la poffeffion.

Un ufager qui aura été pourvu de l'office de
fergent, ne doit point jouir de fes droits d'ufage
tant qu'il exercera fon office.

Les ufages font annuels, temporels & mo-
mentanées, & l'ordonnance défend', fous prétexte de non-jouiffance, d'accorder aucune reftitution par forme d'arrérages.

L'ordonnance veut que tout fergent foit établi & pourvu par lettres du roi, & ne laiffe aux
maîtres la liberté d'en établir qu'à tems &
par provifion, & pour caufe évidente & fuffifante ; elle détermine la part que les fergens
auront dans la confifcation; les amendes doivent être au profit du roi; elle fait ceffer l'abus
dans lequel étoient les officiers, d'ufer de com-
pofitions pour les amendes & confifcations; elle
ordonne qu'ils feront tenus d'entendre les parties, de juger fuivant la nature du fait, de ne
prendre pour le roi que ce qui lui appartient,
de n'en faire ni dons ni graces, & d'attendre les
ordres du roi, auquel feul appartient de *faire
du fien à fa volonté.*

On avoit coupé jufqu'alors fans règle ni mefure, & à proportion des befoins, les bois néceffaires, foit pour les bâtimens de mer, foit
pour les châteaux & édifices dépendans du domaine, ce qui avoit endommagé confidérablement les foréts; l'ordonnance, dans la vue de
remédier à ces abus, établit une police convenable pour la coupe & la délivrance des bois qui
doivent être employés à cette deftination ; elle
défend à ceux qui font chargés de la confection
des ouvrages, de prendre aucun bois avant que

le maître des œuvres, les vicomtes ou receveurs des lieux, ou leurs lieutenans, & les verdiers, gruyers, gardes ou maîtres-sergens aient
été appelés ; ils doivent tous, déterminer, de
concert, la qualité & quantité de Bois nécessaire, choisir l'emplacement de la coupe dans le
lieu le moins dommageable, ainsi que les chênes & autres arbres, suivant le besoin : ces arbres doivent être marqués du marteau des officiers, & prisés à leur juste valeur ; c'est ensuite
au vicomte ou receveur, ou au maître des œuvres, à les faire couper & enlever, & le vicomte ou receveur doit donner sa reconnoif-
fans des arbres, ainsi marqués & enlevés, aux
officiers ou au sergent dans la garde duquel ils
auront été pris, pour servir à sa décharge, lorsque l'on fera la visite de la forêt ; le maître des
œuvres doit aussi, de son côté, en délivrer son
récépissé.

Il est dit que les dixmes en bois ne seront
plus perçues en nature, mais payées en deniers
fur le prix des ventes par le vicomte ou receveur, & dans les mêmes termes que ceux qui
auront été réglés pour le payement de la vente.

L'ordonnance fixe aussi les vacations, tant
des officiers des eaux & forêts, que du vicomte
ou receveur, pour leur assistance au bail ou
adjudication de la glandée.

Elle impose aux maîtres des eaux & forêts
l'obligation de se rendre, au moins une fois
chaque année, à la chambre des comptes, soit
pour ce qui les concerne, soit pour que la chambre puisse avoir leur rapport sur les comptes
des vicomtes & receveurs ; ils sont tenus d'apporter leurs registres des ventes faites dans les

forêts où ils sont établis, & des exploits &
amendes, afin que tout puisse être connu.

Enfin l'ordonnance règle ce qui doit être observé relativement aux bois sujets aux tiers &
danger ; elle s'explique sur les droits de police
& juridiction que les officiers du roi doivent
exercer sur ces Bois & sur les formes auxquelles
les propriétaires sont assujettis en cas de vente,
afin que le roi ne soit point frustré de la portion qui doit lui revenir.

Cette ordonnance est adressée aux officiers
de la chambre des comptes, pour l'enregistrer
& tenir la main à son exécution, avec injonction aux généraux réformateurs sur le fait des
eaux & forêts du royaume de la faire garder &
accomplir dans tout son contenu.

Sainction rapporte des lettres de Charles VI,
du 13 juillet 1384, par lesquelles ce prince établit & institua Charles, sire de Châtillon, dans
l'état de *souverain & général-maître-inquisiteur,
ordeveur, dispositeur & réformateur seul & pour
le tout* des eaux & forêts, îles, garennes, fleuves & leurs appartenances, avec puissance
d'enquérir & réformer sur tous & chacun les
officiers quelconques partout le royaume : ses
lettres de provisions furent adressées à la chambre des comptes, où il prêta serment le 15 du
même mois de Juillet.

Suivant Sainction, il eut pour successeur
Guillaume, vicomte de Melun, comte de Tancarville ; mais Rousseau, dans son recueil des
édits & ordonnances, arrêts & réglemens des
eaux & forêts, prétend que le comte de Tancarville fut le premier pourvu de l'office de
souverain maître & réformateur des eaux &

forêts vers l'année 1362, & que ce fut Charles, fire de châtillon, qui lui fuccéda.

Sainction rapporte les dates des provifions de tous ceux qui furent fucceffivement revêtus de cette charge jufqu'en 1575, que Henri III fit un nouvel arrangement dans cette adminiftration.

Il paroît que le nombre, tant des maîtres que des autres officiers, s'étoit confidérablement multiplié : c'eft ce que fait connoître une ordonnance de Charles VI du premier mars 1388, contenant réformation fur l'adminiftration du domaine. Cette ordonnance réduit à cinq les maîtres des eaux & forêts pour la partie du royaume, appellée *la Languedoil ;* elle les charge de s'informer, fans perte de tems, du nombre des autres officiers des eaux & forêts, de leur capacité & conduite, pour en faire leur rapport au confeil, & fpécialement au vicomte de Melun, afin qu'il y foit pourvu ainfi qu'il appartiendra.

Nous avons, fous la même date, une ordonnance de ce prince, qui contient réglement fur les eaux & forêts ; cette ordonnance eft prefqu'entiérement conforme à celle de Charles V de 1376 ; elle ne renferme que quelques difpofitions nouvelles par rapport aux ventes dans lefquelles elle admet les doublemens & tiercemens dont elle règle les formalités ; elle rappelle auffi les ordonnances précédentes fur le fait de la pêche, fur le tems pendant lequel elle doit être interdite ; prefcrit pour les différens tems de l'année les dimenfions des filets dont on peut fe fervir, dénomme ceux qui font prohibés, & enjoint aux officiers des eaux & forêts d'y tenir la main,

Cette ordonnance, qui, relativement aux forêts, ne concerne que celles qui dépendoient du domaine, eft, quant à la police fur la pêche, ainfi que les précédentes, générale pour tout le royaume, pour prévenir le dépeuplement des fleuves, grandes & petites rivières, *& attendu qu'il appartient au roi, de fon droit royal, de curer & penfer du bon état & profit commun de fondit royaume.*

, Au mois de feptembre 1402, Charles VI fit un nouveau réglement fur les eaux & forêts; ce réglement, qui eft divifé en foixante-feize articles, eft une compilation des difpofitions contenues dans les ordonnances de 1376 & 1388. On croit inutile de fe jeter dans le détail des changemens qui font faits par ce réglement à quelques-unes de ces difpofitions, ni de ce qu'il peut renfermer de nouveau ; il eft adreffé au comte de Tancarville, fouverain maître & général réformateur des eaux & forêts à la chambre des comptes, aux tréforiers & aux maîtres des eaux & forêts.

Suivant Rouffeau, ce comte de Tancarville fut le fecond de ce nom qui fut pourvu de l'office de fouverain maître & réformateur des eaux & forêts en 1395.

On ne croit pas néceffaire de s'étendre fur l'ordonnance de François I du mois de mars 1515. Cette ordonnance ne faifant que rappeler les difpofitions de celles précédemment rendues, & fur-tout, ainfi que l'on en a déja prévenu, de l'ordonnance de Charles V de 1376.

Plufieurs officiers des eaux & forêts, & notamment ceux de la forêt d'Orléans, permettoient aux marchands d'entrer dans les ventes,

& de commencer leur exploitation avant que l'adjudication eût reçu sa perfection totale par la clôture des enchères, tiercement & doublement : cet abus donna lieu à une ordonnance du mois de mars 1516, qui ordonne que les ventes se feront dans trois différens jours, de huitaine en huitaine, devant les maîtres des eaux & forêts des lieux, ou leurs lieutenans, en présence du procureur du roi & du receveur ordinaire du domaine, avec défenses aux marchands d'entrer dans les ventes jusqu'à ce que les enchères, tiercement & doublement, soient entiérement faits & passés.

On a reconnu depuis les inconvéniens qui résultoient de ces délais ; les enchères, tiercement & doublement font actuellement reçus le même jour ; les tiercement & doublement ne font admis que dans les vingt-quatre heures de l'adjudication, & il suffit, aux termes de l'ordonnance de 1669, qu'il y ait une huitaine franche entre la derniere publication & l'adjudication.

Au mois de janvier 1518, François I donna une nouvelle ordonnance, par laquelle il fixa le salaire des maîtres des eaux & forêts pour l'expédition des lettres de vente & délivrance fur le pied de dix fous pour chaque vente ; celui des gruyers-verdiers & maîtres-fergens, pour leur affiftance & vacation aux mefurage & martelage, à raifon de huit fous par chaque journée ; celui des fergens ou gardes, à raifon de trois fous feulement ; celui du mefureur ou arpenteur, à raifon de huit fous, & deux fous pareillement par journée à chacun des aides jufqu'au nombre de trois, qu'il eft autorifé d'avoir avec lui pour ouvrir les routes, ou layer

& porter la chaîne ou corde pour le mesurage les salaires du greffier sont aussi fixés à raison de cinq sous par chaque lettre de vente & de livrance.

Il est dit que les trésoriers, chacun en charge, en faisant les états des receveurs particuliers ou vicomtes, laisseront entre leur mains les fonds nécessaires pour le payement de ces salaires.

Il est défendu aux officiers de permettre dans les forêts aucun établissement de tuiliers forgerons, potiers, verriers, ni aucun attelier de cercliers, tourneurs, sabotiers, ni de laisser extraire des terres, des mines, du bois, & faire des cendres.

L'ordonnance interdit tous monopoles, intelligence, compagnies, associations secrettes au moyen desquelles les ventes des forêts sont adjugées à vil prix ; elle défend de détourner directement ou indirectement ceux qui voudroient surenchérir, soit par des promesses de leur laisser partie des ventes, soit par des dons conventions ou autrement ; elle laisse cependant aux marchands la liberté de s'associer pour une vente jusqu'au nombre de trois ou quatre, à condition de se faire connoître & enregistrer au greffe le second jour des enchères.

Elle enjoint aux officiers de tenir la main à ce qu'il ne soit fait aucun défrichement dans les forêts du domaine, ni dans celles où le roi a des droits de gruerie, tiers & danger, ou autres droits, & de poursuivre les contrevenans.

Elle rappelle les défenses faites par les ordonnances précédentes, de mettre ni tenir des bestiaux dans les forêts, à peine d'amende & de

confifcation ; elle laiffe l'amende à l'arbitrage
des officiers : cette amende a été fixée depuis
par l'ordonnance de 1669.

Celle dont on rappelle les difpofitions , ordonne aux officiers de faire prendre & faifir les
beftiaux trouvés en contravention, fans ufer de
tolérance ni diffimulation par don, promeffes ,
affection ni autrement , fous peine de privation
de leurs offices , & même de punition corporelle.

Les beftiaux des ufagers font feuls exceptés
dans les tems permis , felon la condition de
l'ufage , & dans les cantons défenfables & qui
leur font deftinés.

Cette ordonnance eft la premiere qui ait déterminé des peines pécuniaires fixes & certaines
pour les différens délits en matière de coupe de
Bois.

Elle entre , à cet égard , dans les plus grands
détails ; elle dénomme les différentes effences
& qualités des arbres, & proportionne le taux
de l'amende à leur valeur ; elle en fixe le montant au pied le tour pour les arbres dont la groffeur peut être reconnue , à la prendre d'un pied
hors de terre;& pour le Bois qui eft mis en œuvre,
& dont la groffeur ne peut être reconnue , à
une fomme qu'elle détermine par charretée ou
voiture ; elle prononce auffi des amendes pour
les arbres coupés en cime, ébranchés & désho-
norés.

Celles qu'elle prononce pour la coupe des arbres marqués par les officiers pour être réfervés,
tels que les baliveaux, parois, arbres de lifières
& pieds corniers , font infiniment plus fortes.

Elle diftingue, dans ces cas , fi ces délits ont

été commis par des perfonnes privées, c'eft-à-dire, étrangères à la forêt, ou par des ufagers, adjudicataires des ventes ou officiers, & en ce cas, elle double l'amende; les ufagers, en cas de récidive, font privés de leurs ufages, & les officiers deftitués de leurs offices & punis même de punition corporelle.

Dans tous les cas où il échoit de prononcer l'amende, les délinquans doivent être condamnés à pareille fomme, pour reftitution, dommages & intérêts.

Enfin, fi les délits ont été commis la nuit, avec fcie & feu, l'amende eft du double.

L'ordonnance de 1669 a augmenté le taux des différentes amendes prononcées par celle du mois de janvier 1518, dans la proportion de l'augmentation qu'avoit reçue depuis cette époque la valeur des Bois.

Dans les tems qui ont précédé cette ordonnance, & conformément aux difpofitions de celles qui exiftoient alors, les officiers des eaux & forêts ne connoiffoient que de ce qui concernoit les eaux & forêts du domaine, & des forêts dans lefquelles le roi avoit quelques droits, tels que ceux de tiers & danger, gruerie, grairie & ségrairie, juftice, chaffe & autres droits. François I, par l'article 30 de cette ordonnance, confidérant la ruine & dépopulation non-feulement de fes forêts, mais encore de tous les autres Bois & forêts du royaume, au grand détriment de la chofe publique & de fes fujets, déclara & ordonna que les princes, prélats, églifes, feigneurs, nobles, vaffaux & autres fes fujets, pourroient, fi bon leur fembloit, ufer, chacun à leur égard, dans leurs Bois & forêts,

des

des ordonnances & défenſes portées par ſon ordonnance concernant la confiſcation du bétail, adjudications & taxations d'amende pour arbres, Bois abattus & dérobés, & défrichemens, ſans toutefois déroger aux uſages & droits de ſes ſujets, ſi aucuns en avoient.

Il admoneſte au ſurplus, par le même article, les princes, prélats, égliſes, ſeigneurs, nobles, vaſſaux & autres ſes ſujets, de donner tel ordre & proviſion à l'entretenement de leurs Bois & forêts, en ayant égard à ſes ordonnances, que par leur faute & négligence il n'en advienne inconvénient à la choſe publique & aux ſujets de ſon royaume.

Cette ordonnance eſt adreſſée aux parlemens de Paris, Toulouſe, Bordeaux, Rouen, Dijon, à la chambre des comptes & tréſoriers à Paris, au grand-maître enquêteur & général réformateur des eaux & forêts du royaume, aux baillis, ſénéchaux, prévôts & maîtres des eaux & forêts, & à tous autres juſticiers ou officiers & leurs lieutenans.

Par un édit du mois de mai 1523, François I créa un procureur du roi, en titre d'office, dans les ſièges des maîtriſes qui exiſtoient alors; & par un autre édit du mois de juin 1534, il créa, en qualité de père & légitime adminiſtrateur & uſufruitier des biens de ſon fils le dauphin, duc & ſeigneur propriétaire des pays & duché de Bretagne, un maître général réformateur des eaux & forêts dans ce duché, avec un lieutenant, un procureur du roi & un greffier, dont les appels reſſortiroient au parlement de Bretagne.

Ce prince inſtruit que pluſieurs prélats du

royaume, indépendamment des ventes ord
naires & accoutumées dans les Bois dépendai
de leurs bénéfices, faifoient couper & dégr;
dqient les Bois de haute-futaie qui faifoient pa
tie du fonds, domaine & patrimoine des églife:
fans caufe, moyen, décret ni permiffion vala
ble, ordonna par une déclaration du 7 jui
1537, que les bénéficiers ne pourroient fair
que les coupes ordinaires & accoutumées, r
ufer de leurs Bois que comme bons adminiftra
teurs; leur interdifant toute coupe extraordi
naire, fauf, en cas de néceffité urgente, à f(
pourvoir, pour obtenir, en connoiffance d(
caufe, la permiffion que les circonftances pour
roient exiger.

Il exiftoit un fiège général de la table de marbre du palais à Paris, dont il y a apparence que
la création remonte à l'époque de celle de l:
charge de grand - maître & général réforma;
teur.

Ce fiège étoit celui de ce grand-maître : c'é
toit lui qui nommoit les officiers qui rendoien
la juftice; leurs fentences étoient intitulées er
fon nom, comme elles le font aujourd'hui au
nom des grands-maîtres.

Par édit donné à Blois au mois de novembre
1508, Louis XII créa un fiège de la table de
marbre du palais à Rouen, avec pouvoir au
grand-maître de commettre un lieutenant-géné
ral, tel que bon lui fembleroit.

Par édit du mois de décembre 1543, François I ajouta au fiège de la table de marbre du
palais à Paris, qui n'étoit compofé que d'un
lieutenant-général, d'un lieutenant-particulier,
d'un avocat, d'un procureur du roi & d'un

greffier, six conseillers, qu'il créa en titre d'office.

Le préambule de cet édit fait connoître que jusqu'à cette époque les officiers des eaux & forêts n'avoient pris connoissance des Bois des gens de main-morte & des particuliers, qu'en vertu de commissions données par le roi.

Par le premier article, François I leur donna le pouvoir de connoître, sauf l'appel en la table de marbre, des matières d'eaux & forêts des prélats, princes, nobles, communautés & autres propriétaires des forêts ou rivières dans le royaume ; c'est, pour ainsi dire, à cette époque que l'on peut fixer l'établissement de la juridiction des eaux & forêts, qui, par des édits & des réglemens postérieurs, a été successivement étendue, en la distinguant de la juridiction ordinaire, mais qui n'a acquis une véritable consistance que par l'ordonnance de 1669.

Jusqu'en 1554, les offices des eaux & forêts avoient été exercés sur des commissions du roi ou du grand-maître ; les anciennes ordonnances en défendoient la vente, & prescrivoient de ne les confier qu'à des sujets d'une capacité & d'une probité reconnues.

Henri II donna au mois de février de cette année, un édit qui forme un réglement général pour les eaux & forêts.

Par l'article premier de cet édit, il créa en titre d'office tous ceux des eaux & forêts, & révoqua & annulla toutes les commissions qui avoient pû être données à ce sujet. Par l'article 11, il établit dans chacun des palais des parlemens de Toulouse, Bordeaux, Dijon, Provence ;

Dauphiné & Bretagne, un fiege du grand-maî tre & général réformateur des eaux & forêts & en chacun un lieutenant avec quatre con feillers, un avocat & un procureur du roi, u greffier, un receveur des amendes & quatr huiffiers.

Et au fiege de la table de marbre de Rouen créé, ainfi qu'on l'a dit en 1508, quatre con feillers & quatre huiffiers.

Cet article de l'édit porte que cette créatio eft faite à l'inftar de la table de marbre de Paris, « fans toutefois déroger aux droits, autorité & » prééminence du lieutenant-général du grand » maître, & général réformateur des eaux & » forêts du royaume, qui a fa réfidence en l » ville de Paris, exerçant la juridiction de » eaux & forêts audit fiege de la table de mar » bre du palais à Paris, & lequel lieutenan: » général pourra aller par tous lefdits park » mens de notredit royaume, voir, vifiter » réformer, en l'abfence du grand-maître de » eaux & forêts, ainfi qu'il verra être à fair » & que befoin en fera, & tenir le fiege e » faifant lefdites vifitations tant feulement » ainfi que font les maîtres des requêtes e » bailliages & fénéchauffées du royaume, vo: » lant qu'il ait l'autorité & prééminence ès fie » ges de table de marbre defdits parlemens » lui y étant, telle qu'y avoit ou pourro: » avoir ledit grand-maître, s'il y étoit en pe: » fonne ».

Par l'article 4 du même édit, Henri II créé en titre d'office, dans chaque bailliage, féné chauffée & jugerie du royaume, & en Breta gne dans chaque évêché, un maître-particulier, un lieutenant , un avocat , un procureur du roi & un greffier, & leur attribua des gages.

Il ne fut pas alors queſtion de l'office de garde-marteau ; les différens gruyers ou verdiers éta-blis à la garde des forêts, étoient dépoſitaires du marteau , & ils l'apportoient pour les opé-rations à faire dans les bois par les officiers des maîtriſes.

Ce fut par une diſpoſition de l'édit du mois de janvier 1583 , qui forme un réglement par-ticulier pour les eaux & forêts, que Henri III créa en titre l'office de garde-marteau.

L'ordonnance de 1669, pour prévenir les abus, a ordonné que le marteau du roi, deſtiné à la marque des arbres de réſerve , ſeroit dépoſé dans un coffre fermant à trois clefs, dont le maî-tre-particulier , ou le lieutenant en ſon abſen-ce, en auroit une , le procureur du roi une au-tre, & le garde-marteau la troiſième ; que le marteau n'en pourroit être tiré que de leur con-ſentement commun , & que chaque jour il ſe-roit remis , lorſque l'opération , pour laquelle il en auroit été tiré , ſeroit faite.

Par un édit du mois de mars 1558 , Henri II établit des juges en dernier reſſort à la table de marbre du palais à Paris.

Suivant cet édit , ces juges devoient être compoſés d'un préſident du parlement ou maî-tre des requêtes , en appelant avec lui juſqu'au nombre de dix , pour le moins , tant des con-ſeillers du parlement, que des lieutenants & con-ſeillers de la table de marbre ; à la charge toute-fois que ceux du parlement qui ſeroient appe-lés & ſe trouveroient au jugement des pro-cès en dernier reſſort , excéderoient en nombre double le nombre de ceux de la table de marbre.

L'enregiftrement de cet édit éprouva les plus grandes difficultés au parlement : cette affaire demeura en fufpens par la circonftance du décès de Henri II ; le parlement ne vouloit fe déterminer à enregiftrer cet édit, qu'en y appofant des modifications ; il fit des premières remontrances, auxquelles Henri II. n'eut point d'égard ; il en fit d'itératives qui n'eurent pas un fuccès plus heureux.

Enfin, fous François II, l'édit fut enregiftré le 26 juin 1559, avec les modifications fuivantes :

1°. Que quand il feroit queftion du fonds ou propriété des eaux & forêts, foit du roi, foit des prélats, princes, barons, gentilshommes, feigneurs & autres particuliers, la table de marbre ne jugeroit qu'à l'ordinaire, & fauf l'appel au parlement.

2°. Qu'il y auroit pareillement appel, quand il feroit queftion de réformation, abus, crimes & délits commis dans les bois ; lorfqu'il y auroit jugement de mort naturelle ou civile.

3°. Qu'il y auroit toujours un préfident du parlement.

Pour terminer entièrement ce qui concerne les tables de marbre & les juges en dernier reffort, on obfervera que par un édit du mois de février 1704, toutes les tables de marbre & juges en dernier reffort furent fupprimés, & il fut créé en leur place, dans les parlemens de Paris, Touloufe, Rennes, Rouen, Dijon, Tournai, Bordeaux, Metz, Befançon, Grenoble, Aix, Pau & au confeil de Colmar, une chambre pour juger fouverainement & en der-

nier reſſort, toutes les inſtances & procès concernant les eaux & forêts.

Cet édit n'eut ſon exécution que dans quelques parlemens : celui du mois de mai 1704,
rétablit la table de marbre de Paris, telle qu'elle
exiſtoit auparavant & qu'elle ſubſiſte encore
aujourd'hui.

Par un édit du mois de juillet de la même
année 1704, on créa une chambre des eaux &
forêts au parlement de Beſançon, à laquelle
fut unie celle qui avoit été créée par édit du
mois de février précédent.

Par un édit du mois de ſeptembre 1704, on
créa une quatrième chambre au parlement de
Flandre, à laquelle fut unie celle des eaux &
forêts.

Un édit du mois d'octobre ſuivant, unit au
corps du Parlement de Rennes la chambre des
eaux & forêts : on créa de nouveaux officiers
dans ce parlement, & on attribua à la chambres des requêtes du palais le jugement des
affaires des eaux & forêts.

Un édit du même mois & de la même année
ſupprima la chambre créée près le parlement
de Bordeaux, par l'édit du mois de février
précédent, & réunit la juridiction de la table
de marbre à la chambre des requêtes du palais,
mais cet arrangement demeura ſans exécution;
la table de marbre fut rétablie par un édit du
mois de juillet 1705, ſur le même pied qu'elle
exiſtoit avant la ſuppreſſion portée par l'édit du
mois de février 1704.

Enfin, par un dernier édit du mois de janvier 1705, la chambre des eaux & forêts,
créée près le parlement de Touloufe, a été

R iv

unie à celles des requêtes du palais près cette cour.

Nous parlerons à l'article *Table de marbre* des changemens ultérieurs qu'ont éprouvés les juridictions de ce nom.

Dans les tables de marbre où il y a des juges en dernier reffort, les jugemens que rendent ces juges, font intitulés de la manière fuivante:

« Les juges ordonnés par le roi, pour juger
» en dernier reffort & fans appel, les procès de
» réformation des eaux & forêts, au fiege de
» la table de marbre ».

Et lorfque les officiers de la table de marbre jugent à l'ordinaire, leurs fentences s'intitulent,

« Les grands-maîtres enquêteurs, généraux
» réformateurs des eaux & forêts de Fran-
» ce, &c. »

On a vu que fous François I, les réglemens qui étoient faits pour la police & confervation des Bois, ne concernoient encore que ceux dépendans du domaine : ce prince, en 1518, par l'ordonnance qu'il rendit au mois de janvier de cette année, permit aux princes, prélats, églifes, nobles & vaffaux d'ufer, fi bon leur fembloit, relativement à leurs bois, des difpofitions de cette ordonnance ; mais fous le règne de Charles IX, les vues du gouvernement & de l'adminiftration s'étendirent plus loin , & la légiflation commença à embraffer la totalité des Bois du royaume.

Ce prince, par un édit du mois de feptembre 1563, fit défenfes à tous particuliers de faire couper les taillis avant l'âge de dix ans, à peine de confifcation des Bois & d'amende arbitraire, & leur enjoignit d'y laiffer le nombre des baliveaux prefcrit par les précédentes ordonnances.'

On voit par le préambule de cet édit, que l'ufage qui avoit lieu auparavant, étoit de couper les Bois à l'âge de fix à fept ans; il eft dit qu'en différant cette coupe de trois années, le chauffage en feroit beaucoup meilleur, & que la recrue en profiteroit infiniment mieux.

Il n'avoit été fait aucun réglement pour laiffer recroître en futaie le Bois de cette efpèce qui avoit été abattu; il fubfiftoit, réduit en nature de taillis, & demeuroit fur ce pied en coupes ordinaires, ce qui expofoit le royaume à être dépourvu entièrement de Bois de conftruction. Par un édit du mois d'octobre 1561, Charles IX ordonna que la troifième partie des Bois taillis dépendans du domaine, ainfi que de ceux appartenans aux bénéficiers & communautés, tant eccléfiaftiques que laïques, feroit refervé pour croître en futaie; il fut dit qu'immédiatement après la publication de l'édit, les Bois feroient reconnus & arpentés pour l'appofition de cette réferve, & que les officiers des maîtrifes y tiendroient la main ainfi qu'à leur confervation, à peine de privation de leurs offices.

Par fon arrêt d'enregiftrement du 5 janvier 1561, le parlement de Paris ordonna que fi un Bois taillis, par la ftérilité du fonds ou effence du Bois, ne pouvoit croître en futaie, il en feroit informé d'office à la requête du procureur-général, pour, l'information vue par la cour, y être pourvu; que le tiers réfervé pour croître en futaie, feroit foffoyé, borné & marqué de quelques marques notables & apparentes, pour faire connoître que c'étoit un Bois défenfable & réfervé ; & que quant aux deux tiers qui reftoient en nature de Bois taillis, il feroit, lors des coupes qui en feroient faites, réfervé & martelé les pieds corniers, gros arbres, les laies & anciens baliveaux de l'âge du bois, avant que les marchands les puffent exploiter, fous peine, quant aux vendeurs, de la confifcation de leur vente, & aux acheteurs, du prix de l'achat & d'amende arbitraire.

Les commandeurs & chevaliers de l'ordre de Malte, s'étoient fait difpenfer de cette réferve par des lettres-patentes du 28 octobre 1565 ; mais ils y furent depuis de nouveau affujettis par l'édit du mois de mai 1597, & ils l'ont été encore par l'ordonnance du mois d'août 1669.

Un édit du mois d'août 1573, ordonna qu'au lieu de la troifième partie, tous les eccléfiaftiques & gens de main-morte laifferoient feulement le quart en réferve dans l'endroit où le fonds fe trouveroit le meilleur & le plus propre à produire de la haute futaie.

L'édit donné à Melun en 1580, révoqua ceux de 1561 & 1573, & permit aux eccléfiaftiques & communautés de faire couper les bois taillis dépendans de leurs bénéfices, fuivant l'ufage dans lequel ils étoient avant ces édits, & fous la réferve feulement du nombre de baliveaux porté par les ordonnances ; mais on reconnut, fous Henri IV, l'importance dant il étoit de faire revivre les difpofitions des édits qui avoient ordonné l'établiffement de cette réferve : l'exécution en fut ordonnée par l'article XXX de l'édit du mois de mai 1597, & la réferve fut fixée au tiers.

L'ordonnance de 1669 l'a réglée au quart au moins , dont le choix & triage doit être fait par les grands-maîtres aux endroits les plus propres, & où le fonds pourra le mieux porter de la futaie.

On doit ici obferver que par un arrêt du confeil du 29 juin 1706, revêtu des lettres-patentes enregiftrées au parlement de Flandre, les eccléfiaftiques & communautés laïques , féculières & régulières des provinces de Flandre, Hainault & Artois, ont été difpenfés de l'appofition du quart de réferve, à la charge feulement de laiffer croître en futaie la huitième partie des bois qui contiendront quarante arpens & au-deffus dans un feul ténement , avec défenfe d'y faire aucune coupe fans permiffion du confeil : cette exception a été déterminée par des confidérations particulières, & qui font fans application pour les autres eccléfiaftiques & communautés.

L'édit du mois d'août 1573 , dont on vient de parler, contenoit en même tems un règlement provifionnel pour la vente des bois du roi.

Il n'avoit été avant Charles IX , établi aucune divifion , ni introduit aucune règle dans les coupes des Bois & forêts dépendans du domaine.

Par des lettres-patentes du 24 janvier 1563 , ce prince avoit ordonné que dorénavant tous fes Bois & forêts en haute-futaie ou taillis, feroient réduits en coupes ordinaires ; & que pour y parvenir, defcription feroit faite des mêmes forêts par le fieur de Roftaing, grand-maître, ou ceux qui feroient par lui commis ; qu'elles feroient arpentées, & que procès-verbal feroit dreffé de l'effence & qualité des Bois par le grand-maître, qui en même tems donne-roit fon avis, après avoir entendu les officiers des eaux & forêts des lieux.

De nouvelles lettres, en date du 6 novembre 1571, furent adreffées au fieur de Fleury, fucceffeur du fieur de Roftaing; ces lettres lui ordonnoient de fe faire envoyer par les officiers des eaux & forêts, la déclaration & le dénombrement de tous les Bois & forêts du roi: ces déclarations devoient contenir la quantité d'arpens, la nature, l'effence & la qualité des Bois, les droits d'ufage & autres charges dont ils étoient grévés.

La plus grande partie des officiers adreffèrent en conféquence leurs procès-verbaux & déclarations; mais il paroît qu'ils ne contenoient pas des renfeignemens fuffifans pour établir un réglement fixe & certain, & qu'il fut jugé que l'on avoit befoin, pour y procéder, de nouvelles vifites, de nouveaux arpentages & d'informations plus amples, dont le grand-maître des eaux & forêts fut chargé.

Dans de pareilles circonftances, la néceffité des affaires & le motif ou prétexte de fubvenir fans retardement au rachat du domaine, engagèrent Charles IX à ordonner par l'édit du mois d'Août 1573, qu'il feroit fait vente & coupe de la quantité d'arpens de Bois déclarés dans l'état & département arrêté, par lui en fon confeil, & annexé fous le contre-fcel de cet édit : que ceux qui feroient commis pour procéder à cette vente, feroient d'abord faire le mefurage & arpentage de la quantité de Bois contenue dans l'état, à la prendre dans la futaie la plus an-

cienne & la plus dépériffante , & avec réferve
du nombre de baliveaux porté par les ordonnances , & même d'un plus grand nombre , fi faire
fe devoit , afin de régler enfuite les coupes de futaie à l'âge de cent ans au moins ; que les cantons
où les ventes & coupes auroient été faites , feroient enfuite labourés & femés de glands , fof-
foyés & plantés de haies vives , à la diligence
des adjudicataires ; que les mêmes repeuple-
mens feroient faits dans les cantons où il avoit
été , depuis vingt à trente ans , fait des ventes
de haute-futaie , & que les receveurs ordinaires des lieux fourniroient les fonds néceffaires
pour cette dépenfe fur les deniers qui provien-
droient des coupes de futaie qui feroient ci-
après faites ; enfin que le furplus de ces deniers
feroit employé au rachat du domaine aliéné ,
& non ailleurs , à peine contre les receveurs
d'en être refponfables en leur propre & privé
nom , ainfi que leurs héritiers , fucceffeurs &
ayans caufe.

. Il fut en conféquence arrêté au confeil , le
29 du même mois , un département de la fomme de 300 mille livres , dont le roi entendoit
faire état en fes finances pour l'année fuivante,
commençant en janvier 1574 ; ces deniers devoient être pris fur les ventes & coupes des
Bois dans les forêts , & cela par provifion , jufqu'à ce qu'il y eût un réglement & une liquidation des droits d'ufages & autres charges prétendus fur ces forêts , & qu'il eût été plus amplement conftaté quelle quantité s'en pourroit couper chaque année, pour les réduire & mettre en
coupes ordinaires.

·· A la suite est la répartition de cette somme sur les différentes forêts dépendantes du domaine, & la quantité d'arpens qui devoit être coupée dans chaque forêt.

Cette quantité par détail montoit, suivant le département, à deux mille quatre cens trente-six arpens que l'on estimoit devoir produire 243 mille livres.

Les forêts des duchés de Bourgogne, Bretagne, Angoumois & comté de Poitou, n'y étoient pas comprises, & l'on devoit y faire des ventes jusqu'à concurrence de 57 mille livres, pour completter les 300 mille livres.

·. Il paroît, suivant l'édit du mois d'août 1573, que ces ventes devoient être renouvelées chaque année, pour fournir un fonds annuel aux finances; car les commissaires qui les auroient faites devoient en adresser chaque année un extrait sommaire au greffe de la table de marbre du palais à Paris, contenant la quantité de Bois vendu, le triage, le prix de la vente, & les tenans & aboutissans; & la circonstance d'un réglement de ventes & coupes ordinaires, établi par Charles IX, par l'édit du mois d'août 1573, pour l'exécution duquel on étoit chaque année dans l'embarras de commettre, pour les différentes provinces, des personnes capables, fut un des principaux motifs énoncés dans l'édit du mois de mai 1575, par lequel Henri III supprima l'office unique de grand-maître enquêteur & général - réformateur des eaux & forêts de France, dont le sieur de Fleury étoit alors revêtu, & créa par le même édit six offices, dont il assigna par cet édit les départemens, & attribua à chacun de ceux qui en seroient pourvus

ans leurs reffort & département, tels & fem-
lables droits, autorité, prééminence, pouvoir, attribution, exercice de juftice & privilèges dont jouiffoit le fieur de Fleury, exerçant
feul cet état de grand-maître par tout le royaume, ainfi & de la même manière que fi ces
droits & pouvoirs étoient fpécifiés dans l'édit.

Il ordonne au furplus qu'aucune commiffion
ne fera exécutée fans leur attache, que les réglemens & états de toutes les ventes leur feront
adreffés; qu'ils feront paffer, dès que les ventes feront faites, l'état des deniers qui en proviendront aux receveurs généraux des Bois
nouvellement créés, qui en enverront deux copies, l'une au confeil, l'autre au tréforier de
France, chacun en fa charge & province.

L'ordonnance de Blois fupprima ces offices;
& voici comment s'explique à cet égard l'article 247 de cette ordonnance.

« Nous entendons auffi être compris en la
» préfente fuppreffion, les grands-maîtres des
» eaux & forêts par nous nouvellement éri-
» gés, pour être lefdits états réduits à un feul
» office, vacation advenant, femblablement
» les receveurs des Bois, felon qu'ils étoient
» du temps de notredit feu feigneur & frère ».

Cette fuppreffion demeura fans exécution;
& au mois de février 1586, il fut créé fix autres
offices de grands-maîtres alternatifs, avec pareilles fonctions & droits que les fix anciens :
le préambule de cet édit de création fait affez
connoître les principaux motifs qui portoient à
faire cet établiffement.

« En quoi faifant, eft-il dit, nous pourron
» tirer quelque fecours en l'extrême néceſſ
» té de nos affaires, pour fubvenir à partie d
» la dépenfe que nous fommes contraints fu
» porter, à la confervation de notre état
» & pour le payement des grandes fommes d
» deniers par nous dues aux étrangers, qui r
» viendra au foulagement & décharge de no
» dits fujets, fur lefquels, ceffant la préfen
» occafion, nous ferions contraints de fai
» lever lefdites fommes par impofition, à nou
» très-grand regret ». · · ·   ·   · ·

Les mêmes confidérations déterminèrent
créer, par un autre édit du même mois, d
offices de maîtres particuliers des eaux & forê
alternatifs.   ·   ı. · · · ·ۅ   ·

Le défordre qui du tems de Henri III, régı
dans les différentes parties de l'adminiſtratio
s'étendit pareillement aux eaux & forêts; l
befoins avoient fait multiplier les coupes e
traordinaires dans les Bois dépendans du d
maine ; les produits étoient prefqu'entiérem
abforbés par les gages, taxations, chauffag
& autres droits attribués au nombre exce
d'officiers qui avoient été créés ; les forêts n'
étoient pas mieux confervées, & les officie
ne donnoient point l'attention néceffaire
l'exercice des droits d'ufage, dont ceux qui ı
jouiffoient ne ceffoient de commettre des d
lits & des abus : dans la vue de rétablir l'ord
qui pouvoit feul préferver les forêts d'une de
truction totale, Henri IV, par un édit donné
Rouen au mois de janvier 1597, ordonna qu
par les commiffaires qui feroient députés à c
effet, il feroit fait, fans le moindre retardemen
un

une visite générale dans les forêts, pour en conftater l'état & les charges, & que sur les procès-
verbaux qu'ils en drefferoient & qu'ils enver-
roient au confeil avec leur avis, il feroit arrêté
un réglement de ventes & coupes ordinaires,
qui fe devroient & pourroient faire dans chaque forêt, tant en futaie qu'en taillis : il ordonna qu'il feroit furfis à toutes coupes extraordinaires, & que celles de l'ordinaire feroient
continuées, fuivans les règlemens & ordonnances, jufqu'à ce qu'il eût été par lui autrement pourvu.

Il révoqua tous ufages & chauffages concédés par lui ou fes prédéceffeurs, à titre gratuit,
depuis le règne de François I à quelque perfonne & pour quelque caufe, temps & occafion que ce fût, même aux gouverneurs, lieutenans généraux des provinces, gouverneurs &
capitaines des villes & châteaux, & tous autres
de quelque qualité qu'ils fuffent, quoique ces
ufages & chauffages euffent été vérifiés dans les
cours de parlemens, chambres des comptes,
tables de marbre & ailleurs ; fe réfervant de
pourvoir à l'indemnité de ceux qui auroient
pû être acquis à titre onéreux.

Il ordonna en même temps, que ceux dont
la conceffion étoit plus ancienne, feroient réglés
felon la poffibilité des forêts & la teneur des
titres, fur la repréfentation qui en feroit faite
dans le délai de fix mois, à peine de privation
de ces droits; que lorfqu'ils auroient été jugés &
réglés, il, en feroit dreffé un état général, qui
feroit dépofé dans les chambres des comptes &
aux fiéges des tables de marbre, afin qu'il ne
pût pas s'introduire de nouveaux ufages, &

pour fervir en même temps de titre aux ancien
ufagers.

Il fupprima par le même édit, tous les officiers des eaux & forêts, créés depuis le décè
de Charles IX; à la charge que dans le terme
de deux années ils feroient remboursés de l
finance qu'ils juftifieroient avoir payée, & qu
s'ils ne l'etoient pas dans ce temps, ils rentre
roient dans leurs offices, pour en jouir comm
auparavant.

Les grands-maîtres firent des repréfentation
fur les difpofitions de cet édit qui les dépouil
loit de leurs fonctions, fans aucune certitude d
leur remboursement; il intervint le 24 avril d
la même année 1597, une déclaration portan
que l'intention du roi étoit qu'ils demeuraffen
en poffeffion & exercice de leurs offices, juf
qu'au remboursement qui devoit être effectu
dans le terme de deux années, de la financ
qu'ils juftifieroient avoir réellement payée, &
de ce qui leur feroit dû de leurs gages; & l
roi affecta à ce remboursement les deniers de
ventes de bois, les aliénations de bail à cens, de
terres vaines & vagues, délaiffement de rivières, ventes & aliénations des grueries, grai
-ries, tiers & danger, qui feroient faites à rente
& deniers d'entrée, pour cette deftination.

Ce remboursement n'ayant pû être entièrement confommé dans le temps qui avoit été
indiqué, la fuppreffion n'eut fon effet que pou
les départemens de l'Ifle-de-France & de Normandie, qui furent donnés fous le titre de grand-
maître, enquêteur & général réformateur, à
M. de Fleury, qui, ainfi qu'on l'a vu, étoit
pourvu de cette charge, au moment de l'édit

e 1575 , lorfqu'elle étoit unique pour tout le royaume , & pour lequel Henri IV étoit porté d'affection, en confidération des fervices importans que M. de Fleury avoit rendus dans les ambaffades extraordinaires où il avoit été employé.

Le roi lui donna même le titre de furintendant des eaux & forêts de France , par brevet du 4 janvier 1597 , pour en avoir feul le feing au confeil d'état : toutes les requêtes adreffées au roi , lui étoient renvoyées ainfi que tous les mandemens, dons & conceffions & autres expéditions, pour être vues & fignées de lui ; il envoyoit chaque année les commiffions des ventes de bois qui devoient fe faire dans les forêts du roi ; il dreffoit au confeil l'état général de tous les deniers qui en provenoient , & étoit chargé de toute l'adminiftration relative à la confervation & aménagement des bois , eaux & forêts du royaume.

On vient de dire que la fuppreffion ordonnée par l'édit du mois de janvier 1597 , n'avoit eu lieu que pour les départemens de l'Ifle-de-France & de Normandie.

Les quatre autres offices de grands-maîtres continuèrent de fubfifter ; il en fut au mois de décembre. 1635 , créé de triennaux dans tous les départemens, & de quatriennaux par édit du mois de feptembre 1645.

Ces offices ont fubfifté jufqu'au moment où M. Colbert entreprit de rétablir l'ordre dans l'adminiftration des eaux & forêts.

On a vu à quel point , on s'en étoit écarté fous le règne de Louis XIII , & dans les premiers temps de celui de Louis XIV , les créa-

tions multipliées d'offices , auxquelles la néceffité des conjonctures avoit donné lieu , toutes
les aliénations de domaines qui avoient été faites , & dont les Bois n'avoient pas été exceptés:
M. Colbert donna une attention d'autant plus
particulière à cette portion précieufe du domaine , que fes vues pour la création d'une marine , dont il avoit reconnu toute l'importance
pour la gloire & la défenfe de l'état , & pour
la fûreté & l'agrandiffement du commerce , ne
pouvoient être remplies que par les reffources
que procureroient pour la conftruction , les forêts du roi , dès qu'elles feroient aménagées
relativement à cet objet , & que des règlemens
fages & économiques en affureroient la confervation , & en perpétueroient en même temps
les avantages.

Il commença cet ouvrage important en 1661;
le feu roi ordonna par un arrêt du mois d'octobre de cette année , que toutes les forêts du
domaine demeureroient fermées , & qu'il feroit
procédé à la réformation générale des eaux &
forêts du royaume.

Le choix des commiffaires fe fixa fur les
perfonnes les plus capables de reconnoître les
abus qui fubfiftoient alors dans cette adminiftration , & de propofer les moyens les plus effi-
caces pour les faire ceffer.

Le roi ayant été pleinement informé par leur
rapport , que tous ces défordres procédoient
principalement de la mauvaife conduite de plufieurs des officiers , il fupprima par un édit du
mois d'avril 1667 , les offices de grands-maîtres , à l'exception de ceux de l'apanage de M.
le duc d'Orléans , & il réduifit dans chaque

fiége le nombre des officiers des maîtrifes à cinq, tels qu'ils fubfiftent aujourd'hui ; favoir , un maître particulier , un lieutenant , un procureur du roi , un garde-marteau , un greffier.

Le même édit ordonna que dans les forêts & buiffons éloignés , à la confervation defquels les officiers des maîtrifes ne pouvoient veiller que très-difficilement , il feroit établi un gruyer , dont les appels reffortiroient à la maîtrife , & un greffier.

On a vu que dans leur origine , les gruyers ne pouvoient connoître que des délits dont l'amende étoit fixée à foixante fous ; l'édit du mois d'avril 1667 leur attribua la connoiffance des délits jufqu'à fix livres d'amende , & l'ordonnance de 1669 a étendu jufqu'à douze livres le pouvoir que ces gruyers ont de juger des délits.

Rien ne fait mieux connoître les circonftances dans lefquelles cette dernière ordonnance fur le fait des eaux & forêts , fut rendue , & les travaux qui en précédèrent la rédaction , que le préambule de la même ordonnance.

Le roi expofe que quoique le défordre qui s'étoit gliffé dans les eaux & forêts du royaume , fût fi univerfel & fi invétéré , que le remède en paroiffoit prefqu'impoffible ; néanmoins le ciel avoit tellement favorifé l'application de huit années qu'il avoit données au rétabliffement de cette noble & précieufe partie du domaine , qu'il la voyoit en état de refleurir plus que jamais , & de produire avec abondance au public tous les avantages qu'il en pouvoir efpérer , foit pour la commodité de la vie privée ,

foit pour les néceffités de la guerre , ou enfin
pour l'ornement de la paix & l'accroiffement du
commerce , par les voyages de long cours dans
toutes les parties du monde ; mais que comme
il ne fuffifoit pas d'avoir rétabli l'ordre & la
difcipline , fi on ne les affuroit par de bons &
fages réglemens , pour en faire paffer le fruit
à la poftérité , il avoit eftimé qu'il étoit de fa
juftice , pour confommer un ouvrage fi utile &
fi néceffaire , de fe faire rapporter toutes les
ordonnances , tant anciennes que nouvelles ,
qui concernoient la matière , afin que les ayant
conférées avec les avis qui lui avoient été envoyés des provinces par les commiffaires dé-
partis pour la réformation des eaux & forêts , il
pût fur le tout former un corps de loix claires,
précifes & certaines qui diffiperoient toute l'ob-
curité des précédentes , & ne laifferoient plus
de prétexte ou d'excufe à ceux qui pourroient
tomber en faute.

Le plan tracé par ce préambule eft exactement rempli dans toute l'économie de la rédaction de cette ordonnance : elle a emprunté des
anciennes les difpofitions les plus fages pour
l'adminiftration & la confervation des Bois , &
elle a fait les changemens ou additions que l'expérience avoit fait juger néceffaires.

On a vu à quel excès les aliénations de cette
partie précieufe du domaine avoient été portées au mépris des difpofitions des loix précédemment intervenués : l'ordonnance en renouvelant cette prohibition , prend les précautions
les plus fortes pour en affurer l'exécution ,
pour intéreffer tous les officiers à la maintenir,
retenir par les peines ceux qui s'en écarteroient,

détourner ceux qui feroient tentés de faire de
pareilles acquisitions , & c'est dans cette vue
qu'a été rédigé l'article premier du titre XXVII
de cette ordonnance qui porte :

» Réitérons la prohibition faite par l'ordon-
» nance de Moulins , de faire aucune aliéna-
» tion à l'avenir, de quelque partie que ce soit
» de nos forêts, Bois & buissons , à peine, con-
» tre les officiers de privation de leurs charges
» & dix mille livres d'amende contre les ac-
» quéreurs , outre la réunion à notre domaine ,
» & confiscation à notre profit de tout ce qui
» pourroit avoir été semé, planté ou bâti sur les
» places de cette qualité ».

Une des principales causes des dégradations
commises dans les forêts du domaine, étoit le
grand nombre des usages en Bois à bâtir & à
réparer, & des chauffages qui avoient été accordés : pour faire cesser les abus que l'exercice de ces droits occasionnoit, l'ordonnance
de 1669, a supprimé tous les usages en Bois à
bâtir & à réparer, & elle n'a conservé de chauffages en nature , que ceux qui avoient pour
principes la fondation & la dotation des éta-
blissemens de la piété des souverains , dont elle
a encore subordonné la fourniture en espèces,
à la possibilité des forêts sur lesquelles ils étoient
assignés.

En supprimant tous les usages en Bois à bâtir
& à réparer, pour quelque cause & sous quelque prétexte & par quelque titre que la concession en eût été faite ou confirmée, elle a voulu
qu'il fût pourvu à l'indemnité de ceux qui en
possédoient à titre de fondation ou dotation, ou
qui justifieroient d'une possession antérieure à

l'année 1560, ou enfin que ces droits leur avoient été concédés à titre onéreux.

Elle a pareillement ordonné que quant aux chauffages en Bois, qu'elle fupprimoit, ceux qui en poffedoient pour caufe d'échange & indemnité, & qui juftifieroient d'une poffeffion antérieure à l'année 1560, en feroient dédommagés.

Ainfi il ne fubfifte plus de droits d'ufages en Bois à bâtir & à réparer dans les forêts du domaine, & l'indemnité de ceux qui étoient fondés à en prétendre une pour cette fuppreffion, aux termes de l'ordonnance de 1669, a été réglée par des états arrêtés au confeil en 1673, 1674 & 1675.

Tous les chauffages en nature, autres que ceux à titre de fondation & dotation, qui ont été confervés, ont été évalués & convertis en argent (*), fuivant les états arrêtés au confeil fous les mêmes époques.

_____

(*) Obfervez que tout ce qu'on dit ici au fujet des droits d'ufage en Bois à bâtir dans les forêts du domaine & des chauffages en nature ne s'applique point à la province de Lorraine où les communautés & particuliers qui font fondés à prétendre des droits de cette efpèce en jouiffent encore aujourd'hui comme ils en ont joui autrefois. La raifon en eft que les lois qui gouvernoient la Lorraine avant qu'elle fût réunie à la France font encore ce qu'elles étoient relativement aux objets dont il s'agit. Ce n'eft pas l'ordonnance de 1669 qu'on fuit dans cette province pour l'adminiftration des eaux & forêts : les lois principales qu'on y obferve à cet égard font, 1°. le règlement général des eaux & forêts du duc Léopold du mois de novembre 1707 : 2°. un édit du même prince donné au mois d'août 1721 par forme de fupplément aux ordonnances concernant l'adminiftration de la juftice, de la police & des eaux & forêts : 3°. la décla-

Quant aux ufages pour le pâturage & le panage, en même-temps que l'ordonnance de
1669 a réglé l'exercice de ces droits, elle a
voulu qu'ils ne fuffent confervés qu'à ceux qui
repréfenteroient des titres fuffifans pour être
compris dans les états qui en feroient arrêtés au
confeil.

Ces états ont pareillement été arrêtés en
1673, 1674 & 1675; ils ont été formés fur les
procès-verbaux que les réformateurs ont dreffés
des titres des ufagers, & fur les avis qu'ils ont
donnés : on a toujours jugé depuis, que les communautés & particuliers qui n'avoient point été
compris dans ces états, ou n'avoient point de
titres, ou qu'au moins ceux qu'ils avoient repréfentés, avoient été reconnus n'être pas fuffifans pour opérer la confirmation des droits qu'ils
réclamoient, & quelque poffeffion qu'ils aient
pu fe ménager depuis cette époque, elle a toujours été confidérée comme une poffeffion vi-
cieufe, qui ne pouvoit prévaloir fur l'imprefcri-
ptibilité des droits du domaine & fur l'exclufion
qui eft réputée avoir été prononcée contre eux.

L'ordonnance des eaux & forêts, en compre-
nant tous les objets que la matière pour laquelle
elle a été rendue doit embraffer, a principalement eu eh vue, ainfi que les détails dans lefquels on eft déja entré l'ont fait connoître, le
domaine de la couronne; elle a regardé les Bois

ration du même prince donnée le 31 janvier 1724 pour
fervir de fupplément au règlement général des eaux & forêts : 4°. les différens arrêts de règlemens rendus tant par
le confeil des ducs de Lorraine ou du roi, que par les compagnies fouveraines de cette province.

comme en faifant la partie la plus noble & la plus précieufe ; elle a prefcrit des règles pour les adminiftrer ; elle a déterminé les fonctions des différens fiéges qui en doivent connoître.

Elle n'a point en même tems négligé ce qu'exigeoit la confervation des Bois des gens de mainmorte, & de ceux des propriétaires particuliers, parce que ces Bois intéreffent également le fervice de l'état & du public, foit pour les conftructions de terre ou de mer, foit pour la confommation journalière.

Elle n'a point déterminé l'âge auquel les Bois du domaine devoient être coupés, cet objet fut réfervé pour un travail particulier, annoncé par l'ordonnance même, & qui n'a été confommé que dans les années 1673, 1674 & 1675 : il a été alors arrêté des états au confeil contenant le nombre d'arpens qui devoient être annuellement vendus dans les forêts du domaine ; ces états font exactement fuivis, à moins que l'expérience ne faffe connoître qu'il eft plus utile d'y apporter quelques changemens, ce qui donne quelquefois lieu d'introduire dans certaines forêts un autre ordre de coupe.

Ces états furent dreffés d'après les renfeignemens les plus exacts & les plus approfondis.

On a vu qu'il avoit été envoyé dans toutes les provinces du royaume, des commiffaires pour reconnoître l'état des forêts ; ils avoient été en même-temps chargés de vérifier à quel âge il étoit convenable d'en régler les coupes, foit eu égard à la nature & à l'effence des Bois, foit par rapport aux befoins & à la confommation du pays, foit relativement aux débouchés & à l'approvifionnement des grandes villes où les Bois pouvóient être conduits & débités.

Le plus grand avantage du domaine n'a pas été uniquement confulté dans cet arrangement; on n'a pas toujours envifagé ce qui pouvoit produire le plus de revenus ; des vues plus élevées ont fixé l'attention du gouvernement : en même-temps que l'on autorifoit les particuliers à couper leurs Bois à l'âge de dix ans , on a réglé ceux du domaine à cent , cent cinquante , deux & trois cèns ans , fuivant l'effence des Bois & la poffibilité du terrein , afin de ménager & de conferver des reffources pour l'état & pour le public.

Les conjonctures actuelles font encore mieux fentir la fageffe qui a préfidé à ces arrangemens.

Si l'on a vu autrefois des particuliers conferver des corps de futaie , c'eft qu'alors les Bois n'avoient pas la valeur que l'exceffive confommation leur a donnée depuis.

Il faut des fiècles entiers pour former & produire de la futaie , '& fi l'on détruifoit celle des forêts du domaine en réduifant les coupes à un âge moins avancé , on ne trouveroit bientôt plus dans le royaume aucun Bois de conftruction, & on feroit forcé d'aller chez l'étranger en acheter à un prix exceffif.

Une augmentation de revenu pour le roi fur un objet de ce genre , eft dans l'ordre de l'adminiftration ce qui doit le moins affecter toutes les fois qu'il peut en réfulter un préjudice pour l'état ; celui de n'avoir plus de Bois de conftruction eft trop fenfible pour ne point s'occuper à en conferver l'exiftence & l'efpèce.

Les Bois des gens de main-morte ont également excité l'attention du légiflateur ; fous cette dénomination font compris les Bois dépendans des évêchés, des abbayes, des communautés régulières & féculières & des habitans des paroisses.

L'ordonnance de 1669 a donné pour l'adminiftration de ces Bois des règles particulières; elle a prefcrit que le quart des Bois feroit mis en réferve, & que le furplus feroit exploité en coupes ordinaires à l'âge de dix ans, fous la réferve de feize baliveaux par arpent.

L'établiffement d'un quart de réferve à un double objet; l'un de conferver pour l'état & le public des Bois de conftruction, l'autre de ménager une reffource au bénéfice, à la communauté pour des cas imprévus, déterminés par l'ordonnance même, tels que les incendies, les ruines, démolitions & reconftructions des bâtimens.

On vient de voir que l'ordonnance de 1669 n'avoit affujetti les gens de main-morte à régler leurs coupes ordinaires qu'à l'âge de dix ans; ces coupes deftinées à la confommation journalière, faites dans un âge auffi tendre, ne produifoient que du fagotage & ne pouvoient remplir l'objet de leur deftination. Dès 1720, le confeil par arrêts particuliers ordonna que les coupes ordinaires des Bois des gens de main-morte ne fe feroient qu'à l'âge de vingt-cinq ans, & qu'au lieu de feize baliveaux par arpent que prefcrivoit l'ordonnance, il en feroit réfervé vingt-cinq.

Le principe aujourd'hui généralement fuivi dans l'aménagement des Bois des gens de main-morte, eft d'en porter les coupes ordinaires à l'âge de vingt-cinq ans; il reçoit cependant quelquefois des exceptions que la qualité du fol, l'emplacement & l'effence des Bois rendent indif-penfables.

Ce que nous venons de dire conduit à une réflexion générale qu'il eft intéreffant de faire relativement à l'ordonnance des eaux & forêts.

On ne doit pas perdre de vue que cette or-donnance eft principalement une loi d'adminif-tration dont les difpofitions font toujours fon-dées fur le principe qui doit être le plus géné-ralement adopté, & dans l'établiffement duquel le légiflateur a reconnu le moins d'inconvénient ; mais fa volonté, toute puiffante qu'elle eft, ne peut commander aux climats ; & comme l'in-térêt & l'avantage de fes peuples ont déterminé la loi qu'il a portée, ces mêmes motifs exigent des exceptions locales qu'il fe réferve d'autorifer fuivant les circonftances, & c'eft ce qui conf-titue l'exercice de cette branche d'adminiftra-tion.

L'écorçage des Bois nous en fournit un exemple.

Pour rendre cet écorçage utile à la tannerie, pour laquelle le tan eft une matière néceffaire, il faut y procéder en temps de fève, & même dans le moment où elle agit avec plus de force ; cependant l'article 40 du titre 15 de l'ordon-nance des eaux & forêts, porte que les Bois feront coupés dans le 15 avril, & l'article 28 du titre 27 de la même ordonnance, défend à tous marchands de peler les Bois de leurs ventes étant debout & fur pied, à peine de 500 livres d'amende & de confifcation.

Les commiffaires qui, avant la rédaction de cette ordonnance avoient été envoyés dans les différentes provinces du royaume pour reconnoître ce qui pouvoit être le plus utile pour la meilleure administration des Bois, se font uniquement occupés de ce qui pouvoit en procurer la conservation, sans trop s'arrêter aux inconvéniens qui en pourroient résulter pour toute autre branche de commerce ; ils ont pensé que dès que la sève commençoit à agir dans les Bois, il convenoit d'en arrêter l'exploitation : le terme du 15 mai, qui avoit lieu avant cette ordonnance, leur a paru trop reculé ; ils l'ont fixé au 15 avril ; mais l'administration a été obligée de tolérer l'usage qui subsistoit & qui a continué dans différentes provinces, de couper en temps de sève les Bois destinés à être écorcés, & le commerce de la tannerie qui auroit souffert un préjudice sensible de l'exécution stricte de l'ordonnance, a exigé cette facilité.

L'ordonnance de 1669 a embrassé également dans ses dispositions, les objets concernant la police des grandes rivières pour ce qui regarde le flottage & la navigation, pour que les marche-pieds des bords de ces rivières fussent entretenus dans une largeur suffisante, pour que la pêche ne s'y fît que par des maîtres pêcheurs avec des filets permis & dans des temps & saisons convenables, afin de prévenir le dépeuplement des rivières.

Elle a donné aux officiers auxquels l'inspection & le soin de cette branche d'administration sont confiés, l'autorité & le pouvoir nécessaire pour remplir ces différens objets & veiller avec la même attention à ce que les petites rivières soient curées, à ce que les eaux en se répandant sur les possessions voisines ne fassent point per-

dre aux propriétaires les fruits de leur récolte ;
à ce que les propriétaires des moulins supérieurs
ne retiennent point l'eau au préjudice de leurs
voisins & que le niveau des eaux soit toujours
exactement observé ; ils sont chargés de veiller
à la conservation des prés, pâtis & marais communs qui servent à l'engrais des terres & à la
subsistance des bestiaux, & mettent les habitans
de la campagne à portée de payer leurs impositions.

Telle est en général & en abrégé l'idée qu'on
peut se former des dispositions principales de
l'ordonnance des eaux & forêts de 1669 (*),

_____

(*) Cette ordonnance est divisée en 32 titres différens
qui renferment chacun plusieurs articles. Le premier traite
de la juridiction des eaux & forêts en général; le second,
des officiers des maîtrises; le troisième, des grands-maîtres;
le quatrième, des maîtres particuliers; le cinquième, du
lieutenant; le sixième, du procureur du roi; le septième,
du garde marteau; le huitième, du greffier; le neuvième,
des gruyers; le dixième, des huissiers audienciers, gardes
généraux, sergens & gardes des forêts & des Bois tenus en
gruerie, grairie, ségrairie, tiers & danger, & par indivis;
le onzième, des arpenteurs; le douzième, des assises; le
treizième, de la table de marbre & des juges en dernier ressort; le quatorzième, des appellations; le quinzième, de
l'assiette, ballivage, martellage & vente de Bois; le seizie-
me, des recolemens; le dix-septième, des ventes des chablis
& menus marchés; le dix-huitième, des ventes & adjudications des panages, glandées & paissons; le dix-neuvième,
des droits de pâturage & panage; le vingtième, des chauffages & autres usages de Bois, tant à bâtir qu'à réparer; le
vingt-unième, des Bois à bâtir pour les maisons royales &
bâtimens de mer; le vingt-deuxième, des eaux, forêts,
Bois & garenne, tenus à titre de douaire, concession, engagement & usufruit; le vingt-troisième, des Bois en gruerie, grairie, tiers & danger; le vingt quatrième, des Bois

laquelle, en fuppofant même que l'expérience ait fait reconnoître quelques inconvéniens dans quelques-unes de fes difpofitions, ce qui eft le partage inévitable de toute légiflation, juftifie cependant par la fageffe de fes réglemens fur tout ce qui concerne la police établie pour la confervation & l'exploitation des Bois, le choix de ceux qui fous les yeux d'un grand miniftre furent employés à un ouvrage auffi important.

Comme l'établiffement d'une marine entroit, ainfi qu'on l'a déja fait connoître, dans le plan de M. Colbert pour la réformation des forêts, on va rappeler les mefures qui furent prifes alors pour affurer & ménager les reffources qu'elles pouvoient procurer relativement aux Bois de conftruction.

Avant l'ordonnance de 1669, on coupoit arbitrairement des Bois dans les forêts du domaine pour les conftructions des bâtimens de terre & de mer.

Si on eût continué cet ufage, il n'eut pas été poffible de fuivre dans l'ordre des coupes le réglement qui, fuivant l'ordonnance de 1669,

---

appartenans aux eccléfiaftiques & gens de main-morte; le vingt cinquième, des Bois, piés, marais, landes, pâtis, pêcheries & autres biens appartenans aux communautés & habitans des paroiffes; le vingt-fixième, des Bois appartenans aux particuliers; le ving-feptième, de la police & confervation des forêts, eaux & rivières; le vingt-huitième, des routes & chemins royaux ès forêts & marche-pieds de rivière; le vingt-neuvième, des droits de péage, travers & autres; le trentième, des chaffes; le trente-unième, de la pêche; le trente deuxième, des peines, amendes, reftitutions, dommages, intérêts & confifcations.

devoir

devoit être exécuté fous les peines les plus graves.

D'un autre côté, il étoît convenable de pour-voir à ce que l'on pût trouver dans les Bois, ceux qui étoient néceſſaires pour les conſtruc-tions.

Ce double objet ſe trouve rempli par ce que preſcrit l'ordonnance de 1669.

En même-temps qu'elle défend de faire à l'avenir aucune vente extraordinaire, par ar-pens ou par pieds d'arbres, pour les conſtruc-tions & réparations des maiſons royales & bâ-timens de mer, elle preſcrit la manière dont on pourra avoir les Bois néceſſaires pour ces conſ-truêtions; elle charge les adjudicataires des ven-tes ordinaires des forêts du domaine, de fournir ceux qui ſont propres à ces travaux, en leur payant le prix ſuivant une eſtimation à dire d'experts.

On prévoit même le cas où l'on pourroit avoir beſoin de quelques pièces de telle groſſeur & longueur qu'elles ne puſſent ſe trouver dans les ventes ordinaires; en ce cas, l'ordonnance veut que le grand maître, ſur les états qui en ſeront arrêtés au conſeil, puiſſe faire marquer & abat-tre des arbres dans les forêts du roi, & aux en-droits les moins dommageables, & s'il ne s'en s'en trouvoit point, que le grand maître les faſſe choiſir & prendre dans les Bois des ſujets du roi, tant eccléſiaſtiques qu'autres, ſans diſ-tinâtion de qualité, & toujours à la charge de payer la juſte valeur, qui doit être eſtimée par experts.

Pour ſe procurer plus de reſſource pour les Bois de marine, la même ordonnance aſſujettit,

fous peine d'amende & de confifcation, le
propriétaires particuliers qui poffèdent des Bois
de haute futaie à dix lieues de la mer ou à deux
lieues des rivières navigables, à avertir fix mois
avant de les vendre ou de les faire exploiter,
le contrôleur général des finances & le grand
maître, afin que pendant cet intervalle de fix
mois, on puiffe les faire vifiter & reconnoître
s'il n'y en a point de propres à la marine.

Ces difpofitions ont été étendues par deux
règlemens poftérieurs, l'un du 21 feptembre
1700, l'autre du 21 mars 1757.

Celui du 21 feptembre 1700 contient plufieurs difpofitions dont voici le précis :

Après que l'affiette des coupes ordinaires des
forêts du roi eft faite, les commiffaires de la
marine peuvent aller en faire la vifite conjointement avec un officier de la maîtrife des lieux,
& dreffer un état des arbres qu'ils auront reconnus propres pour la marine, & qu'ils doivent envoyer au fecrétaire d'état qui a le département de la marine ; l'officier de la maîtrife
doit de fon côté dreffer un procès-verbal de
l'état, confiftance & valeur de ces arbres, &
l'envoyer à M. le contrôleur général.

Le fecrétaire d'état doit remettre à M. le contrôleur général, l'état des arbres dont on a
befoin pour la marine, pour en rendre compte
à fa majefté, & pour donner les ordres ou arrêts néceffaires, afin que le grand maître du
département charge les adjudicataires des ventes, de fournir les arbres contenus en l'état
donné par le fecrétaire d'état, au prix de l'eftimation.

Il en doit être ufé de même pour les Bois des

eccléfiaftiques & gens de main-morte, lors des ventes de Bois de futaie ou baliveaux fur taillis dont ils ont obtenu la permiffion de faire la coupe.

Quant aux Bois des propriétaires particuliers, l'ordonnance de 1669 n'avoit compris dans fa difpofition, relativement à la marine, que ceux qui étoient fitués à dix lieues de la mer & à deux lieues des rivières navigables : mais le règlement de 1700 veut que les propriétaires des Bois de futaie & baliveaux fur taillis, fitués à fix lieues des rivières navigables & à quinze lieues de la mer, qui voudront en faire couper, en faffent leur déclaration fix mois auparavant au greffe de la maîtrife des lieux.

Ces déclarations doivent faire mention de la quantité, qualité, effence, âge, fituation des Bois, & de leur diftance de la mer & des rivières navigables.

Les greffiers des maîtrifes doivent délivrer gratis des extraits de ces déclarations aux commiffaires de la marine, lorfqu'ils en font requis, & en doivent envoyer des expéditions à M. le contrôleur général & au grand maître du département, huitaine après les avoir reçues.

M. le contrôleur général en donne enfuite avis au fecrétaire d'état qui a le département de la marine.

Pendant l'intervalle des fix mois, les commiffaires de la marine peuvent marquer dans les Bois des particuliers ainfi déclarés, ceux qui font propres pour la conftruction ou le radoub des vaiffeaux, & ils doivent en envoyer l'état au fecrétaire d'état qui a le département de la marine.

Le prix de ces Bois doit être payé aux propriétaires, ou de gré à gré, ou à dire d'experts; & en cas de contestation, les parties, pour les Bois des particuliers, doivent se pourvoir devant l'intendant de la province.

Si les commissaires de la marine trouvent dans les Bois des particuliers quelques arbres nécessaires pour la marine, & que les propriétaires ne voudroient point vendre, ils doivent en envoyer l'état au secrétaire d'état, qui adresse l'état de ceux qu'il juge à propos de prendre, à l'intendant de la province, pour entendre le propriétaire sur les inconvéniens & les dommages qu'on pourroit causer en les coupant & en les voiturant, dont l'intendant dresse procès-verbal qu'il envoie, avec son avis au secrétaire d'état de la Marine & à M. le contrôleur-général pour y être pourvu par sa majesté.

On vient de voir que l'ordonnance de 1669 n'assujettissoit aux déclarations que les propriétaires qui possédoient des Bois de futaie à dix lieues de la mer & à deux lieues des rivières navigables, & que cet assujettissement a été étendu par le réglement du 21 septembre 1770 aux Bois situés à quinze lieues de la mer & à six lieues des rivières navigables : le dernier réglement du premier mars 1757 a étendu cette disposition à tous les Bois de futaie indistinctement, à quelque distance qu'ils soient de la mer & des rivières navigables.

Le conseil a cru devoir s'y porter à cause des facilités qui se trouvent pour le transport des Bois, depuis que le gouvernement a fait faire dans toutes les provinces des routes & des chemins.

Les reſſources conſidérables que la marine avoit tirées des Bois des Pyrénées ſous le miniſ-tère de M. Colbert & ſous celui de M. de Pont-chartrain, ont engagé le conſeil à former un réglement particulier pour la coupe de ces Bois.

Ces Bois, & principalement ceux de la vallée d'Aure, ſont très-conſidérables : les uns appar-tiennent au roi en toute propriété, à en juger par les états arrêtés au conſeil en 1675 ; on ne voit point d'une manière bien préciſe à qui les autres appartiennent, & tout ce qui paroît cer-tain à ce ſujet, c'eſt qu'ils ſont chargés envers des communautés voiſines de droits ſi étendus, qu'ils ont tous les effets de la propriété utile.

Le 12 mars 1701, le conſeil rendit un arrêt pour la police & l'adminiſtration de ces Bois.

Cet arrêt a ordonné, 1°. que par le grand-maître du département de Guienne, il ſeroit procédé en préſence d'un commiſſaire de la marine, à la viſite & reconnoiſſance de l'état des forêts de la vallée d'Aure & autres des Py-rénées, pour connoître celles dans leſquelles il exiſtoit des Bois propres pour les arſenaux de la marine, dont il dreſſeroit procès-verbal & don-neroit ſon avis ſur lequel il ſeroit pourvu par ſa majeſté :

2°. Que le commiſſaire de la marine ou les entrepreneurs de la fourniture des Bois propres pour la conſtruction de ces vaiſſeaux, pourroient faire couper le nombre de ſapins néceſſaires pour fournir les mâts, &c. qui ſeroient or-donnés par ſa majeſté dans les endroits les moins dommageables des forêts qui ſeroient déſignés par le grand-maître, en payant le prix des arbres fuivant l'eftimation qui en feroit faite; favoir, pour ceux qui feroient pris dans les forêts appartenantes au roi, entre les mains du rece-veur - général des domaines & Bois, & pour ceux qui feroient pris dans les Bois appartenans aux communautés, entre les mains des confuls des lieux, pour être employés fans aucun diver-tiffement à la décharge des communautés fur l'avis du commiffaire départi :

3°. Que les habitans de chaque communauté qui auroient befoin de Bois pour des répara-tions, en remettroient annuellement un mémoire entre les mains des confuls des lieux qu'ils cer-tifieroient véritable après avoir fait faire la vifite & un rapport de l'état des bâtimens où les réparations feroient néceffaires, par experts & gens à ce connoiffans, & le remettroient au grand-maître qui procéderoit en préfence du commiffaire de la marine à la vifite, défignation & marque du marteau du roi, de la quantité d'arbres qui feroient néceffaires dans les endroits les moins dommageables des forêts appartenan-tes aux communautés, ou dans lefquelles elles auroient des droits d'ufage, dont le grand-maître drefferoit procès-verbal, pour être enfuite fur fon avis, pourvu par le confeil:

4°. Que les communautés qui feroient en néceffité de vendre partie des Bois de leurs fo-réts, requerroient le grand-maître d'en faire la vifite pour en conftater l'état en préfence du commiffaire de la marine & reconnoître s'il n'y en avoit point de propres à la conftruction des vaiffeaux :

5°. Qu'à l'égard des forêts où il n'y avoit point de mâts & de Bois propres à la marine, la délivrance des ufages & les ventes en feroient faites au profit du roi & des communautés par le miniftère du grand-maître, fans l'intervention du commiffaire de la marine, après que la permiffion en auroit été accordée par fa majefté aux communautés :

6°. Que les marchands de Bordeaux & de Touloufe feroient leur déclaration dans le mois de janvier de chaque année aux greffes des maîtrifes des lieux, de la quantité & qualité des Bois qui leur feroient néceffaires pour leur commerce, afin que le grand-maître en affignât les coupes dans les forêts qui pourroient les fupporter fans en forcer la poffibilité :

7°. Que le grand-maître procéderoit à la vifite & reconnoiffance de tous les moulins à fcie conftruits au dedans & aux rives des forêts des Pyrénées, & fe feroit repréfenter les titres de leurs établiffemens, pour, fur fon procès-verbal & fon avis, être pourvu par fa majefté ainfi qu'il appartiendroit :

8°. Il a été fait défenfes à toutes perfonnes de couper dans ces forêts aucun fapin, de quelque âge que ce foit, qu'en obfervant les formalités prefcrites par ce réglement, à peine de mille livres d'amende pour la première fois, & de punition corporelle pour la feconde.

9°. Les mêmes défenfes ont été faites aux communautés pour les forêts qu'elles poffèdent en propre ou dans lefquelles elles ont des droits d'ufage, à peine de confifcation des Bois coupés, de mille livres d'amende & de privation de leurs ufages :

10°. A l'égard des forêts plantées de chênes, hêtres, appartenantes aux communautés ou fujettes envers elles à des droits d'usage, il a été ordonné qu'elles seroient réglées & aménagées conformément à l'ordonnance des eaux & forêts de 1669, autant que la situation de ces forêts pourroit le permettre, & à la charge que dans les coupes & ventes des Bois de hêtre, les plus beaux arbres seroient réservés pour servir à faire des rames de galères.

Les arbres des forêts reçoivent différentes dénominations, selon leurs différentes qualités & les divers usages auquel on les emploie.

Bois vif se dit des arbres qui poussent des branches & des feuilles.

Bois marmentaux ou *de touche*, se dit des arbres qui ne servent que d'ornement à un château.

Bois d'entrée se dit des arbres qui ont quelques branches vertes & les autres séches.

Bois mort se dit de tout arbre séché sur le pied.

Mort-Bois se dit de certains arbres de peu de valeur, tels que les ronces, les genets, les épines, &c.

Bois blanc se dit de certains arbres de peu de service, comme le peuplier, le bouleau, le tremble, &c.

Bois à faucillon se dit d'un petit taillis qui peut s'abattre à la serpette.

Bois arsin se dit des arbres que le feu a maltraités.

Bois en état se dit des arbres qui sont debout.

Bois chablis se dit des arbres que les vents ont abattus.

Bois encroué se dit d'un arbre qui étant coupé par le pied, tombe sur un autre arbre auquel il demeure accroché.

Bois bombé se dit d'un arbre qui a quelque courbure naturelle.

Bois carié se dit des arbres viciés qui ont des nœuds pourris.

Bois rabougri se dit d'un Bois tortu, mal fait & d'une mauvaise venue.

Bois charmé se dit d'un arbre qui est près dè périr ou de tomber pour avoir reçu quelque dommage dont la cause n'est pas apparente.

Bois combugé se dit d'un Bois imbibé & pénétré d'eau.

Bois en défends se dit de certains arbres d'une belle venue qu'il n'est pas permis de couper avant qu'ils aient pris tout l'accroissement dont ils peuvent être susceptibles. Les défends n'ont ordinairement lieu que dans les grandes forêts, & il est défendu d'y mener paître le bétail avant que les arbres soient défensables, ce qui n'est qu'après six ou sept ans.

Bois gélif se dit d'un arbre fendu par l'action de la gelée.

Bois gissant se dit d'un arbre abattu & couché par terre.

Bois marqué par le branchage se dit des arbres destinés aux bâtimens du roi, & marqués par le branchage dans les forêts de sa majesté ou de ses vassaux.

Bois déchauffés se dit des arbres dont on a découvert le pied.

Bois coupé par racine se dit des arbres auxquels on a coupé la racine avec la scie ou la coignée.

Bois de délit se dit d'un arbre coupé par quelqu'un qui n'y avoit aucun droit.

Les Bois de délit trouvés dans les forêts du

roi, doivent être vendus au profit de fa majefté par les maîtres particuliers.

Les délais pour l'exploitation de ces ventes ne doivent être que de huitaine ou de quinzaine, ou tout au plus d'un mois, s'il y a une certaine quantité de Bois adjugés à la fois.

Le prix de ces adjudications doit être payé entre les mains du collecteur des amendes ; c'eft ce que prefcrivent l'article premier de l'édit de mai 1716 & l'arrêt du confeil du 5 août 1727, rendu fur les conteftations formées à ce fujet par le receveur particulier des Bois de la maîtrife de Dole, par lequel fa majefté expliquant fes intentions, ordonne que l'article 20 du titre des peines & amendes, & l'article premier de l'édit de mai 1716 feront exécutés felon leur forme & teneur ; qu'en conféquence les fommes provenant des confifcations & ventes des Bois de délit, feront employées dans les rôles qui doivent être arrêtés conformément à l'article 6 de l'édit & perçues par les collecteurs. Fait défenfes aux officiers des maîtrifes de déclarer dans les adjudications qu'ils feront des Bois de délit, que le prix en fera payé au receveur des Bois, & aux greffiers de comprendre dans les états ces ventes avec les ventes ordinaires.

Il eft expreffément recommandé aux officiers des maîtrifes de faire tous leurs efforts pour empêcher le débit des Bois de délit dans les villes qui font à deux lieues des forêts ; à cet effet il leur eft permis de faire perquifition dans les maifons où ils favent qu'il en a été porté. C'eft ce qui réfulte de l'article 24 du titre 27 de l'ordonnance des eaux & forêts.

Suivant cet article, les gardes peuvent faire

les mêmes perquifitions en préfence d'un officier de la maîtrife; ou à défaut, en préfence du juge ordinaire, du procureur du roi ou du procureur d'office.

Il a même été ftatué par artêt du confeil du 20 mai 1755, que les gardes généraux pourroient feuls faire ces perquifitions dans les villages & hameaux voifins des forêts.

Les religieux, gouverneurs des places, commandans des troupes, feigneurs & gentilshommes font obligés d'ouvrir leurs portes aux grands-maîtres, maîtres particuliers, lieutenans & procureurs du roi, pour faire les recherches & procédures qu'ils jugeront à propos pour le fervice de fa majefté, à peine de défobéiffance & de répondre en leur privé nom de tous événemens.

Les gouverneurs & officiers des troupes font obligés fous les mêmes peines, de remettre entre les mains des officiers des eaux & forêts, toutes perfonnes accufées d'avoir commis des délits dans les forêts du roi, même les cavaliers & foldats paffant ou tenant garnifon. C'eft ce qui réfulte de l'article 25 du titre cité.

Toutes ces difpofitions fe trouvent confirmées par un arrêt du confeil du 29 juillet 1749, qui ordonne qu'en conféquence les officiers des maîtrifes particulières de Rouen & de Lyon feront tenus chacun en droit foi, de fe tranfporter inceffamment chez ceux des habitans des paroiffes ou villages du reffort de ces maîtrifes qui ont des atteliers & amas de Bois, à l'effet de reconnoître les Bois, de les marquer du marteau du roi, & du tout dreffer procès-verbal pour être dépofé au greffe, & enfuite ordonner ce qu'il appartiendra, au cas que ces Bois foient reconnus pour Bois volés dans les forêts du roi.

Suivant les réglemens de 1563 pour la forêt de Guife, de 1584 pour la forêt de Rouvray, de 1587 pour Dreux, de 1697 pour Villers Cotrets, & les réglemens généraux des 4 feptembre 1601, & 13 décembre 1603, il eft défendu à toutes perfonnes de porter aucun Bois dans les villes, bourgs & villages voifins des forêts du roi, & à toutes perfonnes d'en acheter s'il n'eft marqué du marteau de l'adjudicataire, & s'il n'y a un billet ou étiquette figné de lui ou de fon facteur, (lequel billet ne peut fervir que pour un jour), fous peine contre le vendeur pour la première fois d'amende arbitraire, de confifcation des Bois, chevaux, charrettes & harnois; pour la feconde, du fouet, outre la confifcation; & pour la troifième, de banniffement à trois lieues des forêts; & contre les bourgeois & habitans qui auront acheté, du double de l'amende au pied le tour, & de confifcation ou autre plus grande peine, *s'ils font coutumiers de le faire.*

L'article 28 de l'ordonnance de février 1554, défend aux officiers des villes de fouffrir la vente des Bois de délit.

Suivant l'article 8 de l'ordonnance de mars 1597, les confuls & les habitans qui permettent l'entrée des Bois pris en délit dans les forêts du roi, qui les achetent ou favorifent ceux qui les ont pris, doivent être condamnés folidairement à l'amende.

Les officiers de la maîtrife de Befançon ayant par fuite d'affaire faifi fur les ports de cette ville des Bois coupés en délit dans les communaux de Deluz, le fieur Dorival maire, donna permiffion le même jour aux fœurs de fainte Claire & aux Carmélites, d'acheter & enlever de deffus les ports tous les Bois qu'elles y trouveroient, de quelque part qu'ils vinffent. Le procureur du roi à la maîtrife fe plaignit au confeil de cette entreprife & des violences du maire & des échevins en d'autres occafions; le maire obligé de répondre fur ce fait, dit que les procès-verbaux & la faifie n'avoient été fabriqués qu'a-près fon ordonnance rendue; que d'ailleurs les maire & magiftrats avoient juridiction fur les eaux & forêts dépendantes de la ville en qualité de gruyers; qu'il n'avoit pas eu connoiffance de la faifie en queftion; mais qu'à fuppofer qu'il l'eût fu, il n'auroit pas moins été en droit de donner la permiffion dont étoit queftion, n'étant pas à croire que les officiers de la maîtrife euffent droit de fuivre les Bois de délit jufques fur les ports de la ville au préjudice des magiftrats qui avoient droit de connoître de tous les faits d'eaux & forêts dans leur reffort; qu'à la vérité les officiers des maîtrifes pouvoient bien arrêter les Bois de délit, les faire vendre fur les lieux & punir les coupables; mais il étoit injufte de leur permettre de fuivre ces Bois au marché de la ville, parce que ce feroit troubler le com-merce & la juridiction des magiftrats : pour quoi il efpéroit que les officiers de la maîtrife feroient déboutés de leur demande; ou s'il étoit trouvé qu'il convînt de leur permettre de fuivre les Bois de délit jufqu'au marché, il devoit être dit qu'ils ne pourroient en empêcher la vente, fauf à faire arrêter le prix entre les mains des acheteurs. Sur cela intervint arrêt le 22 avril 1704, qui annulla l'ordonnance du sieur Dorival & ordonna que les pourfuites commencées par les officiers de la maîtrise de Besançon, pour raison des Bois coupés en délit dans les communaux de Déluz, seroient par eux continuées jusqu'à sentence définitive inclusivement, sauf l'appel, &c. Fait défenses au sieur Dorival & à tous autres, de troubler les officiers de la maîtrise dans leurs fonctions, & de s'immiscer dans la connoissance des matières d'eaux & forêts, à peine de nullité des procédures, de tous dépens, dommages intérêts, & de cinquante livres d'amende.

Par arrêt du 3 avril 1742, le conseil confirma une sentence rendue en la maîtrise de Saint-Germain en Laye contre un particulier de Versailles, pour des Bois de délit trouvés dans sa maison & qu'il avoit achetés au marché public.

Par un autre arrêt du 27 janvier 1750, le conseil confirma une sentence rendue en la maîtrise de Fontainebleau, par laquelle les frères de l'école charitable & le nommé la Fosse avoient été condamnés solidairement en trente-deux livres d'amende, & trente-deux livres de restitution, parce que les premiers avoient acheté du second une corde de Bois de délit trouvée dans leur cour.

Dans tous les cas les Bois de délit, les harnois & chevaux qui en sont trouvés chargés, & les outils des délinquans doivent être confisqués au profit du roi. C'est ce que prescrit l'article 9 du titre 32 de l'ordonnance des eaux & forêts.

Les Bois de délit dans les Bois engagés, &c.

les amendes, reſtitutions & autres profits qui
en reviennent appartiennent au roi, nonobſtant
toutes lettres, clauſes, dons, arrêts, contrats,
adjudications, uſages & poſſeſſions contraires.
C'eſt la diſpoſition de l'article 5 du titre 22 de
l'ordonnance citée.

Bois récépé ſe dit d'un Bois qu'on a coupé par
le pied pour l'avoir de plus belle venue.

Bois ſur le retour ſe dit d'un Bois trop vieux
qui commence à ſe gâter & à diminuer de valeur.

Bois de haut revenu ſe dit d'une demi-futaie
de quarante à ſoixante ans.

Bois taillis ſe dit de ceux qui ſont ſujets aux
coupes ordinaires, leſquelles ſe font dans les
temps fixés par les coutumes. Dans celles-ci,
c'eſt après une révolution de dix ans; dans celles-
là, c'eſt de quinze en quinze ans; & dans d'autres, de vingt en vingt ans.

Bois de haute-futaie ſe dit des Bois qui ont
paſſé trois coupes ordinaires de Bois taillis, ou
trente années, & qu'on laiſſe ordinairement
croître juſqu'à ce qu'ils viennent ſur le retour.

Pour connoître l'âge du Bois, on en ſcie le
tronc horiſontalement; on compte les cercles
que l'on y remarque, & chaque cercle dénote
une année.

Les Bois de haute-futaie, & même les Bois
taillis font partie du fonds & ſont immeubles
tandis qu'ils ſont ſur pied. L'ordonnance de 1669,
titre de la police & conſervation des forêts,
article 2, porte que *tous arbres de réſerve & ba-
livaux ſur taillis ſont réputés faire partie du fonds
& que les uſufruitiers n'y peuvent rien prétendre.*

. Dans le droit commun, les Bois ſont de haute-futaie à 27 ans ; mais en Normandie , ils ne le font qu'à quarante. Dans quelques coutumes, les Bois de haute-futaie font fujets au retrait & aux lods & ventes , quoique le fonds ne foit pas vendu , mais feulement les Bois, à la charge de les couper.

En Guienne les lods & ventes font dus de la vente des bois de haute-futaie : cela a été ainfi jugé par arrêt du 20 juin 1656. Ils font même dus lorfque le propriétaire coupe fa futaie , foit en tout ou en partie, pour la vendre enfuite: c'eft-à-dire que les lods & ventes font dus de la partie qu'il vend, n'y ayant d'excepté que ce qu'il emploie pour fon ufage. C'eft ce qui a été jugé par arrêt du 16 mai 1657. Enfin , les lods & ventes font dus en Guienne pour la vente des arbres de haute-futaie, quoiqu'épars fur les haies & foffés. Il y a à ce fujet un arrêt du 28 juillet 1742 contre Pierre Donné.

En Normandie le Bois de haute-futaie eft fujet au retrait, quoique vendu à la charge d'être coupé. C'eft ce qui réfulte de l'article 463 de la coutume. Il eft auffi fujet au treizieme en cas de vente , fuivant un arrêt du 5 mars 1622, rapporté par Bafnage : ceci s'entend de tous les arbres au-deffus de 40 ans , quand même ils feroient épars ou en haie fur les foffés : un arrêt du 13 mai 1667, rapporté par Bafnage, l'a ainfi décidé : mais il faut néanmoins excepter les arbres fruitiers. Quant au Bois abattu par le propriétaire , qui le fait manœuvrer pour le vendre, il n'eft pas fujet au treizième. C'eft ce qui a été jugé par un arrêt du 18 juin 1676, rapporté par Bafnage. Ce droit n'eft pas dû non plus pour la revente faite par le premier acheteur : un arrêt

du

du 5 février 1661 l'a ainsi jugé. Un autre arrêt du 7 juillet 1612, rapporté par Merville, a décidé que les parens lignagers du premier acheteur ne pouvoient pas exercer le retrait de la revente.

L'article 53 de la coutume de Bretagne porte que si le propriétaire vend le fonds à l'un & les Bois à l'autre en fraude des droits du seigneur, les lods & ventes seront dus sur la totalité. Ainsi dans cette province, la simple vente du Bois ne donne point ouverture aux droits seigneuriaux, mais quand le fonds est aussi vendu dans un intervalle peu considérable au même acquéreur, soit sous son nom, soit sous un nom interposé, les deux contrats ne sont considérés que comme une seule vente.

Cette règle est de droit commun : elle a lieu dans la coutume de Paris où la vente des Bois de haute-futaie n'est exempte de lods & ventes que lorsque l'exploitation se fait aux termes du contrat. Si peu de temps après le fonds est vendu à la même personne, directement ou indirectement, les lods & ventes sont dûs sur la totalité, pourvu que le Bois soit encore debout lors de l'aliénation du fonds. On fixe ordinairement ce délai à cinq années.

On suit les mêmes règles pour le droit de centième denier des Bois de haute-futaie : c'est-à-dire que ce droit est dû toutes les fois que pour la vente des Bois, il y a ouverture aux lods & ventes. Ainsi le centième denier est dû en Guienne, en Normandie & autres coutumes semblables pour la simple vente des Bois, à la charge de les couper.

Il ne peut être dû de droit de centième denier pour la revente des Bois faite par celui qui les avoit achetés, à la charge de les abattre, quoiqu'ils soient encore fur pied lors de cette revente; parce que le Bois n'est immeuble que dans la main du propriétaire du fonds ; dès qu'il est vendu, ce n'est plus qu'une superficie considérée dès-lors comme séparée du fonds, & par conséquent mobilière.

A l'égard des autres provinces dans lesquelles les Bois de haute-futaie ne font fujets ni au retrait, ni aux lods & ventes, on n'en peut exiger le droit de centième denier que lorfqu'ils paffent avec le fonds dans la main d'un nouveau propriétaire par une feule mutation effectuée foit par un même acte, foit par deux contrats féparés, pourvu que le fonds foit vendu avant l'exploitation des Bois.

Le confeil, fans avoir égard à une ordonnance de l'intendant de Tours, a par décifion du 19 janvier 1736, déchargé les adjudicataires d'un Bois de haute-futaie de M. le marquis de Mailly d'Haucourt, du droit de centième denier qui leur étoit demandé.

Un autre arrêt du 13 mars 1736 a pareillement déchargé Louis Laurent, marchand à Geneft, pays du Maine, du droit de centième de Bois dont il étoit adjudicataire, à la charge de les enlever dans huit ans.

Un autre arrêt du 9 juin 1736 a jugé de même en faveur de Jean-Auguftin Gravier, adjudicataire de Bois de haute-futaie en Auvergne.

Mais le confeil par décifion du 20 décembre 1749, a confirmé une ordonnance de l'intendant de Bourgogne, par laquelle le fieur Bizon, fournisseur des Bois de la marine, a été condamné au payement du droit de centième denier de Bois qu'il avoit achetés dans la généralité de Dijon, avec stipulation qu'ils étoient pour le service de la marine, attendu qu'il avoit aussi acquis le fonds un mois après, & néanmoins depuis l'exploitation d'une partie des Bois.

Un autre arrêt du conseil du 11 septembre 1752 a confirmé une ordonnance de M. l'intendant de Limoges, par laquelle le sieur Augerand avoit été condamné au payement du droit de centième denier de Bois de haute-futaie dans le Limousin sous le ressort du parlement de Bordeaux, lesquels avoient été vendus pour en faire l'exploitation.

Les Bois soit en futaie, soit en taillis, qui sont sur les fonds échus à titre successif, en ligne collatérale, doivent être compris dans les déclarations des héritiers pour payer le centième denier de la valeur ainsi que du fonds, parce que ces Bois qui passent avec le fonds à ces héritiers, sont immeubles dans toutes les coutumes.

La dame marquise de la Taste, héritière du sieur d'Aubigné, prétendoit ne devoir le centième denier d'une terre située dans l'Anjou, que sur le revenu fixe, & qu'on ne pouvoit l'exiger de la valeur d'une forêt dépendante de cette terre : mais le conseil a décidé le 17 mai 1738, qu'elle feroit une déclaration affirmative, & que les Bois faisant partie de ce qui lui étoit échu par succession, elle ne pouvoit se dispenser d'en payer le droit de centième denier.

Une autre décision du 10 juin 1747 a réformé une ordonnance de M. l'intendant de

V ij

Rouen, rendue en faveur de la veuve du sieur
Suhart de Loucelles, & a jugé que le droit de
centième denier étoit dû des Bois de haute-
futaie lors des mutations en ligne collatérale.

Une autre décision du 9 septembre 1747 a
réformé une ordonnance de M. l'intendant de
Rouen, & condamné le sieur d'Auviray, chanoine du chapitre de Vernon, au payement du
droit de centième denier de Bois de haute-futaie
qu'il n'avoit pas compris dans une déclaration
de biens échus en ligne collatérale.

Une autre décision du conseil du 24 janvier
1751 a condamné la dame de Lafond à faire une
déclaration de la valeur des Bois de futaie,
étant sur des fonds en Normandie, dépendans
de la succession collatérale de son fils, & à en
payer le droit de centième denier, comme tu-
trice des autres enfans.

Il faut observer que le droit de centième denier n'est dû dans aucune province pour la vente
des Bois dépendans des bénéfices & des communautés ecclésiastiques & laïques.

Par décision du conseil du 23 janvier 1748,
rendue sur le mémoire de M. Gaillon abbé com-
mandataire du Breuil-Benoit, & sur l'intervention de MM. les agens généraux du clergé : « il
» a été jugé que les Bois de haute-futaie dépen-
» dans des bénéfices, ne pouvant en Normandie
» comme ailleurs, être vendus qu'avec l'agré-
» ment du roi & pour être employés au profit
» des bénéfices & non des bénéficiers, ils ne
» doivent être réputés transmettre de propriété
» à l'acquéreur ni de bénéfice au vendeur ; que
» d'ailleurs ils ne sont pas sujets au droit de trei-
» zième (lods & ventes) ; qu'ainsi les ventes de

» ces Bois ne doivent point être affujetties à l'in-
» finuation ni au centième denier.

Quoique dans cette décifion, il ne foit fait
mention que des Bois dépendans des bénéfices,
il eft néanmoins certain qu'elle doit également
avoir lieu pour les Bois des communautés eccléfiaftiques & laïques, dont la vente ne peut être
faite qu'avec les mêmes formalités que celles des
Bois des bénéfices, & dont les adjudicataires font
pareillement tenus de payer les quatorze deniers
pour livre du prix de leur adjudication aux receveurs généraux des domaines & Bois.

Bois tenus en grurie, grairie & fegrairie fe dit
des Bois dont la propriété appartient aux particuliers & l'exercice de la juftice au roi avec
les droits qui en dérivent, comme la chaffe,
la paiffon & la glandée, à moins qu'à l'égard de
la paiffon & glandée il n'y ait titre contraire.

Bois en grurie, fe dit des arbres qui ne font
point équarris & qu'on emploie avec leur écorce,
comme quand on en fait des pieux ou pilotis.

Bois lavé, fe dit de celui auquel on a enlevé
avec la befaiguë tous les traits que la fcie y avoit
laiffés.

Bois mi-plat, fe dit de celui auquel on laiffe
en l'équarriffant plus de largeur que d'épaiffeur;
comme quand on le diftribue pour membrure de
menuiferie.

Bois de merrain, fe dit de celui qu'on a diftri-
bué en petits ais & dont on fait des douves de
tonneaux, des cuves, des panneaux, &c.

Bois d'ouvrage, fe dit de celui qu'on travaille
dans fes forêts, & dont on fait des fabots, des
feaux, des pelles, &c.

Bois mouliné, fe dit de celui qui eft rongé des vers.

Bois qui fe tourmente, fe dit d'un Bois qui fe déjette, parce qu'on l'a employé trop vert ou trop humide.

Bois de refend, eft celui qu'on diftribue par éclats pour faire des lattes, des échalats, du merrain, &c.

Bois de remontage, fe dit du Bois qu'on emploie pour remonter des pièces de canons, pour conf- truire des chariots, &c.

Bois refait, fe dit d'un Bois qu'on a équarri & redreffé fur fes faces, de gauche qu'il étoit.

Bois fain & net, fe dit d'un Bois fans gale, fans fiftule & fans nœuds vicieux.

Bois rouge, fe dit d'un Bois qui s'échauffe & qui eft difpofé à pourir.

Bois roulé, fe dit de celui dont les cernes ou crues de chaque année font féparées & ne font point corps enfemble, ce qui eft un effet du vent dont l'arbre a été battu pendant qu'il étoit en fève. Le Bois roulé n'eft bon qu'à brûler.

Bois vermoulu, fe dit d'un Bois que les vers ont corrompu.

Bois madré ou *noueux*, fe dit d'un Bois qui ne peut fe fendre qu'un peu vers le tronc, parce qu'il eft rempli de taches noueufes pour avoir crû fur le gravier & avoir été expofé au foleil du midi.

Bois tranché, fe dit d'un Bois à fils obliques qui coupent la pièce & la mettent hors d'état de réfifter à la charge & de pouvoir être refendue.

Bois tortu, fe dit d'un Bois qui n'eft bon qu'à faire des courbes & qui ne fert guère que pour la marine.

Bois d'échantillon, se dit des pièces de Bois qui ont une dimension déterminée.

Bois d'équarriffage, se dit d'un Bois propre à recevoir la forme d'un parallelipipède. Il doit avoir au moins six pouces de groffeur pour être équarri.

Bois cantiban, se dit d'un Bois qui n'a du flache que d'un côté.

Bois flache, se dit de celui dont les arrêtes ne fons pas vives & qui ne pourroit s'équarrir convenablement fans un déchet trop confidérable.

Bois de brin, se dit en terme de charpente de celui qui se fait en ôtant les quatre dosses & le flache d'un arbre en l'équarriffant.

Bois gras ou *doux*, se dit d'un Bois fans fil, moins poreux & moins noueux que le Bois ferme.

Il ne vaut rien pour réfifter à la fatigue, & il ne convient que pour faire des panneaux & des affemblages de menuiferie.

Bois dur ou *ruftique*, se dit d'un Bois qui a le fil gros. Il croît dans les terres fortes & au bord des forêts.

Bois leger, se dit d'un bois tel que le fapin, le tilleul, le tremble, &c.

Les charpentiers appellent un cent de Bois foixante-douze pouces de longueur fur fix pouces d'équarriffage.

On dit auffi en termes de charpentiers quand on met en chantier les pièces de Bois qui doivent fervir à la conftruction d'un édifice, *mettre les pièces de Bois en leur raifon ;* pour dire mettre chaque morceau à fa place.

Bois affoibli, se dit d'un Bois dont on a diminué la forme d'équarriffage, en le rendant courbe ou rampant pour laiffer des boffages aux poinçons.

Bois apparent, se dit d'un Bois qui étant employé en planchers, cloisons, &c. n'est recouvert d'aucune autre matière.

Bois déchiré, se dit de celui qui revient d'un ouvrage mis en pièce pour quelque cause que ce soit.

Bois corroyé, se dit de celui qu'on a dressé à la varlope & au rabot..

Bois déversé ou *gauche*, se dit d'un Bois qui a perdu en se déjetant ou de quelqu'autre manière que ce soit, la forme qu'on lui avoit donnée en l'équarrissant.

Bois de charonage, se dit de tout le Bois dont se servent les charons pour faire des chariots, des charettes, des roues, &c.

Bois de sciage, se dit de celui qu'on a distribué en soliveaux & en planches pour servir à la menuiserie.

On appelle aussi *Bois de sciage* celui qui a moins de six pouces de diamêtre.

Bois ouvré, se dit de celui que l'ouvrier a travaillé ; & *Bois non ouvré*, de celui qui n'a pas passé par les mains de l'ouvrier.

Bois de chauffage est celui qui sert d'aliment au feu. Il reçoit diverses dénominations qui lui sont particulières & dont voici les principales.

Bois neuf, se dit de celui qui n'a point été trempé d'eau, mais qu'on a amené par charoi ou sur des bateaux.

Bois flotté, est celui qui est en train sur des rivières.

Bois perdu, se dit des bûches que l'on jette dans les ruisseaux ou rivières qui les portent aux lieux où l'on doit les charger sur des bateaux ou en forme de trains qu'on met à flot.

Bois canards, se dit des bûches qui étant jeées à Bois perdu, vont au fond de l'eau ou s'arêtent sur les bords.

Bois volant, se dit des bûches que le flot conduit droit au port.

Bois échappés, se dit des bûches qui dans les débordemens sont portées dans les terres.

Bois pelard, se dit des Bois ronds & menus dont on enlève l'écorce pour faire du tan.

Bois de moule ou *de quartier*, se dit du Bois mesuré qui a au moins dix-huit pouces de grosseur.

Bois de corde, se dit des bûches faites de branchages ou de Bois taillis, dont la grosseur est entre six & dix-sept pouces. Il se vend à Paris à la membrure, laquelle a quatre pieds de hauteur & autant de largeur, ce qui compose une voie, dont deux forment la corde.

Bois de compte, se dit de celui dont soixante-deux bûches au plus remplissent les trois anneaux qui forment la voie de Bois. Selon les ordonnances de la ville de Paris, le Bois de compte doit avoir au moins dix-huit pouces de grosseur.

Bois tortillard, se dit d'un Bois qu'on rejette ordinairement des membrures, à cause du tort qui résulte des vides qu'il y occasionne par sa figure courbe & difforme.

Bois boucan, se dit des bûches qui par la longueur du temps ont perdu la mesure convenable pour être mises en membrures.

Bois de gravier, se dit du Bois qui croît dans des endroits pierreux & qui vient demi-flotté de Bourgogne & du Nivernois. Le meilleur est celui de Montargis.

Bois d'Andelle, se dit d'un Bois de hêtre qui

vient fur des bateaux par la rivière d'Andelle ; & dont les bûches ont ordinairement deux pieds & demi de longueur.

Bois en chantier, fe dit des bûches qui font en pile ou en magafin.

A Paris les marchands de Bois à brûler font tenus avant de mettre leurs Bois en vente, de faire porter au bureau de la ville des montres de chaque efpèce, pour y être mis prix par le prévôt des marchands & les échevins ; étant ex- preffément défendu à tout marchand de Bois de le vendre au delà de la taxe qui doit être mar- quée fur une banderole appofée à chaque pile ou bateau de Bois.

Les abus qui s'étoient introduits fur les ports & dans les chantiers de Paris, relativement aux Bois de chauffage, ont donné lieu à l'arrêt du confeil du 25 janvier 1724, par lequel le roi a ordonné l'exécution des anciens réglemens & y a ajouté les fept articles fuivans.

» 1°. Il eft enjoint à tous marchands de » Bois à brûler pour l'approvifionnement de la » ville de Paris, à leurs facteurs, à tous gagne- » deniers & chartiers de ne mettre ni faire met- » tre dans leurs places & chantiers le Bois dans » les membrures & charettes qu'aux heures de » la vente ; & aux chartiers de ne fortir les Bois » des ports & chantiers dans d'autres temps & » fans être accompagnés de l'acheteur : il eft auffi » défendu de tranfporter les Bois hors de Paris, » fans permiffion & d'aller audevant des Bour- » geois, à peine contre les marchands de 500 » livres d'amende ; & contre les facteurs, gagne- » deniers & chartiers de prifon ; & en cas de » récidive de la part des chartiers de faifie & » confifcation de leurs chevaux.

» 2°. Il est fait pareillement défenses à tous
» marchands de faire *débarder* du Bois de corde
» pour le mêler avec du Bois de compte , ou
» de *triquer des Bois tortillarts blancs ou de me-*
» *nuise* , pour le mêler avec le Bois de corde ou
» de compte.

» 3°. Il est ordonné aux marchands de Bois
» neuf de *triquer* leurs Bois ou de les charger
» séparément dans leurs bateaux , suivant leurs
» différentes qualités ; & aux marchands de Bois
» flottés , lorsqu'ils les tirent pour les mettre
» dans leurs chantiers , d'empiler séparément les
» *Bois de compte & de menuise* , conformément à
» l'ordonnance de 1672 , sans qu'ils puissent
» mêler ces qualités de Bois en les vendant &
» mettre dans la membrure plus d'un tiers de Bois
» blanc ; le tout à peine de 1000 livres d'amende
» contre les marchands pour la première fois, &
» de plus grande peine , s'il y échoit ; & de 50
» livres d'amende pour la première fois contre
» les chartiers qui favorisent ce mélange ; & en
» cas de récidive , de confiscation de leurs cha-
» rettes, harnois & chevaux & d'être chassés des
» ports.

» 4°. Il est fait défenses à tous marchands ,
» facteurs, gagne-deniers & chartiers de délier
» les fagots & coterets, d'en tirer les paremens
» & de refuser les quatre au cent, ni de rien
» exiger au delà de la taxe, sous quelque pré-
» texte que ce puisse être , à peine de 1000
» livres d'amende pour la première fois contre
» les marchands & d'interdiction du commerce
» en cas de récidive ; & contre les facteurs ,
» gagne - deniers & chartiers de 100 livres d'a-
» mende aussi pour la première fois ; & en cas

» de récidive, de prison & d'être chassés des
» ports.

» 5 . Il est ordonné que les platriers ne pourront
» prendre d'autres Bois sur les ports que des Bois
» de décharge de bateaux, de Bois blanc, de
» *menuise* & de rebut, à peine de 300 livres
» d'amende.

» 6°. Il est fait défenses en outre aux marchands
» qui auront fait arriver des trains depuis la
» réserve faite d'un chantier pour les boulangers
» de vendre les Bois nouvellement arrivés, à
» moins qu'ils n'aient été empilés ou ressuyés, à
» peine de confiscation des Bois qu'ils auront
» fait charger en charette & d'amende arbi-
» traire.

» 7°. Enfin, il est enjoint aux inspecteurs sur
» les ports, quais & chantiers de tenir la main
» à l'exécution de tout ce que dessus, & à l'u-
» sage des feuilles imprimées pour la distribu-
» tion & vente des Bois : & aux mouleurs par
» commission d'y veiller exactement & d'être
» assidus à leurs fonctions & aux heures de la
» vente ; aux gardes de jour & de nuit de prêter
» main-forte aux inspecteurs, à peine de révoca-
» tion ; & aux sergens des gardes-françoises de
» donner pareillement main-forte aux inspecteurs
» lorsqu'ils en seront par eux requis, pour em-
» prisonner les soldats qui se trouveront en con-
» travention aux réglemens rendus pour la police
» sur les ports quais & dans les chantiers de la-
» dite ville de Paris. »

Sur la requête des marchands de Bois flottés
pour la provision de Paris, par laquelle ils ont
exposé les pertes qu'ils faisoient de leur Bois
dans les différens trajets qu'ils lui faisoient faire

pour l'amener aux lieux où il devoit être
mis en train, afin d'être enfuite envoyé à Paris,
le bureau de la ville par fentence du 17 février
1763 leur a permis d'établir des commis en tel
nombre qu'ils jugeroient à propos fur les rivières
& ruiffeaux, fur les ports flottables en trains
& par-tout ailleurs où il en feroit befoin, pour
par eux garder les Bois exploités & charroyés
pour la provifion de Paris & dépofés le long der
ces rivières & ruiffeaux ou qui y feront flottés,
foit à Bois perdu ou en trains. Au moyen de leur
réception au bureau de la ville ou pardevant fes
fubdélégués fur les lieux, ces commis font autorifés à dreffer des rapports des délits qui viendront à leur connoiffance, à faire les recherches
& perquifitions ordonnées par le bureau ou fes
fubdélégués dans tous les endroits où ils appren-
dront qu'il aura été emporté des Bois flottés
ou deftinés à flotter; à les faifir & enlever, à
en dreffer des rapports ainfi que de tous les délits & entreprifes préjudiciables au flottage,
lefquels rapports font foi en juftice après qu'ils
ont été par eux affirmés véritables dans huitaine
au plus tard, pardevant l'un des fubdélégués du
bureau de la ville ou le plus prochain juge du
lieu où ils fe trouvent. Ils portent des bandou-
lières aux armes du Roi & de la ville & des
armes défenfives. Défenfes font faites à toutes
perfonnes de les troubler ni empêcher dans leurs
fonctions, fous telles peines que de droit. Ils
doivent conftituer prifonniers les délinquans &
en faire auffi-tôt leur rapport pardevant le fubdélégué de la ville le plus prochain, pour fur
les conclufions du fubftitut du procureur du
roi & de la ville être par le fubdélégué procédé

& ordonné ce qu'il appartiendra. Les marchands
font déclaré civilement garants & responsables
de leurs commis. Ils font tenus de remettre au
greffe de la ville dans le mois du jour de leur
date, copies en bonne forme des actes de leur
réception & prestation de serment, pour lesquels ainsi que pour l'information de vie & de
mœurs qui doit les précéder, il ne doit être
payé aux subdélégués que 6 livres, aux substituts du procureur du roi & de la ville 4 livres
& aux greffiers des subdélégués 3 livres, compris la première expédition, & 30 fols pour la
deuxième ou autre expédition, outre le papier. L'affirmation des rapports doit être reçue
gratis.

Cette sentence a été homologuée au parlement pour être exécutée selon sa forme & teneur,
suivant l'arrêt du 23 février 1763.

Par une autre sentence du 10 mai 1763, le
bureau de la ville a jugé que les marchands de
Bois ne doivent pour l'indemnité du terrein
occupé par leurs Bois sur les ports des rivieres
affluentes à Paris que ce qui est fixé par l'article 14 du chapitre 17 de l'ordonnance de 1672,
& cela pour chaque année ; savoir dix-huit deniers pour chaque corde qui sera empilée sur
les terres étant en pré, & un fou pour chaque
corde empilée sur les terres étant en labour.

Le chariot chargé de *Bois à brûler* doit six
fous à l'entrée des cinq grosses fermes, & la charette quatre fous.

Le *Bois de chêne* doit six fous par pièce de vingt-
cinq à trente pieds de longueur & de six pouces
en quarrés.

Le Bois propre à servir de sommier doit par

pièce de vingt à trente pieds de longueur une livre.

Le Bois à bâtir doit payer à proportion du sommier.

Par le tarif de 1664, l'arrêt du 19 avril 1668 & celui du 13 octobre 1670, les Bois venant de l'étranger ou des provinces réputées étrangères & destinés à la construction des navires sont déclarés exempts de tout droit d'entrée.

Cette exemption ne s'étend pas seulement au Bois de chêne & aux autres Bois à bâtir des navires ; mais encore aux mâts de sapin, venant des provinces réputées étrangères & au goultran venant d'Arcasson ; à la charge néanmoins par les marchands & conducteurs de fournir leur déclaration au premier bureau d'entrée du lieu où ils feront conduire ces marchandises dont ils apporteront certificats, qu'ils seront obligés de représenter dans tous les bureaux de leur route, à peine de confiscation & de cinq cent livres d'amende.

Le chariot chargé de *Bois ouvré* destiné à bâtir doit à l'entrée des cinq grosses fermes douze sous.

Le cent de barreaux ou planches de *Bois scié* doit seize sous.

Remarquez que par décision du 11 mars 1726, le conseil a réglé que les planches de chêne d'un pouce d'épaisseur payeroient trente sous du cent en nombre, au lieu du droit du tarif qui n'a lieu que pour les Bois sciés en barreaux ou pour les autres planches, en exceptant cependant celles de chêne, de Bois de bord à bâtir navires qui sont déchargés des droits d'entrée par les arrêts ci-devant rapportés, & aussi les plan-

ches de fapin tarifées dans un article particulier.

Le cent de pièces de Bois propres à faire des
barils doit dix fous à l'entrée des cinq groffes
fermes ; & le millier de pièces de *Bois douvin*
à pipes quinze fous.

L'arrêt du 16 mai 1705 permet de faire entrer
dans le royaume toutes fortes de Bois propres
à faire des futailles & apportés fur des vaiffeaux
Hollandois.

Le millier de pièces de *Bois de mérain* de toute
efpèce propre à faire des muids & des tonneaux,
doit treize fous pour droit d'entrée. Il faut remarquer que l'entrée du *Bois merain* venant
d'Angleterre eft prohibée par décifion du confeil du 20 février 1739 : mais par un autre décifion du 10 août 1763, il eft porté que les Bois
mérain & autres fervant à la conftruction des
navires & qu'on aura chargés en Angleterre,
feront cenfés venir des colonies angloifes, &
comme tels feront admis de même que s'ils venoient des autres pays étrangers.

Le *Bois de cèdre*, le *Bois d'Olivier* & celui de
Jaraconda de toute efpèce doivent pour droit
d'entrée vingt fous par cent pefant : le *Bois d'é-*
bène, quinze fous ; le *Bois de fuftel*, huit fous ;
le *Bois rouge* ou *rofat*, le *Bois d'if* & le *Bois de*
rouage dix fous.

Les Bois d'éventails communs doivent comme
mercerie.

Le *Bois de Bréfil*, le gros *Bois de Lamon*, de
Fernambourg, de *Paliffandre* doivent pour droit
d'entrée une livre par cent pefant, fuivant le
tarif de 1664 ; & les *Bois* de toute autre forte
fervant à la teinture, comme le Bois de Bréfil,
de

de Laval, de Campêche, le Bois jaune & violet, le Bois de Bresillet, d'Inde & de Japon & le Bois de sapan doivent à l'entrée douze sous par cent pesant, suivant le même tarif.

Par l'arrêt du conseil du 15 mai 1760, les droits d'entrée locaux & à la circulation des Bois de teinture de toute espèce ont été réduits à moitié.

Enfin par un autre arrêt du conseil du 9 mai 1766, il est ordonné que les Bois de teinture venant de l'étranger, payeront à toutes les entrées du royaume quarante sous par quintal ; & que ceux qui seront transportés dans les différentes provinces pourront circuler librement sans payer aucun droit.

Par décision du conseil du 29 avril 1754, les Bois propres aux teintures venant de l'étranger, à la destination d'un établissement fait à Grevort près de Lyon pour le sieur Sabat & ses associés, ne doivent que quarante sous du cent pesant pour droits d'entrée & autres dépendans des fermes générales, à la charge de les expédier par acquits à caution pour assurer l'arrivée de ces Bois & pour que le droit soit payé à Lyon.

Le *Bois de santal* de Sainte - Marthe doit à l'entrée par cent pesant en bûches douze sous.

Le *Bois de santal* ou *sandal* moulu doit trois livres par cent pesant, conformément à l'arrêt du conseil du 26 août 1743. Cet arrêt a été rendu en interprétation du droit de trois livres énoncé dans le tarif de 1664 à l'article *santal.*

Le *Bois violet* doit comme Bois de marqueterie une livre par cent pesant.

Tome VI.   X.

Le bois de grenadille ne fervant point à la teinture, doit être regardé comme Bois de marqueterie, fuivant l'ordre du 13 août 1744.

Le *Bois d'Acajou* doit être regardé comme marchandife des ifles françoifes, & conféquemment être admis dans l'entrepôt d'où il peut enfuite fortir pour toutes deftinations étrangères n'étant point dans le cas de la défenfe concernant la fortie des Bois, fuivant la décifion du 3 juin 1751.

Par une autre décifion du confeil du 17 mars 1769, le Bois d'Acajou doit à l'entrée cinq pour cent de la valeur.

Le *Bois vert des ifles* doit les trois pour cent du domaine d'occident.

Le *Bois de buis* ou *Bois de copeaux* à faire des peignes doit à l'entrée dix fous par cent pefant: & s'il vient du levant, il doit vingt pour cent, ou fix livres par cent pefant, conformément à l'arrêt du 22 décembre 1750.

Le millier de pièces de *Bois feuillards* doit à l'entrée cinq fous trois deniers, conformément à l'arrêt du 10 feptembre 1766.

Les Bois venant de la Guiane en France font exempts de tout droit à l'entrée.

Le *Bois de crabe* doit à l'ent 'ée fept livres dix fous par cent pefant, conformément à la décifion du confeil du 15 mars 1734.

Le Bois d'efquine doit à l'entrée dix livres par cent pefant, & le Bois néphrétique trois livres quinze fous, conformément au tarif de 1664.

Ces deux dernières efpèces de Bois & celui de crabe font compris dans la claffe des drogueries.

Le *Bois de chêne* doit à la sortie des provinces des cinq grosses fermes sept sous par pièce de vingt-cinq à trente pieds de longueur, & six pouces en quarré. Et le Bois propre à servir de sommier de vingt-cinq à trente pieds de longueur, doit vingt-six sous.

La longue pièce de Bois à bâtir doit à proportion du sommier ; & le chariot chargé de Bois à bâtir doit vingt-deux sous.

Suivant le tarif de 1664 le millier de pièces de Bois mérain propre à faire pipes & poinçons, muids & tonneaux devoit payer huit livres pour droit de sortie ; mais cette somme a été réduite à moitié par une décision du conseil du 9 mai 1760.

Le millier de pièces de Bois feuillards ou cercles à relier les futailles doit dix-huit sous pour droits de sortie conformément à l'arrêt du conseil du 10 septembre 1766.

Le millier de pièces de long Bois à barils & cinq cens pièces d'enfonçures doivent trois livres pour droit de sortie des cinq grosses fermes. Et le millier de pièces de long Bois à douvain & cinq cens pièces d'enfonçures doivent cinq livres, selon le tarif de 1664.

Le chariot chargé de Bois à brûler doit quatre sous pour droit de sortie & la charette deux sous conformément au tarif de 1664.

Le cent de barreaux ou de planches de Bois sciés doit trois livres pour droit de sortie.

Les Bois de toute espèce provenant des adjudications des coupes des forêts du Roi, conduits & débités pour le compte des adjudicataires, peuvent être transportés dans tout le royaume, mê-

mes des cinq groffes fermes dans les provinces réputées étrangères, fans payer aucun droit, fuivant
les arrêts des 19 février & 23 août 1695 & 17 janvier 1702 ; & aux termes de ce dernier arrêt, fi la
permiffion avoit été accordée pour la fortie des
Bois de ces adjudications à la deftination de l'étranger, ils feroient affujettis aux droits de fortie.

Il faut remarquer que fuivant la décifion du
confeil, du mois de janvier 1741, la permiffion
accordée de la fortie pour l'étranger des Bois
du duché de Guife & du Clermontois, ne doit
s'entendre que pour le Bois de chauffage & le
charbon feulement, & non pour les Bois propres
à la charpente & aux autres ouvrages.

Les boucaults ou les douves provenant des
boucaults dans lefquels il eft venu des tabacs pour
les manufactures de la ferme, peuvent fortir à
l'étranger en payant cinq pour cent de la valeur,
attendu que ces boucaults ne font pas du crû du
royaume & ne peuvent être préfumés devoir
faire partie de ceux compris dans la prohibition
de l'ordonnance du premier août 1722 & de
l'arrêt du 18 août de la même année, fuivant la
permiffion accordée au bureau du Havre le 28
mars 1743.

Le Bois de Brefil & tout les autres Bois propres à la teinture doivent par cent pefant treize
fous pour droit de fortie.

Les Bois d'ebene, feize fous.

Les Bois de miroirs, faits de Bois blanc, treize
fous & le Bois de buis, dix fous auffi par cent
pefant.

Le Bois de buis étant un Bois de france non
ouvragé, il femble que l'on pourroit y appli-

quer les défenses faites par un arrêt du 18 août 1722, de transporter hors du royaume aucune forte de Bois ; défenses qui subsistent encore aujourd'hui & qui n'ont été levées par arrêt du 15 décembre 1722, que pour ce qui concerne les Bois en ouvrage de menuiserie.

Le Bois à faire fourreaux d'épées & étuis doit par paquet contenant cinquante ou soixante feuilles, cinq sous.

Voyez *l'Ordonnance de Philippe le Bel du mois d'août 1219 ; la chartre aux normands ou les lettres de Louis Hutin du 22 juillet 1315 ; l'ordonnance de Philippe le Long du 18 juillet 1318 ; le réglement de Charles le Bel du mois de juin 1326 ; l'ordonnance de Philippe de Valois du 11 juillet 1333, & celle du 29 mai 1346 ; le règlement général fait par Charles V en 1376 ; les lettres de Charles VI du 13 juillet 1384 ; l'ordonnance du même prince du 1 mars 1388 ; le réglement des eaux & forêts du mois de septembre 1402 ; les ordonnances du mois de mars 1515, du mois de mars 1516 & du mois de janvier 1218 ; l'édit du mois de mai 1523 ; la déclaration du 7 juin 1537 ; les édits de décembre 1543 ; février 1554 ; mars 1558, janvier 1583, février mai, juillet, septembre & octobre 1704, janvier & juillet 1705 ; l'ordonnance de 1669 ; l'édit de Melun de 1580 ; l'édit du mois de mai 1597 ; l'arrêt du conseil & les lettres patentes du 29 juin 1706 ; l'édit du mois d'août 1573 ; les lettres patentes du 24 janvier 1573, & du 6 novembre 1571 ; l'édit du mois de mai 1575 ; l'ordonnance de Blois ; l'édit de février 1586 ; l'arrêt du conseil du mois d'octobre 1661 ; Les réglemens des 21 septembre 1700, & 1 mars 1757 ; l'arrêt du conseil du 12*

mars 1701 ; les mémoires concernant les droits du
roi ; le dictionnaire raisonné de eaux & forêts ; les
arrêts du conseil de 20 juin 1656 , & 16 mai 1657;
le traité des fiefs de Guiot ; Basnage sur la coutume de Normandie ; la coutume de Bretagne ; les coutumes de Paris & de la Rochelle ; le dictionnaire raisonné des domaines ; les arrêts du conseil des 19
fevrier & 13 août 1695 & 17 janvier 1702 ; les arrêts , du conseil des 19 avril 1668 & 13 octobre 1670;
le tarif de 1664 & les observations sur ce tarif;
l'arrêt du conseil du 15 mai 1760 ; l'ordonnance de
la ville de Paris du mois de décembre 1672; l'arrêt
du conseil du 25 janvier 1724; &c. Voyez aussi
les articles BALIVEAU , AMENDE , DÉLIT ,
CHASSE , PÊCHE , FLOTTACE , CHOMAGE,
BARRAGE , CAPITAINERIE, PARTAGE, GLAN-
DÉE , FUTAIE , TAILLIS , CHAUFFAGE , VEN-
TE , ADJUDICATAIRE , MAITRISE , GRURIE,
TABLE DE MARBRE , USAGE , TIERS ET DAN-
GER , RECOLLEMENT , RÉSERVE , RIVERAIN,
ROUTE , TIERS LOT , TRIAGE , VISITE , CEN-
TIÈME DENIER , LODS ET VENTES , CHABLIS,
GARENNE , CONFISCATION , DOMMAGES ET
INTÉRÊTS , APPEL , CONSTRUCTION , MARINE,
ENTRÉE , SORTIE , MARCHANDISE , SOU POUR
LIVRE , &c.

» BOISSELAGE : c'est le nom qu'on donne à
une dîme qui se perçoit au boisseau dans la province de Poitou.

» Cette espèce de dîme vient d'anciens abonnemens faits dans des temps de guerre & de
trouble. En 1769 , c'est-à-dire quelque tems
après le nouvel édit de 1768 concernant les portions congrues , on présenta cette dîme de Bois-

felage comme un droit onéreux aux habitans des campagnes fur lefquels il étoit établi perfonnellement & indiftinctement fans égard aux facultés des riches & à la mifere des pauvres ; on le repréfenta d'ailleurs comme fort défagréable pour les curés qui étoient obligés d'aller de maifon en maifon en faire la recette ; on demanda que ce droit fût fupprimé, & il le fut effectivement par lettres patentes du mois de juillet 1769 : on ordonna qu'au lieu de ce droit, il feroit payé une dîme à raifon de la fixième gerbe fur toute efpèce de grains ; mais les propriétaires fujets au droit de Boiffelage repréfentèrent que nombre de curés qui le percevoient jouiffoient d'un revenu excedant de beaucoup la fomme de cinq cens livres à laquelle les portions congrues venoient d'être fixées ; qu'indépendemment de ce droit de Boiffelage, il fe percevoit dans les lieux où il étoit en ufage des dîmes Eclefiaftiques & inféodées ; que ces dîmes dans plufieurs territoires fe trouvoient confondues avec un droit de *terrage* qui étoit au fixiéme tandis que comme cens feigneurial il ne devoit être qu'au douzième fuivant la coutume ; que plufieurs des Seigneurs qui percevoient ce droit de terrage, etoient même chargés en leur qualité de décimateurs de l'entretien des chœurs des eglifes paroiffiales ; que deslors ceux des curés qui ne jouiffoient pas du revenu fixé pour la portion congrue, devoient fe pourvoir en fupplément contre les décimateurs, & à leur défaut contre les curés primitifs ; que la nouvelle dîme à la feiziéme-gerbe fur toute forte de grains deviendroit une furcharge énorme en comparaifon du droit de Boiffelage ; qu'elle produiroit un revenu confidérable, non-feulement aux curés qui n'étoient pas remplis de leur portion congrue, mais encore à ceux que l'on pouvoit regarder comme jouiffant déjà d'un état opulent ; qu'enfin il ne devoit pas être plus défagréable aux curés d'envoyer percevoir le droit de Boiffelage que la dîme.

. Ces repréfentations donnèrent lieu à des lettres patentes du mois de mai 1770, par lefquelles l'intendant de la province fut commis pour faire une vérification des objets énoncés aux mémoires fournis à cette occafion. Il y eut des procès - verbaux dreffés à ce fujet, & toute l'opération ayant été renvoyée au confeil, il intervint un édit au mois de mai 1771, par lequel en revoquant les lettres patentes du mois de juillet 1769, le droit de Boiffelage fut retabli tel qu'il étoit auparavant, & la dîme à la feiziéme gerbe qui en devoit tenir lieu fut abrogée. Il fut dit en même tems que l'edit du mois de mai 1768, & notamment les aricles 6 & 7 concernant le payement des portions congrues & leur fupplément, feroient executés felon leur forme & teneur, qu'à cet effet les feigneurs & autres qui percevroient dans les paroiffes fujettes au droit de Boiffelage le droit de terrage au fixième, feroient tenus à raifon de la moitié de ce droit, de contribuer au payement de la portion congrue des curés. .

Voyez *les lettres patentes du mois de juillet 1769, & du mois de mai 1770 & l'édit du mois de mai 1771, &c.* (*Article de M.* DARREAU *Avocat, &c.*)

BOISSON. Voyez BIÈRE, CIDRE, EAU-DE-VIE, VIN, &c.

BOÎTE. On appelle *droit de Boîte*, un droit qui se percevoit il y a quelques années sur les vaisseaux étrangers qui entroient dans le port de Marseille.

Comme ce droit n'étoit fondé sur aucun titre, un arrêt du conseil du 24 mars 1771 a défendu à tous les officiers d'amirauté, & particulièrement à ceux de l'amirauté de Marseille de le percevoir à l'avenir directement ni indirectement, à peine d'être punis comme pour crime de concussion, conformément à l'article 32 des lettres patentes du 10 janvier 1770. *Voyez les loix citées* & l'article CONSULAT.

BOÎTE. Sorte d'ustensile qui a un couvercle.

Les Boîtes de sapin peintes dites de Nuremberg doivent les droits d'entrée comme mercerie, suivant la décision du conseil du 10 juin 1743 ; c'est-à-dire douze livres dix sous par quintal, conformément aux arrêts du conseil des 15 Mai 1760, & 11 février 1762.

Il en est de même des Boîtes ferrées, malles & bougettes, & des Boîtes de miroirs sans enrichissemens.

Le charriot chargé de Boîtes de sapin venant de Foucines & d'ailleurs, doit seize sous pour droit d'entrée dans les cinq grosses fermes, conformément au tarif de 1664.

Suivant le même tarif, les Boîtes blanches destinées à renfermer des confitures, & les autres Boîtes non-peintes, doivent à l'entrée par cent pesant seize sous.

Les Boîtes ferrées, bougettes ou malles doivent pour droit de sortie, vingt sous par cent pefant. Et le charriot chargé de Boîtes de fapin de Foucines & autres lieux, quarante fous, conformément au tarif cité.

Les Boîtes de fapin peintes & les cabinets d'Allemagne, de Flandres ou autres lieux, & qui ont peu de valeur, doivent payer comme mercerie trois livres par cent pefant pour droit de fortie.

Remarquez que quand les objets de mercerie font deftinés pour l'étranger, ils ne doivent qu'un pour cent de leur valeur, conformément à l'article 8 de l'arrêt du confeil du 15 mai 1760.

Les Boîtes non peintes doivent felon le tarif de 1664, trente fous par cent pefant pour droit de fortie.

Boîte d'effai, fe dit en termes de monnoie, d'un petit coffre qui renferme les efpèces effayées, & dans lequel on les envoie à la cour des monnoies, pour y être effayées de nouveau conformément aux ordonnances. Or, voici ce que prefcrivent ces ordonnances :

On doit affigner un jour aux officiers des monnoies pour apporter ou envoyer les Boîtes de l'ouvrage fait l'année précédente ; & afin que cet apport ou cet envoi ne fe faffe point par tous les officiers dans le même tems, on ne doit l'exiger des uns après les autres que de huit en huit jours, & fi huit jours après le tems préfix les boîtes ne font pas apportées, les maîtres encourent une amende de cinquante livres, qui de mois en mois augmente en doublant.

Au jour indiqué le maître particulier doit paroître en perfonne avec la garde chargée du port des Boîtes pour affifter à l'ouverture & au jugément qui doit s'en fuivre ; & ce jugement produit le même effet que s'il avoit été rendu avec tous les autres officiers de la monnoie.

Si le maître & les gardes ne comparoiſſoient pas au jour marqué, ou ſi après leur comparu-tion ils s'abſentoient, l'ouverture & le jugement des Boîtes n'en auroient pas moins lieu en pré-ſence du procureur du roi en la chambre des monnoies ; & le jugement rendu produiroit le même effet que ſi tous ceux qui devoient s'y trouver avoient été préſens.

Les Boîtes doivent être préſentées en plein bureau par ceux qui en ſont les porteurs ; & il doit être fait regiſtre du nom du porteur, du jour de l'ouverture de chaque Boîte, de la quantité de l'ouvrage qui s'y eſt trouvé, avec énonciation en précis du jugement qui a été rendu. Le Maître & celui qui a apporté la Boîte ne peuvent déſemparer la ville ſans congé de la la cour, & ſans avoir payé au Receveur des Boîtes ce qui reſte du ſuivant l'état du compte.

Auſſitôt que les Boîtes ſont apportées, on doit procéder au jugement & joindre à ce jugement les deniers courans pour ſavoir s'ils ſont *hors les remedes*, & non autrement. S'il ſe trouve quelque *largeſſe de loi*, il n'en doit rien être compté au Maître ; les gardes doivent être ſimplement avertis d'en faire des Boîtes à part.

S'il ſe trouvoit quelque piece de monnoie noire ou blanche qui ne fut ni de poids, ni au titre, ni dans les remedes, en ce cas tout l'ouvrage des Boîtes doit être regardé ſans autre examen comme défectueux, parce qu'on pré-ſume que la même écharſeté ſe trouve dans cha-que piece, & dès-lors les maîtres gardes &

effayeurs encourent la privation de leur état, des amendes & même des peines corporelles, fuivant l'exigence des cas ; & s'il fe trouvoit quelque denier d'or ou d'argent de monnoie courante plus foible au poids ou au titre que les deniers des Boîtes, en ce cas ces mêmes officiers doivent être punis *fans difficulté*, eft-il dit, comme faux monnoyeurs.

Après le jugement des Boîtes l'arrêt doit être écrit à la fin du papier des délivrances de la main de celui qui a préfidé au jugement, & cet arrêt doit être remis aux généraux tour à tour pour faire l'état au maître tant en dépenfe qu'en recétte. Chaque général ne doit mettre au plus que huit jours à faire cet état. Il doit en-fuite lè rapporter à la cour pour en faire faire la vérification en plein bureau & le faire en-regiftrer au regiftre des états des monnoies. Cet enregiftrement doit être fait par le greffier ; le préfident & le général doivent le collationner & le figner, & le général qui a dreffé l'état doit donner au recéveur des Boîtes un certificat de ce qui fe trouve du, fuivant cet état, afin d'en faire le recouvrement.

Il eft bon d'obferver qu'en dreffant ce même état on doit faire payer aux maîtres *les remedes & feigneuriages* de tout leur ouvrage quand même cet ouvrage excéderoit la quantité de celui dont ils étoient chargés.

De crainte que des épices ne foient des oc-cafions de faveur au préjudice des réglemens, il eft défendu de rien demander & de rien rece-voir au fujet des Boîtes dont il s'agit : il eft ajouté que les préfidens & généraux des mon-noies enverront, chacun de leur côté à la cham-

bre des comptes, un bref état de recette & de
dépense concernant les Boîtes jugées, dans le
courant de l'année. Le receveur général des
Boîtes eſt obligé d'envoyer de ſix en ſix mois
aux gens des comptes & au tréſorier de l'épargne, un état de ce qu'il a reçu & dépenſé, & de
communiquer cet état aux généraux des monnoies quand il en eſt requis.

Voyez *le tarif de 1664 & les obſervations ſur
ce tarif; les arrêts du conſeil des 15 mai 1760,
& 11 février 1762; les ordonnances de 1540,
1549, 1554, 1563 & 1566; le traité des monnoies par Boiſard; celui de M. de Baxinghen,
&c.* Voyez auſſi les articles ENTRÉE, SORTIE,
MARCHANDISE, SOU POUR LIVRE, DÉLI-
VRANCE, &c. (*Article de M. DAREAU, avocat, &c.*)

BOL. Sorte de terre aſtringente.

Le Bol d'Arménie doit pour droit d'entrée
dix ſous par cent peſant conformément au tarif
de 1664 : & le Bol fin du Levant doit trente
ſous.

Voyez *ce tarif* & les articles ENTRÉE, SOR-
TIE, MARCHANDISE, SOU POUR LIVRE, &c.

BOMBASIN. C'eſt une eſpèce d'étoffe.

Les Bombaſins de toute eſpèce doivent pour
droit d'entrée dans les provinces des cinq groſſes fermes trente ſous par pièce de douze aunes,
conformément au tarif de 1664.

Suivant l'arrêt du conſeil du 19 juillet 1671,
les futaines & Bombaſins fabriqués à Lille ne
doivent pour droit d'entrée que quinze ſous par
pièce de douze aunes, en rempliſſant les formalités preſcrites par cet arrêt.

Ces formalités conſiſtent à faire appliquer

par les commis du fermier un plomb à chaque pièce étant fur le métier, lorfque la première aune eft façonnée.

Suivant l'arrêt du confeil du 22 Mars 1692, les Bombafins venant de l'étranger doivent pour droit d'entrée, même en temps de foire, quatre livres par pièce de quinze aunes.

L'entrée des Bombafins à fleurs de diverfes couleurs venant de l'étranger eft défendue par décifion du confeil du 20 février 1739.

Les Bombafins, boucaffins, futaines & treillis de toutes fortes de qualités arrivant fur des vaiffeaux d'Angleterre, d'Ecoffe, d'Irlande & d'autres pays en dépendans, font prohibés à toutes les entrées du royaume par l'arrêt du 6 feptembre 1701, attendu qu'ils font regardés comme une efpèce d'étoffe : autrement fi l'on regardoit cette marchandife venant d'Angleterre comme toilerie, elle feroit dans le cas de payer cinquante pour cent de la valeur, fuivant l'arrêt du 6 feptembre 1701 ; mais jufqu'à préfent l'entrée en a été défendue depuis cet arrêt.

Quoique l'arrêt du 22 Mars 1692, en ait fixé l'entrée par mer, par Rouen, & par terre par Lyon, en prenant des acquits à caution aux bureaux d'entrée de Gex & Coulonges, néanmoins les Bombafins, boucaffins, futaines, &c. étant regardés comme toilerie, il n'y a pas lieu de les traiter différemment, ainfi ils peuvent être introduits venant de Hollande & de la Flandre étrangere feulement, par les bureaux d'Amiens, Péronne & Saint-Quentin, en payant à leur entrée le droit fixé par cet arrêt, relativement aux décifions du confeil des 23 juillet 1713, 7 feptembre 1715 & 11 avril 1753, relatives aux toiles.

Ceux des Suisses sont exempts de tous droits, suivant le même arrêt du 22 mars 1692, en les faisant entrer par Lyon, par les bureaux de Gex & Coulonges, & par celui de Saint-Jean-de-Losne, lequel a été ajouté aux deux ci-dessus, par arrêt du 26 août 1698, à l'un desquels bureaux les Suisses sont obligés de prendre des acquits à caution, & de représenter des certificats des magistrats des lieux, portant qu'ils sont du crû & des fabriques de Suisse.

Les Bombasins de toute espèce, doivent payer comme mercerie pour droit de sortie, trois livres par cent pesant, conformément au tarif de 1664.

Ce droit de trois livres ne concerne actuellement que les Bombasins destinés pour les provinces réputées étrangères, à l'exception des Bombasins pour les villes de Metz, Toul & Verdun, dont les droits ont été modérés par cent pesant à deux livres, suivant l'arrêt du 2 Avril 1702.

Les Bombasins destinés pour l'étranger étoient aussi assujettis au droit de quarante sous ci-dessus; mais faisant partie des toiles & étant des fabriques du royaume ils jouissent de l'exemption générale lorsqu'ils vont directement à l'étranger.

Voyez *avec les loix citées*, *les observations sur le tarif de 1664*, & les articles ENTRÉE, SORTIE, TOILE, ÉTOFFE, MARCHANDISE, SOU POUR LIVRE, &c.

BONNET VERT. Voyez CESSION.

BONNETERIE. On désigne sous ce nom le métier du bonnetier, & la marchandise que cet artisan fabrique.

Les bonnets de laine de fabrique d'Angleterre

font compris dans l'état des marchandifes don l'entrée eft défendue.

Lorfque les bonnets de cette efpèce viennen des autres pays étrangers, ils doivent pour droi d'entrée vingt livres par cent pefant conformé ment au tarif de 1667 ; & ils ne peuvent entre que par Calais & Saint-Vallery, felon l'arrê du 3 mai 1720.

Si les bonnets viennent des provinces repu tées étrangères, ils ne doivent que huit livre conformément au tarif de 1664.

Quant aux bonnets de coton, ils peuvent en trer par tous les bureaux indiftinctement, e payant, comme marchandifes omifes au tarif cinq pour cent de la valeur.

Suivant l'arrêt du confeil du 2 février 1762 les ouvrages de Bonneterie de fil travaillés a tricot ou au métier & venant des province reputées étrangères doivent à l'entrée des cin groffes fermes vingt livres par cent pefant.

Les bonnets de laine de toute efpèce doiven comme mercerie, pour droit de fortie, troi livres par cent pefant.

La Bonneterie de France allant directement à l'étranger eft exempte des droits de fortie, en rempliffant les formalités prefcrites par l'ar rêt du 13 octobre 1743 & les lettres-patentes du 22 décembre de la même année.

Il faut remarquer que les ouvrages de Bonne terie quels qu'ils foient ne peuvent être entre pofés dans les quatre lieues frontières de l'é tranger ni y être colportés fans acquit à caution. Les conteftations relatives à cet objet font de la compétence des intendans. C'eft ce qui ré fulte de l'arrêt du confeil du 13 août 1772.

Voyez

Voyez *les lois citées, & les observations sur le tarif de 1664, &c.* Voyez auffi les articles ENTRÉE, SORTIE, MARCHANDISE, SOU POUR LIVRE, &c.

BORAX. C'eft une fubftance qui reffemble affez à de l'alun.

Le Borax gras paye pour droit d'entrée quatre livres par cent pefant, & le Borax rafiné fept livres dix fous, conformément au tarif de 1664.

Voyez ce tarif & les articles ENTRÉE, SORTIE, MARCHANDISE, SOU POUR LIVRE, &c.

BORDEAUX. Ville confidérable ; capitale de la Guyenne.

Cette ville & le petit pays du voifinage appelé *le bourdelois* font régis par le droit écrit que modifie une coutume qui renferme quelques difpofitions différentes de celles des lois romaines.

Lorfque la coutume de Bordeaux ne s'eft pas expliquée fur certains points de droit, ce n'eft ni à la coutume de Paris ni à d'autres coutumes qu'on a recours pour les faire décider, mais au droit écrit.

Le barreau du parlement de Bordeaux a donné le 28 mai 1728 un acte de notoriété par lequel il eft attefté que dans le bourdelois on décide toutes les conteftations par les règles du droit écrit, excepté les cas où la coutume fe trouve oppofée à ces règles.

Louis XI donna des lettres-patentes en 1474, par lefquelles il accorda l'exemption du droit d'aubaine en faveur des étrangers qui viendroient s'établir à Bordeaux ; mais l'effet de ces lettres non renouvelées ne pourroit pas être réclamé, parce que le droit d'aubaine est un droit domanial inaliénable.

Par édit du mois de septembre 1616, il fut ordonné qu'il seroit procédé à la réunion & à la revente à faculté de rachat des greffes, présentations, affirmations & insinuations du ressort du parlement de Bordeaux.

Par un autre édit du mois de mars 1639, il fut ordonné une vente & revente des domaines de Languedoc, Quercy, Guyenne, domaine de Navarre & de la feue reine Marguerite dans le ressort des parlemens de Toulouse & de Bordeaux.

Les domaines de la ville de Bordeaux & les droits seigneuriaux du duché de Guyenne, ci-devant aliénés, ont été réunis au domaine, en conséquence de l'édit du mois d'avril 1667, par arrêt du conseil des 28 juillet & 31 décembre 1668.

Un arrêt du conseil du 25 juin 1669, a ordonné que les acquéreurs & engagistes des contrôles, des greffes & des consignations créés dans le ressort du parlement de Bordeaux par édit du mois de septembre 1637, rapporteroient leurs titres pour être remboursés ; sinon que le fermier général entreroit en jouissance.

Un autre arrêt du conseil du 5 août 1669, a aussi ordonné que les engagistes des greffes, contrôles, consignations, places de clercs, présentations, parisis, & petits sceaux des cours des parlemens de Toulouse & de Bordeaux & des juridictions du ressort, rapporteroient leurs titres pour être remboursés ; faute de quoi le fermier général entreroit en jouissance des mêmes droits.

Un autre arrêt du conseil du 10 décembre 1670, a ordonné la réunion des domaines, contrôle des exploits, amendes, affirmations & autres droits compris au bail de Vialet dans l'étendue du parlement de Pau & de la généralité de Bordeaux, & qu'il seroit procédé à la recherche des mêmes domaines & droits domaniaux usurpés ou négligés, soit en tout ou en partie, & même à la confection d'un papier terrier.

Les lods & ventes des biens nobles sont dus dans la sénéchaussée de Guyenne, à raison du huitième denier, suivant la coutume; il en doit être ainsi pour toutes les terres & seigneuries mouvantes du duché de Guyenne : les lods & ventes des biens nobles pour les sénéchaussées de Perigueux & Sarlat, pays de droit écrit, doivent être payés sur le pied du sixième, & à l'égard des biens rôturiers sur le pied du douzième. C'est ce qui résulte d'un acte de notoriété du parquet des tréforiers de France de la généralité de Guyenne, du 4 juin 1683.

Un arrêt du conseil du 24 octobre 1747, a déclaré que la haute, moyenne & basse justice dans la ville, fauxbourgs & banlieue de Bordeaux, appartient à sa majesté privativement aux maire, sous-maire & jurats qui n'ont que le simple exercice des portions de cette justice que sa majesté veut bien leur confier; le même arrêt a ordonné que toutes les amendes qui seroient prononcées par ces officiers, soit dans l'exercice de la juridiction criminelle, soit dans celle de la police, à quelque somme qu'elles puffent monter, appartiendroient à sa majesté,

& que le recouvrement en feroit fait par le fermier du domaine.

Le franc-aleu n'a point lieu dans la Guyenne,
fans titre. C'eft ce qui a été jugé par un arrêt du
4 juin 1737, qui a condamné le fieur Lefpare à
payer les lods & ventes d'une maifon fituée à
Bordeaux, qu'il prétendoit être un franc-aleu,
mais fans en produire aucun titre.

Par l'arrêt du confeil du 9 mai 1724 la ville
de Bordeaux a été déboutée de fa demande
tendante à l'abonnement des droits de contrôle
des actes & autres y joints.

Les habitans de Bordeaux ont prétendu l'exemption des droits de franc-fief, en vertu d'un traité
fait en 1451, entre Charles VII & les députés
de cette ville, confirmé en 1550, Ces privilèges
fe trouvèrent révoqués par l'édit du mois d'août
1692, & ces habitans ne furent déchargés du
droit en 1703 qu'au moyen des finances qu'ils
payèrent & qui tinrent lieu d'abonnement.

Par arrêt du confeil du 20 février 1714, fans
avoir égard à une ordonnance de M. l'intendant de
Bordeaux, qui avoit déchargé les mêmes habitans
du payement de ce droit, fous prétexte d'un arrêt
du confeil du 15 février 1707 confirmatif de
de leurs privilèges, il a été ordonné que les habitans roturiers de Bordeaux, qui depuis le premier de janvier 1702, avoient acquis à quelque
titre que ce pût être des fiefs & autres biens
nobles feroient tenus de payer pour le droit de
franc-fief une année du revenu des mêmes biens,
moyennant quoi ils demeureroient affranchis de
ce droit pendant leur vie.

Les maire & jurats de Bordeaux ayant obtenu au mois de mai 1716, des lettres-patentes

portant confirmation de leurs priviléges se pourvurent en opposition contre l'arrêt de 1714 ;
mais ils furent déboutés par autre artêt du 19
août 1718, qui ordonna l'exécution de celui du
20 février 1714 selon sa forme & teneur.

Par un autre arrêt du conseil du 14 novembre
1721 sans s'arrêter à une ordonnance de M. l'intendant de Bordeaux, le sieur Jean Condol bourgeois de la ville de Bordeaux, a été condamné
au payement du droit de franc-fief d'un bien
en franc-aleu noble ; M. l'intendant avoit fait
une distinction entre le franc-aleu de concession
& de privilège, & le franc-aleu naturel & de
droit commun ; & il prétendoit que le premier
seulement étoit noble, & que l'autre indépen-
dant de toute concession & de toute mouvance
étoit possédé allodialement avec toutes sortes
de franchises & de libertés.

Dans l'étendue de la sénéchauffée de Bordeaux,
il se perçoit de temps immémorial à l'entrée &
à la sortie des marchandises, un droit connu sous
la dénomination de *comptablie*.

Cet impôt se divise en deux autres droits qu'on
nomme la grande & la petite coutume.

La ville de Bordeaux jouissoit dans l'origine
du droit de grande coutume.

A l'égard de celui de petite coutume, il avoit
été donnné en 1041 par Guillaume VIII duc de
Guyenne à l'abbaye de Sainte Croix : mais les
religieux de cette abbaye situés alors hors de la
ville, & qui pendant les guerres craignóient les
incursions de l'ennemi, firent cession de la petite
coutume à la ville de Bordeaux, sous la condition que leur couvent seroit enclos dans les
murailles de la ville.

En 1548, Henri II réunit à son domaine la grande & la petite coutume.

Au mois de juin 1563, Charles IX rendit une ordonnance portant réglement pour les droits de comptablie.

Le vin par cette ordonnance est affujetti à un droit fixe à la fortie ; mais toutes les autres marchandifes doivent acquitter les droits à la valeur.

Le taux est à la fortie de douze deniers tournois pour livre, faifant cinq pour cent de la valeur des marchandifes lorfqu'elles fortent pour compte étranger, & de fix deniers tournois faifant deux & demi pour cent lorfque c'est pour compte françois.

A l'entrée, les marchandifes pour compte étranger doivent quatorze deniers obole pour livre, faifant fix pour cent de leur valeur, dont cinq pour cent pour droit de grande coutume, & un pour cent pour droit de petite coutume.

Lorfqu'elles entrent pour compte françois, elles ne doivent que huit deniers obole pour livre, faifant trois & demi pour cent de leur valeur ; favoir deux & demi pour cent de grande coutume & un pour cent de petite coutume.

Cette diftinction de françois & d'étranger n'a lieu que dans le port de Bordeaux.

Dans les autres ports de Bourg, Blaye & Libourne, le droit est de douze deniers tournois pour livre, faifant cinq pour cent de la valeur à l'entrée ; il est le même à la fortie & fe paye indiftinctement, foit pour compte François, foit pour compte étranger.

Il est à obferver qu'à Bordeaux & dans les autres ports la marchandife qui fort pour le compte & au nom de celui pour qui elle eft entrée ne doit point le droit de fortie.

Par le réglement de 1563 le vin du crû de la féréchauffée dit vin de ville, fortant par le port de Bordeaux, ou par les autres ports de la féné-chauffée eft impofé par tonneau à un droit fixe de vingt-un fous tournois, dont vingt fous pour la grande coutume & un fou pour la petite.

Le vin du haut pays eft fixé par tonneau à vingt-fix fous tournois, dont vingt-cinq fous pour la grande & un fou pour la petite cou-tume.

Le réglement de 1563 accordoit aux bourgeois de Bordeaux un privilége fur les vins de ville, qu'ils chargeoient pour leur compte.

Le droit au lieu de vingt-un fous par tonneau étoit réduit à onze fous ; ils étoient même exempts des onze fous lorfque le vin étoit de leur crû & chargé pour leur compte ; mais l'état des chofes à cet égard a été changé par un arrêt du confeil du 15 novembre 1675, & ce changement a été confirmé par une déclara-tion du 14 Mars 1682.

Il y avoit encore une modération de droit fur toutes les marchandifes chargées dans les ports de la féréchauffée pour compte anglois & fur navires anglois ; mais les conjonctures dans lefquelles la France s'eft trouvée relative-ment au traitement qu'éprouvoient en Angle-terre les marchandifes du royaume ont donné lieu à faire ceffer cette modération.

Les droits fur les marchandifes étant, ainfi qu'on l'a dit, dûs felon la valeur, & l'appréciation étant fufceptible de conteftation, il avoit été or-donné par le réglement de 1563, que les tré-

foriers de France comme juges du domaine &
de l'appréciation régleroient le prix des marchandifes, & que d'après ce prix les droits de
grande & de petite coutume feroient perçus, fuivant qu'ils feroient différemment dûs par les
regnicoles & les étrangers.

Ces appréciations faites de gré entre les marchands & les commis étant fouvent arbitraires,
donnoient lieu à des abus & faifoient naître des
conteftations qui portées en juftice produifoient
des retardemens toujours préjudiciables aux intérêts du commerce.

Il fut fait un tarif d'appréciation concerté entre les députés des corps & communautés des
marchands de Bordeaux & l'adjudicataire général
des fermes.

Ce tarif fut arrêté le 22 feptembre 1688 par
M. de Bezons alors intendant de Bordeaux, &
revu depuis & arrêté de nouveau par M. de la
Bourdonnaye auffi intendant le 23 mai 1702.

Toutes les marchandifes dont l'évaluation eft
faite par ce tarif, payent les droits de comptablie fur le pied de cette évaluation.

A l'égard celles qui ne font point évaluées,
le marchand eft tenu de faire fa déclaration de
leur valeur, & les droits de comptablie doivent
être perçus fur le pied de cette valeur déclarée.
Si les fermiers jugent la déclaration trop foible,
les arrêts & les lettres-patentes des 2 août 1740
& 27 feptembre 1747 leur donnent la liberté
de retenir la marchandife pour la valeur déclarée en payant le fixième en fus de cette valeur.

Indépendamment de ce droit de comptablie
ou de grande & petite coutume, qui forme
un droit général & qui porte fur prefque toutes

les marchandifes, on perçoit encore fur certaines marchandifes à l'entrée & à la fortie, & fur d'autres à la fortie un droit connu fous la dénomination de *convoi de Bordeaux*.

Les marchandifes fur lefquelles il fe lève à la fortie, font les vinaigres, les eaux-de-vie, les noix, les chataignes, la cire & la réfine.

Celles fur lefquelles il eft perçu à l'entrée & à la fortie, font le vin, le miel, le fel & les prunes.

On ne connoît point l'origine du convoi de Bordeaux : fuivant la chronique bordeloife, il fut établi en 1586 par le maréchal de Matignon qui étoit alors gouverneur de Guyenne, pour fubvenir aux néceffités actuelles, & continué depuis pour fournir aux dépenfes des guerres, foit étrangères, foit civiles qui ont défolé cette province.

Henri IV réunit cet impôt à la couronne & le rendit perpétuel ; mais il le diminua environ de moitié.

En 1613 les habitans de Bordeaux obtinrent la permiffion de lever le même droit à leur profit pour entretenir des vaiffeaux deftinés à protéger le commerce ; ce fecond convoi a été depuis réuni au premier pour ne former qu'un feul & même droit, & a été joint dans la fuite aux cinq groffes fermes. Le convoi de Bordeaux a été fixé par différens réglemens qui font intervenus fucceffivement pour chaque efpèce de marchandife.

Les droits attribués aux courtiers de Bordeaux ont été réunis à la ferme de la comptablie & du convoi par arrêt du confeil du 27 avril 1680, & la perception en a été réglée par une déclaration du 14 mars 1682.

. Voyez la *coutume de Bordeaux* ; *l'acte de notoriété du parlement de Bordeaux du 28 mars 1728* ; *les édits de septembre 1616, mars 1639 & avril 1667* ; *les arrêts du conseil des 28 juillet & 31 décembre 1668, 25 juin & 5 août 1669, 27 janvier & 10 décembre 1670, 9 mai 1724 & 24 octobre 1757* ; *l'édit du mois d'août 1692* ; *les arrêts du conseil des 20 février 1714, 19 août 1718 & 14 novembre 1721* ; *le dictionnaire raisonné des domaines* ; *l'ordonnance de Charles IX du mois de juin 1563* ; *l'arrêt du conseil du 15 novembre 1675* ; *la déclaration du 14 mars 1682* ; *les tarifs des 22 septembre 1688 & 23 mai 1702* ; *les arrêts & les lettres-patentes des 2 août 1740 & 27 septembre 1747* ; *l'arrêt du conseil du 27 avril 1680* ; *la déclaration du 14 mars 1682* ; *les mémoires sur les impositions & droits établis en France*, &c. Voyez aussi les articles FRANC-FIEF, CONTRÔLE, GREFFE, CONSIGNATION, FRANC-ALEU, PARLEMENT, &c.

BORDELAGE. C'est un droit seigneurial établi particuliérement dans le Nivernois, en vertu duquel le seigneur perçoit une partie des revenus tenus de lui à titre de *Bordelage*.

Ce droit a donné lieu à un chapitre particulier qui est le sixième de la coutume de Nivernois. Suivant les dispositions qu'il renferme, toutes sortes d'héritages peuvent se donner à Bordelage moyennant tel prix dont il plaît aux parties de convenir entr'elles.

Le Bordelage emporte avec lui directe seigneurie, & il se reconnoît à une redevance annuelle qui consiste en argent, en bled & *en plume*, c'est-à-dire en volaille ; si l'une de ces trois espèces manquoit, le Bordelage n'en seroit pas moins établi ; mais s'il en manquoit deux des trois, ce ne feroit plus un droit de Bordelage, à moins que le titre ne s'en expliquât autrement.

Lorfque le cenfitaire laiffe paffer trois ans confécutifs fans payer fa redevance, le feigneur peut exercer la commife de l'héritage, s'en dire faifi comme s'il en avoit la poffeffion actuelle & ufer de fes droits envers celui qui en eft le détenteur. Cependant il doit faire confirmer fa poffeffion par la juftice, & il ne peut expulfer le tenancier qu'il n'ait obtenu contre lui un jugement. Obfervez encore fur cet article, que quoique les trois années foient écoulées, fi le cenfitaire vient offrir à fon feigneur tout ce qui peut lui être dû avant que celui-ci ait fait aucun acte judiciaire ou qu'il ait pris aucune poffeffion, il fe met par-là à couvert des fuites de fa négligence.

Malgré la commife effectuée le cenfitaire n'en eft pas moins obligé de payer les arrérages échus jufqu'au jour qu'il a été dépouillé de la poffeffion de l'héritage, & s'il entre en conteftation avec le feigneur, il n'en doit pas moins reftituer les fruits qu'il a pu percevoir pendant qu'elle a duré.

Lorfque le jour du payement des droits de Bordelage eft déterminé, le cenfitaire qui n'eft pas à plus de quatre lieues de diftance de la demeure du feigneur doit les aller acquitter dans fon hôtel ; mais s'il eft domicilié au delà des quatre lieues c'eft au feigneur à envoyer demander fon payement, à moins que par les titres il n'y ait à ce fujet une convention contraire.

Le détenteur à titre de Bordelage ne peut divifer ni démembrer les héritages qu'il a reçus par un même contrat ; s'il le faifoit, le feigneur pourroit recourir à l'autorité de la juftice pour l'obliger de les remettre dans leur premier état ; & fi dans l'année & le jour, à compter de celui de la notification du jugement qui l'y condamneroit il n'avoit point fatisfait à cette obligation, le feigneur demeureroit de plein droit faifi des héritages démembrés.

Si différens cenfitaires poffédoient plufieurs héritages à eux concédés à titre de Bordelage par plufieurs feigneurs & par divers contrats, ils pourroient les partager entr'eux comme bon leur fembleroit.

Le cenfitaire peut bien améliorer les héritages dont il eft détenteur ; mais il lui eft expreffément défendu de les détériorer. Il ne peut détruire les bâtimens pour les reconftruire hors des héritages qui lui ont été laiffés ; il ne peut pas non plus arracher les arbres fruitiers ni convertir la fuperficie du fol pour en faire un héritage de moindre valeur qu'auparavant. S'il en agiffoit autrement le feigneur pourroit revendiquer ce qui fe trouveroit tranfporté hors de fon fonds & conclure à des dommages-intérêts.

Lorfque le cenfitaire trouve les héritages trop à charge pour lui, il peut en faire le délaiffement à fon feigneur, pourvu qu'il les lui remette en bon état & qu'il paye en même temps les arrérages qu'il peut devoir. Ce délaiffement doit fe faire au feigneur en perfonne ou en juftice en préfence de fon procureur fifcal.

La fucceffion des héritages tenus en Bordelage ne fuit pas la loi ordinaire des autres fucceffion. Pour y fuccéder il faut deux chofes :

être parent du défunt & se trouver en communauté soit de fait ou de droit avec lui lors de son décès, autrement le seigneur succède lui seul à ces sortes d'héritages. Néanmoins les héritiers en ligne directe qui sont au premier degré peuvent succéder préférablement au seigneur quoiqu'ils n'aient pas été en communauté avec le défunt ; mais ceci ne doit s'entendre que de la ligne directe descendante ; car il a été jugé par un arrêt du 29 août 1737 qu'une mère ne pouvoit pas succéder à des héritages de la nature de ceux dont il s'agit, que sa fille avec laquelle elle n'étoit point en communauté avoit laissés à son décès.

Il faut pourtant observer que si lors de la concession des héritages, il avoit été dit par le titre que la chose seroit égale, soit que le fonds eut été *parti* ou non *parti*, l'héritier quoique non commun ne laisseroit pas d'y succéder.

Lorsque le détenteur du fonds sujet au Bordelage en fait une aliénation à titre de vente, le seigneur peut en exercer la retenue en remboursant à l'acquéreur le prix principal avec les frais & les loyaux-coûts, ou il peut se contenter du tiers denier en sus du prix de la vente.

Si pendant que plusieurs particuliers sont en communauté ou en société, l'un d'eux prend un héritage à titre de Bordelage, le contrat profite à ses associés, pourvu toutefois que le seigneur y consente ; car s'il s'y opposoit, l'héritage resteroit à celui seul à qui il auroit été cédé, à la charge toute fois par ce dernier de tenir compte à la communauté de ce qu'il y auroit pris pour parvenir à la concession de l'héritage.

Le Bordelage & tous les droits qui en dépendent subissent en fait de prescription, la même loi que celle qui est portée pour les censives dans la coutume de Nivernois.

Une chose encore remarquable au sujet du Bordelage, c'est que la veuve du détenteur soit qu'elle soit de franche ou de serve condition, ne peut prétendre au préjudice du seigneur aucun douaire sur les héritages que son mari tenoit à titres de Bordelage ; la coutume s'explique formellement à cet égard.

On a même jugé par un arrêt du 17 mai 1740, qu'un détenteur de fonds à titre de Bordelage, n'en pouvoit nullement disposer par testament en faveur d'un parent non-commun, quand même ce parent se trouveroit habile à succéder aux autres biens du détenteur.

Il n'est pas de même décidé qu'on ne puisse pas en disposer par donation entre-vifs, au profit de quelqu'un avec lequel on n'est pas en communauté : l'article 4 du chapitre des donations de la coutume du Nivernois ne fait aucune distinction à cet égard. Le chapitre des fiefs en autorisant toute espece de disposition de biens seigneuriaux, n'excepte point ceux qui sont tenus à titre de Bordelage, ainsi il paroît naturel de penser qu'on peut valablement les léguer ou les donner à des parens sans faire attention s'ils sont en communauté ou non avec le donateur ; surtout si l'on considere qu'un legs fait par le sieur Gayot chargé des affaires de la maréchale de Villars, à Françoise Gayot sa niece, de *tous les biens qui lui appartenoient, étant en Bordelage & main-morte* dans la coutume de Nivernois, a été confirmé par un arrêt du 19 mai 1759, quoique cette fille ne fût point commune en biens avec son oncle.

La même chofe avoit été précédemment jugée par un arrêt du 7 août 1690, contre l'évêque & le chapitre de Nevers & contre l'abbé de Fontmorigny, fur des actes de notoriété dont le rapport avoit été ordonné par un autre arrêt de l'année d'auparavant.

Quoique le Bordelage puiffe s'établir, comme nous l'avons dit, fur toutes fortes d'héritages, il ne peut pourtant plus avoir lieu fur les maifons & les édifices de la ville de Nevers. Rien n'étoit plus contraire qu'un tel droit à la régularité des bâtimens & à la décoration de la ville. Ce droit a été commué en un cens par différens arrêts du confeil privé, obtenus par un duc de Nevers, les 16 août 1577, 14 mai 1578, & 2 juillet 1579.

A l'égard des autres villes de la province de Nivernois, on ne peut pas créer à la vérité de nouveaux Bordelages fur les maifons qui les compofent, mais on peut laiffer fubfifter les anciens, & les feigneurs à qui ces bâtimens reviennent par le droit de fuccéder que le Bordelage leur donne, peuvent les concéder de nouveau à la charge de la reverfion. L'article 30 du chapitre 6 de la coutume, s'en explique ainfi.

En fait de reverfion au fujet des héritages dont il s'agit, M. de Varicourt dans fes aditions à la collection de Denifart, nous apprend qu'une faifie réelle établie fur ces fortes d'héritages eft un obftacle à cette reverfion pour le feigneur ; que dans une efpèce où les biens d'une femme avoient été faifis réellement après fon décès, & dont il y avoit eu différens baux judiciaires, le feigneur n'avoit pu exercer fon droit de reverfion fur les héritages qui dépendoient de lui pour les réunir à fon domaine, parce que ces mêmes héritages fe trouvoient fous la main de juftice, & que le parlement l'a ainfi formellement jugé le 2 août 1763.

Ce préjugé ne nous paroîtroit pas fingulier fi la faifie réelle avoit été antérieure au décès de la femme, parce que le feigneur trouvant alors fes héritages fous la main de juftice, n'auroit pas pu s'en dire poffeffeur de plein vol. Mais fon droit de fuccéder opérant de lui-même tout fon effet dès l'inftant du décès, il femble qu'une faifie réelle qui ne vient qu'après, ne devroit point nuire à un droit déja acquis.

Il exifte dans le Bourbonnois une autre efpèce de Bordelage connu fous le titre de *taille-réelle* dont il eft parlé au chapitre 30 de la coutume de cette province. Nous en parlerons particulièrement à l'article TAILLE-RÉELLE.

La coutume de la Marche ne parle point de Bordelage ; mais au chapitre 17 de fes difpofitions concernant les hommes *ferfs & mortaillables*, elle renferme nombre d'articles affez analogues à ceux de la coutume du Nivernois & du Bourbonnois au fujet du *Bordelage* & de la *taille-réelle* ; de forte qne ces trois coutumes peuvent fe prêter mutuellement des explications fur les droits de la nature de ceux dont il s'agit dans cet article.

Voyez *les coutumes du Nivernois, du Bourbonnois & de la Marche ; les queftions de Coquille fur le Bordelage*, &c. Voyez auffi les articles SERVITUDE ET TAILLE-RÉELLE. (*Article de M. DAREAU*, &c.)

BORDEREAU

BORDEREAU. C'eſt en termes de finances, le mémoire des eſpèces diverſes qui compoſent une certaine ſomme.

Lorſque quelqu'un ſe reconnoît débiteur ou dépoſitaire d'une certaine ſomme, ſuivant le Bordereau des eſpèces joint à l'acte, c'eſt la ſomme que compoſent les eſpèces déſignées au Bordereau, qui eſt la ſomme due, quoique celle exprimée par l'acte ſoit différente. La raiſon en eſt que cette dernière n'eſt que le réſultat d'une erreur de calcul.

Lorſqu'il ſurvient une diminution dans la valeur des monnoies, le roi tient compte à ſes fermiers de cette diminution, ſur les eſpèces qui ſe trouvent alors dans les recettes, en repréſentant des Bordereaux de ces eſpèces, vérifiés par les commiſſaires du conſeil ou par les intendans, leurs ſubdélégués ou autres officiers. C'eſt ce qui réſulte de l'article 140 du bail de Charriere du 18 mars 1687, & de l'article 592 de celui de Forceville du 16 ſeptembre 1738.

Par arrêt du conſeil du 24 ſeptembre 1710, il a été ordonné de dreſſer des procès-verbaux des eſpèces & effets qui ſe trouveroient en caiſſe provenans des droits des fermes, lorſqu'il arriveroit des diminutions d'eſpèces. Le même arrêt a enjoint aux ſubdélégués dans les lieux où il y en a, & aux juges dans les lieux où il n'y a point de ſubdélégués, de vérifier les regiſtres des commis & de viſer les Bordereaux qu'ils auroint dreſſés, pour conſtater les eſpèces & effets que ces prépoſés auroient en caiſſe : ce que les ſubdélégués & juges ſont tenus de faire ſans frais, à la première requiſition qui leur en eſt

faite par les employés, à peine de défobéï-
fance.

Un particulier ayant été chargé par un contrôleur ambulant de la ferme du contrôle des
actes, de remettre pour lui 3000 livres à la
caiffe de Paris, il y arriva après la diminution
ordonnée par l'édit d'août 1723, & voulut faire
recevoir 8000 livres, au lieu des 3000 livres
qu'on lui avoit remis; mais par arrêt du confeil
du 18 octobre 1723, il fut condamné à 500 livres d'amende.

La déclaration du 7 décembre 1723, article
11, porte que les receveurs particuliers, fous-
réceveurs, buraliftes, & contrôleurs des exploits ou des actes, & autres qui font leur réfidence hors le lieu où eft établi le receveur général, dans les mains defquels il fe trouvera des
efpèces provenantes de leur recette, au jour
que les diminutions auront lieu, feront la repréfentation des mêmes efpèces & de leurs regiftres de recette au fubdélégué s'il y en a un, finon au juge Royal du lieu, & au défaut de juge
royal, à celui de la juftice feigneuriale, notaire,
tabellion ou autre perfonne publique, qui para-
phera les regiftres au-deffous du dernier enregiftrement, & donnera acte de la repréfentation
des efpèces & du paraphe, fans frais; dequoi il
fera délivré deux expéditions, l'une au comptable pour la remettre dans le mois à fon receveur
principal, qui lui en fournira fa reconnoiffance,
portant promeffe de lui en tenir compte, après
que par la vérification qui aura été faite des regiftres, l'acte fe fera trouvé conforme aux mêmes regiftres, & l'autre expédition fera en-
voyée fur le champ par l'officier qui aura dreffé

l'acte à l'intendant pour être adressée à M. le contrôleur général des finances.

Si dans l'intervalle on avoit chargé des espèces aux voitures, le récépissé & le Bordereau en doivent être représentés à l'officier, dont mention doit être faite dans le procès verbal.

L'article 12 de la même déclaration, porte que ceux qui auront fait comprendre dans les actes ou procès-verbaux, des espèces autres que celles de leur recette, seront sujets à la peine du quadruple, dépossédés de leur emplois & déclarés incapables d'en pouvoir posséder à l'avenir, outre la confiscation des deniers étrangers.

A l'égard des remises que les receveurs particuliers font en espèces aux receveurs généraux par les voitures publiques, il faut également faire des Bordereaux.

Voyez *le bail de Charriere du 18 mars 1687 & celui de Forceville du 16 Septembre 1738 ; l'arrêt du conseil du 24 septembre 1720 ; la déclaration du 7 décembre 1723 ; le dictionnaire raisonné des domaines ;* &c. Voyez aussi les articles RECEVEUR, MESSAGERIE, MONNOIE, &c.

BORDIGUE. C'est en termes de pêche, un espace retranché avec des claies sur le bord de la mer pour prendre du poisson.

Les Bordigues se placent ordinairement sur les canaux qui vont de la mer aux étangs salés.

Comme les Bordigues peuvent être un obstacle à la liberté de la pêche & de la navigation, il est défendu à toutes sortes de personnes sous peine de confiscation & de 3000 livres d'amende, d'en construire sans une permission expresse du roi. C'est ce que porte l'article premier du titre 4 du livre 5 de l'ordonnance de la marine.

Suivant l'article 2, ceux qui ont obtenu du roi les lettres néceſſaires pour l'établiſſement de quelque Bordigue doivent les faire enregiſtrer au greffe de l'amirauté dans le reſſort de laquelle ils veulent pêcher.

Les propriétaires des Bordigues doivent mettre ſur les extrémités les plus avancées en mer des hoirins, bouées ou gaviteaux (*), pour avertir les navigateurs, ſous peine de payer le dommage arrivé faute d'avoir pris cette précaution, & de privation de leur droit de pêcherie. C'eſt ce qui réſulte de l'article 3, où toutefois il n'eſt parlé que de madragues, autre eſpèce de pêcherie : mais les diſpoſitions de cet article doivent s'étendre aux Bordigues, puiſqu'elles peuvent donner lieu aux mêmes inconvéniens que les madragues.

L'article 4 défend ſous les mêmes peines, de placer aucune Bordigue dans les ports & autres lieux où elle puiſſe nuire à la navigation. Ces lieux doivent s'entendre, comme le remarque M. Valin, non-ſeulement des avenues des ports, mais encore de tout eſpace qui n'eſt pas éloigné de deux cens braſſes du paſſage ordinaire des vaiſſeaux. Ainſi des Bordigues qui feroient placées en contravention de cet article, même avec la permiſſion du roi, ne pourroient ſubſiſter, parce qu'une telle permiſſion n'auroit été obtenue que par ſurpriſe. C'eſt pourquoi ceux qui en auroient uſé ne feroient pas moins reſponſables du dommage que leurs Bordigues

_____

(*) Ces mots s'emploient pour exprimer des ſignes deſtinés à marquer les lieux dangereux que la mer couvre.

auroient pu occasionner aux navires, quand même ils auroient mis à ces Bordigues des hoirins, bouées ou gaviteaux.

Les propriétaires ou fermiers des Bordigues sont tenus d'en curer annuellement les fosses & canaux, ensorte qu'il y ait en tout temps quatre pieds d'eau au moins, à peine de trois cens livres d'amende & d'y être mis des ouvriers à leurs frais. C'est la disposition de l'article six. Il est clair qu'en cela le législateur a eu pour objet de faciliter la navigation des bâtimens qui peuvent être obligés d'entrer dans ces fosses & canaux : ainsi l'écrivain qui a commenté l'ordonnance de la marine avant M. Valin, n'a pas compris le sens de cet article, lorsqu'il a dit que les quatre pieds d'eau étoient éxigés *de peur que les Bordigues venant à contracter l'odeur du poisson, qui de soi est très-puant, particulièrement quand il est vieux pêché, n'empuantissent l'air du voisinage.*

L'article sept défend sous la même peine de trois cens livres d'amende, aux propriétaires ou fermiers des Bordigues, de les fermer depuis le premier mars jusqu'au dernier juin. Cet article enjoint en même-tems aux officiers de l'amirauté de faire ouvrir les Bordigues durant cet espace de temps, sous peine de suspension de leurs charges.

L'objet de ces dispositions a été la conservation du frai que le poisson dépose ordinairement pendant les mois de mars, avril, mai & juin. Ainsi le commentateur cité n'a pas mieux compris cet article que le précédent en disant que le législateur a voulu faire entendre que *c'étoit principalement pendant les mois de mars, avril, mai & juin de chaque année, que les pêcheurs qui ont établi des Bordigues avec permiffion, font obligés de les faire valoir fans pouvoir fans difpenfer, &c.*

Suivant l'article 8, les propriétaires ou fermiers ne peuvent point prétendre de dommages & intérêts ni de dépens contre les mariniers dont les bateaux abordent leurs Bordigues, à moins qu'ils ne juftifient que l'abordage n'a eu lieu que par la faute de ces mariniers ou par malice. *Voyez l'ordonnance de la marine du mois d'août 1687, & les deux commentaires publiés fur cette ordonnance.*

BORNAGE, BORNE. On appelle *Bornage*, l'action de planter des Bornes dans un endroit. Et *Borne*, la pierre, l'arbre ou quelqu'autre figne qui fert à féparer un héritage d'avec un autre.

Des voifins font obligés à borner leurs héritages quand quelqu'un d'entre eux le demande; parce que c'eft un moyen pour empêcher les ufurpations & les procès auxquels le défaut de Bornes peut donner lieu.

De cette obligation dérive *l'action de Bornage*, qui eft une action mixte, par laquelle des particulliers, propriétaires d'héritages voifins, agiffent les uns contre les autres pour s'obliger à féparer ces héritages par de nouvelles Bornes ou par le rétabliffement des anciennes.

L'action de Bornage eft perfonnelle, en ce qu'elle eft une fuite de l'obligation que des voifins contractent réciproquement l'un envers l'autre par le voifinage : elle participe auffi de l'action réelle, en ce que par cette action le voifin réclame ce qui fait partie de fon hérifage, & peut fe trouver avoir été ufurpé par fon voifin.

La même action eft encore du nombre de celles qu'on appelle *doubles* ou *réciproques* & dans lefquelles chacun des adverfaires, tant celui qui a formé la demande que celui contre qui elle eft formée, font tout à la fois demandeurs & défendeurs. En effet, chacune des parties réclame contre l'autre ce qui par le Bornage fera prouvé faire partie de fon héritage.

L'action de Bornage peut être intentée par tout poffeffeur qui fe dit propriétaire de l'héritage, fans qu'il faille pour cela qu'il prouve fon droit de propriété. La raifon en eft que fa poffeffion le fait préfumer propriétaire.

L'ufufruitier eft auffi en droit d'intenter l'action de Bornage ; mais il lui importe ainfi qu'au voifin que le propriétaire vienne en caufe, parce que fi le Bornage avoit lieu fans la participation de ce dernier, il pourroit y faire procéder de nouveau.

Il n'en eft pas d'un fermier comme d'un ufufruitier : un fermier ne peut point intenter l'action de Bornage contre fes voifins : mais s'ils lui fufcitent des difficultés au fujet des Bornes des terres qu'il tient à ferme, il eft en droit de fe pourvoir contre le propriétaire pour qu'il ait à faire ceffer ces difficultés.

Puifque l'action de Bornage ne peut pas être intentée par le fermier, il faut en tirer la conféquence qu'elle ne peut pas non plus être intentée contre lui ; du moins doit-il être renvoyé de la demande en défignant le propriétaire dont il tient à ferme l'héritage, qui a donné lieu a l'action.

Le Bornage ayant pour objet de déterminer la ligne qui sépare deux héritages voisins, il faut pour cette opération, que les parties nomment des arpenteurs entre les mains desquels elles doivent mettre leurs titres de propriété, & ceux-ci doivent en conséquence désigner les endroits où il convient de planter des Bornes.

Comme le Bornage se fait pour l'intérêt respectif des parties, les frais en doivent être payés en commun.

L'action d'enlever & transplanter des Bornes d'héritages est un crime qui a lieu,

1°. Lorsqu'on transporte des Bornes pour agrandir son héritage aux dépens de celui de son voisin.

2°. Lorsque par méchanceté on dérange les Bornes qui séparent deux héritages dans l'unique dessein de nuire aux propriétaires de ces héritages.

3°. Lorsqu'on enlève des Bornes de manière qu'il n'en reste aucune indication.

4°. On se rend aussi coupable du même crime lorsque pour répandre de l'obscurité sur un procès intenté relativement à des limites d'héritages, on change l'état des lieux.

Suivant les loix romaines, ceux qui supprimoient ou dérangeoient des Bornes servant à séparer des chemins, des juridictions, des héritages, ou qui faisoient enlever ces Bornes par d'autres personnes étoient dans le cas de subir une punition arbitraire & relative aux circonstances & à la qualité du fait & des personnes.

Si celui qui enlevoit des Bornes le faisoit dans le dessein d'agrandir son héritage aux dépens du voisin, il devoit être puni du bannissement à temps, s'il étoit d'un rang diftingué, & condamné aux travaux publics pendant deux ans, s'il étoit d'une condition vile ; cette dernière peine répond parmi nous à celle des galères à temps.

Quant à celui qui pendant le cours d'un procès arrachoit ou tranfportoit des bornes pour nuire aux droits de fon adverfaire, il devoit être puni arbitrairement, relativement à la nature & aux conféquences du délit.

Si l'enlèvement ou la tranfplantation des Bornes fe faifoit fans aucun motif d'intérêt particulier, mais par pure méchanceté, la peine fe réduifoit en dommages & intérêts.

Celui qui enlevoit des Bornes dans le deffein d'en faire fon profit, devoit être puni comme coupable de vol. La loi 2 *in fine*, *ff. de termino moto*, prononce pour ce cas la peine du fouet.

Parmi nous la punition de ceux qui enlèvent ou tranfportent des Bornes eft relative à la qualité du fait & des perfonnes. Ordinairement c'eft le fouet & le banniffement & quelquefois les galères. On doit d'ailleurs condamner les coupables aux dommages & intérêts des parties.

La coutume de Bretagne veut que l'on puniffe comme des voleurs ceux qui arrachent des Bornes fciemment ou qui en mettent de fauffes.

Le crime d'enlèvement de Bornes peut être pourfuivi, non-feulement à la requête des particuliers, mais encore par le miniftère public. C'eft une fuite de ce que porte la loi 3, *ff. de termino moto*. C'eft auffi une difpofition de l'article 8 du titre 2 de l'ordonnance criminelle du duc Léopold de Lorraine du mois de novembre 1707.

Toute action relative à l'affiette & au changement des Bornes des forêts du roi eft de la compétence des officiers des maîtrifes. C'eft ce que porte l'article 2 du titre premier de l'ordonnance des eaux & forêts du mois d'août 1669.

Suivant l'article 10 du titre 10, les fergens à garde doivent tous les mois faire leur rapport du nombre des Bornes, de l'état des haies & foffés qui font en leurs gardes, fous peine de répondre en leur privé nom des événemens & d'amende arbitraire ou de reftitution, même de l'un & de l'autre, fuivant les circonftances.

Les arpenteurs-jurés des maîtrifes font obligés de vifiter une fois chaque année les foffés, Bornes, arbres de lifière fervant de limites aux forêts du roi, & à celles dans lefquelles fa majefté a intérêt pour connoître s'il y a quelque chofe de rempli, changé, arraché ou tranfporté; de faire lorfqu'il en eft befoin des affiettes ou remplacemens de Bornes fur les ordres des grands-maîtres ou des officiers des maîtrifes; de marquer les alignemens des foffés à refaire, & de rapporter les procès-verbaux du tout pour les dépofer au greffe des maîtrifes trois jours après leurs vifites, à peine d'interdiction pour la première fois qu'ils y auront manqué, & de punition pour la feconde. C'eft ce qu'ordonne l'article 7 du titre 11 de l'ordonnance citée.

L'arpenteur qui par féduction auroit celé un tranfport ou arrachement de Bornes, fouffert ou fait lui-même un changement de pieds corniers, doit être dès la première fois privé de fa

commiffion, condamné & banni à perpétuité
des forêts, fans que les officiers puiffent modé-
dérer ou différer la condamnation, à peine de
perte de leurs charges. C'eft ce que porte l'article 8 du même titre.

Les officiers des maîtrifes faifant leurs vifites
doivent marquer dans leurs procès-verbaux
l'état des Bornes & foffés, & faire réparer les
entreprifes qu'ils reconnoiffent y avoir été faites
depuis leur dernière vifite, même faire mention
dans les procès-verbaux des vifites fuivantes,
du rétabliffement des chofes en leur premier
état, & des jugemens qu'ils ont rendus contre
les coupables, à peine de demeurer refponfables
folidairement & en leur privé nom de tous les
événemens. Telles font les difpofitions de l'article 5 du titre 27.

Il eft auffi particulièrement recommandé aux
maîtres particuliers faifant leurs vifites de remarquer l'état des foffés, chemins royaux,
Bornes & réparations des forêts du roi, pour y
apporter inceffamment les remèdes qu'ils jugeront à propos. C'eft ce qui réfulte de l'article
7 du titre 4.

Voyez les lois civiles ; le traité du contrat de
fociété ; Profper Farinacius, praxis & theoria
criminalis ; la coutume de Bretagne ; le traité de la
juftice criminelle ; l'ordonnance criminelle du duc
Léopold de Lorraine du mois de novembre 1707 ;
l'ordonnance des eaux & forêts du mois d'août
1669 ; le dictionnaire raifonné des eaux & forêts ;
les lois des bâtimens, &c. Voyez auffi les articles
VOISINAGE, RIVERAIN, CLÔTURE, HAIE,
BOIS, &c.

BOTTE. Sorte de chauffure de cuir dont on fe fert particulièremement pour monter à cheval.

Les Bottes & bottines venant de l'étranger doivent à l'entrée 20 pour cent de la valeur conformément à l'arrêt du confeil du 28 mai 1768.

Les Bottes neuves doivent par douzaine de paires trois livres dix fous pour droit de fortie conformément au tarif de 1664.

Voyez les lois citées, & les articles ENTRÉE, SORTIE, MARCHANDISE, SOU POUR LIVRE, &c.

BOVADE, ou BOHADE. Termes fynonimes employés dans la coutume de la Marche au chapitre *des hommes ferfs & mortaillables* pour marquer le droit qu'a le feigneur d'exiger du fujet qui tient de lui des héritages en ferve ou en mortaillable condition, de l'aider d'une paire de bœufs fans charrette ou d'une charrette fans les bœufs. C'eft ce que porte l'article 137 de cette coutume.

Lorfque le cenfitaire fait un *arban*, c'eft-à-dire une corvée pour fon feigneur, ainfi qu'il y eft obligé toutes les femaines, fuivant l'article 134, s'il fait cet *arban* avec deux bœufs, la corvée lui tient lieu de deux fois ; s'il le fait avec deux bœufs & une charrette, *l'arban* vaut trois corvées, & il en vaut quatre s'il le fait avec quatre bœufs & une charrette.

L'article 136 porte que les tenanciers qui ont des bœufs pendant la plus grande partie de l'année, font obligés d'aider leur feigneur d'une paire de bœufs ou d'une charrette s'ils l'ont, aux choix du feigneur, pour lui aller chercher du vin au vignoble le plus *aifé & le plus conve-*

zable pour eux & pour lui, à la charge par le seigneur de faire fournir par ses autres tenanciers ou de fournir lui-même ce qui est néceffaire pour completter la voiture.

Ceux qui n'ont point de bœufs habituellement pendant l'année en font quittes pour 5, 10 ou 15 fous, fuivant les cas exprimés par l'article 139; cependant fi le cenfitaire a une charrette & que le feigneur en ait befoin, ce cenfitaire doit la fournir, & en ce cas il paye cinq fous de moins.

Voyez *la coutume de la Marche.* Voyez auffi VIÑADE. (*Article de M. DAREAU, avocat, &c.*)

B O U C. Animal à cornes : le mâle de la chèvre.

Suivant l'arrêt du confeil du 17 avril 1763, on peut librement conduire des Boucs chez l'étranger & en faire venir dans le royaume en payant pour tout droit tant à la fortie qu'à l'entrée, un demi pour cent de leur valeur. Par le même arrêt ces animaux font déclarés exempts des autres droits locaux des traites en paffant dans les différentes provinces, foit réputées étran-res, foit des cinq groffes fermes.

Par le tarif annexé à l'arrêt cité, chaque Bouc est eftimé cinq livres, & le droit fixé par conféquent à fix deniers.

Voyez les articles ENTRÉE, SORTIE, MAR-CHANDISE, SOU POUR LIVRE, &c.

B O U C H E R, BOUCHERIE. On appelle Boucher celui qui achete & tue des animaux pour les vendre enfuite en détail aux habitans d'un endroit. Et l'on appelle *Boucherie*, le lieu où l'on tue & où l'on vend publiquement la viande des animaux tués.

Il y a divers réglemens relatifs aux Bouchers & aux Boucheries de Paris , & il importe de les faire connoître. Ainſi nous allons d'abord parler de ce qui concerne les Boucheries en général ensuite quels ſont les droits auxquels les Bouchers ſont tenus envers l'adjudicataire des fermes, & enfin quelle eſt la police à laquelle ils ſont aſſujettis.

Réglemens concernant les Boucheries.

Les Boucheries conſidérées-comme les lieux où les Bouchers débitent leur viande ſe nomment ſouvent étaux , quoique les Boucheries contiennent ordinairement pluſieurs étaux. On ne peut établir ni changer ces étaux attachés ou non à des maiſons particulières ſans ordonnance du lieutenant-général de police. On ne peut point vendre non plus de viande ailleurs à peine de cent livres d'amende.

Ces étaux ſe publient tous les ans le premier mardi d'après la mi-carême à une audience qui ſe tient au châtelet par le lieutenant-général de police , & il les adjuge aux Bouchers qui en demandent la continuation pour le même prix que celui de l'année précédente , ſans que les propriétaires puiſſent les en dépoſſéder ſous aucun prétexte par des baux particuliers. Mais le Boucher eſt obligé de payer de quartier en quartier & par avance le loyer de ces étaux & de les exploiter en perſonne , ſans pouvoir les ſous-bailler à qui que ce ſoit. Cependant il peut déclarer à la même audience qu'il n'en veut plus continuer l'exploitation , & en ce cas il eſt déchargé du prix du bail. Le propriétaire peut alors en accommoder un autre Boucher ; mais

il faut pour cela se pourvoir devant le lieutenant-général de police. Un réglement pareil
semble répugner aux lois de l'équité, en ce que
le Boucher est maître de continuer ou non l'exploitation de son étal contre le gré du propriétaire ; mais cette exploitation est introduite en
faveur du bien public qui est à considérer préférablement à tout intérêt particulier.

Il y a plus : c'est qu'un étal joint à une maison
ne peut pas s'en diviser même en cas de vente.
Cette vente feroit faite à un Boucher, qu'un
autre Boucher locataire pourroit toujours continuer de jouir, pourvu qu'il fût exact à payer.
Il paroît même que si un Boucher s'étoit défifté
de son étal, il pourroit revenir contre ce défiftement pendant que les choses feroient encore
entières ; car une sentence du châtelet du 19
mars 1697 a ordonné que le nommé Jean Boucher continueroit l'exploitation d'un étal fitué
à Saint-Honoré, quoiqu'il eût donné son défiftement par écrit au propriétaire. Ce privilège
fingulier pour l'exploitation des étaux est tiré
d'une ordonnance de Charles IX, du 4 février
1567, & d'une déclaration du 13 mars 1719
qu'on trouve au journal des audiences.

On a même jugé que les étaux des Bouchers
étoient susceptibles d'hypothèque. On connoît
à ce sujet un arrêt du 7 mai 1721 rendu entre
l'Hôtel-Dieu de Paris & le nommé Descelles
pour un étal fitué au cimetière Saint-Jean.

Pour se rendre adjudicataire d'un étal, il faut
faire le métier de Boucher ; & quand une fois
on se l'est fait adjuger, il faut qu'il soit garni la
veille de Pâques ainfi que tous les autres étaux ;
car ceux qui ne font point garnis ce jour-là demeurent fermés toute l'année.

Les étaux doivent être fermés pendant le cours de l'année à fix heures du foir, excepté les famedis & les veilles des grandes fêtes qu'on peut les tenir ouverts jufqu'à dix heures. Ces heures une fois paffées, les viandes expofées peuvent être confifquées : il y a de plus une amende de 30 livres contre le Boucher.

Il eft défendu d'étaler de la viande les jours maigres, à peine de confifcation & de 300 livres d'amende ; mais dans chaque Boucherie où il y au moins dix étaux, on doit alternativement en ouvrir un ces jours-là en faveur des malades.

Il eft pareillement défendu fous les mêmes peines de tenir les étaux ouverts les fêtes & dimanches, fi ce n'eft par rapport aux chaleurs, depuis le premier dimanche d'après la Trinité jufqu'au 8 de feptembre inclufivement ; & encore pendant ce temps-là faut-il excepter la Fête-Dieu & l'Affomption, jours auxquels il n'eft aucunement permis d'étaler. Si cependant les autres fêtes ou dimanches de l'année, les chaleurs exigeoient l'ouverture des étaux, on pourroit la faire en vertu d'une ordonnance du lieutenant-général de police.

Il eft défendu de vendre des légumes, d'écoffer des pois, &c. aux pieds des étaux, de crainte que cela n'occafionne une infeftion. Il y a une amende de fix livres pour la première fois contre les contrevenans, & la prifon en cas de récidive.

Marchés & achats. Il eft défendu aux Bouchers de manier & de marchander les veaux qui font en vente, & même d'aller fur la place avant huit heures du matin aux mois de juin, de juillet

&

& d'août, & avant neuf heures le reste de l'année. Il leur est aussi défendu d'entrer aux autres marchés avant qu'ils soient ouverts aux heures permises & sonnées, le tout à peine de confiscation des marchandises achetées & de cent livres d'amende.

Deux personnes d'une seule maison ne peuvent aller à ces marchés si ce n'est le fils avec son père, & encore ce fils ne peut-il lotir avec les autres Bouchers lorsque son père est présent.

Il est défendu d'aller au devant des marchands qui amènent des bestiaux, & d'en acheter avant qu'ils aient été exposés aux marchés. Il est pareillement défendu aux forains d'en vendre ailleurs qu'aux marchés, & de les tenir cachés après l'heure de la vente sonnée, à peine de confiscation & de cent livres d'amende. Les Bouchers de leur côté sont obligés d'entrer dans les marchés pour faire leurs achats aussitôt que le son de la cloche les a avertis de l'ouverture du marché ; cette ouverture a lieu dans les marchés de Sceaux & de Poissy au lever du soleil pendant toute l'année, afin que la vente & le débit n'y soient point retardés.

Les forains ou leurs domestiques doivent vendre en personne sans pouvoir se servir du ministère de facteurs qui soient résidans à Paris ou dans les marchés, à peine de cent livres d'amende tant contre les marchands que contre les facteurs. Un arrêt du conseil du 18 avril 1644 défend de saisir les bestiaux destinés pour la provision de Paris.

Il est défendu d'acheter aux foires & marchés qui se tiennent dans les vingt lieues à la ronde,

pour ce qu'on appelle *regrater* & revendre da
les mêmes marchés ou ailleurs , à peine de co
fifcation ou de cent livres d'amende. Ceci e
fondé fur un arrêt en forme de réglement du 3
août 1678.

Aucun marchand ne peut faire le renvoi de
fa marchandife qu'il n'ait fait deux marchés :
mais au troifième il peut fe retirer dans fon
pays , & dans ce cas il faut qu'il prenne un acte
de renvoi , à peine de cent livres d'amende.

Lorfque la vente des beftiaux fe fait à termes
de marchés , les forains doivent prendre une
reconnoiffance par écrit des Bouchers ; autrement les marchés font réputés faits argent
comptant , & les forains font tenus de faire
leurs diligences dans la huitaine du jour de la
vente , finon ils encourent la fin de noñ-rece-
voir.

Quand un bœuf vient à périr dans les neuf
jours de la vente , on doit en faire faire la vifite
d'après une ordonnance du lieutenant-général
de police , fi l'on veut exercer une garantie
contre le forain vendeur ; & fi effectivement il
eft reconnu que le bœuf n'eft point péri par la
faute du Boucher , le vendeur eft condamné,
même par corps , à rendre l'argent qu'il a reçu,
déduction faite de la valeur du cuir & du fuif.
Une fentence du prévôt de Poiffy , en date du
24 janvier 1709 , condamne un marchand forain
à reftituer le prix d'un bœuf mort fubitement
dans les neuf jours. Mais pour prévenir que les
bœufs ne périffent par trop de fatigues & faute
de foins , il eft enjoint aux Bouchers , conformément à deux arrêts du parlement , l'un du 4
feptembre 1673 , & l'autre du 13 juillet 1699,

de les faire conduire depuis les marchés jusqu'à
Paris en troupes médiocres & par un nombre
suffisant de personnes. On doit les nourrir convenablement, les tenir à l'attache, leur fournir
de bonne litière en toute saison, & les héber-
ger dans des bouveries bien couvertes & entre-
tenues.

Les Bouchers ont été conservés dans la possession d'envoyer leurs garçons acheter & conduire chez eux les bestiaux qu'ils trouvent chez
les fermiers & les laboureurs ; de faire aussi
leurs marchés pour six mois avec les tanneurs
& les megissiers de Paris pour l'enlèvement des
peaux provenant d'abbatis. Ces tanneurs & megissiers peuvent être contraints par corps au
payement des prix convenus : mais tout cela
n'empêche pas que les peaux ne puissent être
vendues à d'autres marchands soit de Paris ou
des environs.

Il est défendu aux Bouchers de vendre d'autre bétail que celui qui a été tué & habillé dans
les boucheries, & d'en tuer & habiller de gâté.
Il est pareillement défendu à tout messager,
forain, laboureur & à autre, de vendre aucune
bête étouffée & défectueuse (*), ainsi que des
veaux nourris de son ou d'eau blanche, ou qui
aient moins de six semaines, à peine de confiscation & de cent livres d'amende.

Comme l'état des Bouchers exige pour l'intérêt public que ceux envers lesquels ils font
débiteurs aient toutes les sûretés possibles pour

_____

(*) On prétend que les pelletiers ou megissiers connois-
sent parfaitement à l'inspection de la peau après le dépouil-
lement, si l'animal étoit mal sain ou non.

A a ij

le payement de ce qui peut leur être dû, c
Bouchers ne peuvent point obtenir de lettre
de répit ni être admis au bénéfice de ceffi
pour les beftiaux qu'ils ont achetés dans les foire
& marchés : c'eft ce qui réfulte de l'article 1
du titre 6 de l'ordonnance de 1669. Un arrêt d
réglement du 13 juillet 1699, rendu fur la de
mande des marchands forains de beftiaux, por
« que les féparations de biens d'entre les ma
» chands Bouchers & leurs femmes, ne pou
» ront préjudicier aux marchands forains,
» elles ne font publiques avant la vente ; & po
» cet effet elles feront infcrites, eft-il dit,
» un tableau attaché à un poteau qui fera dre
» dans le marché de Sceaux ». C'eft fur ce fo
dement que la veuve d'un Boucher qui récl
moit le mobilier qu'elle s'étoit fait adjuger
vivant de fon mari en vertu d'une féparation
fut déboutée de fa demande par arrêt du 4 aoû
1759, faute par elle de s'être conformée à
réglement.

Les Bouchers font traités moins favorabl
ment fur les contraintes par corps que d'autr
débiteurs, ainfi qu'on peut en juger par un arr
du 14 août 1671. On eft dans l'ufage tous le
ans, la veille de l'affomption, d'aller tenir ur
féance au châtelet pour la délivrance des pr
fonniers. On en élargit plufieurs lorfqu'ils co
fignent une moitié de la dette & qu'ils donne
caution pour le refte. Un marchand Bouche
détenu en vertu d'une contrainte, offroit la co
fignation de la moitié de fa dette avec cautio
pour le furplus & demandoit d'être élargi ; ma
par l'arrêt qu'on vient de citer, il fut débout
de fa demande.

Obfervez au fujet des contraintes par corps pour fait de commerce de Boucherie, qu'aux termes de l'arrêt de réglement du 13 juillet 1699 dont nous venons de parler, ces contraintes ne peuvent point fe mettre à exécution contre les Bouchers dans les marchés de Sceaux & de Poiffy, ni lorfqu'ils font en chemin pour y aller ou pour en revenir. On déclare même nuls les emprifonnemens faits de leur perfonne dans Paris les jours qu'ils font préfumés aller aux marchés ou en revenir, comme les lundis & les mercredis après-midi feulement, & les jeudis toute la journée.

Privilèges. Les Bouchers ont des privilèges inconteftables fur le mobilier des perfonnes auxquelles ils ont fourni de la viande : ils font préférés aux autres créanciers pour la fourniture de la dernière année. Cette affertion eft appuyée fur nombre de préjugés, entr'autres fur une fentence des requêtes de l'hôtel du 28 février, confirmée par arrêt du 28 avril 1732. Cette fentence porte que François Defnoyers marchand Boucher, fera payé par privilège & par préférence aux créanciers du fieur Delorme, tant fur les deniers qui proviendront de la vente de fes meubles faifis, que fur les autres effets par lui abandonnés.

Un jugement des commiffaires du confeil du 23 janvier 1734 établit la même préférence pour un Boucher fur le prix des meubles, & en cas d'infuffifance fur le prix des immeubles du fieur Cottin pour la dernière année de fourniture de viande. Cependant l'annotateur de Denifart obferve que par un arrêt du 13 décembre 1766, il a été jugé qu'un nommé Simon, Boucher à

A a iij

Gilles, n'avoit point d'hypothèque fur les immeubles de fon débiteur pour la fourniture de
viande de la dernière année, mais feulement un
privilège fur le mobilier, ce qui paroît plus conforme aux règles.

Les fyndics des créanciers des jéfuites avoient
déja attaqué ce privilège fous prétexte qu'il
n'étoit fondé fur aucune loi ; mais M. Seguier
avocat - général, obferva qu'on trouvoit une
ordonnance de Philippe-Augufte qui accordoit
un privilège aux créances caufées pour fournitures d'alimens ; qu'au furplus le privilège des
Bouchers étoit confacré par une jurifprudence
bien attestée, & en conféquence fur fes conclufions il fut ordonné par arrêt du 23 mars 1763,
que les Bouchers feroient payés par provifion
de leurs fournitures pour la dernière année, à
compter depuis pâque 1761, jufqu'au carnaval
1762, étant à obferver que c'eft à pâque que
commence l'année des Bouchers. L'arrêt ne fut
que provifoire, parce qu'il y avoit d'autres
créanciers privilégiés : ainfi il fut dit qu'on donneroit caution de rapporter la fomme qui feroit
payée, par la raifon qu'entre perfonnes privilégiées, la contribution a lieu lorfque les deniers
ne fuffifent pas pour remplir toutes les créances
qui portent avec elles un privilège.

Cette prérogative ne devroit, ce femble,
avoir lieu l'année entière, que dans les coutumes où les Bouchers ont l'année pour former
leur demande ; & dans celles où ils n'ont que
les fix mois que leur laiffe l'article 8 du titre
premier de l'ordonnance de 1673, on devroit
après ce temps-là les déclarer non-recevables.
Cependant l'ufage paroît avoir dérogé à la loi,

du moins au châtelet de Paris ; car tous les jugemens que l'on trouve dans le recueil des fentences & des arrêts concernant les Bouchers de
cette capitale, établiffent leur privilège pour la
fourniture entière de l'année, & cela fans doute
parce que dans le fait il eft affez ordinaire que
les Bouchers attendent jufqu'au carême pour fe
faire payer par leurs pratiques toute la viande
fournie pendant l'année.

Comme les viandes expofées fur les étaux
des Bouchers font pour le public, on ne peut
les faifir, ni enlever pour dettes particulières.
L'article 14 des ftatuts des Bouchers de la
ville d'Orléans du 23 juillet 1545, le défend
expreffément, à moins que ce ne foit pour deniers royaux.

Un autre privilège introduit pour l'intérêt
public & dans lequel les Bouchers de Paris ont
été maintenus par une infinité de jugemens, c'eft
celui de faire pâturer les beftiaux qu'ils defti-
nent à leur Boucherie, dans l'étendue de la banlieue de Paris, avec défenfes aux habitans des
lieux circonvoifins de les troubler dans cette
poffeffion, ni de leur faire aucune impofition à
ce fujet. Un arrêt du parlement du 4 avril 1669,
les maintient dans ce droit avec attribution au
prévôt de Paris ou à fon lieutenant-civil de la
connoiffance des conteftations qui peuvent les
concerner. Un arrêt de la cour des aides du 25
mai 1694, leur permet d'avoir dans les paroiffes
de la banlieue de Paris des bergeries pour leurs
troupeaux & de les faire paître fur le territoire
de ces paroiffes, avec défenfes aux habitans de
les impofer à la taille.

*Réglemens concernant les droits établis fur les
Boucheries.*

On doit aux termes de l'article 2 de l'ordonnance de 1680, déclarer les beftiaux que l'on deftine à la *Boucherie*, avant de leur faire paffer les barrieres, & payer les droits établis pour leur entrée, à-peine de confifcation & de cent livres d'amende, que les juges peuvent cependant réduire au quart, fuivant la faculté que leur en donne une déclaration du 17 février 1688.

Il eft enjoint fous les mêmes peines à ceux qui conduifent des beftiaux dans la ville & dans les fauxbourgs, de déclarer aux commis, à la première requifition, le nom de ceux à qui les beftiaux appartiennent, & d'en repréfenter les acquits ou les billets d'envoi. Les Bouchers font tenus de repréfenter les acquits des deux dernières femaines à-peine de payer deux fois.

Les particuliers qui demeurent hors des barrieres, fur le terrein fujet au droit d'entrée, font pareillement obligés de faire leurs déclarations.

Ceux qui font entrer de la viande, font de même tenus de la déclarer. Il eft permis aux commis d'emprifonner ceux qui de jour avec attroupement au nombre de cinq, ou de nuit fans attroupement, font entrer des viandes de quelque efpèce que ce foit, même en morceaux, dans l'étendue d'un quart de lieue des extrémités des fauxbourgs, ou qui en font entrer, même de jour fans attroupement, fans déclaration ni payement des droits : on peut voir à ce fujet un arrêt du confeil du 18 mars 1719 revêtu de lettres-patentes.

Les bestiaux pris en payement ou en échange, font sujets aux mêmes droits que des bestiaux vendus.

Il est défendu aux Bouchers & à toutes autres personnes d'avoir des bouveries près des barrières & au dedans, à-peine de confiscation & de 500 livres d'amende. Ils font tenus de marquer leurs bestiaux, & de déclarer tous les ans avant pâques au bureau général, la marque dont ils entendent se servir, & de donner au fermier un acte pardevant notaire qui contienne la figure de cette marque fans qu'ils puissent la changer dans le cours de l'année, à-peine de confiscation des bestiaux & de cent livres d'amende.

Les commis font autorisés à faire des visites, quand bon leur semble dans les échauderies, les tueries, &c. & les Bouchers ne peuvent les en empêcher, à-peine de cent livres d'amende & de punition même corporelle s'il y avoit de mauvais procédés de leur part.

Les Bouchers ne peuvent acheter des viandes par morceaux. Ceux qui font venir des bestiaux font responsables du fait de leurs préposés ou de leurs serviteurs.

Les laboureurs ne peuvent vendre aux Bouchers des veaux ou des génisses âgées de plus de dix femaines ni aucune vache encore en état de porter des veaux; les Bouchers ne peuvent les acheter ni les tuer à-peine contre eux & les vendeurs de confiscation; il y a même de plus 300 livres d'amende contre les Bouchers, & la privation de leur état. On peut voir à ce sujet les arrêts du conseil des 4 avril 1720, & 3 janvier 1744; une ordonnance de police du 18 décembre de la même année 1744 & un arrêt du conseil du 14 mars 1745.

De crainte qu'on ne fraude les droits de la ferme, il est défendu à toutes personnes de tuer des bestiaux, & de vendre de la viande dans les lieux aux environs des dernières barrières de Paris où il n'y a point de paroisse. Le nombre des Bouchers qui peuvent être établis dans chaque paroisse de la banlieue de Paris est fixé par le lieutenant-général de police; & ceux qui ont la permission d'exercer le métier de Boucher, ne peuvent vendre de viande ailleurs que dans leur maison d'habitation : il y a à ce sujet une ordonnance de police du 23 octobre 1734.

Il est défendu aux garçons Bouchers de porter aucune arme, de s'attrouper & de troubler les commis dans leurs fonctions, à-peine du carcan.

Lorsque les Bouchers ont payé les droits d'entrée, ils peuvent faire sortir leurs bestiaux pour aller au pâcage, & les faire rentrer sans payer de nouveaux droits. Les commis à cet effet doivent faire mention sur leurs registres & sur les feuilles que tiennent les Bouchers, du nombre de bestiaux sortis, pour servir de vérification à la rentrée.

Tous ceux qui font entrer de la viande dans les villes sujettes aux droits rétablis sont tenus de les payer, sans pouvoir s'en dispenser sous prétexte de l'avoir achetée des Bouchers des fauxbourgs. Il est cependant permis à ces Bouchers de faire entrer dans les villes dont il s'agit & sans payer de nouveaux droits, les bestiaux qui sont entiers, & dont ils sont en état de justifier d'avoir payé les droits d'entrée.

Il est défendu aux Bouchers & autres de faire

entrer les beftiaux par d'autres endroits que par les paffages ordinaires , & à d'autres heures que celles qui font prefcrites par les réglemens. Ces heures font depuis 5 heures du matin jufqu'à 8 du foir, pendant les mois d'avril, mai , juin, juillet, août & feptembre ; & depuis fept heures du matin jufqu'à cinq du foir , pendant les autres mois de l'année.

Les Bouchers dans les villes & dans les bourgs, font tenus de faire leur déclaration des abbatis qu'ils font , & de payer les droits des infpecteurs, quoiqu'ils faffent leur demeure dans les villages circonvoifins exempts de ces droits : ils ne peuvent même vendre de viande de boucherie ailleurs que dans la maifon de leur domicile , ils ne peuvent en porter au déhors , fi ce n'eft dans les lieux fujets aux droits & en les payant. Nombre de Bouchers reçus dans les villes les quittoient pour s'établir dans les villages circonvoifins exempts des droits d'infpecteurs : d'autres établis dans ces villages fans être reçus Bouchers, alloient vendre leur viande dans les maifons ; on a cherché à remédier à ces abus par une déclaration du 4 février 1710, & par plufieurs arrêts du confeil des 25 octobre 1723 , 30 avril 1726, 8 février 1729, 1 juillet 1722, 22 avril & 8 feptembre 1739.

Un nouvel arrêt du confeil du 27 avril 1773 , ordonne l'exécution de celui du 30 avril 1726 , en conféquence fait défenfes aux Bouchers de campagne de tranfporter de la viande hors de leur domicile , fans une déclaration préalable au plus prochain bureau du fermier ; leur ordonne de prendre, une expédition de leur déclaration qui doit leur être délivrée fans frais , à l'effet de

la repréfenter fur la route ; leur enjoint de fouffrir la vérification de leurs viandes, &c. Cet
arrêt a été rendu à l'occafion d'une contravention commife par un nommé Jacques Ameline ,
Boucher de la paroiffe faint Criftophe , élection
d'Argentan. Il avoit été condamné par l'intendant
d'Alençon fur le procès-verbal des commis :
cette condamnation avoit donné lieu de fa part
à un appel au confeil ; le roi par l'arrêt dont il
s'agit l'a déchargé par grâce & fans tirer à conféquence de la condamnation en entier.

Il eft expreffément défendu aux communautés
religieufes & à toutes perfonnes fans diftinction
de faire tuer des beftiaux dans leurs maifons,
dans leurs granges ou dans leurs écuries, foit
pour leur ufage ou autrement, fans en avoir fait
leur déclaration au bureau du fermier , & fans
avoir payé les droits : il y a à ce fujet un arrêt
du confeil du 22 feptembre 1722.

Il eft également défendu aux troupes qui font
en garnifon ou en quartier dans les villes & dans
les bourgs, d'y faire entrer des viandes fans en
payer les droits, à peine contre les foldats de
punition corporelle , & de cent livres d'amende
contre leurs officiers.

Les viandes deftinées pour les hôpitaux établis par lettres du prince & portés fur les états
arrêtés au confeil , & cela proportionnément à
leur confommation , ainfi que celles qu'on fale
pour fervir aux armemens maritimes , font dé-
chargées des droits d'infpecteurs.

Les étapiers jouiffent de la même exemption
pour les viandes qu'ils fourniffent à l'étape ; mais
ils font tenus de faire leurs déclarations aux entrées & d'y payer les droits qui ne leur font

rendus que fur la quantité qu'ils ont effectivement diftribuée aux troupes en nature.

La connniffance des conteftations qui naiffent
fur la perception des droits des infpecteurs, eft
réfervée aux intendans des provinces. Cette
compétence eft établie par des arrêts du confeil
des 11 mai 1706, 21 mars 1713, 29 février
1716, & 6 novembre 1736.

Les droits d'entrée regardent les élections ;
mais lorfque pour un même fait il eft queftion
en même temps & des droits d'entrée & des
droits des infpecteurs, le fermier peut choifir la
juridiction de l'intendant ; & lorfque l'affaire y
eft engagée, l'inftance doit y être jugée fans
pouvoir être divifée pour la partie qui eft du
reffort des juges de l'élection. De même, on ne
peut plus pourfuivre à l'intendance fur une affaire où il s'agit en même tems de droits d'infpecteurs & d'autres droits de la compétence des
élus, lorfque ceux-ci en font faifis.

Les habitans de Saint-Germain-en-Laie, par
un privilège particulier font exempts des droits
d'entrée & de ceux des infpecteurs.

Police particulière concernant les Bouchers.

Les Bouchers doivent exercer leur état avec
le plus de propreté qu'il eft poffible. Ils doivent
éviter de laiffer couler dans les rues le fang des
animaux qu'ils égorgent. Ils font obligés de faire
porter les abbatis & les immondices de leur profeffion aux voiries deftinées à cet effet. Il leur
eft défendu de rien jetter dans les rivières, à
moins que ce ne foit au-deffous des endroits où
l'on puife de l'eau pour boire.

Les officiers de police doivent veiller à ce que

l'apprêt des viandes se fasse proprement & que
le débit n'en ait pas lieu le jour même, de crainte
qu'étant trop fraîches elles ne nuisent à la santé.
On doit les exposer en vente dans un temps convenable, c'est-à-dire dans un temps où elles
soient assez refroidies, sans cependant être atteintes de corruption.

Il s'établit quelquefois auprès des capitales des
Bouchers forains qui font un commerce considérable de viande par la facilité qu'ils ont de la
donner à un moindre prix, en éludant les droits
auxquels les Bouchers sont assujettis, & les regards de la police : ces sortes de Bouchers sont
fort dangereux par la liberté qu'ils se donnent
quelquefois d'exposer en vente des chairs de
bêtes mortes de maladie ; aussi ne les tolère-t-on
pas à une lieue à la ronde des villes où il y a des
Bouchers publics. Il y eut en 1773 des plaintes
portées au roi contre quelques-uns de ces Bouchers forains qui s'étoient multipliés en grand
nombre autour de la Rochelle, & par arrêt du
conseil du 13 juillet de la même année, il fut fait
défenses à toutes sortes de personnes de tuer ni
étaler, ni débiter quelque espèce de viande que
ce fût dans l'étendue d'une lieue aux environs de
la Rochelle, excepté quelques endroits qui furent désignés, à peine de confiscation, de 300 livres d'amende & même d'emprisonnement. Dans
les lieux où l'on dit qu'il pourroit y avoir de ces
Bouchers, il fut ajouté qu'ils y seroient habitans & taillables ; qu'au surplus il ne seroit fait
dans ces endroits ni dans les fauxbourgs de la
Rochelle aucun entrepôt de bestiaux morts ou
en vie.

On empêche les Bouchers d'être aubergistes,

traiteurs, cabaretiers, &c. en même-temps qu'ils exercent la Boucherie; parce que s'ils avoient la faculté de vendre des viandes cuites, il leur feroit facile de tromper ceux qui mangeroient chez eux : cela leur fut défendu à Paris par une ordonnance de police du 24 septembre 1517.

Les Bouchers doivent avoir des instrumens justes & fidèles pour peser la viande qu'ils débitent & tenir leurs étaux suffisamment garnis pour la provision des habitans.

Les officiers de police sont en droit de taxer la viande, sur-tout lorsqu'il y a lieu de craindre que les Bouchers ne concertent entr'eux pour la mettre à un prix excessif. Cette taxe à laquelle ils ne peuvent contrevenir sans encourir une amende, se fait sur les informations que l'on prend du prix courant des bestiaux dans les foires & les marchés des environs, & l'on proportionne le prix du détail à ce prix courant, déduction faite des droits auxquels les Bouchers sont assujettis.

Au mois de janvier 1776, la viande des Bouchers de Paris a été taxée par la police à un prix inférieur à celui qu'on la payoit; quelques-uns de ces Bouchers ayant voulu excéder cette taxe, ont été condamnés à des amendes par des sentences de police du mois de février suivant.

Dans la bonne règle les Bouchers ne devroient vendre que du bœuf, du veau & du mouton; cependant on leur permet quelquefois dans les petites villes de province de vendre de la chair de bouc pour le peuple. Ils peuvent aussi vendre des agneaux tués pourvus qu'ils soient au moins de l'âge d'un mois. Avant ce tems-là on regarde la chair de ces jeunes animaux comme

trop visqueuse & capable d'incommoder. Com
me l'état du Boucher intéresse essentiellemen
la subsistance des habitans d'un endroit, il es
porté par l'édit de février 1776 concernant l:
suppression des jurandes, que ceux qui l'exerçan
voudront le quitter, ne pourront le faire qu'u
an après en avoir fait leur déclaration à la police

Voyez *le traité & le code de la police ; un arrê
de règlement du 31 août 1678 ; l'ordonnance d
1669 ; le traité des aides par la Bellande ; l'ordon
nance de 1673 & celle de 1680.* Voyez aussi le
articles BANLIEUE, BESTIAUX, CAISSE, EN
TRÉE, INSPECTEUR, PRÉFÉRENCE, SORTIE
&c. (*Article de M. DAREAU, avocat, &c.*)

BOUCHON. C'est un rameau de verdure o
autre chose semblable qu'on attache à une mai
son pour indiquer que l'on y vend du vin.

Les ordonnances des aides & un arrêt d
conseil du 30 Juillet 1689, enjoignent à ceu
qui vendent du vin ou d'autres boissons en dé
tail, de mettre, après avoir fait leur déclara
tion, un bouchon ou une enseigne à la porte d
lieu où ils veulent débiter leurs boissons,
peine contre les contrevenans, de cent livre
d'amende & de confiscation des boissons.

Les déclarations indiquent bien au fermi
les lieux où se fait le débit : mais ces déclara
tions peuvent être mal faites, fournir matiè:
à contestation, & laisser aux débitans le temp
de vendre en fraude, les bouchons ou enseign
donnent aux commis une connoissance part
culière des lieux indiqués par les déclaration

On appelle aussi *bouchon*, ce qui sert à bot
cher un vase.

Suiva

Suivant l'arrêt du conseil du 4 novembre 1738, les Bouchons de liége doivent pour droit d'entrée, cinq livres par cent pesant. Et comme ils sont du nombre des marchandises qui n'ont pas été comprises au tarif de 1664, ils doivent pour droit de sortie, cinq pour cent de la valeur.

Voyez *les ordonnances des aides ; l'arrêt du conseil du 30 Juillet 1689 ; le traité des aides par la Bellande; l'arrêt du conseil du 4 novembre 1738 ; les observations sur le tarif de 1664*, &c. Voyez aussi les articles VENTE EN DÉTAIL, CABARE-TIER, ENTRÉE, SORTIE, MARCHANDISE, SOU POUR LIVRE, &c.

BOUCHOT. C'est en terme de pêche une sorte de parc que l'on construit avec des claies sur le bord de la mer, pour y arrêter le poisson.

On se sert particulièrement des Bouchots pour y élever des moules. M. Valin remarque que les petites moules qu'on y a déposées fournissent en moins de 18 mois une récolte abondante qui se renouvelant chaque année suffit non-seulement à la nourriture des gens du pays, mais encore à former des cargaisons entières de bâtimens pour les provinces voisines.

Suivant l'article 6 du titre 3 du livre 5 de l'ordonnance de la marine, les Bouchots doivent avoir dans le fond du côté de la mer une ouverture de deux pieds, laquelle ne peut être fermée de filets, grilles de bois, paniers, ni autre chose depuis le premier mai jusqu'au dernier août.

La raison en est que cette saison étant celle du frai du poisson & que les Bouchots étant toujours établis sur des terreins vaseux, extrême-

ment plats, étendus fort avant dans la mer, le
petit poiffon qui s'y tient par préférence parce
que le peu d'eau dont cette vafe eft couverte
n'y apporte que le degré de fraîcheur néceffaire
pour tempérer l'ardeur du foleil, fe trouveroit
pris dans ces Bouchots fi l'ouverture n'en étoit
pas entièrement libre.

Au refte un arrêt du confeil du 2 mai 1739,
a introduit, en dérogeant à l'ordonnance, une
police nouvelle relativement aux Bouchots, &
réglé la forme & la manière de tenir ces pêcheries dans la fuite. Voici les termes de cet arrêt
fur cette matière :

» ARTICLE IV. Les arrêts du confeil de fa
» majefté des 10 décembre 1732, en faveur du
» fieur évêque de Luçon, & 10 feptembre
» 1735, en faveur du fieur baron de Champa-
» gné, feront exécutés fuivant leur forme & te-
» neur; en conféquence, ils jouiront, favoir,
» ledit fieur évêque de Luçon, du droit de conf-
» truire Bouchots & de tendre des courtines &
» pêchoirs & de celui de permettre de conftruire
» & établir defdites pêcheries, en lui payant cens
» ou rentes, & ce feulement fur l'efpace des
» côtes, entre le vieux & le nouveau canal de
» Luçon, qui compofe un terrein d'environ
» quinze cens toifes : & ledit fieur baron de
» Champagné, du droit exclufif d'avoir & éta-
» blir des Bouchots fur les vafes de la mer, dans
» l'étendue de la terre & feigneurie de Cham-
» pagné, depuis l'embouchure de la riviere de
» Sevre de Marans jufqu'à l'achenal de la Cha-
» rie en la mer; & du droit d'arrenter & de
» donner à titre de cens & devoirs nobles, des
» places dans ladite étendue pour y conftruire

» des Bouchots sans que ledit sieur de Champagné
» ni ses successeurs en ladite terre & seigneurie,
» puissent exiger aucun cens ni devoirs, ni per-
» cevoir aucuns droits sur les pêcheurs qui font
» la pêche à la mer & sur les grèves, autres
» que celles desdits Bouchots ; & sans qu'il puisse
» ni ses successeurs exiger aucuns droits sur les
» bateaux desdits pêcheurs sous les peines por-
» tées par l'article 9 du titre 3 au livre 5 de
» l'ordonnance du mois d'août 1681, & lesdits
» sieurs évêque de Luçon & baron de Cham-
» pagné, ainsi que leurs fermiers, rentiers ou
» censitaires, seront tenus d'observer, par rap-
» port auxdites pêcheries, la police qui sera
» prescrite par le présent arrêt.

» V. Ordonne sa majesté, que dans les afféa-
» gemens & baillettes, que lesdits sieurs évêque
» de Luçon & baron de Champagné feront par
» la suite, ils seront tenus d'y employer ces ter-
» mes, *à la charge par les fermiers & fieffatai-*
» *res, de se conformer à la police prescrite par*
» *le présent arrêt sur les pêcheries & Bouchots*
» *qui leur seront concédés ;* à peine contre les
» propriétaires, d'être responsables des contra-
» ventions de leurs fermiers.

» VI. Lesdits Bouchots ou parcs de clayon-
» nage auront les aîles, pannes ou côtés, de
» cent brasses de long seulement, & l'ouverture
» du côté de terre, aura cent brasses de largeur.

» Ils seront construits de bois entrelacés comme
» clayes autour des pieux ou piquets enfoncés
» dans le sable, lesquels ne pourront être éle-
» vés hors de terre de plus de cinq pieds.

» Les pieux & clayes qui formeront lesdites

» pêcheries, viendront en ligne diagonale de la
» côte jusqu'à la mer.

» Les clayes feront fimples, unies & fans au-
» cune tige ou branche en dedans; & il fera
» laiffé à l'extrémité de l'angle une ouverture,
» gord, égoût ou paffe de deux pieds de large
» fur toute la hauteur du clayonnage, laquelle
» ouverture ne pourra être de ladite largeur de
» deux pieds, que depuis le premier octobre
» jufqu'au dernier avril compris, le tout à pei-
» ne contre les détenteurs de cinquante livres
» d'amende, & de démolition de ce qui aura été
» fait en contravention du préfent article pour la
» premiere fois; de pareille amende & d'être
» privés de pouvoir tenir à l'avenir aucunes def-
» dites pêcheries, en cas de récidive.

» VII. Ladite ouverture, gord, égoût ou
» paffe pourra être clofe, depuis ledit jour pre-
» mier octobre, jufques & compris le dernier
» avril, d'un ret ou filet, fac, verveu, loup,
» guideau, tonnelle, bache ou bénâtre volant,
» ayant les mailles de deux pouces en quarré
» ou d'une grille de bois ayant les trous en
» forme de mailles auffi de deux pouces en
» quarré, de naffes, paniers, borgues ou gon-
» nes, gonnâtres, benâtres, bourgnons, bou-
» rets, bouterons & autres inftrumens, dont
» les verges & les ofiers qui formeront ces inf-
» trumens, auront au moins dix-huit lignes d'in-
» tervalle, & ce à peine contre les détenteurs
» defdits Bouchots de confifcation des rets,
» filets, engins & inftrumens qui feront d'un ca-
» libre plus petit & de cent livres d'amende
» pour la premiere fois, de pareille confifcation
» & amende, & d'être privé de pouvoir tenir à

» l'avenir aucunes defdites pêcheries en cas de
» récidive. .

» VIII. L'ouverture ou l'extrémité de l'angle
» defdit Bouchots ou parcs de clayonnage, fera
» de fix pieds de large fur toute la hauteur du
» clayonnage, depuis le premier mai jufques &
» compris le dernier feptembre, & à cet effet
» il fera défait fi befoin eft des deux clayes qui
» formeront les deux aîles defdits Bouchots l'ef-
» pace qui conviendra pour opérer ladite ou-
» verture, laquelle ne pourra être formée pen-
» dant ledit temps de filets, grilles de bois, pa-
» niers, benâtres, ni de quelque efpèce d'en-
» gins & inftrûmens que ce puiffe être, à peine
» de cinquante livres d'amende & de démolition
» de ce qui aura été fait en contravention du
» préfent article pour la première fois, de pa-
» reille amende & d'être privé de pouvoir tenir
» à l'avenir aucune defdites pêcheries, en cas
» de récidive.

» IX. Fait défenfes fa majefté fous les mêmes
» peines aux pêcheurs occupant lefdits Bouchots
» ou parcs de clayonnage de clorre de clayon-
» nage en quelque temps que ce foit ladite ou-
» verture, gord, égoût ou paffe defdites pêche-
» ries & d'y faire aucuns parcs, benâtres, gon-
» nes, tonnes ou enceintes, avec pieux, piquets
» ou clayonnage.

» X. Lefdits Bouchots ou parcs de clayon-
» nage ne pourront être placés qu'à deux cens
» braffes au moins du paffage ordinaire des vaif-
» feaux à peine d'être démolis aux dépens des
» propriétaires, lefquels feront privés du droit
» de parc, en cas de récidive.

Quoique cet arrêt ne concerne proprement

que les Bouchots des feigneuries de Luçon &
de Champagné, la jurifprudence en a étendu
les difpofitions aux autres Bouchots. Ainfi on
doit le regarder comme un règlement général.
C'eft pourquoi un jugement rendu par des commiffaires du confeil concernant les Bouchots de
la feigneurie de Charon dans l'Aunis, a ordonné
qu'ils feroient conftruits & exploités en conformité de ce qui eft reglé par l'arrêt du 2 mai
1739. Voyez *au furplus les articles* PARC &
PÊCHERIE.

BOUÉE. C'eft un morceau de bois ou un
baril vide flottant au-deffus de l'eau & deftiné
à marquer l'endroit où l'ancre eft mouillée, de
même que les pieux, les débris de vaiffeaux,
les écueils & paffages dangereux que la mer
couvre.

Suivant l'article 5 du titre premier du livre 4
de l'ordonnance de la marine, les maîtres &
patrons de navire qui veulent fe tenir fur leurs
ancres dans les ports, doivent y attacher une
Bouée ou *gaviteau* pour les marquer, à peine de
cinquante livres d'amende & de réparer le dommage que le défaut de Bouée aura pu occafionner.

L'article 2 du titre 8 du même livre, enjoint
auffi aux maîtres ou capitaines de navires que la
tempête a forcés de couper leurs cables & de
laiffer quelques ancres dans les rades, d'y mettre des *hoirins*, *Bouées* ou *gaviteaux*, à peine
d'amende arbitraire & de perdre leurs ancres
qui doivent appartenir à ceux qui les pêchent.

M. Valin obferve judicieufement fur cet article qu'on ne doit en appliquer la rigueur qu'au
cas où il feroit prouvé que le capitaine étant

obligé de couper fes cables, a néanmoins eu le temps & la facilité de mettre fur fes ancres des hoirins, bouées ou gavitaux.

Cette opinion fe trouve d'ailleurs fortifiée par l'article 28 du titre 9 fuivant lequel les ancres tirées du font de la mer & qu'on n'a point réclamées deux mois après la déclaration qu'on en a faite, appartiennent entièrement à ceux qui les ont pêchées.

Il eft clair qu'il ne doit être queftion dans cet article que des ancres laiffées fans Bouées, attendu qu'il eft défendu à tout autre qu'aux propriétaires de lever celles auxquelles on a attaché des Bouées. Ainfi puifqu'il eft permis de réclamer ces ancres, on doit conclure que l'article 2 du titre 8 n'a prétendu en priver que les capitaines qui ayant pu y mettre des Bouées ne l'ont pas fait. En effet, il ne feroit pas jufte de punir un capitaine de navire pour n'avoir pas fait ce qu'il lui auroit été impoffible de faire. Et comme on doit préfumer que le même danger qui l'a forcé d'abandonner fes ancres ne lui a pas permis d'y mettre des Bouées, il faut pour l'exclure du droit de réclamer fes ancres juftifier qu'il a pu fatisfaire aux difpofitions de la loi & qu'il ne l'a pas fait.

On objeétera peut être que l'inconvénient dont il s'agit n'auroit pas lieu fi auffitôt après avoir jeté l'ancre dans une rade les capitaines ou maîtres y mettoient une Bouée ; la réponfe eft que cela n'eft pas d'ufage & qu'aucune loi ne les y oblige.

L'article 3 du titre 4 du livre 5 enjoint pareillement aux propriétaires des madragues de mettre fur les extrémités les plus avancées en mer, des Bouées ou gaviteaux, sous peine des dommages & intérêts qui pourront avoir lieu faute de l'avoir fait, & de privation de leurs droits.

Voyez *les articles* PORT, RADE, NAVIGA-TION, CAPITAINE, MADRAGUE, &c.

BOUES & LANTERNES. On entend par-là un certain droit établi pour subvenir aux frais du nétoyement des rues & de l'entretien des Lanternes qui servent à éclairer la ville de Paris.

Anciennement il y avoit des taxes qui s'imposoient annuellement sur les particuliers pour le nétoyement des rues & l'entretien des Lanternes publiques ; il avoit même été créé des receveurs généraux & des receveurs particuliers des deniers destinés à cet effet. Louis XIV en 1704, crut que ce seroit rendre service aux habitans de Paris, que de se charger lui-même de cette dépense en leur faisant racheter les taxes qu'ils étoient obligés de supporter chaque année pour cet objet, & il ordonna effective-ment ce rachat par un édit du mois de janvier de la même année.

La taxe générale & totale montoit alors à trois cens mille livres par an, & il fut dit que chaque propriétaire en payant le rachat de sa taxe particulière, à raison du denier 18, seroit déchargé à l'avenir de l'objet de dépense dont il s'agissoit.

Comme en 1743 les frais du nétoyement des rues & de l'entretien des Lanternes avoient été portés depuis 1722 à la somme quatre cens cin-quante mille livres, y compris les frais d'entretien des pompes publiques établies postérieurement ;

Louis XV, par une déclaration du 3 décembre de la même année 1743, ordonna qu'à commencer du premier janvier fuivant, cette fomme de quatre cens cinquante mille livres feroit impofée fur chaque propriétaire de maifons, d'édifices, de boutiques, échopes, places, jardins & autres lieux de la ville ou des fauxbourgs; qu'à cet effet il feroit arrêté des rôles, & que fur les fommes pour lefquelles chaque particulier y feroit impofé, il lui feroit tenu compte de l'intérêt de celles qu'il juftiferoit avoir été payées en déduction du rachat ordonné par l'édit de janvier 1704.

Il parut enfuite en décembre 1757 un édit, par lequel les propriétaires des maifons, &c. furent déchargés de payer à l'avenir aucune taxe au fujet des Boues & Lanternes, ainfi que des pompes publiques, en payant au tréfor royal le rachat, à raifon du denier vingt, des fommes comprifes aux rôles arrêtés en exécution de la déclaration du 3 Décembre 1743; fans que fous prétexte de nouvelle dépenfe, il pût être à l'avenir exigé aucune contribution.

Un arrêt du confeil du 9 juillet 1758, ordonna qu'il feroit pofé des Lanternes dans toutes les rues de la ville & des fauxbourgs de Paris., même au Gros-caillou, où il n'y en avoit pas.

Un autre arrêt du même jour, ordonna que les fonds deftinés pour l'illumination & le nétoyement des rues feroient augmentés de cinquante mille livres.

Un troifième arrêt du 21 novembre 1758, ordonna une nouvelle augmentation de cinquante mille livres.

Comme les propriétaires des nouveaux édifi-

ces conftruits depuis 1757 n'avoient pas été
compris aux rôles arrêtés dans ce tems-là,
le roi par un arrêt du confeil du 30 avril 1760,
ordonna qu'on fuivroit à leur égard la même règle
qu'on avoit fuivie envers les autres propriétaires; & comme il avoit été commis des receveurs de l'impofition des Boues & Lanternes,
le lieutenant général de police fut nommé par
un arrêt du confeil du 21 mai de la même année, pour apurer leurs comptes.

Il avoit été ordonné par un arrêt du confeil
du 27 décembre 1757, que lorfque les propriétaires feroient le rachat de l'impofition dont il
s'agit, il leur feroit délivré par le commiffaire
nommé à cet effet, des *récépiffés* des fommes
payées, avec promeffe de leur en fournir les
quittances du garde du tréfor royal, fix mois
après le dernier payement ; mais comme plufieurs de ces propriétaires avoient perdu ou
égaré ces *récépiffés*, & que le commiffaire refu-
foit de leur délivrer les quittances qu'il devoit
fournir, à moins qu'on ne lui remît fes *récépiffés*, le roi pour obvier à cette difficulté, ordonna par un arrêt du confeil du 15 août 1760,
que nonobftant la perte des *récépiffés*, le commiffaire remettroit les quittances du garde du
tréfor royal, à la charge par les propriétaires
de donner au dos des amphations de quittances
de finance, leur reconnoiffance de la remife qui
leur en feroit faite. Il fut ajoûté que les dates
& les fommes des *récépiffés* égarés feroient énon-
cées dans ces reconnoiffances, & qu'au moyen
de la remife des quittances du garde du tréfor
royal, les *récépiffés* demeureroient fans effet.

Comme depuis environ dix ans il s'étoit conftruit de nouveaux édifices dans différens emplacemens & dans plusieurs rues nouvellement percées, le roi par des lettres patentes du 15 novembre 1770, ordonna à l'égard des propriétaires de ces nouveaux édifices, le même rachat que celui qui avoit été ordonné par l'arrêt du conseil du 30 avril 1760 envers d'autres nouveaux propriétaires. Il fut dit ensuite par un arrêt du conseil du 19 août 1771, que toute la procédure qui pourroit avoir lieu pour l'exécution des lettres patentes du 15 novembre précédent, se feroit sur papier ordinaire & non-timbré, & que les significations qui auroient lieu en conséquence, seroient exemptes du contrôle des exploits, excepté celles qui pourroient avoir trait à une demande en garantie de particulier à particulier. Il fut ajouté que les difficultés qui naîtroient au sujet de la taxation du rachat, circonstances & dépendances, seroient portées devant le lieutenant général de police de Paris, pour être jugées sommairement sauf l'appel au conseil, & que ce magistrat pourroit accorder les décharges & les remises qu'il croiroit convenables sur les sommes imposées.

Police publique concernant les Boues, Lanternes & Illuminations.

Tous les bourgeois & habitans de la ville & des fauxbourgs de Paris, de quelque condition qu'ils soient, sont tenus (*) de faire balayer régulièrement au-devant de leurs maisons tous les

_____

(*) Il y a une ordonnance de police du 9 janvier 1767 qui rappelle à cet égard les anciens règlemens.

matins à 7 heures, depuis le 15 février jufqu'au 15 octobre, & à huit heures les autres jours de l'année, & de poulffer les immondices à côté des bornes des murs de leurs maifons pour en faire des tas afin que l'entrepreneur du nétoyement puiffe les enlever (*).

Dans les tems de gelée & de neige, les habitans font pareillement tenus de rompre les glaces & de les relever ainfi que la neige en tas au-devant de leurs maifons. Il leur eft défendu de balayer les immondices dans les ruiffeaux ni fur les bords de ces mêmes ruiffeaux dans le temps de pluie ni dans aucun autre tems. Les domeftiques qui contreviennent à ces défenfes peuvent même être emprifonnés fur le champ.

On ne peut jeter dans les rues aucune ordure de jardin, cendres de lefcive, ardoifes, tuilles, tuillots, raclures de cheminées, gravois, fumiers, &c.

(*) Cet entrepreneur eft ordinairement chargé par fon bail de faire trouver le nombre de tombereaux néceffaire pour l'enlevement journalier de ces immondices dans toutes les rues, places, quais, cloîtres, marchés, culs-de-facs & autres endroits qui ont befoin d'être nettoyés jufqu'aux ex-trêmités des dernières barrières, fans exception des diman-ches ni des quatres fêtes annuelles. Il eft auffi obligé d'en-lever les glaces & les neiges en hiver.

Lorfque les voiries deftinées à recevoir les immondices font remplies, l'entrepreneur eft chargé d'en ouvrir d'au-tres ailleurs, & même d'acheter les terrains néceffaires à cet effet. Les propriétaires font obligés de lui vendre de gré à gré ces terrains, ou fuivant une eftimation forcée, fauf à être indemnifés par l'entrepreneur qui lui fuccède, fuivant que l'indemnité eft réglée par le lieutenant-général de police. Voyez le bail d'Outrequin du 14 mai 1748.

Il eſt enjoint à l'entrepreneur du nétoyement des rues de fournir des tombereaux en nombre ſuffiſans & en bon état, garnis de ſonnetes & de numeros, & d'avoir pour le ſervice de chaque tombereau un charetier & un retrouſſeur auxquels il doit fournir les pelles & les balais néceſſaires.

L'entrepreneur ne peut charger avec les immondices, les gravois, fumiers, décombres, &c. qui ne regardent point ſon ſervice; & les chartiers qui ſont convaincus d'en avoir chargé & conduit aux voiries ſont dans le cas d'être empriſonnés ſur le champ.

Ceux qui ont chez eux des gravois, de la poterie ou des bouteilles caſſées, &c. ſont tenus de les porter dans la rue & d'en faire un tas ſéparé de celui des Boues.

Il eſt défendu à tout particulier de jeter par les fenêtres dans les rues de jour ou de nuit, de l'eau, de l'urine, des matières fécales & d'autres ordures, à peine de 300 livres d'amende, dont les maîtres ſont reſponſables pour leurs domeſtiques, & les marchands & artiſans pour leurs apprentis & compagnons.

Les particuliers qui ont des charettes, des haquets & d'autres voitures faiſant embarras dans les rues ou pouvant donner lieu à des accidens, ſont tenus de les renfermer dans leurs maiſons: ſinon il eſt permis de ſaiſir & de mettre en fourrière ces voitures.

Les entrepreneurs de bâtimens, les maîtres maçons, les propriétaires de maiſons & autres qui font travailler par économie, ne peuvent raſſembler des matériaux au-delà de ce qu'ils peuvent en employer dans l'eſpace de trois jours;

& ils font obligés de les placer dans les lieux à 'eux indiqués par les commiffaires de chaque quartier, à peine de confifcation & de 300 livres d'amende.

Les menuifiers, charpentiers, felliers, charrons, tonneliers & autres ouvriers font tenus de renfermer chez eux dans leurs boutiques, magafins & autres emplacemens, les marchandifes & les matériaux dont ils font commerce, fans pouvoir les laiffer féjourner au-devant de leurs portes ou le long des murs de leurs maifons.

Ceux qui occupent les rez-de-chauffée des bâtimens foit à titre de propriété, de location, d'ufufruit ou autrement, font tenus de balayer ou faire balayer tous les matins dans les rues fur lefquelles donnent ces mêmes bâtimens. Cette charge ne concerne point ceux qui occupent les étages au-deffus, à moïns qu'il n'y ait une convention particulière à cet égard, & la police fans entrer dans cette convention ne s'en prend qu'à ceux qui tiennent les rez-de-chauffée fauf leurs recours s'il y a lieu.

. A l'égard des illuminations qu'on juge quelquefois à propos d'ordonner pour des réjouiffances publiques, elles concernent les perfonnes qui occupent des appartemens fujets à être illuminés, excepté les particuliers qui ne logent qu'en chambres garnies, parce qu'ils ne font point cenfés bourgeois de Paris : c'eft à ceux qui leur donnent à loger, à illuminer pour eux.

Pour ce qui eft des Lanternes qu'on appelle actuellement *reverbères*, les bourgeois étoient anciennement obligés de les allumer ou faire allumer à tour de rôle ; la police eft aujourd'hui chargée de ce foin. La régie de cette illumina-

,tion eft compofée de deux infpecteurs, de douze commis, de cent foixante allumeurs, & de fix entrepôts dans lefquels il y a deux commis, dont un eft toujours de garde.

Chaque allumeur à un calendrier pour lui indiquer l'heure à laquelle les reverbères doivent être allumés & pour combien de temps dans la nuit. On eft obligé de fe conformer à ce calendrier qui fe renouvelle tous les ans, & les commiffaires de police font tenus de veiller à ce que ce point de police foit exactement obfervé.

Voyez *l'edit de janvier 1704, la déclaration du roi du 3 décembre 1743 ; les arrêts du confeil des 29 avril 1749, 5 mars 1754, 27 décembre 1757, 30 avril, 21 mai & 15 août 1760 ; le règlement de police du 9 janvier 1767 ; des lettres patentes du 15 novembre 1770, l'arrêt du confeil du 19 août 1771, &c. (Article de M. DAREAU, avocat, &c.)*

BOUGRAN. Sorte de toile forte & gommée. Le Bougran doit pour droit d'entrée quatre livres dix fous par cent pefant, & quatre livres pour droit de fortie des cinq groffes fermes, conformément au tarif de 1664.

Comme toile, le Bougran deftiné pour l'étranger eft exempt des droits de fortie fuivant la décifion du 17 avril 1752, en obfervant toutefois les formalités prefcrites par les règlemens concernant les marchandifes du royaume qui peuvent paffer à l'étranger en exemption de droits.

Voyez les obfervations fur le tarif de 1664, & les articles ENTRÉE, SORTIE, MARCHANDISE, SOU POUR LIVRE, &c.

BOUILLER. Terme de pêche, qui exprime l'action de remuer la vase & de troubler l'eau avec la Bouille, afin que le poisson entre plus facilement dans les filets.

Il est défendu de Bouiller, par l'article 11 du titre 31 de l'ordonnance des eaux & forêts, à peine de bannissement pendant trois ans, & de cinquante livres d'amende.

Le même article prononce trois cens livres d'amende contre les maîtres particuliers ou leurs lieutenans, auxquels il pourroit arriver d'accorder la permission de Bouiller. *Voyez l'ordonnance citée*, & les articles PÊCHE, FILET, POISSON, RIVIÈRE, &c.

BOUILLON. C'est une espèce de boisson composée d'eau de son & de levain. Elle est assujettie aux mêmes droits que la bierre lorsqu'elle est vendue en détail : ceci a été jugé contre les habitans de Dieppe, par un arrêt du conseil du 22 septembre 1691. Ceux qui la composent pour la consommation de leur famille seulement ne payent aucun droit.

Voyez BIERRE. (*Article de M. DAREAU, avocat au parlement*, &c.)

BOULANGER. C'est celui qui fait & vend du pain pour le public.

Cette profession intéresse essentiellement les citoyens ; aussi la police a-t-elle droit de faire tous les réglemens qui peuvent subordonner les Boulangers à ce qu'exige la subsistance des habitans d'un endroit, & leur faire exercer leur métier avec toute l'exactitude & la fidélité que demande l'intérêt public. Mais si d'une part ils contractent certains engagemens envers la société, ils jouissent aussi

de

de certains privilèges que n'ont pas les particuliers qui exercent d'autres professions. Pour développer ce que nous avons à dire à ce sujet, nous parlerons d'abord de la police publique à laquelle font assujettis les Boulangers ; nous verrons ensuite quels font les privilèges que les tribunaux leur accordent pour le payement de ce qui leur est dû, préférablement à d'autres creanciers.

Police publique concernant les Boulangers. Celui qui aspire à exercer cet état, doit être de bonnes mœurs, parce que dans ce métier rien ne seroit plus dangereux pour le public qu'un homme qui n'auroit point la probité en partage. Avec les mœurs, on exige encore qu'il foit de bonne fanté, de crainte qu'il ne communique quelque germe contagieux à l'aliment de première néceffité qu'il prépare pour les citoyens.

Dans la plupart des villes de province, on exige auffi que le pain qu'il deftine foit empreint d'une marque qui faffe connoître qu'il fort de fa boutique, afin que s'il y a de la fraude, on puiffe en reconnoître l'auteur.

Les Boulangers ne peuvent être meûniers en même-temps qu'ils exercent la profeffion de Boulangers. La réunion de ces deux états leur donneroit occafion de commettre bien des fraudes; ils pourroient furtout contribuer, felon les circonftances, à faire hauffer le prix du pain en retardant le fervice des moulins. Un arrêt du 22 juin 1639, rapporté au traité de la police, leur défend l'exercice des deux métiers à la fois. Ils ne peuvent pas non plus être en même-temps mefureurs de grains, parce qu'alors join de dénoncer, comme ils y font obligés, les contraventions qui peuvent avoir trait à la cherté des grains, ils feroient les premiers intéreffés à les diffimuler : d'ailleurs le rapport qu'ils font du prix des grains deviendroit naturellement fufpect.

Dans les villes où les bourgeois font dans l'ufage de faire leur pain chez eux, il eft défendu aux Boulangers d'entrer dans les marchés aux grains avant les heures fixées par la police, afin que les habitans aient le temps de faire leurs provifions.

La police doit veiller auffi à ce qu'il ne fe commette aucun monopole, & à ce que les Boulangers n'affectent pas d'acheter tous les grains d'un marché afin d'obliger les habitans d'en aller chercher à la campagne à leurs frais, & d'avoir occafion par-là de faire un plus grand débit & à un plus haut prix.

On doit encore faire attention à trois chofes à l'occafion des Boulangers ; favoir, à la qualité, au poids & au prix de leur pain. Divers réglemens portent que les Boulangers cuiront à une heure compétente, afin que les pains foient froids & raffis dans le temps que le public en fait fa provifion. Le pain doit être fans mixtion, bien élaboré, fermenté & boulangé. Ils font obligés de mettre à part & de ne point expofer dans leurs boutiques celui qui après la fournée fe trouve défectueux & qui n'a pas la blancheur ordinaire & convenable. Il leur eft particulièrement défendu d'employer du bled relavé ou remoulu, & de la farine gâtée.

Quant au poids, chaque Boulanger doit avoir à fa boutique des balances & des poids pour

peser le pain, & cela à peine d'amende arbitraire. Chaque pain doit être du poids réglé par
la police de chaque endroit.

Pour ce qui est du prix du pain, les magistrats
doivent avoir attention à ce qu'il ne devienne
point excessif par le fait des Boulangers. Si d'un
côté on oblige ceux-ci à tenir toujours leurs
boutiques garnies, on doit d'un autre côté leur
permettre un gain suffisant ; autrement il y auroit de l'injustice, & ce ne seroit pas le moyen
de les voir procurer au peuple sa subsistance. Au
surplus, quand il s'agit d'en venir à une taxe,
elle doit se faire relativement au prix commun
des grains, & cette taxe ne peut pas être la
même partout : les frais de boulangerie dans
certains endroits font plus considérables que
dans d'autres ; elle doit entièrement dépendre
de la sagesse des officiers de police. Mais lorsqu'une fois la taxe est faite, les Boulangers ne
doivent point l'excéder. Trois Boulangers de
Paris ont été condamnés par sentence de la police du 23 janvier 1776, à 30 livres d'amende
chacun pour y être contrevenus.

Dans les villes de province il y a des marchés
où les Boulangers forains viennent apporter du
pain comme à Paris. Lorsqu'un de ces Boulangers y prend une place pour ce genre de commerce, il contracte envers le public une espece
d'obligation de fournir cette place d'une quantité suffisante de pain chaque jour de marché ; & lorsqu'il y manque, la police peut le
condamner à l'amende, même lui ôter cette
place en cas de récidive. Autrefois lorsque son
pain avoit été apporté au marché, on pouvoit
le forcer de l'y vendre au rabais sans pouvoir

le remporter ; mais depuis un arrêt du conseil du 5 novembre 1775 rendu en faveur des Boulangers forains de Lyon, il peut en faire des entrepôts, pourvu qu'il ne le vende pas au-delà du prix fixé par la police. Cette liberté semble même être devenue plus parfaite depuis l'édit de suppression des jurandes du mois de février 1776.

Il est aussi de police publique qu'un Boulanger ne puisse point arbitrairement quitter sa profession : il est obligé d'en faire sa déclaration un an auparavant : c'est ce qui résulte du même édit de suppression des jurandes.

Comme le pain est essentiel à la nourriture des citoyens, on n'en interdit pas le debit, les jours de dimanches & de fêtes : il suffit que les Boulangers tiennent fermés les ais de leurs boutiques en laissant seulement leurs portes ouvertes. Mais ils doivent façonner leur pain & le cuire la veille. Cependant quand il y a plusieurs fêtes de suite, ils peuvent travailler la seconde ou la troisième & toutes les fois que la nécessité publique l'exige, en prenant une permission du juge de police.

Pour ce qui est de la question de savoir si les Boulangers sont sujets aux fours & aux moulins banaux, voyez ce que nous avons dit à l'article BANALITÉ.

Priviléges des Boulangers. Quoique l'article 8 du titre 1 de l'ordonnance de 1673, formé sur l'article 126 de la coutume de Paris, n'accorde que six mois aux Boulangers pour demander en justice le payement du pain qu'ils ont fourni, on ne laisse pas au châtelet de Paris, de les écouter dans leur action pour la fourniture de l'année entière. On fait qu'il feroit trop rigoureux de leur oppofer une négligence qui fouvent n'eft le fruit que de leur bienfaifance & de leur humanité.

La jurifprudence des arrêts leur accorde auffi une préférence fur le mobilier de leurs débiteurs. Il y a à ce fujet trois arrêts imprimés pour les Boulangers de Paris, l'un du 11 août 1738, l'autre du 12 mai 1740, & le troifieme du 7 feptembre de la même année. Ces arrêts rendus contre le fieur Jean-Olivier Bertrand écuyer, en qualité d'héritier de fon frère, & contre les directeurs des créanciers de celui-ci, jugent formellement :

1°. Que pour la fourniture des fix derniers mois avant le décès du débiteur, le Boulanger a une action & un privilége inconteftable fur le prix des meubles du défunt.

2°. Que pour la fourniture des fix mois antérieurs, il a également une action, & que l'héritier ne peut s'en affranchir qu'en affirmant que cette fourniture a été payée & qu'elle n'eft plus due.

3°. Que fi cette fourniture des fix mois antérieurs eft due, ou parce que l'héritier en convient, ou parce qu'il refufe d'affirmer, elle a le même privilége que celle des fix derniers mois fur le prix des meubles.

4°. Que les intérêts de tout ce qui eft dû pour fourniture de pain, ont leur cours du jour de l'oppofition aux fcellés & ont le même privilége.

5°. Que ce privilége fe communique à tous les dépens qu'il a fallu faire pour parvenir au payement des fournitures.

Cette jurisprudence exactement suivie au châtelet de Paris, peut n'être pas la même par-tout : mais nous croyons qu'elle mérite d'être introduite dans tous les sièges où elle n'est pas contrariée par des réglemens particuliers ou par une jurisprudence bien avérée, ou par un usage constant & uniforme.

Voyez *le traité de la police par de la Marc ; le dictionnaire & le code de police ; Bourjon sur le droit commun de la France ; l'ordonnance de 1673, &c.* Voyez aussi les articles BANALITÉ, MEÛNIER, &c. (*Article de M. DAREAU, avocat, &c.*)

· BOULE D'ÉMAIL. Suivant le tarif de 1664, le cent pesant de Boules d'émail doit quinze sous pour droit d'entrée & cinquante sous pour droit de sortie.

Voyez le tarif cité, & les articles ENTRÉE, SORTIE, MARCHANDISE, SOU POUR LIVRE, &c.

BOULET DE CANON. Grosse balle de fer servant à charger une pièce d'artillerie.

Les Boulets de canon doivent comme le fer en gueuse, trente-cinq sous par millier pour droit d'entrée, conformément à l'arrêt du conseil du 2 avril 1701.

L'ordonnance de 1687 défend de faire passer des Boulets de canon chez l'étranger ; & lorsqu'ils sortent des cinq grosses fermes pour entrer dans les provinces reputées étrangères, ils doivent comme pour le droit d'entrée, trente-cinq sous par millier.

Voyez *les lois citées*, & les articles ENTRÉE, SORTIE, MARCHANDISE, SOU POUR LIVRE, &c.

. BOULOGNE. Ville maritime de France ,
capitale du comté de Boulonois dans la Picardie.

Louis XI acquit ce comté à titre d'échange
en 1477. Il céda en contr'échange à Bertrand
de la Tour, la jugerie de Lauragais en Languedoc, qu'il érigea en comté. Le Boulonois fut
en conséquence uni au domaine de la couronne:
ensuite la ville de Boulogne fut prise par les
Anglois en 1544 & restituée à Henri II, qui y fit
son entrée en 1551. Depuis ce temps, le Boulonois n'a plus cessé de faire partie du domaine
de la couronne.

Les habitans de Boulogne & du Boulonois
ont prétendu qu'ils devoient être exempts de
payer les droits de franc-fief pour raison des
biens nobles possédés par les roturiers : mais si
on ne leur a pas accordé tout ce qu'ils avoient
demandé, ils ont au moins réussi à faire modifier
la perception & le payement de ces droits.

Pour appuyer leur prétention, ils ont observé
qu'originairement le Boulonois étoit dans la
mouvance du comté d'Artois, fief immédiat de
la couronne ; qu'en 1551 le roi Henri II leur
accorda des lettres-patentes par lesquelles ils
furent déclarés exempts de toute espèce de
tailles & d'impositions ; que par la suite, Henri
IV & Louis XIII confirmèrent cette exemption ;
que par arrêt du 29 juillet 1610, le conseil les
déchargea des droits de franc-fief pour cette
fois, & sans tirer à conséquence pour l'avenir ,
au cas qu'ils ne se trouvassent pas avoir été
exempts de ce droit ; qu'ils en furent absolument
déchargés par arrêt des commissaires du 30 décembre 1634; que par lettres-patentes du mois

d'avril 1651 , ils furent déchargés du ban &
arrière-ban, le roi ayant déclaré qu'il fe contentoit du fervice militaire & des devoirs qu'ils
avoient faits & feroient ; que par lettres-patentes
du mois de juin 1716 , ils furent confirmés généralement dans tous leurs priviléges & exemptions, comme ils en avoient joui & en jouiffoient ; qu'à la vérité, par une décifion du confeil du 17 mai 1718 , & par arrêt contradictoire
du 5 feptembre 1721 , interprétatif des lettres-
patentes de 1716 , ils avoient été condamnés
au payement des droits de franc-fief, chacun
en particulier, pour les biens nobles qu'ils poffédoient conformément aux édits de 1708 ,
1710 & 1715 ; mais qu'ils avoient été reçus
oppofans à l'arrêt de 1721 par un nouvel arrêt
du 15 mai 1722 , portant que les parties remettroient refpectivement leurs pièces , titres &
mémoires pour être ftatué ce qu'au cas appartiendroit, & qu'il feroit furfis à toutes pourfuites jufqu'à ce qu'autrement il en eût été ordonné. Ils ont ajouté à ces moyens, que fuivant
la coutume d'Artois, le droit de franc-fief eft
purement domanial ; que les comtes de Boulogne ne l'ont jamais exercé dans l'étendue de ce
comté , & qu'il n'a pu y être introduit par les
rois avant 1477 , puifqu'alors ils n'en avoient
que la fouveraineté & qu'il s'agiffoit d'un droit
feigneurial & domanial ; que l'immunité de ce
droit a même pour motif l'obligation où dans
ce pays , frontière d'une domination étrangère ,
fe trouve tout propriétaire & fermier de fonds ,
de fe tenir continuellement armé & équipé, en
paix comme en guerre , pour marcher au premier commandement ; enfin ils ont repréfenté

qu'ils s'étoient fignalés en différentes occafions ,
& ils ont conclu à la décharge du droit de franc-
fief, ou du moins qu'il fût ordonné que la perception en feroit faite dans le Boulonois, conformément à ce qui fe pratique dans le comté
d'Artois.

Le fermier a répondu que le Boulonois, depuis l'établiffement de la Monarchie, avoit toujours été un fief mouvant de la couronne ; que
les feigneurs particuliers n'avoient aucune fouveraineté ; que l'effet de l'échange de 1477 avoit
été de réunir au domaine de la couronne , le
fief & domaine particulier du Boulonois dans
lequel les rois de France avoient toujours eu le
pouvoir de percevoir le droit de franc-fief ,
comme un droit régalien ; que les lettres-patentes de 1551 ne contenoient pas l'exemption
de ce droit ; qu'il n'en étoit point fait mention
non plus dans celles de 1716 , quoique les habitans du Boulonois euffent alors nommément
demandé cette exemption ; que les habitans de
toutes les villes privilégiées avoient été affujettis
au payement de ce même droit ; enfin, que le
Boulonois n'étoit point régi par la coutume
d'Artois , & que pour pouvoir prétendre jouir
du privilége d'un pays d'états , il falloit en faire
partie.

Tous ces moyens ayant été difcutés au confeil , le roi y rendit un arrêt le 28 mars 1752 ,
par lequel les habitans de Boulogne & du Boulonois furent déclarés fujets aux droits de franc-
fief ; mais par grace , fa majefté les déchargea
du payement des droits échus jufqu'au premier
janvier 1751.

Il fut ordonné par le même arrêt , que les

roturiers du Boulonois qui depuis cette époque
étoient ou deviendroient propriétaires de fiefs
ou *tenemens* nobles, feroient tenus dans l'année
de leur poffeffion, de fournir aux fermiers du
domaine une déclaration affirmée véritable, de
la confiftance & du revenu de ces fiefs ou tenemens nobles, & d'en payer les droits de
franc-fief fur le pied d'une année de revenu,
au moyen de quoi ils feroient affranchis de ces
droits pendant leur vie.

· Les habitans du Boulonois avoient auffi prétendu qu'ils devoient être exempts des droits
d'anciens & de nouveaux cinq fous, ainfi que
des neuf livres dix-huit fous par tonneau faifant
partie des dix-neuf livres quinze fous fix deniers
à quoi ont été fixés les droits d'entrée fur les
vins de Bordeaux & autres amenés par mer dans
les villes de Boulogne, Calais & Eftaples pour
quelque deftination que ce foit ; mais par arrêt
de la cour des aides de Paris du 29 janvier 1706,
ces habitans ont été affujettis à ces droits ainfi
qu'au fou pour pot.

. Un arrêt du confeil du 23 mai 1730 a fait
défenfe aux élus de Doulens de connoître des
conteftations au fujet des droits d'aides dans le
Boulonois, defquels cet arrêt attribue la connoiffance aux juges des traites de Boulogne.

Suivant la déclaration du roi du 26 mars
1774, les cures du diocèfe de Boulogne fituées
en Artois, & dont la collation ou préfentation
appartient à des collateurs ou patrons eccléfiaftiques, doivent être conférées par la voie du
concours, conformément au concile de Trente
qui a été reçu dans l'Artois lorfque ce comté
appartenoit à la maifon d'Autriche. Le concours

doit avoir lieu auſſitôt que les cures viennent à vaquer, &elles ne peuvent être impétrées à Rome. Tous les réglemens contenus dans la déclaration du 29 juillet 1744 pour le concours des cures du diocèſe d'Arras, doivent être obſervés pour celui des cures du diocèſe de Boulogne qui ſont dans l'Artois.

Voyez le traité des droits du roi par Dupuy ; l'arrêt du conſeil du 28 mars 1752 ; le diction-naire raiſonné des domaines ; l'arrêt de la cour des aides du 29 janvier 1706 ; l'arrêt du conſeil du 23 mai 1730 ; le traité général des droits d'aides ; la déclaration du 26 mars 1774, &c. Voyez auſſi les articles FRANC-FIEF, ENTRÉE, SUBVENTION, CURE, CONCOURS, BÉNÉFICE, &c.

BOURBONNOIS. Province de France avec titre de duché. La ville de Moulins en eſt la capitale.

Un édit du mois de février 1594 ordonna que les domaines, les greffes, ſceaux & tabellionnages des généralités de Paris, Picardie, Champagne & Moulins, feroient aliénés avec faculté perpétuelle de rachat.

Un autre édit du mois de mars 1655 ordonna la vente du droit de haute, moyenne & baſſe-juſtice, & des bois & forêts dans l'étendue des provinces de Bourbonnois & de la Marche.

Le duché de Bourbonnois fut cédé par le roi le 7 mars 1661 à M. le prince de Condé, en contr'échange du duché d'Albret.

Le droit de franc-fief a été abonné dans le Bourbonnois par divers arrêts du conſeil ; mais depuis l'expiration de ces abonnemens, les habitans roturiers de cette province ſont tenus de payer les droits de franc-fief des biens nobles qui leur appartiennent.

Voyez les édits du mois de février 1594, & du mois de mars 1655 ; le dictionnaire raisonné des domaines, &c. Voyez aussi les articles FRANC-FIEF, DOMAINE, GREFFE, &c.

BOURELAGE. Ce mot n'est connu que dans la province de Poitou : il y est employé pour marquer un droit qui s'y perçoit par forme de dîme, & qui est tel que dans toutes les paroisses où il est en usage, il ne s'exerce point d'autre droit de dîme.

Ce droit de Bourelage a donné lieu anciennement à une contestation dans le Poitou : outre ce droit on vouloit percevoir la dîme, mais il fut attesté par un acte du siége de Poitiers du 14 juillet 1685 que ces deux droits ne pouvoient point concourir ensemble sur les mêmes objets.

Voyez la collection de jurisprudence, &c. (Article de M. DAREAU, avocat, &c.)

BOURGAGE. Mot usité dans la coutume de Normandie, & qui s'applique aux héritages roturiers situés dans une ville ou dans un bourg fermé, où il n'est dû à cause de ces héritages, aucune redevance censuelle ni féodale, soit envers le roi, soit envers des seigneurs particuliers.

Le Bourgage est une des quatre manieres de tenir des biens-fonds de laquelle il est parlé par l'article 103 de la coutume de Normandie. L'héritage ainsi tenu est exempt aux termes de l'article 138, des droits de relief, de treizième & de tous autres droits seigneuriaux. Celui qui en devient possesseur, en est quitte pour donner une simple déclaration des rentes & des redevances qui font dues, à moins qu'il n'y ait à cet égard une convention ou une poffeffion contraire.

Les biens en Bourgage font plus avantageux pour les filles que les biens d'une autre nature ; car quoique la coutume défère des portions différentes & inégales entre les mâles & les filles dans les fucceffions, elle veut cependant par l'article 270, que les freres & les fœurs partagent également les héritages qui font en Bourgage dans toute la Normandie, même au bailliagè de Caux dans les cas où les filles font admifes à partager. Et par l'article fuivant elle ajoute que quoique les filles ne puiflent rien prétendre dans les bâtimens de *ménage* fitués à la campagne lorfqu'il n'y a pas plus de ces bâtimens qu'il n'y a des freres pour les poffédcr, elles peuvent néanmoins *prendre part ès maifons affifes ès villes & Bourgages.*

Les veuves ont pareillement une faveur fur les fonds tenus en Bourgage, car quoiqu'il n'y ait point de communauté de biens dans la Normandie entre le mari & la femme, celle-ci ne laiffe pas après la mort de fon époux d'avoir en propriété la moitié des conquêts *faits en Bourgage* durant le mariage. C'eft ce que porte l'article 329 de la coutume. Nous remarquerons à ce fujet que les places de barbiers-perruquiers font regardées comme immeubles en Bourgage dans la Normandie, & que les veuves ont la moitié de ces places en propriété lorfqu'elles ont été acquifes durant leur mariage. Il y a à cet égard un arrêt du parlement de Rouen rendu en forme de règlement le 23 janvier 1730.

Il y a un autre règlement de la même cour du 16 mars 1697, fuivant lequel les paroiffes de

Boifguillaume & faint Etienne ainfi que celles
de la banlieue de Rouen font déclarées n'être
point en Bourgage. L'exécution de ce règlement
a été ordonnée par un arrêt du 20 juillet 1715.

Voyez *Bafnage fur la coutume de Normandie;
les placités du parlement de Rouen ; la collection
de jurifprudence*, &c. (*Article de M. DAREAU,
avocat, &c.*)

BOURGEOIS. C'eft celui qui fait fa réfidence
ordinaire dans une ville.

Le droit de bourgeoifie s'acquiert à Paris par
une réfidence d'an & jour que peuvent juftifier
des quittances de loyer, de capitation, &c.

Il y a des villes où pour acquérir le droit de
bourgeoifie, il faut une réfidence de plufieurs
années.

Les étrangers qui viennent s'établir à Lyon
ne jouiffent du droit de bourgeoifie & des priviléges qui y font attachés qu'après qu'ils fe
font fait infcrire fur les regiftres de la ville,
qu'ils ont donné une déclaration de leurs biens,
& qu'ils ont dix années confécutives de réfidence
dans cette ville, pendant fept mois au moins de
chaque année. C'eft ce qui réfulte de la déclara-
ration du 6 août 1669 & des arrêts du confeil
des 20 mai 1665, 15 juin 1688, 27 août 1697,
& 4 mai 1728.

Un des principaux priviléges des Bourgeois
de Paris eft qu'en matière civile & en défendant,
ils ne peuvent être contraints de plaider ailleurs
qu'à Paris. C'eft ce qui réfulte de l'article 112
de la coutume.

Ce privilége a lieu même en matière purement réelle & lorfque le Bourgeois de Paris eft
affigné en garantie. Il peut en vertu de fon pri-

vilége, faire évoquer au châtelet de Paris la demande en garantie & y attirer ainsi la demande origi..aire.

Cette évocation se fait par le moyen d'une requête que le Bourgeois de Paris présente au juge de son privilége ; par la signification de l'ordonnance qu'il obtient de ce juge, & par l'assignation donnée en conséquence. Tel est l'usage du châtelet.

Le Bourgeois de Paris ne peut exciper de son privilége lorsqu'il est assigné aux requêtes du palais ou à celles de l'hôtel en vertu du droit de *committimus* : ce dernier privilége l'emporte sur celui du Bourgeois de Páris : la raison en est que le droit de *committimus* est fondé sur une loi générale, & le privilége du Bourgeois de Paris sur une loi particulière.

De même le Bourgeois de Paris ne peut user de son privilége lorsqu'en qualité de vassal ou censitaire il est assigné par son seigneur devant le juge de la seigneurie, pourvu qu'il ne s'agisse entre les parties que de la réconnoissance de la directe, c'est-à-dire de la foi & hommage, du payement du cens, ou autre chose semblable. Cela est fondé sur ce que les seigneurs conservent ordinairement leurs titres dans le principal manoir de leur fief, & qu'il est juste pour éviter la dispersion de ces titres, d'attribuer la juridiction dont il s'agit au juge de la seigneurie.

C'est d'après ce principe que par arrêt du 23 juin 1750, que nous allons rapporter d'après la collection de jurisprudence, le parlement a jugé que le privilége des Bourgeois de Paris ne les autorisoit pas à faire évoquer au châtelet les demandes qui ont pour objet d'assujettir des vaffaux à paffer des déclarations à des terriers.

Cet arrêt a été rendu en faveur du baron de Beauvais feigneur de Gentilly contre la dame de Luigné. Le baron de Beauvais demandoit que la dame de Luigné paffât une déclaration à fon terrier ; il l'avoit à ce fujet fait affigner devant le juge de Gentilly : la dame de Luigné avoit fait évoquer au châtelet la demande formée contr'elle ; & cette évocation étoit fondée fur le privilége des Bourgeois de Paris : il y eut appel de l'ordonnance de M. le lieutenant civil portant évocation, & par l'arrêt cité, la cour en infirmant l'ordonnance du lieutenant civil, renvoya les parties devant le juge de Gentilly.

Obfervez toutefois que s'il ne s'agiffoit que du droit de quint, ou de celui de relief, ou de celui de lods & ventes fans qu'il fût queftion de la directe, & que ces droits fuffent conteftés de la part du Bourgeois de Paris, il pourroit exciper de fon privilége contre fon feigneur. C'eft l'avis de Bacquet dans fon traité des droits de juftice, & on le juge ainfi au châtelet, parce que dans ces cas il n'y a qu'une action perfonnelle qui n'intéreffe pas la feigneurie en elle-même.

Le privilége des Bourgeois de Paris n'a point d'effet dans les affaires dont la connoiffance eft attribuée à certaines juridictions particulières.

Il en eft de même en matière criminelle, où du moins ce privilége ne doit point s'étendre au-delà de la prévôté & vicomté de Paris.

Carondas eft toutefois d'avis contraire : il prétend qu'il y a plufieurs arrêts par lefquels on a renvoyé devant le prévôt de Paris des Bourgeois de la même ville pour raifon de crimes commis en d'autres provinces, même depuis
l'ordonnance

l'ordonnance de Moulins qui a remis en usage l'authentique , *quâ provinciâ. cod. ubi de criminibus agi oportet.* C'est pourquoi lors de la réformation de la coutume , comme l'article 112 sembloit limiter le privilége aux matières civiles, les Bourgeois de Paris s'y opposèrent , & les commissaires qui travailloient à la réformation déclarèrent qu'ils n'entendoient point déroger à leur privilége. Cependant il ne paroît pas que ce privilége doive être admis en matière criminelle , surtout depuis l'ordonnance du mois d'août 1670 qui veut indistinctement que la connoissance des crimes appartienne au juge du lieu où ils ont été commis.

Le privilége du Bourgeois de Paris l'emporte sur celui des lettres de garde gardienne que quelques communautés non sujettes à la coutume de Paris ont obtenues : la raison en est que le premier est un droit public & les autres un droit particulier. Celui-ci doit par conséquent le céder à celui-là. Cela a été ainsi jugé au parc civil par sentence du 7 janvier 1713 , contre les Feuillans de Poitiers qui avoient obtenu de Louis XIII des lettres-patentes portant attribution de leurs causes au sénéchal de Poitiers.

Les Bourgeois de Paris ont droit de demander la garde bourgeoise de leurs enfans mineurs en vertu de laquelle ils jouissent des revenus de ces enfans sans en être comptables.

Ce privilége fondé sur l'article 266 de la coutume , a été originairement accordé aux Bourgeois de Paris par des lettres-patentes de Charles V du 9 août 1381 : mais il n'a pas lieu en faveur de l'aïeul ni de l'aïeule des enfans.

Les Bourgeois de Paris peuvent faire saisir &

arrêter les effets de leurs débiteurs forains trouvés à Paris, lors même qu'ils n'ont aucun titre contre ces débiteurs. C'eſt une diſpoſition de l'article 173 de la coutume de Paris.

Les Bourgeois roturiers de Paris ont anciennement joui de l'exemption du droit de franc-fief, en vertu des lettres-patentes à eux accordées par Charles V en 1371, par Charles VI en 1409, par Louis XI en 1465, & par Louis XIV en 1669. Mais cette exemption purement gratuite & qui opéroit l'aliénation d'un droit domanial a été anéantie par l'édit du mois d'août 1692, par la déclaration du 9 mars 1700, & par l'édit du mois de mai 1708, qui ont ordonné que ce droit ſeroit payé par tous les roturiers poſſeſſeurs de fiefs & biens nobles ſans exception.

Immédiatement après l'édit de 1692, le prévôt des marchands & les échevins de Paris, offrirent au roi une ſomme de 200000 livres pour obtenir de nouveau l'exemption du droit de franc-fief, dont le recouvrement étoit ordonné par cet édit. Ces offres furent accéptées; mais elles ne furent pas réaliſées : le prévôt des marchands & les échevins repréſentèrent enſuite qu'il étoit impoſſible à la ville d'y ſatisfaire, & conſentirent que le recouvrement des droits de franc-fiefs fût fait ſur les Bourgeois de Paris à moins que ſa majeſté n'eût la bonté de les en décharger gratuitement.

En conſéquence il intervint arrêt du conſeil, le roi y étant, le 31 août 1694, par lequel ſa majeſté ordonna que tous les jugemens des commiſſaires députés pour connoître des droits de franc-fief & qui avoient déchargé des Bourgeois de Paris des taxes des francs-fiefs fur le fondement de leur bourgeoifie, feroient rapportés comme nuls ; ce faifant que les rôles dans lefquels les Bourgeois de cette ville avoient été compris à caufe des fiefs & biens nobles par eux poffédés feroient exécutés felon leur forme & teneur, & les mêmes Bourgeois de Paris contraints au payement des fommes y contenues par les voies y portées.

Le 18 octobre 1712, le confeil rendit un arrêt par lequel fans s'arrêter à une ordonnance de M. l'intendant de Bourges qui avoit déchargé le fieur Vaillant Bourgeois de Paris du droit de franc-fief d'une portion de dîme qu'il poffédoit dans cette généralité, il a été ordonné que le même Vaillant feroit contraint au payement de ce droit.

Par un autre arrêt du confeil rendu contradictoirement le 19 feptembre 1721, contre le fieur Guillaume Querelle Bourgeois de Paris, il a été ordonné que nonobftant les priviléges par lui allégués il feroit tenu de payer le droit de franc-fief du fief de la Doutre qui lui appartenoit dans la généralité de Soiffons.

Le confeil a rendu un autre arrêt le 9 décembre 1721, par lequel fans s'arrêter à une ordonnance de M. l'intendant de Champagne obtenue en 1716 par Pierre Sivelle de Vermoife Bourgeois de Paris, il a été ordonné qu'il payeroit le droit de franc-fief des fiefs & biens nobles par lui poffédés.

Par une décifion du confeil du 18 avril 1734 Nicolas & Jean-Pierre-Denis de Fontaine ont été condamnés au payement des droits de franc-fief des fiefs par eux possédés dans la généralité de Paris.

Une autre décision est intervenue au conseil le 18 octobre 1739, contre Louis-François de la Croix Bourgeois de Paris, qui demandoit en cette qualité l'exemption du droit de franc-fief de la terre de Foreille dans la Généralité de Paris ; la décision le renvoye à se pourvoir devant M. l'intendant pour la liquidation du droit dont il ne peut être exempt comme Bourgeois de Paris.

Par une autre décision du conseil du premier décembre 1739 le sieur Paul Millin, avocat au parlement & qui se prétendoit exempt des droits de franc-fief comme Bourgeois de Paris, a été condamné au payement de ce droit à cause du fief de Chambelaine sis au port & territoire de Neuilly, & par lui acquis en 1717.

Lorsque le droit de gros a été réuni aux droits d'entrée & de détail dans la ville & les fauxbourgs de Paris, les maisons détachées & paroisses hors des barrières dépendantes de ces faubourgs & comme telles sujettes aux entrées ont été exceptées de cette réunion ; ainsi le titre V de l'ordonnance qui concerne le droit de gros dans Paris & les fauxbourgs, a encore son exécution dans ces maisons & paroisses ; on va rapporter les dispositions de ce titre qui y sont en vigueur, en faisant simplement mention de celles qui n'ont plus d'application.

Les Bourgeois non trafiquant vin qui demeurent dans ces maisons & paroisses doivent à l'entrée le droit de gros sur tous les vins qu'ils font venir par terre pour leur provision, à raison de quarante sous par muid outre l'augmentation de

feize fous trois deniers. Le gros a été modéré à
cette fomme en leur faveur, même fur le vin
qu'ils achettent au-delà des vingt lieues, & dont
le prix pourroit être bien au-deffus de quarante
livres par muid. A l'égard des vins qu'ils font
venir par eau, le droit en eft du fuivant ce
qu'ils valent ordinairement fur les ports.

L'embarras & la difficulté de déterminer l'é-
valuation des vins qui arrivent aux portes &
barrières, a donné lieu à cette fixation fur les
vins venans par terre quoiqu'elle foit au défa-
vantage du fermier ; ceux qui font amenés par
eau ne font point dans le même cas parce que
le payement des droits fe faifant au bureau
général, le fermier eft en état de faire examiner
par fes commis la qualité des vins & de déterminer d'une façon précife le prix à raifon duquel
le gros doit être perçu.

Les Bourgeois ne doivent point le droit de
gros ni l'augmentation à l'entrée fur les vins de
leur cru qu'ils font venir foit par eau foit par
terre ; mais ils font obligés à l'égard des vins
qui leur viennent par terre de configner aux
bureaux d'entrée le montant des droits, lefquels
droits leur font rendus par le fermier au bureau
général en rapportant l'acquit qui leur en a été
délivré dans les bureaux particuliers. Ils ont un
mois pour retirer les droits confignés après lequel délai ils en font déchus. Ils font en outre
tenus pour jouir de cette exemption de faire en-
regiftrer au bureau général des aides les titres
de leur propriété ou de les repréfenter au fermier & de lui en laiffer une copie fignée d'eux
en bonne forme avec certificat auffi figné d'eux
contenant le dénombrement par tenans & abou-

tiſſans, des vignes dont ils ſont propriétaires ou poſſeſſeurs & la quantité du vin qu'ils y ont recueillie, & avec déclaration qu'ils les façonnent à leurs dépens, à peine de confiſcation en cas de fauſſe déclaration.

La conſignation ordonnée par cette diſpoſition eſt afin que le fermier ait ſes droits aſſurés dans le cas où il verroit par l'examen des titres de propriété qu'il y auroit de la fraude de la part des Bourgeois. A l'égard des vins qu'ils font venir par eau, comme le payement des droits s'en fait au bureau général où ces titres ſont enregiſtrés, le fermier eſt à portée d'en faire ſur le champ la vérification, ſans qu'il ſoit beſoin de faire conſigner les droits.

Les Bourgeois de Paris jouiſſent auſſi de diverſes exemptions ſur les denrées qui proviennent de leurs terres & qui ſont deſtinées à leur conſommation. Ils ont encore d'autres privilèges dont il eſt parlé dans les articles qui y ont rapport.

Dans les places où il y a des troupes, les Bourgeois & autres habitans trouvés ſans feu ou faiſant du déſordre dans les rues une heure après la retraite des Bourgeois ſonnée, doivent être conduits au corps de garde de la place d'armes pour y reſter juſqu'au lendemain : alors le commandant de la place doit renvoyer chez eux ceux qui ont été arrêtés ſans feu, & faire remettre au pouvoir du juge ordinaire ceux qui ont été arrêtès faiſant du déſordre, afin qu'il les puniſſe conformément aux ordonnances de police.

Si le déſordre ou le délit commis par les Bourgeois ou habitans intéreſſe la ſûreté de la place ou le fervice du roi, le commandant doit les retenir en prifon & rendre compte du tout au commandant de la province & au fecrétaire d'état ayant le département de la guerre. Telles font les difpofitions des articles 13 & 14 du titre 19 de l'ordonnance du premier mars 1768 concernant le fervice du roi dans les places & dans les quartiers.

Les Bourgeois, marchands, limonadiers, cabaretiers & artifans qui font crédit aux bas officiers ou aux foldats, cavaliers & dragons fans un billet du major du régiment, font dans le cas de perdre leur dû : il doit d'ailleurs être mis une fentinelle devant leur porte ou bouti-que afin d'en empêcher l'entrée aux bas offi-ciers, foldats, cavaliers & dragons pendant au-tant de jours que le commandant de la place l'aura jugé à propos.

Il doit en être ufé de même à l'égard des ca-baretiers qui donnent à boire aux foldats cava-liers & dragons après la retraite.

Le commandant d'une place doit faire arrê-ter les bourgeois ou autres habitans qui donnent à jouer dans leurs maifons à des jeux défendus : il doit enfuite les faire remettre aux juges des lieux afin qu'il les puniffe fuivant l'exigence des cas.

Si les contrevenans font gens notables & qualifiés, le commandant de la place les fera avertir pour la première fois, & en cas de ré-cidive, il en informera le fecrétaire d'état ayant le département de la guerre pour qu'il en foit rendu compte au roi. C'eft ce qui réfulte des ar-ticles 9 & 16 du titre cité.

L'article 3 du même titre veut que les Bourgeois & autres habitans qui troublent la tranquillité des fpectacles ou qui ne s'y comportent pas avec décence, foient arrêtés par les gardes prépofés à cet effet & remis fur le champ au juge ordinaire afin qu'il les puniffe.

Suivant l'article 5, les Bourgeois, aubergiftes & autres habitans des places de quelque qualité & condition qu'ils foient, font tenus chaque foir après la fermeture des portes, de faire remettre chez le commandant la déclaration des étrangers arrivés chef eux, & de fpécifier en cas de féjour, le temps qu'ils doivent y refter.

Dans la commune de Troyes, en Champagne, on appelle *Bourgeois du Roi* (*) des per-

_____

(*) Anciennement lorfqu'un particulier qui n'étoit ni noble, ni clerc, ni bâtard vouloit jouir des privilèges accordés aux perfonnes libres, il follicitoit les lettres néceffaires pour être reconnu Bourgeois du roi, ou même de quelque feigneur. Une ordonnance de Philippe-le-Bel donnée en 1287, au parlement de la Pentecôte explique ainfi la manière d'obtenir ces lettres :

» Quand aucun veut entrer en aucune bourgeoifie, » il doit aller au lieu dont il requiert être Bourgeois, » & doit venir au prévôt du lieu ou à fon lieutenant ou au » maire des lieux qui reçoivent des Bourgeois fans prévôt, » & dire à cet officier : *fire, je vous requiere la bourgeoi-* » *fie de cette ville, & fuis appareillé de faire ce que je dois.* » Alors le prévôt ou le maire ou le lieutenant, en la pré- » fence de deux ou de trois Bourgeois de la ville, du » nom defquels les lettres doivent faire mention, recevra » fûreté de l'entrée de la bourgeoifie, & que le *recipien-* » *daire* fera ou achetera, pour raifon de la bourgeoifie, » une maifon dans l'an & jour de la valeur de foixante » fous parifis au moins. Cela fait & regiftré, le prévôt ou » le maire doit donner à l'impétrant un fergent pour aller » avec lui par devers le feigneur fous lequel il eft départi, » ou devant fon lieutenant, pour lui faire favoir que l'im-

fonnes qui, quoique domiciliées dans des terres feigneuriales dont les habitans font ferfs du feigneur, font exemptes de cette fervitude en vertu du privilége que le roi leur a accordé à cet effet par fes officiers, dont les Bourgeois du roi deviennent jufticiables.

Voyez *Bacquet, des droits de juftice ; les lettres patentes de Louis XI du 9 Novembre 1473 ; la coutume de Paris ; la déclaration du 6 août 1659 ; les arrêts du confeil des 20 mai 1665, 15 juin 1688, 27 août 1697, & 4 mai 1728 ; les arrêts d'Augeard; Loyfeau traité des feigneuries ; le droit commun de la France ; le Maître fur la coutume de Paris ; l'ordonnance criminelle de 1670 ; le traité général des droits d'aides ; la déclaration du 28 feptembre 1724 ; les édits du mois d'août 1692, & du mois de mai 1708 ; la déclaration du 9 mars 1700 ; le dictionnaire raifonné des domaines ; l'ordonnance du premier mais 1768 ; la coutume de Troyes*, &c. Voyez auffi les articles FRANC-FIEF, VIN, ENTRÉE, PRIVILÉGE, PARIS, VERSAILLES, ORLÉANS, &c.

BOURGES. Ville capitale du duché de Berry & chef-lieu d'une généralité. C'eft un ancien domaine du roi, que Philippe I acquit en 1061 & qui fut érigé en duché pairie en 1360. Plufieurs enfans de France l'ont poffédé à titre d'apanage.

Le domaine du Berry a paffé dans la maifon

» pétrant eft entré en la bourgeoifie de telle ville à tel » jour & en tel an, ainfi qu'il fera contenu dans les lettres » de bourgeoifie.

de Condé par l'acquifition qu'elle en fit le 4 avril 1675.

Cette maifon jouit en conféquence du droit de fceau des actes judiciaires, & de ceux des notaires royaux dans la généralité de Bourges, & perçoit ce droit fur le pied du tarif de 1699. Quand le roi fupprima le droit de petit-fcel des actes des notaires dans tout le royaume, ce droit fut réfervé dans le Berry au profit de M. le prince de Condé; & les notaires le lui ont payé conformément à un arrêt du 26 avril 1707, par lequel il a été ordonné, qu'attendu que ces notaires étoient reftés chargés du droit dont il s'agit, ils ne payeroient le droit de contrôle de leurs actes que fuivant le tarif de 1699, & non fur le pied de celui de 1706.

Le tarif arrêté le 20 mars 1708, fit naître des difficultés que termina l'arrêt du confeil du 2 octobre fuivant. Cet arrêt ordonna que les notaires & tabellions royaux de la généralité de Bourges payeroient les droits de contrôle de leurs actes fur le pied fixé par le tarif du 20 mars 1708, à la charge par le fermier du roi de payer, à celui de M. le prince de Condé le droit de fceau fur le pied du tarif du 10 novembre 1699.

D'autres difficultés furvinrent encore après la publication du tarif du contrôle du 29 feptembre 1722. Elles étoient fondées fur ce que le droit de contrôle de plufieurs actes fe trouvoit fixé au-deffous du droit de fcel dû au prince, & que par conféquent le fermier du roi auroit été obligé d'employer fes propres deniers pour acquiter une partie de ce droit de fcel. Ces circonftances firent rendre l'arrêt du confeil du 23 février 1723, par lequel le roi ordonna que la déclaration du 29 feptembre 1722, & le tarif arrêté en conféquence pour les droits de conrrôle des actes des notaires feroient exécutés dans l'étendue de la généralité de Bourges; & cependant que pour les actes qui feroient paffés par les notaires de cette généralité, & dont les droits de contrôle feroient au-deffous de quinze fous, les droits de fcel de ces actes feroient perçus féparément du droit de contrôle, fur le pied du tarif du 10 novembre 1699, pour être les mêmes droits payés par le fermier du roi, à celui de M. le prince de Condé, fuivant l'arrêt du 2 octobre 1708.

La maifon de Condé jouit auffi du droit de fceau des rôles des tailles conformément à la décifion du confeil du 18 juillet 1739.

L'ancien contrôle des actes des notaires, à Iffoudun en Berry, a été compris dans l'engagement fait à M. le prince de Condé en 1675. Cela n'empêche pas que le droit de contrôle des actes, établi par l'édit du mois de mars 1693, ne foit perçu fur le pied fixé par le tarif du 29 feptembre 1722. L'arrêt du confeil du 28 octobre 1727, maintient les princes & princeffes, engagiftes du domaine de Berry, dans le droit du contrôle des actes des notaires de la ville d'Iffoudun, tel qu'il leur appartient, & qu'il eft compris dans le contrat d'engagement du 4 avril 1675, pour en jouir ainfi que ce droit avoit lieu, & qu'il étoit établi au tems de l'engagement: cet arrêt maintient auffi les fermiers du roi dans la perception & jouiffance du droit de contrôle des actes des notaires, tel qu'il a été

établi par l'édit de 1693 , & qu'il se perçoit actuellement, conformément à cet édit, & aux
autres édits , déclarations & tarifs intervenus
depuis.

Le droit de contrôle des exploits dans la généralité de Borges , est aussi compris dans le
contrat d'engagement de 1675 , sur le pied de
cinq sous; tel qu'il étoit dû alors.

Par arrêt du conseil du 12 Mai 1722, le roi
a accepté les offres faites par M. le duc , & les
princes & princesses, ses frères & sœurs, d'a-
bandonner à S. M. le droit de nomination, présentation, annuel & casuel des offices de maré-
chauffée dans la généralité de Moulins; ensemble le droit de 45 sous par pipe de vin sur la
quantité de 300 pipes sortant de la châtellenie
de Chantoceaux, & conduites dans la province
de Bretagne ; & en conséquence il a été ordonné que pour leur tenir lieu du produit des objets
par eux cédés & abandonnés, ils jouiroient du
droit de trois sous par saisie mobiliaire, & de
celui de trois sous par contrôle d'exploit dans la
généralité de Bourges , conjointement avec le
droit de six sous par contrôle d'exploit, dont ils
jouissoient déjà.

Par un autre arrêt du conseil du 2 mars 1723,
il a été ordonné que M. le duc & les princes &
princesses, ses frères & sœurs, jouiroient, à
compter du premier janvier 1722, pour leur
tenir lieu de l'indemnité portée par l'arrêt du
12 mai 1722, du droit de trois sous par saisie
mobiliaire, & de deux sous six deniers par contrôle d'exploit; & que les quatre sous pour livre des mêmes droits apppartiendroient au
roi, tant qu'ils auroient cours, pour en être

compté aux fermiers de S. M. à la remise de deux sous pour livre, pour tous droits & frais..

La principauté d'Enrichoment, est dans la généralité de Bourges, & le contrôle des actes n'a pas lieu dans l'étendue de cette principauté, ainsi qu'il paroît par un arrêt du conseil du 7 novembre 1724; mais les habitans des pays où le contrôle est établi, ne peuvent aller passer leurs actes dans cette principauté.

Les maires, échevins, bourgeois & habitans des villes de Bourges & d'Issoudun, ont prétendu devoir jouir de l'exemption des droits de franc-fiefs, en vertu de lettres-patentes de 1594, 1611, 1643 & 1651, contenant différens priviléges, confirmés par de nouvelles lettres-patentes de 1718 & 1719, avec cette restriction : *pourvu que lesdits priviléges n'aient été révoqués par aucun édit ni déclaration.*

Mais ces priviléges, quant au droit de franc-fiefs, avoient cessé lors du recouvrement ordonné en 1672 ; ils se trouvoient même révoqués par l'édit du mois d'août 1692, en conséquence duquel la province du Berry fut abonnée à 90000 livres : il y a eu ensuite d'autres abonnemens particuliers.

Ces considérations ont donné lieu à l'arrêt du conseil du premier décembre 1722, par lequel le roi interprêtant la clause insérée dans les lettres-patentes de 1718 & 1719, a ordonné qu'il en seroit usé à l'égard des habitans des villes de Bourges & d'Issoudun, comme dans les précédens recouvremens; en conséquence, que les propriétaires des fiefs qui auroient contribué aux abonnemens ordonnés en 1693, jouiroient de l'exemption des droits de franc-fief, à cause des fiefs qu'ils possédoient, lors de la contribution aux mêmes abonnemens, & cela pendant vingt années, à commencer du jour qu'ils seroient entrés en jouissance de leurs fiefs ; & que tous ceux qui auroient acquis des fiefs & biens nobles, ou auxquels il en seroit échu par succession ou autrement, depuis les abonnemens dont il s'agit, ensemble ceux qui auroient payé lors de ces abonnemens pour des fiefs dont les vingt années seroient expirées, ne pourroient se dispenser d'acquitter les droits de franc-fief. Les communautés laïques de la généralité de Bourges, ont en outre été condamnées par le même arrêt au payement des droits de nouvel-acquêt de leurs usages.

Les maires & échevins, bourgeois & habitans de la ville d'Issoudun ayant formé opposition à l'arrêt qu'on vient de rapporter, ils en ont été déboutés par un autre arrêt du 5 février 1723, qui a ordonné que le précédent seroit exécuté selon sa forme & teneur.

Les habitans de la province du Berry ont ensuite soutenu que les biens par eux possédés sont en franc-aleu roturier ; & que tous les héritages de cette province sont francs & allodiaux, si l'on ne prouve le contraire ; ils ont prétendu en conséquence que c'étoit au fermier à prouver que les biens fussent nobles.

Mais par arrêt du conseil du 13 septembre 1723, il a été ordonné que ceux des premier décembre 1722 & 5 février 1723 seroient exécutés selon leur forme & teneur ; en conséquence que les habitans roturiers de la province du Berry seroient tenus de payer les droits de franc-fief pour les fiefs & biens nobles qu'ils poffédent ; & au cas qu'ils prétendroient que leurs héritages fuffent en roture, ils feroient tenus de le juftifier par des déclarations en bonne forme fournies aux feigneurs dont ils relèvent, contenant les cens & devoirs dont ils font chargés ; finon les mêmes héritages feroient cenfés & réputés être en fief.

Suivant l'ordonnance des aides, les bourgeois & habitans de Bourges doivent par muid de vin d'achat vendu à pot;, une livre huit fous ; mais fi le vin ainfi vendu eft de leur crû, ils ne doivent rien.

Les mêmes doivent pour chaque muid de vin foit de leur crû, foit d'achat, vendu à affiette, une livre treize fous ; non compris le droit de fubvention dans tous ces cas, lequel a été modéré à vingt-deux fous par muid en faveur de ces bourgeois.

Voyez *le traité des droits du roi par Dupuy ; l'édit du mois d'octobre 1590, & celui du mois d'août 1692 ; le dictionnaire raifonné des domaines ; l'ordonnance des aides ; le traité général des droits d'aides,* &c. Voyez auffi les articles FRANC-FIEF, GREFFE, CONTRÔLE, SUBVENTION, DÉTAIL, VIN, &c.

BOURGOGNE. Province confidérable de France avec titre de duché & dont Dijon eft la ville capitale.

La Bourgogne eft un pays d'états : Charles furnommé le téméraire, ayant été tué devant Nanci le 5 janvier 1477, Louis XI ne perdit pas un moment pour fe mettre en poffeffion de ce duché ; il envoya des commiffaires dans cette province pour la mettre fous fa main & la réunir à fa couronne ; les états alors affemblés promi-

rent obéiffance & fidélité au roi , & demandèrent *que tous les particuliers & fujets defdits duché , comtés & pays en dépendants , fuffent maintenus à toujours , en toutes leurs droitures , fran-
chifes , libertés , prérogatives & priviléges , fans
qu'aucune nouvelleté leur fût faite , & que le roi
en fît paffer & expédier des lettres-patentes en forme
due à leur profit ;* ce que les commiffaires *accor-
dèrent , confentirent & promirent en vertu de la
puiffance à eux donnée , & de le faire ratifier &
approuver par le roi.* Il en fut dreffé un acte figné
& fcellé du fceau des commiffaires le 29 du
même mois de janvier 1477.

Louis XI fit expédier au mois de mars fuivant
des lettres-patentes fur les *fupplications & requêtes* des gens des trois états , contenues dans
l'acte précédent , *touchant le gouvernement , police
& entretenement du pays :* elles contiennent vingt-
deux articles : le feizième porte que les trois
états ne s'affembleront *qu'en vertu de lettres-patentes ;* & le dix-feptième , *que l'on ne pourra
lever & cueillir fur iceux pays & duché , aides ne
fubfides , foit au profit du roi ou d'autres , finon
que lefdites aides n'aient été octroyées & confenties
par les gens defdits trois états.*

Les états ont obtenu fucceffivement fous les
règnes fuivans , des lettres-patentes confirmatives de ces premières.

Comme les affemblées d'états ne fe tiennent
que de trois en trois ans , ce font , dans l'intervalle de ces tenues , les élus généraux qui font
chargés de toutes les fonctions de l'adminiftration ; il y en a un de chaque état ; ils font la
diftribution & la répartition de toutes les impofitions ; les mandemens font envoyés par le fecrétaire

crétaire des états aux communautés qui font
tenues de s'affembler trois jours au plus tard
après la réception du mandement pour nommer
des afféeurs à l'effet de procéder au rôle de répartition, & des collecteurs pour en faire le recouvrement.

Les tailles font perfonnelles en Bourgogne,
ou plutôt mixtes, chaque contribuable devant
être impofé fuivant les diverfes poffeffions,
ferme, culture, facultés, commerce & induftrie ; on voit par des délibérations des élus généraux en forme d'inftructions, qu'ils envoient
& font publier dans les différentes communautés, que les mêmes principes & les mêmes réglemens qui déterminent dans les pays où la
taille eft perfonnelle ce qui concerne la nomination des afféeurs & collecteurs, la confection
des rôles, ceux qui doivent y être compris ou
taxés d'office, font fuivis dans le duché de Bourgogne.

Dans la répartition générale, les élus ont des
règles fixes dont ils ne s'écartent pas ; on fait,
par exemple, que le Mâconnois qui a des états
féparés & une adminiftration particulière, doit
fupporter la onzième partie des impofitions,
le Charollois la vingt - quatrième, & le comté
Bar-fur Seine la foixantième.

Les élus généraux s'affemblent tous les ans
dans la ville de Dijon pour le département des
impofitions de toute la province, qui eft divifée
en quinze bailliages ou recettes, & compofée
d'environ dix-huit cens paroiffes ou communautés ; le bureau des élus affifte en totalité au
département : il eft compofé de trois élus des
ordres, de deux députés de la chambre des

comptes, de l'élu du roi, du maire de la ville de Dijon, de deux secrétaires en chef, & du trésorier-général des états.

. Il n'y a point en Bourgogne de siège d'élection ; les actions en surtaux par opposition aux rôles des tailles se portent en première instance pardevant les premiers juges, ensuite par appel aux bailliages, & sur l'appel des bailliages au parlement, auquel la cour des aides a été unie par l'édit du mois d'avril 1630, ce qui met dans le cas d'essuyer trois degrès de juridiction.

Voici la règle que l'on suit dans la répartition des impôts entre toutes les villes, paroisses & communautés de la province.

La répartition se fait par feux & non par sommes ; ensorte que la valeur de chaque feu ne peut être connue que lorsque le nombre en est arrêté par l'imposition de toutes les communautés.

On ne doit point entendre par ce mot *feu*, une maison, un ménage, une famille, quoique ce soit de là vraisemblablement qu'il tire son origine : c'est un mot numérique indicatif d'une certaine quantité de livres tournois : c'est ce qu'un exemple rendra sensible.

On suppose que le nombre de feux soit en Bourgogne de vingt-cinq mille, & que la valeur du feu soit de soixante-douze livres, les vingt-cinq mille feux monteront à un million huit cens mille livres ; une communauté de cent habitans, imposée à trente feux, payera deux mille cent soixante livres, & les asséeurs auront cette somme à répartir entre cent taillables.

Le nombre de feux varie de même que leur

valeur ; il est vrai qu'originairement il a été fixé
sur des connoissances prises dans des procès-
verbaux de visite dressés par des commissaires
députés à cet effet sur la nature du territoire de chaque paroisse ou communauté, de
sa situation, du plus ou du moins de facilité pour
le débit des denrées, du nombre, qualités, facultés, commerce & industrie des habitans ;
mais la plupart de ces circonstances sont sujettes
à variations ; & comme il survient d'ailleurs des
accidens de grêles, inondations, mortalités de
bestiaux & autres fléaux, ces événemens mettent dans le cas de procurer chaque année des
soulagemens & diminutions aux communautés
qui les éprouvent : le nombre de feux ne peut
être par conséquent toujours le même, l'équité
exigeant qu'il soit proportionné à la situation
annuelle de chacune de ces communautés &
paroisses.

Quant à la valeur des feux, l'augmentation
ou dimiminution dépend nécessairement des impôts plus ou moins considérables qui sont à répartir.

Le taillon, les garnisons, la subsistance, l'e-
xemption, l'octroi ordinaire & le don gratuit
extraordinaire, s'imposent en vertu de commission du roi ; une déclaration du 30 juillet 1752
a fixé les droits respectifs du receveur-général
des finances & du trésorier des états : le receveur-général prétendoit faire, à l'exclusion du
trésorier des états, le recouvrement des deniers
extraordinaires qui s'imposoient pour le roi en
vertu des commissions de sa majesté dans la
province, notamment des trois cent mille livres

qu'elle paye annuellement pour la fubfiftance des troupes, & des deux cent mille livres pour l'exemption des logemens de gens de guerre, indépendamment de quatre-vingt-fix mille livres pour le fonds des garnifons, & dix-fept mille fix cent foixante-fix livres 13 fous quatre deniers pour l'octroi ordinaire, que jufqu'alors le tréforier des états avoit reçu des receveurs particuliers, & reverfé enfuite au receveur-général des finances fans taxations.

Les élus généraux prétendoient au contraire que ces recouvremens devoient être faits & continués en la même forme & manière qui avoient été prefcrites par un arrêt du confeil du 2 octobre 1691.

La déclaration ordonne que le receveur-général des finances continuera de recevoir la fomme de quatre-vingt-fix mille livres chaque année pour le fonds des garnifons, & celle de dix-fept mille fix cent foixante-fix livres treize fous quatre deniers auffi annuellement, faifant le tiers de cinquante-trois mille livres pour l'octroi ordinaire que la province accorde au roi à chaque triennalité.

Qu'il fera à l'avenir, & à commencer de 1753, ce recouvrement fur les revenus particuliers de la province en vertu de l'impofition qui fera faite, & des états de départemens qui feront arrêtés par les élus généraux, & qu'il jouira de quatre deniers pour livre de taxations qui feront impofés avec lefdites fommes principales par les élus généraux.

Le roi confirme au furplus, en tant que de befoin, l'arrêt du 2 octobre 1691, maintient en conféquence le tréforier des états dans le re-

touvrement de toutes les impositions extraordinaires de ladite province, notamment de la
subsistance & de l'exemption.

· Ainsi aux termes de cette déclaration, le receveur-général des finances du duché de Bourgogne n'a dans le duché que le recouvrement du
fonds des garnisons & de l'octroi.

Par arrêt du conseil du 4 mai 1745, il a été
ordonné qu'en payant, par les états généraux du
duché de Bourgogne, la somme de 11400 livres
par forme d'abonnement, pour tenir lieu des
droits de contrôle & d'insinuation des actes reçus par les greffiers, secrétaires des communautés laïques & autres officiers particuliers de
la province, les actes sujets à ces formalités
feroient contrôlés & insinués dans le délai de
fix mois, sans payer aucun droit, & que faute
de les soumettre à ces formalités, ils feroient
nuls.

Suivant un autre arrêt du conseil du 21 avril
1750, il est permis aux greffiers de la province
de Bourgogne, de laisser écrite selon l'usage de
cette province, les quittances par les créanciers
colloqués dans les procès-verbaux, sentences ou
arrêts d'ordre & de distribution du prix des biens
vendus fur les débiteurs à côté des articles de
collocation : c'est pourquoi le roi a dérogé à
cet égard à ce qu'avoient prescrit les arrêts des
9 novembre 1706, & 6 août 1715.

*Voyez les mémoires sur les droits du roi ; la
déclaration du 30 juillet 1752 ; l'arrêt du conseil
du 2 octobre 1691 ; l'édit du mois de novembre
1658 ; les arrêts du conseil des 14 février 1682,
& premier octobre 1686 ; les lettres-patentes du 4
novembre 1701 ; l'arrêt du conseil du 21 avril*

1750 ; le dictionnaire raisonné des domaines , &c.
Voyez aussi les articles BRESSE , GABELLE ,
CONTRÔLE , CENTIÈME DENIER , DROITS RÉ-
SERVÉS , FRANCHE-COMTTÉ , ÉTATS , PAR-
LEMENT , &c.

BOURRE DE SOIE. C'est la partie la plus
grossière de la soie quand elle est devidée.

Suivant le tarif de 1664, la Bourre de soie
doit à l'entrée des cinq grosses fermes cinquante
sous par cent pesant.

La Bourre de soie venant de l'étranger ne peut
entrer par mer dans le royaume que par Marseille ; & par terre , que par le pont de Beau-
voisin , pour être conduite directement à Lyon
& y acquitter les droits conformément à l'édit
de janvier 1722 , avant qu'elle ait changé de
main ou qu'elle ait été commercée.

Il y a aussi une *Bourre* qui sert à garnir des
selles , des bâts , des chaises , &c. Elle doit dix
sous par cent pesant pour droit d'entrée selon
le tarif cité.

Il y a encor la *Bourre lanice* qui est une partie
qu'on tire des ratines & autres draperies lorsqu'on les prépare avec le chardon avant de les
tondre. Cette Bourre paye vingt sous pour droit
d'entrée par cent pesant.

La laine fournit pareillement la *Bourre rouge* ,
& la *Bourre à faire des lits.*

Cette Bourre ou laine devoit pour droit d'entrée treize sous suivant le tarif de 1664 , mais
par décision du conseil du premier février 1750,
il a été réglé qu'elle jouiroit de l'exemption accordée par l'arrêt du 12 novembre 1749.

Les droits de sortie des Bourres sont réglés
par le tarif de 1664 ; savoir , ceux de la Bourre

de foie à cinq livres par cent pesant, ceux de la Bourre à faire des selles, à dix-huit sous, & ceux des Bourres rouges & à faire des lits, à cinquante sous aussi par cent pesant.

*Voyez les observations sur le tarif de 1664;
l'édit de janvier 1722; l'arrêt du conseil du 12 novembre 1749*, &c. Voyez aussi les articles Soie, Laine, Entrée, Sortie, Marchandise, Sou pour livre, &c.

BOURREAU.' Voyez Exécuteur de la haute-justice.

BOURSE. Ce mot présente ici plusieurs significations. On peut le prendre 1°. pour une de ces places qu'on accorde à des écoliers dans des collèges, ou à des ecclésiastiques dans des séminaires ; 2°. pour une masse de deniers que les officiers d'un corps mettent en commun pour subvenir aux charges de la compagnie ; 3°. pour le lieu où s'assemblent les banquiers & les agens de change ; 4°. pour le lieu de la juridiction où l'on décide des affaires de commerce.

Bourse de collège ou de séminaire. C'est ainsi qu'on nomme quelques fondations faites pour entretenir des jeunes gens ou des ecclésiastiques pauvres dans des collèges ou dans des séminaires.

On connoît à Paris un grand nombre de ces sortes de fondations. De ce nombre sont entr'autres les Bourses du collège des quatre nations fondées en 1661 par le cardinal Mazarin. Les enfans de ces quatre nations (qu'on peut aujourd'hui appeler des quatre provinces) qui ont droit de prétendre à ces Bourses, sont les enfans des gentilshommes de la Franche-Comté, de l'Alsace, de la Flandres & du Roussillon : les

E e iv

traités de paix de Munfter & des Pyrénées confirment ce droit en leur faveur. Les enfans des
gentilshommes d'Avignon & de l'état eccléfiaftique d'Italie peuvent également afpirer à ces
places, conformément au vœu du fondateur.
L'intention du cardinal étoit qu'il y eût des
places pour foixante fils de gentilshommes ; mais
lors de l'érection du collège, foit que les dépenfes de conftruction aient été plus loin qu'on
ne fe le perfuadoit ou autrement, les lettres-
patentes de Louis XIV de 1684 ont fixé ces
places à trente, & on n'y a jamais admis un plus
grand nombre de fujets.

Denifart a dit mal à propos que meffieurs du
parlement étoient les adminiftrateurs de ces
places. Tout ce qu'il y a de vrai à ce fujet, c'eft
que MM. les gens du roi de cette cour, indépendamment de l'infpection qu'ils ont en général
fur tous les établiffemens de ce genre, en ont
une plus marquée fur le collège dont il s'agit en
vertu du teftament du cardinal. Mais pour ce
qui s'appelle l'adminiftration, elle eft confiée au
grand-maître, autrement dit le principal, &
aux autres officiers de la maifon ; & MM. les
gens du roi n'ont d'autre connoiffance à prendre
à ce fujet, que de favoir fi le tout fe paffe dans
le bon ordre & la régularité.

La collation de ces places a appartenu originairement à la maifon de la Meilleraye par le
mar age d'une nièce du cardinal. Après la mort
du dernier des mâles de cette maifon, le roi, au
lieu de retenir la collation de ces places comme
il auroit pu le faire, l'a tranfmife en 1738 à M.
le duc de Nevers, à la fuite duquel M. le duc

de Nivernois l'exerce aujourd'hui (*). C'est lui qui présente les sujets : le grand-maître du collège & les autres officiers n'ont d'autre chose à faire à cet égard , que de savoir si les sujets présentés ont l'aptitude requise pour profiter de l'éducation qui leur est offerte.

Il est peu de collèges dans Paris où il n'y ait des Bourses pour les étudians pauvres : celles du collège de Beauvais sont à la présentation de l'abbé de Saint-Jean-des-Vignes de Soissons. Le collège des Cholets fournit encore des Bourses avec cette prérogative pour ceux qui les obtiennent de pouvoir envoyer un député dans les assemblées de Sorbonne & de conserver leurs places pendant 10 ans , c'est-à-dire , jusqu'à ce qu'ils soient parvenus au degré de licencié ou de docteur.

On sent parfaitement qu'il n'y a que les seuls écoliers étudians qui puissent posséder de ces sortes de places ; ils ne peuvent plus en jouir aussitôt qu'ils ont renoncé aux études ou qu'ils ont été jugés incapables d'y faire des progrès ; c'est ce qui résulte d'un arrêt du 16 décembre 1664 rapporté par Soëfve.

Lorsqu'il s'élève quelque difficulté au sujet de ces sortes de places , le chancelier de l'université en connoît en première instance, sauf l'appel à la grand'chambre du parlement.

Les Bourses ne sont point des bénéfices qui puissent se résigner ni qu'on puisse impétrer en cour de rome : on ne peut pas non plus les céder

---

(*) M. le duc de Nivernois est encore un des représentans du cardinal du côté des femmes.

à prix d'argent. L'article 78 de l'ordonnance de Blois le défend.

Par l'article 72 de cette même ordonnance, il eſt enjoint aux principaux des collèges de n'y ſouffrir aucun bourſier pour plus de temps qu'il n'eſt porté par les ſtatuts, à peine de privation de leur état & de demeurer reſponſable de la dépenſe que chaque bourſier y auroit faite par un ſéjour au-delà du temps marqué.

Le bureau d'adminiſtration du collège. de Louis-le-Grand a arrêté par une délibération tenue en deux ſéances le 10 mai & le 20 août 1770, homologuée par arrêt du 4 ſeptembre ſuivant, qu'à meſure que ce collège ſe libéreroit de quarante-cinq mille livres de ſurcharges annuelles qu'il avoit alors, il ſeroit fondé ſucceſſivement & à proportion de l'excédant de ſes revenus, des Bourſes de trois eſpèces; ſavoir, 1°. des Bourſes au concours pour les écoliers capables de réuſſir dans la claſſe de troiſième, ou du moins dans celle de quatrième; 2°. des Bourſes au concours pour les aſpirans à l'aggrégation; 3°. des Bourſes à la nomination du bureau.

Ces Bourſes doivent s'établir au nombre de ſix à chaque création; mais il ne peut s'en faire qu'une création dans un bureau. Les ſix premières ſont affectées au concours des écoliers; les ſix ſecondes au concours des aſpirans à l'aggrégation; & il eſt dit qu'il n'en ſera créé dans la ſuite que ſix autres. Les douze de la troiſième & quatrième création ſont à la libre nomination du bureau. Le nombre des Bourſes de ces deux claſſes ne doit avoir d'autres bornes que celles du revenu du collège.

On voit par la délibération dont nous parlons, & qui a été rendue publique par l'impreffion, quels font l'âge & les qualités requifes pour être admis au concours, quels doivent être les juges de ce concours, fur quoi doit rouler l'examen que l'on doit faire fubir aux afpirans, &c.

· Il eft dit que les écoliers qui auront remporté des Bourfes au concours, en jouiront jufqu'à la philofophie inclufivement, & que les afpirans à l'aggrégation jouiront des leurs pendant trois ans. Mais ils font tenus de fe préfenter au moins dans la troifième année, au concours de l'aggrégation de la faculté des arts.

Les conditions requifes pour être admis aux Bourfes qui font à la nomination des adminiftrateurs, font d'être né fujet du roi & de parens hors d'état de procurer à leurs enfans une bonne éducation fans le fecours d'une Bourfe ; d'être d'une bonne conftitution, & d'avoir des difpofitions pour réuffir dans les études, de n'être pas d'une naiffance fervile & abjecte, à moins que ce défaut ne foit compenfé par des difpofitions extraordinaires. Il faut encore que le fujet foit en état d'entrer au moins en fixième : il ne peut être reçu que depuis fa huitième année commercée jufqu'à fes treize ans révolus ; & la durée de la Bourfe eft fixée à douze années, à compter du premier avril ou du premier octobre qui fuivra fa nomination. Cette nomination doit fe faire par le bureau fur la préfentation de chacun des adminiftrateurs fucceffivement fuivant l'ordre de la féance.

Il y a encore des places de fondation dans des hôpitaux & des maifons de charité : ceux qui en font les difpenfateurs doivent entièrement fe conformer au vœu des fondateurs.

Bourſe commune : on nomme ainſi une maſſe compoſée de deniers provenans de droits ou de vacations, que les officiers d'un corps rapportent à celui qu'ils ont chargé de les recevoir, pour enſuite être partagés entre tous les confrères, après les dettes ou charges de la communauté acquittées.

Ces ſortes de ſociétés ſont permiſes, pourvu qu'on n'établiſſe point de droits à la charge du public pour les former. Les notaires de la ville de Guéret ont depuis quelques années une Bourſe commune : ils l'ont établie ſur un droit de préſence du ſecond notaire qui aſſiſte, ou du moins qui eſt cenſé aſſiſter à la paſſation de l'acte. Ce droit de préſence n'a rien que de légitime, parce qu'il eſt certain qu'un ſecond notaire a auſſi-bien un droit de préſence en pareil cas, que l'auroient deux témoins qu'on ſeroit obligé d'appeler pour la validité de l'acte.

On eſt maître d'entrer ou de ne pas entrer dans ces ſortes de ſociétés ; on peut de même s'en retirer quand on le juge à propos, & ſe faire rendre compte de la part qu'on peut y avoir. Rien ne doit être plus libre qu'une faculté pareille, à moins qu'il n'y ait à ce ſujet des ſtatuts dûment homologués qui portent le contraire.

Lorſqu'un membre de la Bourſe commune eſt décédé, ſes héritiers recueillent ce qu'il avoit à y prétendre.

Une queſtion eſt de ſavoir ſi la Bourſe commune continue au profit d'un officier interdit pendant que dure ſon interdiction. Cette difficulté s'eſt préſentée en 1740 au parlement au ſujet d'un huiſſier-priſeur ; & il a été dit par un arrêt qui est du 16 mai de la même année, que cet huissier seroit payé comme s'il n'y avoit point eu d'interdiction. Il est vrai qu'il fut ajouté que l'arrêt seroit sans tirer à conséquence, d'où il faut conclure que si l'interdiction duroit un certain temps, l'officier perdroit ses émolumens pour le temps qu'elle auroit duré.

Une déclaration du 15 février 1747 donnée au sujet des huissiers - priseurs semble avoir depuis déterminé ce temps à un mois : car cette loi porte que s'ils ne se font pas faire relever de leur interdiction dans ce temps-là, à compter du jour qu'elle leur sera notifiée, ils perdront leur répartition dans la Bourse commune & que leur part accroîtra à la communauté, sans que leurs créanciers même privilégiés puissent y rien prétendre.

Cette disposition de la loi concernant les créanciers sembleroit indiquer qu'en général ils ne peuvent rien prétendre dans la Bourse commune de leur débiteur ; mais on se tromperoit en y donnant une extension pareille : la loi ne parle que des profits qui se font faits durant l'interdiction, & comme pendant ce temps-là l'officier n'y a point contribué, il étoit juste de décider que ses créanciers ne prendroient point leur payement sur ce qui étoit le fruit du travail des autres membres de la communauté. Mais à l'égard des portions qui sont d'un autre temps que de celui de l'interdiction, aucune loi n'empêche que des créanciers ne fassent saisir ce qui peut concerner leur débiteur.

Il y a pourtant une exception au sujet des huissiers au grand conseil : leurs créanciers ne peuvent rien prétendre dans la Bourse commune de leur communauté. Ceci est fondé fur un arrangement pris à ce fujet le 19 feptembre 1671 & homologué au grand confeil le 25 du même mois. En conféquence quoiqu'un des huiffiers de ce tribunal eût délégué fes droits fur la Bourfe à un de fes créanciers, ce créancier fur la demande qu'il forma en délivrance de la portion déléguée n'en fut pas moins mis hors de cour par arrêt du grand confeil du 23 février 1736.

On doit faire une autre exception à l'égard des experts créés en titre d'office par l'édit du mois de mai 1690 : ces experts font Bourfe commune ; & aux termes de cet édit leurs créanciers ne peuvent rien prétendre dans les objets qui la compofent.

Bourfe des négocians. C'eft le lieu ou le logement auquel fe rendent à certaines heures les agens de change & autres gens d'affaires pour y négocier des papiers & d'autres effets, & pour y traiter des affaires de commerce, tant de l'intérieur que de l'extérieur du royaume.

Cette Bourfe fut établie à Paris par un arrêt du confeil du 24 feptembre 1724. Il fut dit que l'entrée en feroit ouverte tous les jours excepté les fêtes & dimanches depuis dix heures du matin jufqu'à une heure après midi aux négocians, marchands, banquiers, financiers, agens de change & de commerce, aux bourgeois & autres perfonnes connues & domiciliés dans Paris, excepté aux femmes qui n'y pourroient entrer fous quelque prétexte que ce fût.

Il eft permis à tous ceux qui font admis à la Bourfe de négocier entr'eux les lettres de change, les billets au porteur & à ordre, ainfi que les marchandifes fans l'entremife des agens de change ; mais pour les autres effets & papiers commerçables, ils ne peuvent être négociés que par des agens de change, à peine de fix mille livres d'amende & de nullité de la négociation, à l'effet de quoi les particuliers qui veulent vendre ou acheter des papiers commerçables & d'autres effets doivent remettre l'argent ou les effets aux agens avant l'heure de la Bourfe, & ceux-ci font obligés d'en donner leur reconnoiffance. Mais pour ne point ufer de redites à ce fujet, voyez l'article AGENS *de change.*

Comme ceux qui avoient leurs affaires dérangées dans le commerce ne laifoient pas de fe préfenter à la Bourfe & de trouver par-là le fecret de tromper la bonne foi de nombre de perfonnes, il a été rendu à ce fujet un arrêt du confeil le 21 avril 1766, par lequel on a défendu à tous ceux qui ont fait des faillites ou qui ont attermoyé, ou qui ont obtenu des lettres de répi, de quelque état qu'ils foient, de fe préfenter à la Bourfe pour y faire aucune négociation : l'entrée doit leur en être refufée ; & s'ils infiftoient à y pénétrer, ils feroient dans le cas d'être arrêtés & d'être punis aux termes de cet arrêt, comme pertubateurs de l'ordre public.

Il étoit difficile ci - devant de trouver à la Bourfe un agent ; une difperfion commune dans l'emplacement faifoit qu'on ne pouvoit le diftinguer des autres particuliers, ce qui étoit fort défagréable pour ceux qui avoient befoin de fon miniftère. Les agens eux-mêmes avoient beaucoup de difficulté à communiquer entr'eux ;

d'ailleurs on ne pouvoit pas conſtater aiſément la variation dans les prix des effets commerçables ; pour rémédier à ces inconvéniens, il parut un arrêt du conſeil le 30 mars 1774, par lequel il fut dit qu'il ſeroit conſtruit une ſéparation de trois pieds de hauteur dans la ſalle de la Bourſe où ſe tiendroient les agens de change ; que ces agens continueroient de faire les négociations des effets royaux ou de ceux qui ſont réputés tels ; & qu'à meſure qu'il y auroit une variation dans le prix, cette variation ſeroit annoncée par l'acheteur en nommant ſon vendeur ou par celui-ci en nommant ſon acheteur.

Toutes les conteſtations qui peuvent ſurvenir au ſujet de la Bourſe pour la partie concernant la police, ſont de la compétence du lieutenant général de police de Paris, auquel il eſt enjoint de tenir la main à l'exécution de ce que le conſeil ordonne ce ſujet.

Bourſe comme juridiction, eſt le lieu où ſe décident les affaires entre marchands pour fait de commerce : il en ſera parlé à l'article JURIDICTION CONSULAIRE.

Voyez l'ordonnance de Blois ; les arrêts de Soefve ; la collection de juriſprudence ; le dictionnaire canonique ; une déclaration du 15 février 1747 ; un édit du mois de mai 1690 ; trois arrêts du conſeil, l'un du 24 ſeptembre 1724, le ſecond du 21 avril 1766 & le troiſième du 30 mars 1774. (Article de M. DAREAU, avocat, &c.)

BOURSE. Petit ſac de ſoie, de fil, &c. dans lequel on met ordinairement l'argent qu'on porte ſur ſoi.

Les Bourſes, cordons & ceintures en broderie de ſoie ou garnis de ſoie, avec des cordons

dons mêlés d'or & d'argent doivent pour droit d'entrée quinze fous par livre, felon le tarif de 1664.

Les Bourfes cordons & ceintures en broderie d'or & d'argent fin doivent quarante fous par livre pour droit d'entrée, fuivant le tarif cité.

Ces droits font dus foit que les Bourfes viennent de l'étranger ou des provinces réputées étrangères, mais elles ne peuvent être introduites par mer que par Marfeille, ni par terre que par le Pont-de-Beauvoifin, ainfi que tout ce qui regarde le commerce de Lyon. C'eft ce que prefcrit l'arrêt du 18 mai 1720.

Si les Bourfes dont il s'agit viennent d'Angleterre, l'entrée dans le royaume en eft défendue conformément à l'arrêt du mois de feptembre 1701.

Les Bourfes de cuir doivent comme mercerie à toutes les entrées du royaume douze livres dix fous par quintal, conformément aux arrêts du confeil des 15 mai 1760 & 11 février 1762.

Les Bourfes en broderie & garnies d'or & d'argent fin doivent à la fortie des cinq groffes fermes, fuivant le tarif de 1664, trente fous par livre pefant, & les Bourfes en broderie de foie ou garnies de foie dix-huit fous.

Lorfque ces Bourfes font deftinées pour l'étranger, les premieres ne doivent que quinze fous & les fecondes huit fous, conformément à l'arrêt du confeil du 3 juillet 1692.

Les Bourfes de toute autre forte fans or ni argent, ni foie doivent comme mercerie trois livre par cent pefant lorfqu'elles font deftinées pour les provinces réputées étrangères , & un pour cent de la valeur lorfqu'elles font deftinées pour l'étranger.

Voyez *les loix citées ; les obfervations fur le tarif de 1664*, & les articles ENTRÉE, SORTIE, MARCHANDISE , MERCERIE , SOU POUR LI-VRE , &c.

BOUTEILLE. forte de vaiffeau à large ventre & à cou étroit , fait de verre , de grès ou d'autre matière , & propre à contenir du vin , des liqueurs , &c.

Les Bouteilles de verre fabriquées dans les verreries des provinces réputées étrangères autres que la Lorraine, doivent à l'entrée des cinq groffes fermes fept fous fept deniers par quintal , & le double lorfqu'elles viennent de Lorraine, conformément à la décifion du confeil du 3 mai 1761.

D'après l'arrêt du confeil du 6 mai 1752 , les Bouteilles de verre venant de la haute ville de Dunkerque fans être accompagnées d'un certificat qui juftifie qu'elles ne font pas d'Angleterre font préfumées être de ce pays , & doivent en conféquence vingt livres par quintal pour droit d'entrée ; mais fi elles font accompagnées d'un certificat qui juftifie qu'elles ne font pas d'Angleterre, elles ne doivent que dix livres.

Les Bouteilles de verre venant de la baffe ville de Dunkerque & autres lieux de la Flandre françoife doivent être expédiées par acquit à caution ou à payement , & les caiffes , plombées & reconnues comme originaires du royaume quoiqu'elles paffent par le port de Dunkerque , parce que la formalité du plomb empêche qu'on ne puiffe les changer.

. Les difpofitions ci-deffus ont óccafionné des repréfentations au miniftère de la part des né-gocians de Dunkerque à l'égard de la formalité du plomb qui les jeroit dans des frais qui abforboient la valeur des Bouteilles en les obli-geant de les renfermer dans des caiffes ou pa-niers ; le confeil y ayant fait attention a décidé le 23 juillet 1756 que les Bouteilles fufdites venant du port de Dunkerque payeroient à toutes les entrées du royaume dix livres du cent pefant comme venant des pays étrangers, s'il n'étoit juf-tifié qu'elles avoient été fabriquées dans la baffe ville de Dunkerque, & que pour cet effet elles feroient expédiées par acquit à caution ; que lorfqu'elles feroient embarquées en grenier, il en feroit mis une demi-douzaine dans une caiffe qui feroit plombée du plomb du fermier, au-quel cas toutes celles reconnues femblables & conformes à cet échantillon acquitteroient les droits comme originaires du royaume, & fi elles ne fe trouvoient pas conformes, dix li-vres comme venant de l'étranger, & vingt livres s'il étoit conftaté qu'elles provinffent d'Angle-terre ; & que celles qui viendroient du port de Dunkerque dans des caiffes ou dans des pa-niers continueroient d'être affujetties à la for-malité du plomb & de l'acquit à caution, pour être traitées comme originaires du royaume.

Lorfque les Bouteilles venant de l'étranger contiennent du vin ou d'autres liqueurs, les droits d'entrée font dûs féparément pour les Bouteilles & pour ce qu'elles contiennent, fui-vant la décifion du confeil du 12 juin 1722.

. Chaque Bouteille ou caraffon doit contenir

pinte mefure de Paris, & ne peut être au deffous de 25 onces, les demies bouteilles & quarts à proportion ; quant aux Bouteilles & caraffons doubles & au deffus ils doivent auffi être du poids proportionné à leur grandeur, fous peine de confifcation & de deux cent livres d'amende contre ceux qui en introduiroient dans le royaume qui ne feroient pas de ce poids & de cette jauge, à l'exception des Bouteilles remplies de vin de liqueur ou de liqueurs fortes, conformément à la déclaration du roi du 8 mars 1735.

Suivant le tarif de 1664, les Bouteilles de terre doivent à l'entrée des cinq groffes fermes deux fous par douzaine.

Les Bouteilles de grès doivent à toutes les entrées deux livres dix fous par cent pefant, conformément à l'arrêt du confeil du 22 feptembre 1714.

Suivant le tarif de 1664, la douzaine de Bouteilles de terre doit un fou pour droit de fortie.

Le même tarif avoit fixé les droits de fortie des Bouteilles de verre à deux fous par douzaine : mais par décifion du confeil du 3 mai 1761, ces Bouteilles allant des cinq groffes fermes dans les provinces réputées étrangeres doivent fept fous fept deniers par quintal & le double lorfqu'elles font deftinées pour la Lorraine.

Pour favorifer la fortie des vins & des liqueurs du royaume, il a été décidé par le confeil, le 12 juin 1722 & le 21 avril 1735, qu'il ne feroit point perçu de droits fur les Bouteilles pleines, qu'on fe contenteroit de faire payer les droits dûs fur les vins ou liqueurs & qu'on n'en exigeroit fur les Bouteilles que lorfqu'elles feroient vuides ou qu'elles ne feroient remplies que d'eau ou de liqueur non fujette aux droits.

Voyez *les loix citées ; les obfervations fur le tarif de 1664* & les articles ENTRÉE, SORTIE, MARCHANDISE, SOU POUR LIVRE, &c.

BOUTON. forte de petite boule d'or, d'argent, de foie ou d'autre matière qui fert à attacher enfemble les différentes parties d'un habillement.

Les Boutons de toute efpèce fabriqués en Angleterre ne peuvent point entrer dans le royaume & font au nombre des marchandifes prohibées.

Les Boutons d'or ou d'argent faux venant de l'étranger ou des provinces réputées étrangères doivent à l'entrée des cinq groffes fermes quinze fous par livre de poids : & trente fous lorfqu'ils font d'or ou d'argent fin.

L'arrêt du 18 mai 1720, en fixant l'entrée des dorures étrangères par Marfeille & le Pont-de-Beauvoifin n'a entendu que les étoffes de foie tiffues d'or & d'argent.

Les Boutons de foie doivent à l'entrée, conformément au tarif de 1664, feize fous par livre de poids, foit qu'ils viennent de l'étranger ou des provinces réputées étrangères.

Les Boutons étamés devoient felon la décifion du 21 janvier 1743 quatre livres par cent pefant lorfqu'ils venoient des provinces réputées étrangères, & dix livres lorfqu'ils venoient de l'étranger : mais ils payent aujourd'hui comme mercerie à toutes les entrées du royaume douze livres dix fous par quintal, conformément à l'arrêt du confeil du 11 février 1762.

Il en eſt de même des Boutons d'étain à chaîne de laiton pour manches de chemiſes.

Les Boutons d'étain autres que ceux dont on vient de parler, devoient payer par ordre du 8 août 1724 dix-ſept livres dix ſous par cent peſant à toutes les entrées du royaume comme l'étain venant de l'étranger ; mais ils ont été prohibés par l'arrêt du 22 juillet 1749 comme les Boutons de métal.

Les Boutons de pinsbeck venant de l'étranger ſont pareillement prohibés à l'entrée par arrêt du 25 janvier 1740.

Les Boutons d'étoffe, de crin, de tiſſu, de ruban, de ſoie, de fil, d'or ou d'argent faits au métier & venant de l'étranger, ſont non-ſeulement prohibés à l'entrée du royaume, la déclaration du 15 mai 1736 a en outre défendu d'en porter.

Les Boutons de crin, de fil, de laine, de poil-de-chèvre faits à l'aiguille, & ceux de verre & de rocaille doivent les droits d'entrée comme mercerie, c'eſt-à-dire ſur le pied de douze livres dix ſous par quintal, conformément aux arrêts du conſeil des 15 mai 1760 & 11 février 1762.

Les Boutons de pierres de compoſition propres à des garnitures de veſtes & les Boutons de manche montés en cuivre blanchi ou en étain venant d'Allemagne doivent à toutes les entrées du royaume cinq pour cent de la valeur, conformément aux déciſions du conſeil des 24 mai & 2 juin 1757.

Les Boutons de laine, fil, verre, rocaille, & crin de cheval doivent comme mercerie à la ſortie des cinq groſſes fermes, trois livres par cent peſant lorſqu'ils ſont deſtinés pour les provinces réputées étrangères.

Les Boutons d'or & d'argent faux & les Boutons de soie doivent dans le même cas, douze sous par livre de poids, compris les bois & cartons : & les Boutons d'or & d'argent fin vingt sous, auffi par livre de poids les bois & cartons compris.

Lorſque tous ces Boutons ſont deſtinés pour l'étranger ils ne doivent qu'un pour cent de la valeur conformément à l'arrêt du conſeil du 15 mai 1760.

Voyez *les lois citées ; les obſervations ſur le tarif de 1664*, & les articles ENTRÉE, SORTIE, MARCHANDISE, MERCERIE, SOU POUR LIVRE, &c.

BRACONNIER. C'eſt celui qui chaſſe furtivement ſur les terres d'autrui pour y prendre du gibier.

Les Braconniers d'habitude au nombre deſquels ſont compris les chaſſeurs de nuit, en quelque manière qu'ils prennent du gibier, doivent être condamnés ainſi que leurs complices aux amendes, fouet, fletriſſure & banniſſement portés par les articles 12, 13 & 14 de l'ordonnance du mois de juin 1601. Ils peuvent auſſi être condamnés ſelon les circonſtances, aux galères pour ſix ans, ſuivant l'article premier de l'ordonnance du mois de juillet 1607.

Par jugement ſouverain des requêtes de l'hôtel du premier février 1771, le nommé Martin dit Bijou, Braconnier, a été condamné à une amende de cent livres & à une année de banniſſement pour avoir chaſſé de nuit ſur l'étendue de la capitainerie de ſaint Germain-en-laye, & tiré un coup de fuſil ſur un garde en fonction.

Voyez *les ordonnances de juin 1601, juillet*

1607 & aout 1669 ; *le code des chasses*, &c. Voyez aussi les articles CHASSE, GIBIER, &c.

BRAI. Sorte de substance visqueuse qui sert au calfat des navires.

L'entrée du Brai gras ou *goultran* ou *goudron* venant d'Angleterre ou des colonies Angloises a été défendu par les arrêts du conseil des 5 avril & 26 juillet 1723.

Le Brai venant des autres pays étrangers doit pour droit d'entrée selon le tarif de 1664, huit livres par leth contenant douze barrils, & vingt sous seulement lorsqu'il vient des provinces du royaume où les aides n'ont pas cours.

Le Brai ou goultran destiné pour la consommation des navires & venant d'Arcasson, d'Arcançon ou d'Arcachon, lieu situé dans la Guienne, qui est l'endroit des provinces réputées étrangères, d'où vient le meilleur goultran, est exempt des droits d'entrée des cinq grosses fermes, par arrêt du 19 avril 1668.

Le Brai comme *goultran* doit pour droit de sortie des cinq grosses fermes trente deux sous par leth contenant douze barrils, conformément au tarif de 1664.

Voyez *les lois citées ; les observations sur le tarif de 1664*, & les articles ENTRÉE, SORTIE, MARCHANDISE, SOU POUR LIVRE, &c.

BRANCHAGE. Terme collectif qui se dit des branches d'un arbre.

Les branches & tout ce qui peut rester des arbres coupés & abattus pour la construction ou réparation des bâtimens du roi doivent être vendus dans les maîtrises avec les formalités prescrites pour la vente des chablis, & le prix en doit être payé entre les mains du receveur des bois du domaine. C'eſt ce qu'ordonne l'article 5 du titre 21 de l'ordonnance des eaux & forêts.

. Le même article defend aux bucherons d'emporter aucun Branchage ou d'en diſpoſer, ſous peine d'amende arbitraire & de reſtitution du double de la valeur, dequoi l'entrepreneur eſt déclaré reſponſable.

Quiconque a coupé des branches dans les forêts du roi ou dans celles des eccléſiaſtiques, des communautés ou des particuliers pour noces, fêtes, confrairie, ou pour quelqu'autre cauſe que ce ſoit, doit être condamné à l'amende & aux dommages & intérêts ſelon le tour & la qualité des arbres & comme s'il les avoit coupés par le pied. C'eſt ce qui réſulte de l'article 13 du titre 32 de l'ordonnance citée.

Voyez *cette ordonnance*, & les articles AMENDE, DÉLIT, DOMMAGES ET INTÉRÊTS, &c.

. ₁ BRANDON. Ce mot eſt pris ici pour une marque ou un ſigne que l'on met à un héritage ſaiſi afin d'annoncer par-là qu'il eſt ſous la main & ſous l'autorité de juſtice.

Cette marque eſt différente ſuivant les diverſes coutumes qui l'exigent ; mais ordinairement lorſqu'il s'agit d'héritages de campagne, on emploie pour Brandon des pieux fichés en terre au haut deſquels on attache des lambeaux de toile ou de drap, ou ſimplement des touffes d'herbe ou de paille ; & quand il eſt queſtion de bâtimens on fait pendre une croix ſur la porte ou ſur le pignon.

Dans la coutumes de Paris *Brandon* ou *ſaiſie-arrêt* ſignifient la même choſe. L'article 74 dit qu'un » seigneur censier peut procéder ou faire » procéder par voie *d'arrêt* ou *Brandon* sur les » fruits pendans en l'héritage à lui redevable » d'aucuns cens ou fonds de terre, pour les » arrérages qui lui sont dûs. « Pour user de ce droit il lui suffit d'une ordonnance du juge ; Au lieu que lorsqu'il s'agit du payement d'une créance particulière, on ne peut en venir à *l'arrêt* ou au *Brandon* qu'en vertu d'un titre portant avec lui une exécution parée ; c'est ce que font remarquer les commentateurs de la coutume de Paris. Il faut pourtant ajouter que les saisies que l'on fait de cette sorte doivent être accompagnées de l'établissement d'un commissaire suivant les formalités indiquées par le titre 19 de l'ordonnance de 1667.

Dans la coutume de Paris le seigneur féodal différant du seigneur censier n'est pas obligé d'employer les marques du Brandon pour faire connoître la saisie qu'il a faite sur le fief mouvant de lui, parce qu'il n'use pas d'une simple saisie, mais d'une main-mise qui semble réunir le fief saisi à la seigneurie par le moyen de laquelle il jouit lui-même du fief saisi sans être obligé d'établir de commissaire. Il en est autrement quand cette saisie n'a lieu qu'à défaut de dénombrement donné : cette saisie n'emporte point par elle-même de réunion. C'est ce que fait remarquer Ferrière sur la coutume de Paris.

Il y a un usage qui règne dans le Poitou & suivant lequel un créancier qui ne trouve point de meubles à saisir chez son débiteur, est autorisé à faire ce qu'on appelle des saisies *à perte de fruits* des biens affermés. Denisart observe qu'une faifie de cette efpèce fut· férieufement conteftée en 1738 au parlement de Paris, fous prétexte que l'ordonnance n'indiquoit nulle part qu'il fût permis d'ufer d'un pareil procédé, mais que l'ufage fut confirmé en très-grande connoiffance de caufe par un arrêt du 18 janvier de la même année.

Voyez *le traité du deguerpiffement de Loyfeau ; Brodeau fur la coutume de Paris ; Boucheul fur celle de Poitou ; la collection de jurifprudence*, &c. Voyez auffi l'article SAISIE-ARRÊT. (*Article de M. DAREAU*, avocat, &c.)

BRAS SÉCULIER. On défigne ainfi la puif-fance temporelle du juge féculier qu'implore le juge d'églife pour faire exécuter fes ordonnan-ces, ou pour faire fubir à un eccléfiaftique cou-pable d'un délit privilégié les peines que l'offi-cial ne peut impofer.

On tient pour maxime parmi nous que le juge d'églife n'ayant point de territoire, il ne peut rien faire exécuter fans implorer la juftice féculière. Cependant comme on a reconnu qu'en matière criminelle l'acte d'implorer le Bras fécu-lier empêchoit fouvent qu'on ne pût s'affurer de la perfonne d'un accufé, on a d'abord ex-cepté de la règle générale les hérétiques, afin qu'une prompte capture rompît un communica-tion dangereufe : enfuite l'article 44 de l'édit du mois d'avril 1695 a étendu l'exception à tous les autres accufés. Ainfi les decrets décer-nés en matière criminelle par le juge d'églife doivent être exécutés fans qu'il foit befoin pour cet effet de prendre aucun *pareatis* des juges laïques.

Obſervez toutefois que l'exécution dont on vient de parler ne peut concerner que la perſonne d'un accuſé, comme quand il eſt queſtion de l'ajourner perſonnellement, l'appréhender au corps, &c. Car s'il s'agit de poſſeſſoire, ou de ſequeſtre, ou de ſaiſie & exécution il faut une permiſſion du juge laïque pour pouvoir mettre la ſentence du juge d'égliſe à exécution. C'eſt ce qui a été jugé par un arrêt du 10 février 1699 que Duperrai a rapporté dans ſes notes ſur l'article 35 de l'édit de 1695.

Par un autre arrêt du premier décembre 1744, le parlement a déclaré nulles une ſaiſie & une vente de meubles d'un curé faites en vertu d'une ſentence de condamnation d'un official à une ſomme pécuniaire, & a défendu a tout huiſſier de mettre en pareil cas les ſentences des juges d'égliſe à exécution ſans avoir auparavant obtenu la permiſſion du juge laique.

Au reſte lorſqu'il eſt queſtion de permettre d'exécuter les ſentences du juges d'égliſe en matière civile, le juge laique doit accorder cette permiſſion & prêter main-forte ſans entrer en connoiſſance de cauſe, & ſans préjudice de l'appel comme d'abus, le cas échéant. C'eſt ce que preſcrivent l'article 24 de l'ordonnance de 1580, l'article 5 de l'édit de ſeptembre 1610, & l'article 44 de l'édit d'avril 1695.

Boniface rapporte un arrêt très-remarquable rendu par le parlement de Provence le 5 juin 1671 qui a déclaré qu'il n'y avoit abus, 1°. dans l'ordonnance de l'archevêque d'Aix portant qu'à défaut par le chapitre de cette ville de ſatisfaire à ſes ſentences touchant l'établiſſement d'une ſuccurſale, il y ſeroit contraint par ſaiſie de ſon

temporel en implorant le Bras féculier. 2°. Ni
dans le commandement de payer fans implorer
le Bras féculier. 3°. Ni dans la fentence qui condamnoit le fequeftre ordonné dans cette même
caufe par le juge d'églife & établi par l'autorité du
juge laïque, à délivrer les fommes arrêtées entre
fes mains. 4°. Ni enfin dans un décret rendu par
le même prélat lors de fa vifite dans une paroiffe
de fon diocèfe.

Les motifs de cet arrêt à l'égard de la première queftion, font que le juge d'églife qui n'a
pas droit de faire exécuter fes jugemens par voie
d'exécution fur les biens meubles ou immeubles
des parties condamnées, peut néanmoins en
ordonner la faifie ou le fequeftre en implorant
le Bras féculier, comme portoit l'ordonnance
de l'archevêque d'Aix. Sur la feconde queftion
on penfa que conformément à l'article 62 de
l'ordonnance de Blois, le juge d'églife pouvoit
faire exécuter, même par fes appariteurs, une
fentence provifionnelle. Sur la troifième, il fut
dit que les féqueftres n'ayant allégué aucune exception devant le juge d'églife, celui-ci n'a-
voit point excédé fon pouvoir en ordonnant
fimplement qu'ils délivreroient les fommes arrêtées entre leurs mains, tant parce qu'il s'agif-
s'agiffoit du fervice divin qui eft une matière
fpirituelle, qu'à caufe que le prélat n'avoit agi
dans cette affaire que conformément à l'arrêt
de la cour qui avoit autorifé la nouvelle paroiffe.
Enfin fur la quatrième queftion il fut dit que
quoique les juges d'églife ne puffent rien ftatuer
en matière contentieufe hors de leur auditoire,
le prélat étoit dans cette occafion en vifite, &
par conféquent dans l'impoffibilité de fe conformer à la regle ordinaire.

Voyez *les libertés de l'églife gallicane ; l'édit*
mois d'avril 1695 ; les mémoires du clergé ; l'[ì]
donnance de 1580 ; l'édit du mois de feptem[ì]
1710 ; Fevret traité de l'abus ; le diftionnaire[c]
droit canonique ; les lois eccléfiaftiques de Fran[ç]
Duperrai dans fes notes fur l'édit de 1695 ; la [l]
bliothèque canonique ; les arrêts de Boniface ; B[c]
deau fur Louet ; d'Argentré fur la coutume de B
tagne, &c. Voyez auffi les articles JURIDICTI[ς]
OFFICIAL, CAS PRIVILÉGIÉ, DÉCRET, &c[ς]

BREF. On appelle ainfi une lettre que le pa[l]
adreffe à un fouverain ou à des magiftrats d[ì]
quelque affaire.

Le Bref eft ainfi appelé à caufe de fa briévé[·]
Il ne contient ni préface, ni préambule. O[ì]
voit feulement en tête le nom du pape féparé[ì]
la première ligne qui commence par ces mo[ì]
dilecto filio , falutem & apoftolicam benedictione.]
& après, vient fimplement ce que le pape :
corde, en petit caraftère ; autrefois c'étoit [ì]
du papier qu'on l'expédioit, on l'emploie mê[ìe]
encore quelquefois ; mais à préfent les Brefs f[ι]]
ordinairement en parchemin pour qu'ils fe cc[v]
fervent mieux ; on les écrit fur le rude com[ei]
les bulles font écrites fur le doux, de cette [l]
pece de papier ; & c'eft par où dit Pinfon , p[d]
d'un fauffaire a été pris. On les fcelle de c[ì]
rouge , à la différence des autres grâces qui f[ιu]
fcellées de cire verte ; on y applique l'ann[ζa]
du pécheur, & ils font foufcrits feulement [ι] 1
le fecretaire du pape & non par le pape mêi[ì]]
l'adreffe eft fur l'envers de la groffe. · 'e

· Le Bref expédié en bonne forme a autant [ιt]
force que les autres lettres apoftoliques. Il p[ìal]
même déroger à une bulle antérieure, mai[ιti]

[ìaı]

Voyez le dictionnaire de droit canonique ; les lois ecclésiastiques de France ; la bibliothèque canonique de Bouchel ; le recueil de jurisprudence canonique , &c. Voyez aussi les articles RESCRIT, BULLE, PÉNITENCERIE, &c.

BRESSE, BUGEY, GEX & VALROMEY. Pays de France qui font aujourd'hui partie de la généralité de Dijon. Le duc de Savoie les a cédés à la France en échange du marquisat de Saluces, par le traité de Lyon du 17 janvier 1601.

Ces pays ne sont pas proprement des pays d'états, ils sont simplement syndiqués.

Ce n'est point dans ces pays la qualité des biens qui décide de l'assujettissement ou de la franchise, quant au payement des tailles ; c'est la qualité des personnes qui les possèdent.

Les nobles ont le privilege d'affranchir de la taille les fonds même roturiers dont ils font l'acquisition, & les sommes auxquelles ces fonds se trouvoient imposés sont rejetées sur les fonds contribuables ; la seule formalité à observer pour y parvenir, est de présenter aux officiers de l'élection une requête à laquelle on joint le contrat d'acquisition.

Lorsque ces mêmes fonds sortent des mains d'un noble pour rentrer dans celles d'un roturier, ils reprennent leur ancienne qualité de fonds taillables & font de nouveau imposés comme tels ; les biens de fief sont également assujettis à l'imposition lorsqu'ils sont possédés par des roturiers ; ainsi les biens roturiers deviennent francs & exempts entre les mains des nobles , & les biens nobles deviennent taillables entre les mains d'un roturier ; on sent aisément que cette réciprocité ne dédommage pas les taillables, & que

l'on

l'on voit beaucoup plus de nobles acquérir des biens roturiers, que de taillables acquérir des biens nobles.

C'eſt toujours dans les lieux où les fonds ſont ſitués qu'ils ſont impoſés, & c'eſt ſur le propriétaire, relativement à leur valeur, que ſe fait l'impoſition; la cotte du fermier ne peut pour cet objet recevoir aucune augmentation.

Tout particulier de condition taillable eſt à la vérité, impoſé au lieu de ſon domicile à raiſon de ſon commerce, de ſon induſtrie & de ſes facultés mobilières; mais on prétend que cette taille perſonnelle eſt ſi modique qu'elle ne monte pas à la centième partie de celle que ſupportent les fonds, en ſorte que ſous ce point de vue, les tailles peuvent être conſidérées comme réelles dans les pays dont il s'agit.

Elles ſont fixes & abonnées en Breſſe & en Bugey.

La portion de la Breſſe eſt de cent un mille deux cent quarante livres; celle de Bugey eſt de trois cinquièmes de cette ſomme.

C'eſt M. l'intendant qui en fait l'aſſiette & la répartition, aſſiſté de deux tréſoriers de France & des officiers de l'élection. La répartition entre les contribuables de chaque communauté ſe fait par des aſſéeurs, qu'on appelle dans le pays *péréquateurs*; mais il n'y a point de cadaſtre qui dirige & régle leurs opérations; les péréquateurs ſont en même temps collecteurs.

Il y a deux ſieges d'élection, l'un à Bourg pour la Breſſe, l'autre à Belley pour le Bugey & pour les petits pays de Gex & Valromey: le Valromey n'eſt pas une province particulière, c'eſt un mandement du Bugey.

Les plaintes en furtaux font portées devant les officiers de l'élection, & par appel au parlement cour des aides de Dijon.

Depuis l'échange des pays de Breſſe, Bugey, Gex & Valromey il s'eſt élevé différentes conteſtations ſur l'état de ces nouvelles provinces, par rapport à la diſpoſition des bénéfices. Les papes prétendoient que l'échange ne devoit pas empêcher que ces pays ne fuſſent toujours ſoumis aux règles de chancellerie & à leurs anciens uſages; nos rois ſoutenoient le contraire ſur le fondement de la maxime que les provinces dépendantes de la couronne deviennent ſujettes au concordat, dès l'inſtant qu'elles rentrent ſous la domination de la France, quoiqu'elles aient été entre les mains d'une puiſſance étrangere, lors de la publication de la pragmatique & du concordat.

En conſéquence il a été jugé que la régale devoit avoir lieu dans ces égliſes, comme dans les autres égliſes du royaume; & que la règle de chancellerie romaine, *de menſibus & alternativâ*, qui avoit lieu dans la Breſſe pendant qu'elle étoit gouvernée par les ducs de Savoie, avoit ceſſé d'y être obſervée après l'union de cette province à la couronne.

Il a encore été jugé par arrêt du grand conſeil du 15 ſeptembre 1643, que le droit des gradués doit être reconnu dans la Breſſe.

Le concours pour les cures a lieu dans le Bugey, Valromei & Gex & les autres pays de la domination du roi qui ſont du diocèſe de Geneve.

Le clergé de Breſſe, Bugey & Gex qui ne faiſoit autrefois qu'un ſeul corps, eſt à-préſent diviſé en trois; ſçavoir, celui du diocèſe de Lyon

en Bresse & en Bugey, celui du diocèse de Belley, & celui du diocèse de Geneve à la partie
de France. Chaque diocèse a ses charges particulières indépendamment du clergé de France.

Les assemblées du clergé de cette partie du
diocèse de Lyon se tiennent à Bourg, où l'on élit
un député des hauts bénéficiers, un des chapitres,
un des curés & un des chartreux. Ces députés
font la répartition des décimes & autres impositions sur les bénéficiers; & ceux-ci payent entre
les mains d'un receveur résident à Bourg, &
qui est choisi par l'assemblée : la chambre ecclésiastique est à Bourg, & elle juge toutes les contestations qui surviennent au sujet de ces impositions.

Le clergé du diocèse de Belley, tient ses assemblées dans la ville épiscopale de ce nom : on
y nomme tous les trois ans un député pour le
chapitre de la cathédrale, & un pour les curés.
Ces députés avec l'évêque de Belley, & l'abbé
de saint Sulpice, qui sont députés perpétuels
pour les hauts=bénéficiers, composent la chambre ecclésiastique de ce diocèse, laquelle établit
les impositions, connoît de l'exécution, & nomme un receveur à Belley.

Pour ce qui concerne le clergé du diocèse de
Geneve, à la partie de France, c'est l'official
qui en convoque les assemblées, où l'on nomme
des députés qui composent la chambre ecclésiastique, & un receveur qui doit résider à Seyssel.
Quand il se présente des affaires qui intéressent
le clergé de tout le pays de Belley, tant du diocèse de Lyon, que de ceux de Belley & de Geneve, l'assemblée générale se tient par députés
au palais épiscopal de Belley.

Gg ij

Enfin, s'il y a fujet de convoquer le clergé des trois pays de Breffe, Bugey & Gex, l'affemblée fe tient dans une ville choifie par le clergé lui-même.

Voyez *le traité des droits du roi par M. Dupuy, les mémoires fur les droits du roi ; le traité de Lyon de 1601 ; les mémoires du clergé ; le dictionnaire de droit canonique,* &c. Voyez auffi les articles, CONCORDAT, RÉGALE, CONCOURS, GRADUÉ, &c.

BRETAGNE. Province confidérable de France.

La Bretagne a eu fucceffivement des rois, des comtes & des ducs particuliers. Jules Céfar fe rendit maître de cette province qui fut fujette aux Romains, jufqu'à ce que Maxime s'étant fait proclamer empereur en Angleterre l'an 382, permit à un de fes lieutenans nommé Conan dit Mériadec, de s'établir un royaume dans la Gaule Armorique, ancien nom de la Bretagne par rapport à fa fituation près de la mer.

Cette fouveraineté dura jufqu'au temps de Clovis & de Chilpéric qui obligèrent les rois de Bretagne à fe contenter du titre de comtes ; ils fe révoltèrent enfuite jufqu'au règne de Dagobert qui les rendit tributaires ; & Judicaël prince des Bretons reconnut Dagobert pour fon feigneur.

Ils demeurèrent en cet état jufqu'à ce qu'ayant voulu fecouer le joug ils furent de nouveau foumis par Charlemagne en 787. Leur penchant pour la liberté les fit encore foulever contre Louis le Débonnaire qui les foumit en 818. Il y établit Noménoé pour gouverneur, lequel profitant après la mort de Louis des troubles de la France se souleva contre Charles le Chauve, & prit le titre de roi en 848. M. le président Henault rapporte que son fils Herispoé lui succéda dans ce royaume malgré les efforts de Charles le Chauve qui ne put conserver sur cette province qu'un simple hommage. Salomon cousin & successeur d'Herispoé qu'il avoit assasiné, continua de payer le tribut au roi Charles pour la Bretagne, suivant l'ancienne coutume, disent les annales de saint Bertin. On a prétendu que Nomenoé n'avoit fait que rétablir les choses en leur premier état : que la Bretagne n'étoit pas un fief détaché originairement de la couronne ni usurpé sur nos rois, comme le furent nos provinces de France que les gouverneurs convertirent en seigneuries, & dont par la suite ils se rendirent souverains : qu'ainsi lorsque la Bretagne devint mouvante de la France ses princes n'en possédoient pas moins la souveraineté, qui indépendante dans sa source ne pouvoit être sujette aux réunions comme l'étoient des fiefs usurpés par les sujets.

Mais cette question peu importante aujourd'hui est décidée différemment par Gregoire de Tours : *les Bretons*, dit cet historien, *ont toujours été sous la puissance des François après la mort de Clovis, & leurs chefs ont été appelés comtes & non rois.*

Les Bretons révoltés entr'eux tuèrent Salomon leur dernier souverain qui ait eu le titre de roi ; depuis ce temps le pays fut gouverné par différens princes sous le titre de comtes jusqu'en 1213, qu'Alix héritière de la Bretagne épousa Pierre de Dreux dit Mauclerc, arriere petit-fils de Louis le Gros roi de France : il

eut le titre de duc & fes fucceffeurs n'en ont
pas eu d'autres.

Dans le treizième fiècle, il fut rendu trois
hommages de la Bretagne à Philippe Augufte &
à faint Louis : le premier en 1202 par Artus I ;
le fecond en 1231 par Pierre de Dreux ; & le
troifième par Jean I fon fils. Ce dernier étoit un
hommage-lige, & Hevin en convient page 223
de fes queftions féodales imprimées en 1736
deux ans après fes confultations, où il avoit parlé
différemment.

Philippe le Bel accorda en 1297 aux ducs de
Bretagne la qualité de pair de France ; cette
province n'a donc pu être regardée depuis ce
temps que comme un fief en pairie mouvant de
la couronne ; il fut en conféquence ordonné par
lettres-patentes du 23 janvier 1369 que l'appel
des jugemens rendus dans la province feroit dé-
volu au roi ; & cette dévolution de reffort par
appel a toujours été reconnue.

En 1381 il fut rendu hommage par le duc
de Bretagne à Charles VI qui venoit de monter
fur le trône. Il y avoit eu une grande difficulté à
la fin du règne de Charles V fur la forme de cet
hommage : Jean comte de Montfort devenu duc
de Bretagne, prétendoit que le roi devoit fe contenter d'un hommage fimple qui n'engageât que
fon duché & non fa perfonne ; & il étoit de la
règle que ce fût un *hommage - lige*, puifque le
duc de Bretagne étoit regardé comme les autres grands vaffaux de la couronne qui pouvoient encourir la peine de félonie : mais dans
la crainte qu'il ne portât fon hommage au roi
d'Angleterre & qu'il ne lui ouvrît fes ports pour
entrer dans le royaume, on eut recours à l'ex-

pêdient de recevoir son hommage *tel qu'il devoit être selon le droit & l'ancien usage.*

Le dernier duc de Bretagne, François II, étant mort le 9 septembre 1488, la princesse Anne sa fille lui succéda.

Charles VIII roi de France, avoit des droits légitimes sur le duché de Bretagne : ils sont établis dans le traité de Dupuy. Pour terminer tout différent il épousa la duchesse Anne le 6 décembre 1491 ; leur contrat de mariage contient une solemnelle transaction des droits litigieux, & porte en termes exprès, *que sur les différends qui étoient entre le roi & madame Anne duchesse de Bretagne, pour le duché que les parties prétendoient leur appartenir, la même dame en fortifiant le droit du roi lui donne, cède & quitte & à ses successeurs rois de France ses droits au duché, au cas qu'elle prédécède sans enfans ; comme pareillement ledit seigneur roi cède & transporte à ladite dame, en cas qu'il prédécède sans hoirs, tous les droits qu'il avoit audit duché, à la charge que ladite dame ne convolera en secondes noces, fors avec le roi futur s'il se peut, ou avec le plus prochain héritier de la couronne ; lesquels conjoints ne pourront aliéner ledit duché qu'au roi de France.*

Le roi Charles étant mort sans enfans, le duc d'Orléans parvint à la couronne en 1498 sous le nom de Louis XII, & il épousa la reine Anne le 8 janvier 1499. De ce mariage il y eut deux filles : Claude & Renée ; l'aînée madame Claude fut mariée en 1514 à François de Valois, comte d'Angoulême, qui vint à la couronne l'année suivante sous le nom de François I.

Par ce moyen le duché de Bretagne a été

uni à la couronne. François I donna un édit au mois d'août 1532, par lequel il 'ordonna que les pays & duché de Bretagne demeureroient unis à la couronne de France sans pouvoir en être jamais séparés ni distraits ; & qu'il seroit procédé à la réunion des domaines de ce duché qui avoient été aliénés pour autre cause que de guerre ; en 1537 il donna de nouvelles lettres pour la réunion des mêmes terres, comme étant du domaine du duché de Bretagne.

La Bretagne est un pays d'états. Ils se tenoient autrefois tous les ans ; mais depuis l'année 1630, on ne les assemble plus que de deux en deux ans. La convocation des états se fait par des lettres de cachet du roi, adressées premiérement aux évêques, abbés & chapitres de de la province, & ensuite aux barons, à un certain nombre de gentilshommes & enfin à toutes les communautés de Bretagne : c'est ce qui compose les trois corps des états, le clergé, la noblesse & tiers-état. Les lettres du roi sont ordinairement accompagnées de celles du gouverneur qui invite les uns & les autres à se trouver au lieu & jour désignés pour la tenue & l'ouverture des états.

Le corps du clergé est composé des neuf évêques de la province, des députés des neuf chapitres des cathédrales & de quarante-deux abbés. Les évêques & les abbés entrent dans l'assemblée en rochet & en camail, & les capitulaires en bonnet & en soutane.

Le corps de la noblesse étoit composé ci-devant de neuf barons & de tous les gentilshommes appelés par les lettres du roi ou non appelés, pourvu qu'ils fussent originaires de la province

ou qu'ils y poſſédaſſent des biens. Mais le roi
a donné à ce ſujet une déclaration datée du 20
juin 1736, par laquelle il eſt porté entr'autres
choſes, 1°. qu'aucun membre des trois ordres
(du clergé, de la nobleſſe & du tiers - état)
ne pourra avoir entrée & ſéance dans l'aſſemblée des états de Bretagne avant l'âge de vingt-
cinq ans accomplis. 2°. Que pour avoir entrée
dans l'ordre de la nobleſſe il faudra prouver au
moins cent ans de nobleſſe & de gouvernement
noble non conteſté, & que l'aïeul & le père
aient partagé ou aient été en droit de partager
noblement. 3°. Que ceux dont les familles ne
ſont pas originaires de la province ou qui n'y
étant pas établis en l'année 1667 n'auront point
par conféquent obtenu des arrêts confirmatifs
de leur nobleſſe ſe pourvoiront à la cour de
parlement de Bretagne, qui examinera le cas
où ils ſe trouveront & déclarera, s'il y échet,
qu'ils ſont de la qualité requiſe pour entrer
aux états dans l'ordre de la nobleſſe en ſuivant
les règles preſcrites par les articles précédens.
4°. Que les gentilshommes qui ayant vingt-cinq
ans accomplis, ſeront intéreſſés ou commis dans
les fermes de la province, ceux qui feront tout
autre commerce que le maritime, & ceux qui
tiendront des terres à ferme ne pourront avoir
ſéance aux états dans l'ordre de la nobleſſe, à
moins qu'ils n'aient fait leur déclaration pardevant le juge royal de leur domicile qu'ils veulent reprendre l'exercice & le privilège de leur
nobleſſe, ſuivant les diſpoſitions de la coutume
de Bretagne. 5°. Que tous les membres des états
ſe rendront dans la ville où les états ſeront con-
voqués & ſe feront inſcrire ſur le regiſtre du

greffe, & que nul de ceux qui ne se feront point fait inscrire ne pourra avoir entrée & séance dans l'assemblée tant qu'elle durera. Cette déclaration du roi fut enregistrée au parlement de Bretagne le 28 août 1736, après trois lettres de jussion de sa majesté.

Les neuf barons de Bretagne étoient anciennement ceux d'Avaugour, de Léon, de Fougeres, de Vitré, de la Roche-Bernard, de Châteaubriant, de Lanvaux, de Pont & d'Ancenis. Mais les baronies d'Avaugour, de Fougeres & de Lanvaux ayant été réunies au domaine ducal on leur en a substitué trois autres, qui sont Malestroit, Derval & Quintin.

Aujourd'hui les baronies de Vitré & de Léon sont les deux premières; ensorte que ceux qui les possèdent président alternativement l'ordre de la noblesse.

Le corps du tiers-état est composé des députés de quarante communautés de la province, dont quelques-unes ont le droit d'envoyer deux députés & les autres un seulement.

C'étoit autrefois le plus ancien des évêques qui présidoit l'ordre du clergé; mais c'est aujourd'hui l'évêque dans le diocèse duquel les états sont assemblés, & en son absence le plus ancien des évêques ou des abbés. De même en l'absence des barons de Vitré ou de Léon, c'est le plus ancien des autres barons qui préside de droit l'ordre de la noblesse & sans être nommé. Au défaut des barons la noblesse est présidée par celui qu'elle choisit elle-même. Les sénéchaux ou présidens des quatre grandes sénéchaussées président les députés du tiers-état chacun dans leur canton, quand ils sont eux-mêmes députés

tiers-érat, dont le préfident remplit la premiére place. L'autre côté du théâtre au retour du banc des barons eſt entiérement rempli par la nobleſſe, excepté à l'extrêmité d'en bas où l'on place le bureau des officiers des états.

Le jour de l'ouverture de l'aſſemblée, les trois corps ſe rendent à la ſalle en queſtion & y occupent leurs places. Enſuite le procureur-ſyn-dic propoſe de députer aux commiſſaires du roi, ce qui s'exécute auſſi-tôt par une députa-tation de ſix perſonnes de chaque ordre, à la tête deſquelles il y a toujours un évêque. Les commiſſaires ſont reçus à la porte de la ſalle par les mêmes députés, & étant montés ſur le théâ-tre ils y prennent leurs places; ſavoir le gou-verneur dans une chaiſe à bras, couverte d'un tapis de velours aux armes de France & de Bre-tagne, laquelle eſt placée ſur une plate-forme élevée & ſous le dais, ayant le dos tourné vers les deux préſidens. Les deux lieutenans généraux ont leurs chaiſes à bras à droite & à gauche du gouverneur & dans le même aſpect; mais elles n'ont point de tapis & ſont ſur une eſtrade plus baſſe. Celles des trois lieutenans de roi ſont à la gauche du gouverneur ſur le plancher du théâtre. A la droite & hors du haut dais eſt une chaiſe à bras pour le premier préſident: cette chaiſe à le dos tourné vers le clergé. Enſuite ſur la même ligne doivent être le ſecond & le troi-ſiéme préſidens & le procureur général aſſis ſur deux chaiſes ſans bras; mais les préſidens ne s'y trovent point à cauſe de cette diſtinction. A gauche & vis-à-vis du premier préſident eſt le premier commiſſaire du conſeil dans une chaiſe à bras ayant le dos tourné à la nobleſſe. Après lui eft le fecond commiffaire dans une chaife fans bras, & enfuite viennent les généraux des finances, le receveur général des finances de la province, le grand maître des eaux & forêts, les receveurs du domaine & les contrôleurs. En face du gouverneur doivent être les premier & fecond préfidens de la chambre des comptes fur un banc à dos couvert d'un tapis verd; mais ils ne s'y trouvent point, parce que la place ne leur paroît pas honorable. Le procureur général de cette chambre fe met à la fuite de celui du parlement & cela eft toléré.

L'affemblée étant ainfi formée, les gardes du gouverneur occupent la montée du théâtre, & le grand prévôt de la province garde la porte de la falle pour en empêcher l'entrée à ceux qui n'en ont pas le droit. Le gouverneur prend enfuite la commiffion générale du roi de la main de fon fecrétaire & la fait remettre au greffier des états, lequel en fait une lecture publique. On lit de même les commiffions particulières. Après quoi le gouverneur & le premier préfident font chacun un petit difcours, auquel répond le fyndic de la province. La première journée fe paffe en ces fortes de cérémonies. Avant d'enregiftrer les commiffions, les états les font examiner pour voir fi elles font conformes à celles de l'année 1626, qui fervent de règle.

Le lendemain après une meffe folemnelle du Saint-Efprit, célébrée ordinairement par l'un des évêques, les commiffaires s'étant rendus aux états, le gouverneur remet au greffier les commiffions des deux commiffaires du confeil, & après qu'elles ont été lues, le premier de ces

commiſſaires fait au nom du roi la demande du'
don-gratuit. Le procureur général de la province répond au diſcours du commiſſaire, re-
préſente l'état où la province ſe trouve & le
beſoin qu'elle a des bontés du roi. Les commiſſaires ſe retirent auſſi-tôt pour donner lieu
à la délibération.

Lorſqu'elle eſt terminée, on fait ſavoir aux
commiſſaires que la demande du roi a été accordée, & cette notification ſe fait par une députation à ces mêmes commiſſaires, compoſée
de ſix perſonnes de chaque ordre, à la tête deſquelles ſont toujours les préſidens du clergé &
de la nobleſſe. Le gouverneur informe auſſitôt
la cour de cette première réſolution des états.

Le troiſieme jour les états commencent à donner les commiſſions pour vider les différentes
affaires qui ſe préſentent; & quoique cela ne
regarde que les intérêts particuliers des états,
il eſt cependant d'uſage d'en informer les commiſſaires du roi ainſi que des réſolutions qui ſont
priſes, leſquelles n'ont de force qu'au moyen de
l'approbation & de la ſignature de ces mêmes
commiſſaires. Mais parmi ces affaires, il en eſt
pluſieurs qui ne peuvent être terminées ſans
qu'il ſe tienne des conférences avec les commiſſaires du roi; telle eſt entr'autres celle
des contraventions ou griefs qui eſt ordinairement la plus conſidérable & la plus longue à
décider.

Les états font une députation particulière à
la tête de laquelle ſe trouve toujours un évêque.
Cette députation eſt commiſe pour prendre connoiſſance des atteintes données aux priviléges
de la Province & des contraventions faites aux

contrats précédens pailés avec les commissaires
du roi & au nom de sa majesté. Après une recherche exacte cette députation fait son rapport
public sur lequel chaque ordre délibère séparément ; & après cela on arrête les articles publiquement. Ensuite la même députation ayant
demandé audience au commissaire du roi, elle
se rend au lieu & à l'heure marqués pour ouvrir
la conférence.

Cette conférence se tient ordinairement dans
une grande salle, dont le milieu est rempli par
une table fort longue de deux pieds & demi de
large. Le gouverneur est assis au bout d'en haut
de la table & à droite & à gauche sont assis les
autres commissaires, selon le rang qu'ils tiennent aux états. La députation étant introduite
dans la salle, les chefs du clergé & de la noblesse prennent leurs places à l'autre bout de la
table en face du gouverneur, & le reste de la députation en occupe les côtés jusqu'aux commissaires. Les députés du tiers-état demeurent
derrière les présidens de la députation. Alors le
président du clergé prend la parole & expose
les griefs. Le gouverneur y répond & quelquefois le premier président & le premier commissaire du conseil y répondent aussi.

Lorsque cette affaire est finie, les états demandent ordinairement deux autres conférences,
l'une pour régler les conditions des baux qui
sont à faire, & l'autre pour convenir des conditions du contrat qui doit être passé avec le
roi & qui est le terme & le résultat de toutes
les délibérations. Toutes ces choses étant réglées on dresse le contrat & l'on en fait deux
expéditions égales, qui sont signées du procu-

reur général & des lieutenans-généraux. Après
cela le gouverneur prend ces deux expéditions,
l'une en chaque main & par une cérémonie fin-
gulière, mais qui a été introduite pour mettre
l'égalité entre le premier préfident & le premier commiffaire du confeil, il les croife & les
préfente en même tems à l'un & à l'autre. Cependant l'expédition fignée par le commiffaire
ne l'eft que par honneur, celle du premier préfident étant regardée comme l'original & la véritable minute qui demeure aux notaires ou fecrétaires des états. Ces notaires ou fecrétaires
font de cette expédition une copie qui eft en-
voyée au confeil à l'effet d'obtenir les lettres-
patentes néceffaires à l'enregiftrement. Les fignatures de cette minute font fur trois colonnes;
celle de la droite eft pour le gouverneur, les
lieutenans-généraux, le premier préfident, les
autres préfidens, le procureur-général & l'avocat général. Celle de la gauche eft remplie par
les députés des états; & celle du milieu par les
commiffaires du confeil, & par les officiers des
finances.

Cette fignature étant confommée, les états
prient les commiffaires de fe préfenter dans leur
affemblée, pour y faire l'adjudication des baux
en leur préfence; ce qui s'exécute auffitôt. L'un
des préfidens du bureau tient la bougie & le
gouverneur prononce l'adjudication. Cette adjudication étant faite, les députés nommés pour
le règlement des fonds qui eft l'état de la dépenfe font leur rapport au public, l'arrêtent &
le portent enfuite au gouverneur & aux autres
commiffaires pour qu'ils le fignent. Cela étant
fait les mêmes commiffaires viennent terminer
l'affemblée,

l'assemblée, & le gouverneur en fait la clôture par un petit discours sur la satisfaction que le roi a eu de la conduite des états, & il leur témoigne en même temps sa satisfaction particulière. Le syndic répond à ce discours par un autre également court, & où il fait connoître le zele & la bonne volonté des états, &c.

Pendant la tenue des états & même quinze jours avant & quinze jours après, on ne peut intenter aucune action civile contre les gentilhommes qui ont droit d'assister à cette assemblée.

Par arrêt du conseil du 9 mai 1716, le roi confirma la subrogation qui avoit été faite aux états de Bretagne à compter du premier janvier de la même année, du bail précédemment fait sous le nom de Guillaume Normant des droits de franc-fief, amortissement & nouvel acquêt dans l'étendue de la province pour en jouir de la même manière qu'en avoient joui ou du jouir les précédens fermiers, moyennant 50000 livres par an.

- Les états qui au lieu de jouir comme les précédens fermiers avoient converti le droit de franc-fief en une imposition fixe & annuelle sur les roturiers possédant des biens nobles, firent des représentations sur les dispositions de l'arrêt du 9 mai 1716; & par un autre arrêt du conseil du 5 septembre 1716 il fut encore ordonné qu'ils jouiroient comme avoient joui ou du jouir les précédens fermiers; que les rôles seroient arrêtés par les commissaires des bureaux diocésains & que les contestations seroient jugées par un bureau établi à Rennes, composé du commandant de la province, du commissaire départi &

de six députés des trois ordres de l'églife, de la nobleffe & du tiers état.

Les conditions prefcrites par ces deux arrêts pour la fubrogation n'ayant point été remplies, & les états ayant toujours voulu dénaturer le droit de franc-fief pour le commuer en rentes annuelles, la fubrogation fut révoquée par arrêt du confeil du fept mars 1719 qui ordonna que le recouvrement feroit fait comme avant 1716 par le fermier de ces droits.

Depuis ce tems les états ont formé & réïtéré plufieurs demandes tendantes, les unes à la fubrogation des droits compris dans les baux de la ferme des domaines de cette province, & les autres à obtenir l'aliénation même de ces droits. Toutes ces demandes ont été rejetées jufqu'en 1759 que les befoins preffans de l'état occafionnés par une guerre longue & difpendieufe, déterminèrent le roi à accéder aux propofitions d'une aliénation.

· Il fut en conféquence ordonné par arrêt du confeil du 9 février 1759, que par M. le duc d'Aiguillon commandant en chef dans la province, premier commiffaire de fa majefté aux états (alors affemblés à Saint Brieux) & par les autres commiffaires de fa majefté, il feroit paffé pour elle & en fon nom contrat de ceffion aux états des domaines & droits y joints compris dans le bail expiré en 1756, de la fous-ferme des domaines de la province, & des impôts, billots & formules pour en jouir à compter du premier janvier 1759.

Le contrat fut paffé en vertu de cet arrêt le 18 du même mois de février, & des lettres-patentes du mois de mars 1759 le ratifièrent.

L'aliénation fut faite à différens titres : 1°. Le droit de contrôle des actes, ceux d'infinuation laïque & de centième denier, ceux de petit fcel & ceux de contrôle des exploits, les droits réfervés, les impôts & billots de la province, les droits de timbre fur les papiers & parchemins, & les deux & quatre fous pour livre de ces droits, même des péages & autres droits femblables furent aliénés à perpétuité. 2°. Les domaines & droits domaniaux de la province, cafuels & fixes; les confifcations; les amendes; les droits & émolumens des greffes; ceux des préfentations, défauts & congés, & les droits de contrôle des mêmes greffes, préfentations, &c. furent cédés à titre d'engagement à faculté de rachat perpétuel. 3°. Les finances & les produits utiles des droits d'amortiffemens, francfief, nouveaux acquêts & ufages; & les meubles & immeubles des étrangers non-naturalifés qui décéderoient en Bretagne fous la loi de l'aubaine, furent cédés à titre de fubrogation *toutefois rachetable à perpétuité & à toujours*. Enfin tous les droits reftans à recouvrer, même ceux fur lefquels il y avoit des demandes formées furent cédés aux états. Néanmoins ces droits n'appartenoient point au roi, auffi l'aliénation n'en fut faite au nom de fa majefté que fous la condition qu'elle en indemniferoit les fermiers auxquels ils appartenoient.

Le prix de ces aliénations fut fixé à 40 millions de livres que les états furent autorifés à emprunter. Il fut ftipulé que les receveurs généraux des domaines & bois & leurs contrôleurs continueroient d'exercer leurs fonctions & de jouir de la portion attribuée à leurs offices dans les droits & revenus domaniaux, ce qui fut confirmé par l'article 9 des lettres-patentes. Il fut en outre stipulé que le roi continueroit de faire acquitter les fiefs & aumônes, gages d'officiers, charges locales, & autres dépenses d'usage ; mais que les états, comme engagistes seroient assujettis aux réparations de toute nature des bâtimens des domaines. L'article 8 des conditions du contrat portoit que les états régiroient les domaines & droits domaniaux ainsi & de la même manière que les engagistes sont autorisés à ce titre à en faire la régie.

Le contrat dont il s'agit a été exécuté jusqu'en 1771, que par arrêt du conseil du 9 juin de cette année, le roi a ordonné que les domaines & droits domaniaux de Bretagne aliénés aux états seroient réunis au domaine de sa couronne dès le premier juillet suivant (*) & que les arrérages des rentes constituées pour

---

(*) C'est ce qui résulte de l'article premier de l'arrêt cité dont voici les termes :

» Sa majesté entend par ces présentes rentrer, à compter du premier juillet prochain, dans la jouissance & réunir au domaine de sa couronne, tous les droits de contrôle des actes, insinuations, centième denier, petit-scel, contrôle des exploits, greffes, droits réservés des domaines & droits domaniaux ; ensemble les domaines & droits d'impôts & billots, & ceux de formule sur le papier & parchemin, & généralement dans tous les domaines & droits compris dans l'aliénation qui en a été faite aux gens des trois états desdits pays & duché de Bretagne, par le contrat dudit jour 18 février 1759 : en conséquence fait sa majesté défenses auxdits gens des trois états desdits pays & duché de Bretagne de s'immiscer dans la régie, recette & administration desdits domaines & droits, après le dernier du présent mois de juin «...

le principal des 40 millions, prix de l'aliénation, feroient payés par le fieur de Gagny, Tréforier de la caiffe des arrérages.

Les acquéreurs qui préfentent leurs contrats tant en jugement qu'au receveur des domaines dans trois mois de la date des contrats jouiffent d'un quart de remife fur les droits & devoirs feigneuriaux dus au roi. C'eft ce qui réfulte des lettres - patentes en forme de déclaration de Henri II du 26 août 1552 enregiftrées à la chambre des comptes de Bretagne le 18 novembre fuivant.

Cette remife n'a lieu que pour les acquifitions faites par contrats volontaires & non pour les biens acquis judiciairement. C'eft pourquoi il a été rendu arrêt au confeil le 14 février 1747, par lequel fans s'arrêter à une fentence du Sénéchal de Guerrande, que fa majefté a déclarée nulle, ni à l'intervention du fyndic des états de la province de Bretagne, dont il a été débouté ; le fieur Bellanger a pareillement été débouté de fa demande en reftitution d'un quart des lods & ventes par lui payés pour raifon d'une adjudication à lui faite judiciairement au parlement de rennes, le 9 avril 1740 ; & la dame de Combles, autre partie, a été condamnée à payer en entier au fermier des domaines de Bretagne, les lods & ventes dus au roi, pour raifon des biens adjugés par décret en la juridiction de Guerrande à feu le fieur de Combles fon mari.

Les officiers du parlement & de la chambre des comptes de Bretagne ne jouiffent point de l'exemption des droits feigneuriaux dus au roi. Ils furent affujettis à payer ces droits par arrêt du confeil du 13 janvier 1667. Il eft vrai que

par les déclarations du roi des 29 mars 1707,
& 8 mai 1708, l'exemption leur fut accordée
des droits de lods & ventes, quints & requints, reliefs, treizièmes, rachats, fous rachats
& autres droits feigneuriaux & féodaux, à caufe des terres & fiefs nobles ou terres rotu-
rières tenues en mouvance du domaine du roi,
tant en achetant, vendant, qu'autrement, même
dans le cas des échanges, au moyen de la finance réglée par ces déclarations, tant pour cet
objet que pour les difpenfes de dégré de fervice & pour une augmentation de gages.

Les officiers de ces cours ont même joui de
cette exemption, puifque par arrêt du confeil
du 28 octobre 1710, il fut ordonné qu'ils payeroient feulement aux receveurs généraux des
domaines & bois, les trois fous pour livre des
droits feigneuriaux cafuels de leurs acquifitions,
attendu que ces trois fous pour livre étoient
attribués à ces receveurs avant l'exemption accordée en 1707 & 1708, & que par conféquent
cette exemption ne pouvoit s'étendre à ce qui
étoit précédemment aliéné.

Mais par arrêt du confeil du premier avril
1713, fa majefté voulant faire ceffer les conteftations réfultantes de ces exemptions & remettre en valeur fes domaines de la province
de Bretagne qui fouffoient une diminution confidérable par ces exemptions, réfolut de rétablir les chofes comme avant 1707, en rem-
bourfant les finances payées en vertu des déclarations de 1707 & 1708. En conféquence fa
majefté ordonna par l'arrêt du confeil du premier avril 1713 qu'on vient de citer, que les
officiers du parlement & de la chambre des

comptes de Bretagne rapporteroient les quittances & autres pièces juſtificatives des finances
par eux payées en exécution des déclarations
des 29 mars 1707 & 8 mai 1708, pour être
procédé à la liquidation & pourvu au rembourſement des mêmes finances avec les intérêts, à
compter du premier janvier 1713, moyennant
quoi les augmentations de gages attribuées aux
officiers dont il s'agit pour ces finances, demeureroient éteintes & ſupprimées ; il fut encore
ordonné que du jour de la ſignification de l'arrêt, les exemptions des droits portées par les
déclarations dont on a parlé demeureroient
éteintes & révoquées, ce faiſant que les officiers du parlement & de la chambre des comptes de Bretagne, ſeroient tenus de payer les
droits de lods & ventes, quints, requints, reliefs, treizièmes, rachats, ſous-rachats & autres droits ſeigneuriaux & féodaux ſuivant &
ainſi qu'ils ſont dus par la coutume & comme
ils faiſoient avant ces déclarations, pour être
les mêmes droits perçus par le fermier des domaines comme faiſant partie de ſon bail. ..

Cet arrêt a été ſignifié à M. le procureur général & au greffier de la chambre des comptes
le 13 avril 1713.

L'article 23 du titre 16 de l'ordonnance des
gabelles du mois de mai 1680 & la déclaration
en forme d'édit pour la province de Bretagne,
du mois de décembre de là même année, enre-
giſtrée au parlement de cette province le 3 mars
1681, en maintiennent les habitans dans l'exemption des droits de gabelles en leur défendant
néanmoins de faire aucun amas de ſel dans les
paroiſſes voiſines de deux lieues des derniers

villages ou hameaux des provinces de Normandie, Maine & Anjou, au-delà de ce qui leur eft
néceſſaire pour leur uſage & la conſommation de
leurs maiſons pendant ſix mois ; ce que l'ordonnance fixe à raiſon d'un minot du poids de cent
livres de marc pour ſept perſonnes par chaque
année.

· L'ordonnance & la déclaration exceptent les
villes de Dôle, Fougères, Vitré, la Guerche,
Châteaubriant, Ancenis & Cliſſon, dans leſquelles néanmoins le ſel ne peut être vendu que ſous
la halle aux jours & heures du marché, aux
domiciliés de la province & pour leur proviſion
ſeulement avec injonction aux juges des villes d'y
tenir la main. Ces lois défendent auſſi à tous les
marchands & autres, tant hommes que femmes
d'en vendre & débiter autrement, à peine de
confiſcation du ſel & de cinq cens livres d'a-
mende pour la première fois, de cinq ans de
galères pour la ſeconde à l'égard des hommes,
& pour les femmes du fouet & du banniſſement
à perpétuité de la province.

La déclaration enjoint à tous les juges des ſeigneurs haut-juſticiers des paroiſſes de la province, limitrophes de celle de Normandie ,
Maine & Anjou de tenir la main à ce que les
habitans n'aient point de magaſin de ſel au-delà
de ce qui leur eſt néceſſaire pour leur proviſion.
Ils ſont auſſi obligés de viſiter, lorſqu'ils en ſont
requis par les commis du fermier, les maiſons des
particuliers ſoupçonnés de faux-ſaunage, d'informer contre les coupables, rapporter leurs
procès-verbaux & juger définitivement, ſauf
l'appel au parlement.

. La déclaration veut que les juges royaux &
ceux des ſeigneurs du reſſort du parlement con-

noiſſent en première inſtance des contraventions; inſtruiſent & jugent les procès des faux-ſauniers accuſés de ces contraventions , juſqu'à ſentence définitive incluſivement & à la charge de l'appel.

Elle défend à tous les hôteliers , cabaretiers & autres perſonnes, de donner retraite aux faux-ſauniers & gens attroupés venant des provinces de Normandie , Maine & Anjou , pour prendre du ſel en Bretagne , ſous les peines ci-deſſus exprimées ; & en outre , de demeurer reſponſables en leur nom des condamnations pécuniaires qui ſeroient prononcées contre les faux-ſauniers.

Il leur eſt enjoint ſous les mêmes peines , dans le cas où les faux-ſauniers voudroient entrer & loger par force dans leurs maiſons , de rendre leurs plaintes pardevant les juges des lieux dans les vingt-quatre heures ; il eſt ordonné aux juges d'en informer , à tous les officiers & habitans , de courir ſur les faux-ſauniers & gens attroupés , de les arrêter avec leurs équipages , & de les repréſenter en juſtice ; & le tiers des confiſcations qui feront prononcées doit être adjugé à ceux qui les auront repréſentés.

Il eſt défendu à tous les fermiers des ponts & paſſages, meûniers, lavandiers & autres ayant bacs & bateaux ſur les rivières limitrophes des provinces d'Anjou, Maine & Normandie , de paſſer ou laiſſer paſſer les faux-ſauniers ; les bacs & bateaux doivent à cet effet être attachés la nuit avec des chaînes de fer & ſerrures fermant à clef du côté des paroiſſes des greniers, à peine de confiſcation & de trois cens livres d'amende.

· Tous les juges, tous les officiers & toutes les

personnes quoique privées, sont déclarées compétentes pour la capture des faux-sauniers, portant, conduisant, débitant ou resserrant leur sel, sans qu'il soit besoin de décret ni de commission, à la charge de les conduire incessamment avec leur sel & équipages devant les officiers des lieux.

Faute par les condamnés de payer l'amende dans les deux mois du jour que la sentence leur a été prononcée par le greffier de la juridiction en laquelle ils ont été jugés, les peines pécuniaires doivent être converties en celles du fouët, de la flétrissure ou du bannissement, selon que les prévénus sont plus ou moins coupables.

Les sentences doivent passer en force de chose jugée, si les condamnés ne consignent dans les trois mois les amendes prononcées contre eux.

Les pères & les mères sont civilement responsables des amendes adjugées contre leurs enfans mineurs.

Enfin la juridiction sur les contraventions aux réglemens que contient cette déclaration, est attribuée à la grand'chambre du parlement de Bretagne, exclusivement aux chambres des enquêtes & de la tournelle.

Les ecclésiastiques, gentilshommes & autres particuliers de la province de Bretagne, non marchands en gros ni en détail, sont exempts des droits de sortie des cinq grosses fermes pour les habits & hardes seulement qui ont servi à leur usage & à celui de leurs familles, & pour la vaisselle d'argent & d'étain, vieille ou neuve, armoriée à leurs armes.

Les particuliers domiciliés en Bretagne qui

ont des terres & héritages dans les provinces de l'étendue des cinq grosses fermes voisines de celles de Bretagne, & qui les font valoir par leurs mains ou les donnent à ferme à moitié de fruits, jouissent aussi de l'exemption des droits de sortie des denrées qu'ils font venir du crû des mêmes terres & héritages, pour l'entretien de leurs familles seulement. Les curés des paroisses de Bretagne ont également ce privilége pour les dîmes des terres dépendantes de leurs cures situées dans les provinces voisines : le tout à charge par les propriétaires & curés, de remettre aux directeurs des bureaux des fermes des provinces voisines, des certificats signés des curés ou juges des lieux, de leurs domiciles dans les villes & paroisses de Bretagne, du nombre des personnes dont leurs familles sont composées, & des copies collationnées des titres de propriété des terres & héritages situés dans les mêmes provinces voisines, & de rapporter aussi des certificats pour justifier qu'ils font valoir ces terres & héritages par leurs mains, ou qu'ils sont affermés à moitié de fruits, avec déclaration de l'espèce & quantité des denrées qu'ils entendent faire conduire par année, de leurs terres & héritages en leurs domiciles dans la province de Bretagne. Ces habitans & curés doivent de plus affirmer dans leurs déclarations, que ces denrées proviennent en effet de leurs crûs & dîmes, & y désigner le bureau par lequel ils se proposent de les faire passer.

Ils sont pareillement obligés de réitérer ces déclarations dans le premier octobre de chaque année, & de fournir, en cas de mutation, de nouvelles copies de leurs titres de propriété.

Lorſque ces habitans ont ſatisfait à ces formalités, les directeurs des fermes donnent enſuite
leurs ordres aux commis des bureaux, qui délivrent alors, ſans autres frais que ceux du papier
timbré, des acquits à caution pour la ſortie des
denrées en exemption de droits.

Ces acquits doivent être rapportés dans la
huitaine aux commis des bureaux, & être cer-
tifiés au dos par les curés ou ſyndics de la pa-
roiſſe, au déchargement des denrées dans la
maiſon des habitans ou curés en Bretagne ; le
tout ſuivant l'arrêt du 25 juin 1715.

•Suivant l'article 20 des lettres-patentes du
mois d'avril 1717, les marchandiſes des îles
entrées par les ports de Bretagne, qui ſont Saint-
Malo, Morlaix, Nantes & Breſt, auxquels Vannes a été ajouté par arrêt du 21 décembre 1728,
doivent à leur entrée dans les autres provinces
du royaume, les droits fixés par l'article 19 de
ces lettres-patentes, ſur les marchandiſes venant
des îles pour être conſommées dans le royaume.

Suivant l'article 21 des mêmes lettres-patentes, les marchandiſes provenant des îles &
colonies Françoiſes, doivent à leur arrivée dans
les ports de Bretagne, outre & par-deſſus les
droits qui s'y lèvent ſuivant l'uſage accoutumé,
les droits tels qu'ils ſont perçus à Nantes, ſans
aucune reſtitution des mêmes droits lorſque les
marchandiſes ſont tranſportées en pays étrangers, ni d'aucune diminution ni imputation ſur
les droits énoncés dans l'article 19, quand elles
ſont introduites dans les provinces des cinq
groſſes fermes ou autres du royaume.

La Bretagne a été régie pendant pluſieurs

années par le concordat pour la difposition des bénéfices : la cour de Rome foutint dans la fuite que le concordat ne devoit avoir lieu que pour les payes où l'on avoit fuivi les décifions du concile de Bafle. M. Brulart, procureur-général au parlement de Paris, fit un mémoire fur cette prétention en 1548, dans lequel ce magiftrat prouva folidement que la Bretagne étant réunie à la France, le concordat devoit y être fuivi comme dans les autres provinces du royaume.

Mais les circonftances des affaires publiques ayant, felon la remarque de l'auteur des mémoires du clergé, obligé le roi d'entrer dans d'autres deffeins plus favorables aux prétentions de la cour de Rome, & d'y rétablir par fon autorité la partition des mois entre le pape & les évêques de la province, ainfi que plufieurs autres pratiques fur le gouvernement eccléfiaftique, plus agréables à cette cour que n'eft l'ufage des autres provinces, il fit publier à cet effet quatre ordonnances pour être la règle de la difcipline de cette province dans la collation des bénéfices.

Les états de Bretagne voulurent s'oppofer à l'enregiftrement de ces ordonnances ou y mettre au moins des modifications ; mais le roi après avoir menacé le parlement d'interdiction, affembla un parlement à Nantes où l'enregiftrement fe fit purement & fimplement. Hevin réduit à fix principaux chefs les droits dont le roi veut que le pape jouiffe en Bretagne fur les bénéfices, en exécution de ces ordonnances. 1°. Le roi déclare qu'il veut que le faint-père & le faint-fiège apoftolique jouiffent en Bretagne de tous les droits, autorités & prééminences dont ils avoient précédemment joui.

2°. Que les réfervations apoftoliques, générales & fpéciales & les règles de chancellerie y foient reçues.

3°. Que les provifions des papes pour les bénéfices vacans dans leurs huit mois y foient comme de droit admifes.

4°. Défend expreffément de tirer à conféquence en Bretagne, le concordat fait pour la France, nonobftant que la Bretagne foit unie avec la couronne.

5°. Enjoint à tous les officiers de la province de faire publier cette déclaration & faire jouir le faint-père de toutes les prééminences dont on vient de parler.

6°. Ordonne que tout ce qui fera fait au contraire demeure annullé & les chofes reftituées en leur premier état.

Par ce réglement, le roi Henri II s'impofa à lui-même la néceffité de ne nommer aux bénéfices confiftoriaux de la Bretagne, que par indult du pape : ce qui a été fuivi par fes fucceffeurs. Mais ces indults, dit encore l'auteur des mémoires du clergé, doivent être confidérés comme des témoignages de la piété de nos rois, qui veulent bien prendre toutes ces mefures pour éviter les conteftations avec la cour de Rome : on les oppofe donc fans fondement pour détruire la maxime ordinaire qu'une province étant unie à la couronne, en doit fuivre les lois.

Les réferves qui ont lieu aujourd'hui dans la Bretagne fe bornent à celles qui font contenues dans la règle *de menfibus & alternativa*. Cette règle de chancellerie eft même la feule qui par une fuite des ordonnances de Henri II foit fuivie

dans ce pays contre l'usage commun du royaume
où le concordat ne permet pas qu'on l'admette. .
C'est donc par la concession de nos rois que le
pape jouit de la réserve des mois en Bretagne.
Les lettres qui sont datées du 24 juillet 1549,
& celles du 29 juillet 1550 portent expressément que le concordat ne sera point observé en
Bretagne, *quoique la Bretagne soit unie à la couronne de France*. Ces termes, *quoique la Bretagne
soit unie à la couronne de France*, supposent, dit
encore l'auteur des mémoires du clergé, que
suivant les règles ordinaires, le duché de Bretagne étant uni à la couronne, le concordat devoit y être observé, & que cette ordonnance
étoit nécessaire pour établir cette exception. Sur
ce principe, MM. les gens du roi du parlement
de Paris ont toujours soutenu que si la réserve
des mois avoit lieu en Bretagne depuis la réunion de cette province à la couronne, ce n'étoit
pas en vertu de règles de chancellerie romaine;
mais uniquement en vertu des ordonnances.

La jurisprudence du parlement de Bretagne
est que quand un évêque a obtenu l'indult de
l'alternative & qu'il l'a fait enregistrer, cet indult a son effet pour toute la vie de l'impétrant,
sans qu'il soit besoin d'en obtenir le renouvellement à chaque exaltation d'un nouveau pape,
ainsi que c'est l'usage en Italie.

Les évêques de Bretagne jouissent de l'alternative pendant leur absence, pour le service du
roi ou pour le besoin & l'utilité de leur église :
cela a été ainsi jugé par arrêt du 19 juillet 1725.
Les évêques ne sont pas sans doute plus obligés
à la résidence par la règle du pape, que par les
canons.

L'acceptation de l'alternative de la part des évêques de Bretagne se fait par des lettres-patentes scellées & signées de leurs noms & armes qu'on envoie à Rome pour les faire enregistrer. La formule de ces lettres est dans la pratique de M. Castel.

La réserve des mois n'a pas lieu en Bretagne sur les bénéfices en patronage, même ecclésiastique.

Le chapitre ne succède pas au droit de l'évêque par rapport à l'alternative, mais le successeur du pape en jouit. Pendant la vacance du saint-siège, la disposition des bénéfices retourne au droit commun ; mais si le pape venoit à mourir sans avoir conféré un bénéfice qui a vaqué dans un de ses mois, la collation en appartiendroit à son successeur.

Le pape est obligé de conférer les bénéfices qui vaquent pendant les mois qui lui sont réservés en Bretagne, dans les six mois prescrits par le concile de Latran. S'il néglige de faire la collation dans ce temps, le collateur ordinaire rentre dans l'exercice de son ancien droit *per resumptionem juris antiqui*, & a à son tour six mois pour conférer, pendant lesquels ni la réserve ni la prévention ne peuvent avoir lieu à son préjudice. C'est ce qui a été jugé par arrêt du grand conseil rendu le 28 août 1743 sur les conclusions de M. l'avocat-général Lebret, & sur des certificats conformes des avocats du parlement de Rennes. Cet arrêt & les savantes conclusions sur lesquelles il fut rendu, sont rapportés par M. Piales dans son traité des réserves.

Le pape s'est expressément réservé dans la
règle

règle *de menfibus*, la faculté d'admettre les réfignations en faveur dans tous les mois de l'année :
ce qui a lieu en Bretragne. Mais comme les
préventions n'ont pas lieu dans cette province,
les claufes *five etiam per obitum*, & celle qui
comprend la dérogation à la règle *de verifimili
notitia obitus*, ne fe mettent point dans les provifions expédiées pour cette même province, fur
les réfignations en faveur : ainfi lorfque le réfignant meurt avant que la procuration foit admife,
la réfignation refte fans effet, & le réfignataire
ne peut prétendre le bénéfice comme *obituaire*,
quand même l'ordinaire n'en auroit pas encore
difpofé.

La réfignation ne produit de même aucun
effet dans le cas où le réfignant ne furvit pas
vingt jours pleins, à compter du jour qu'elle a
été admife ; parce que le pape n'eft pas dans
l'ufage de déroger à la règle des vingt jours au
préjudice des ordinaires de Bretagne. Ceux-ci
prétendent même que le pape n'y peut déroger,
& leur prétention eft autorifée par la jurifprudence du parlement de Rennes.

Les évêques de Bretagne peuvent, fuivant
l'opinion commune de nos auteurs, admettre
les démiffions pures & fimple dans tous les mois
de l'année : les officiers de la cour de Rome conviennent de ce droit ; mais ils difent que les
évêques ou collateurs ne peuvent conférer fur
ces démiffions quand elles font faites dans les
mois du pape, à qui feul, felon eux, cette collation appartient. M. Caftel en fa pratique de la
cour de Rome, eftime que cette prétention des
officiers de la daterie n'eft pas jufte, parce qu'il
eft certain, dit-il, que la règle des mois de ré-

ferve ne comprend que les bénéfices qui ont vaqué par mort. C'eft pourquoi l'on a douté fi les évêques de cette province pouvoient conférer fur la démiffion d'un infirme à l'extrêmité de fa vie ; ce qui ne leur a été accordé après bien des controverfes, qu'en conférant fans fraude, *ceffante fraude*. Du refte, l'article 13 de l'édit pour les infinuations de 1691, n'a point d'application dans le cas des provifions des évêques de Bretagne fur ces démiffions. —

Des abbayes étant vacantes, & les religieux n'étant pas en poffeffion de nommer pendant la vacance, les évêques rentrent dans le droit commun d'en être pleins collateurs.

Divers arrêts ont décidé que les collateurs dont le chef-lieu eft en pays de concordat, & qui confèrent des bénéfices fitués en Bretagne, ne font point affujettis aux mois de la réferve du pape pour les bénéfices de cette province.

On tient communément que les évêques de Bretagne qui jouiffent de l'alternative, ne peuvent conférer en vertu de cette alternative par un vicaire ou procureur, parce qu'ils font cenfés réfidens fur les lieux dans ces circonftances.

Au furplus, les auteurs ne font pas d'accord fur l'origine des ufages qui font préfentement obfervés dans la province de Bretagne, par rapport à la difpofition des bénéfices, indépendamment de ce qui regarde les maximes du royaume & le concordat. Hevin, célèbre avocat au parlement de Rennes, Dumoulin, Louet & Bouchel en rapportent l'origine à une convention faite au concile de Conftance, entre le faint-fiège & les évêques de Bretagne, par laquelle la Bretagne a été partagée par diftribution de mois : enforte qu'il eft demeuré huit mois au pape pour repréfenter fon droit naturel de concours & de prévention ; & les quatre autres mois, qui font mars, juin, feptembre & décembre, font demeurés aux ordinaires, libres de concours, prévention & autres droits apoftoliques.

Le fentiment que l'on vient d'expofer eft combattu par plufieurs auteurs, & fingulièrement par M. Noyer qui s'exprime en ces termes dans fes notes fur le traité de la pratique de la cour de Rome par Caftel : « On ne convient » point du partage des mois que quelques au- » teurs foutiennent avoir été fait entre les col- » lateurs de Bretagne & le pape dans le concile » de Conftance ou peu après. Les actes fur lef- » quels on prétend l'etablir ne font que des pro- » jets de quelques cardinaux dont il n'eft fait » aucune mention dans les feffions du concile de » Conftance ; projets qui n'ont point eu d'exé- » cution. Les officiers même de Rome ne s'en » font jamais fervis, comme il paroît dans la » differtation de Scheftrate, bibliothécaire du » vatican, fur le concile de Conftance ».

M. Piales dit que cette opinion de M. Noyer eft préfentement la plus fuivie, & qu'on foutient communément que la partition des mois n'a point d'autre origine ni d'autre fondement primitif qu'un fimple ufage, le même fans doute que celui qui etoit dans tout le royaume vers le temps du concile de Bafle.

Les expéditions par bulles ne font d'obligation dans la province de Bretagne, que dans les cas où la France y eft affujettie. La difpofition de

la déclaration du roi Henri II du 24 juin 1549
n'eft plus en ufage.

Le grand confeil jugeoit autrefois que les brevets de ferment de fidélité n'avoient pas lieu en
Bretagne dans les mois du pape. La queftion
s'étant préfentée pour la première fois en 1623,
le pourvu par le pape prit dès lettres-patentes
du roi en date du 23 juin 1623, par lefquelles
le roi déclaroit que fon intention n'étoit pas que
fon brevet de ferment de fidélité eût lieu dans
les mois affeétés au pape dans la province de
Bretagne. L'arrêt du 16 feptembre de la même
année jugea en conformité.

La même queftion fe préfenta une feconde
fois en 1668. Le roi expliqua une feconde fois
fa volonté par de nouvelles lettres, & déclara
qu'il n'entendoit pas que les chanoines des églifes cathédrales de Bretagne vacantes dans les
mois affeétés au pape, fuffent fujettes au droit du
brevet de ferment de fidélité. En conféquence de
ces lettres-patentes, le fieur Fariziani pourvu par
le pape d'un canonicat dans une de ces églifes,
fut maintenu en poffeffion de ce bénéfice préférablement au fieur Guittonneau brevetaire de
ferment de fidélité, par arrêt du 19 feptembre
1668. Ces deux arrêts femblent avoir été rendus
de concert entre les parties ; il y a compenfation
de dépens fans reftitution de fruits.

Depuis ce temps la même queftion a été jugée
différemment & dans des circonftances beaucoup
plus favorables. Gafton-Jean-Baptifte Maurice,
clerc tonfuré du diocèfe de Paris, porteur du
brevet de ferment de fidélité prêté au roi par
M. Jean-François Lefebvre de Caumartin, évêque de Vannes, requit un canonicat de cette

églife qui avoit vaqué au mois de janvier 1721,
& fur le refus du grand-vicaire de Vannes, en
obtint des provifions du chapitre de Tours, le
fiège archiépifcopal vacant, en vertu defquelles
il fe mit en poffeffion. D'un autre côté, Jofeph
Touzé du Quemie, prêtre du diocèfe de Vannes,
obtint des provifions du pape pour le même
canonicat, fur lefquelles il prit un *vifa* de M.
l'évêque de Vannes & fe mit auffi en poffeffion.
La complainte fut portée au grand confeil où
elle fut plaidée folemnellement. De la part du
pourvu en cour de Rome, on alléguoit deux
moyens contre le brèvetaire ; l'un, que la dette
du brevet de ferment de fidélité n'étoit due que
par les évêques, & non par le pape qui ne la
connoiffoit pas, & auquel le brevet n'avoit jamais
été fignifié ni n'avoit pu l'être ; l'autre, que ce
brevet ayant été accordé par le roi à caufe du
ferment de fidélité prêté à fa majefté par M. de
Caumartin pour l'évêché de Vannes, & ce prélat
ayant été transféré à Blois avant d'avoir rempli
& acquitté cette dette qui lui étoit perfonnelle,
on ne pouvoit en demander le payement ni en
charger M. Fagon fon fucceffeur, qui étoit lui-
même grevé d'un pareil brevet pour le ferment
de fidélité qu'il avoit prêté au roi. Nonobftant
ces raifons, par arrêt du 24 juillet 1721, le
brevetaire fut maintenu, & le pourvu par le
pape condamné à la reftitution des fruits & aux
dépens.

Ainfi l'on peut dire que la jurifprudence du
grand confeil eft que le brevet de ferment de
fidélité, auffi-bien que celui de joyeux avénement, doit être acquitté en Bretagne dans les
mois affectés au pape, & que cette dette n'eft

point tellement particulière à l'évêque fur qui
elle eſt impoſée , qu'elle ne puiſſe être payée
par ſon ſucceſſeur quand le brevet lui a été fi-
ſignifié , & qu'elle n'a point été acquittée par
celui qui la devoit. Cette dernière partie de
l'arrêt ne fait pas une maxime ; & nonobſtant
cette déciſion , il y a bien des canoniſtes très-
inſtruits de nos uſages qui ont une opinion contraire.

A l'égard des brevets de nomination du roi
pour ſon joyeux avénement à la couronne , ils
ont lieu en Bretagne comme dans tout le reſte
du royaume, parce que c'eſt un droit eſſentielle-
ment attaché à la couronne , même dans les mois
affectés au pape. Cela a été ainſi jugé par deux
arrêts , l'un du mois de ſeptembre 1602 , rapporte par Chopin , & l'autre du 31 mai 1728.
*Voyez l'hiſtoire de France de M. le préſident
Henault ; les queſtions féodales d'Hevin ; le traité
des droits du roi par Dupuy ; l'édit du mois d'août
1532 ; les arrêts du conſeil des 9 mai & 5 ſeptembre 1716 , 7 mars 1719 , & 9 février 1759 ;
les lettres-patentes du mois de mars 1759 ; le dictionnaire raiſonné des domaines ; l'arrêt du conſeil
du 9 juin 1771 ; les lettres-patentes de Henri II
du 26 août 1552 ; l'arrêt du conſeil du 14 février
1747 ; celui du 13 janvier 1667 ; les déclarations
du roi des 29 mars 1707 , & 8 mars 1708 ; les
arrêts du conſeil des 28 octobre 1710 , & premier
avril 1713 ; l'ordonnance des gabelles du mois de
mai 1680 ; la déclaration du mois de décembre de
la même année ; les mémoires ſur les droits du roi ;
les obſervations ſur le tarif de 1664 ; l'arrêt du
conſeil du 25 juin 1715 ; les lettres-patentes du
mois d'avril 1717 ; l'arrêt du conſeil du 21 dé-*

cembre 1728 ; *les mémoires du clergé ; les preuves*
des libertés de l'églife gallicane ; les plaidoyers de
Patru ; Hevin fur Frain ; le traité des réferves de
de M. Piales, la bibliothéque canonique de Bou-
chel ; le traité de la pratique de la cour de Rome
& les notes de M. Noyer ; le dictionnaire de droit
canonique ; les lois eccléfiaftiques de France ; les
arrêts de Brillon ; le recueil de jurifprudence ca-
nonique, &c. Voyez auffi les articles FOUAGE,
BILLOTS, DEVOIRS, DOMAINE, MARCHAN-
DISE, GABELLE, ALTERNATIVE, CONCORDAT,
GRADUÉ, CONCOURS, BREVET, RÉGALE, &c.

BREVET. Ce terme a plufieurs fignifications
felon les phrafes dans lefquelles on l'emploie.

On appelle *acte en Brevet,* celui qu'un notaire
remet fur papier timbré aux parties fans en garder minute.

Suivant la déclaration du 7 décembre 1723,
les actes que les Notaires peuvent délivrer en
Brevet fans en garder minute, font les procurations, les avis de parens, les atteftations ou
certificats, l'autorifation donnée par un mari à
fa femme, les actes de défaveu, de répondant
de domeftique, de défiftement, de confentement, de main-levée, de décharge de papiers
& meubles, de cautionnement, & en général
tous les actes fimples qui n'ont rapport à aucun
titre, & ne contiennent aucune obligation ref-
pective.

Il faut même obferver à ce fujet que lorfque
les parties le requièrent, on eft dans l'ufage à
Paris de leur délivrer en Brevet beaucoup d'actes fynallagmatiques & qui contiennent des
obligations refpectives ; mais en ce cas, on re-

mer un double de l'acte à chacun de ceux qui y, ont intérêt.

La déclaration citée met auffi au nombre des actes qui peuvent être délivrés en Brevet, les obligations d'apprentis & d'alloués ; les quittances de gages de domeftiques, arrérages de penfions ou rentes ; quittances d'ouvriers, artifans, journaliers, manouvriers, & autres perfonnes du commun pour chofes concernant leur état & métier ; les quittances de loyers & fermages ; les cautionnemens des employés des fermes ; les conventions, marchés, obligations qui n'excédent point trois cens livres ; les commiffions d'archidiacre pour deffervir une cure ; les actes de vêture, noviciat ou profeffion dans les monaftères ; les nominations des gradués, procurations pour compromettre, requérir, réfigner, céder ou rétrocéder un bénéfice ; celles pour notifier les noms, titres & qualités des gradués ou pour confentir création ou extinction de penfion ; révocations de ces procurations, rétractations, fignifications des mêmes actes & des brefs, bulles, fignatures, refcrits apoftoliques, des concordats & atteftations de temps d'étude, notification de dégrés & autres ; repréfentations, requifitions de *vifa*, de fulminations de bulles, admiffion à prendre l'habit, à faire noviciat & profeffion ; celles pour fatisfaire au décret d'une provifion de bénéfice régulier, & celles faites aux curés pour publier aux prônes les prifes de poffeffion ; les publications à l'iffue des meffes des prifes de poffeffion en cas de refus d'ouvrir les portes pour prendre poffeffion ou autrement ; oppofition à prife de poffeffion; lettres d'intronifation & les répudiations des provifions.

Nous avons expliqué à l'article ACTE page 273, ce qui doit être fait lorfqu'on veut faire mettre en forme exécutoire un acte délivré en Brevet.

On appelle *Brevet d'apprentiffage*, l'acte par lequel un particulier, pour apprendre un métier, art ou négoce, s'oblige à demeurer chez un maître pendant quelque tems, aux conditions convenues entr'eux.

Le droit de contrôle du Brevet d'aprentiffage eft fixé, par l'article 23 du tarif du 29 feptembre 1722 à vingt fous pour les villes où il y a cour fupérieure, & à dix fous pour les autres villes & lieux.

Par une décifion du confeil du 3 août 1715, il fut jugé que lorfque le Brevet contiendroit obligation de payer une fomme, le droit de contrôle feroit perçu fur le pied de l'obligation s'il étoit plus fort que celui dû pour le Brevet.

Et par une autre décifion du 3 mars 1716, rendue fur le mémoire des notaires de Rouen, il a été jugé que lorfque le Brevet eft pour le le tems feulement porté par les ftatuts fans claufe étrangère, le droit de contrôle n'eft dû que comme Brevet quelque fomme qui foit ftipulée ; mais que s'il excéde le tems fixé par les ftatuts & qu'il fe trouve contenir d'autres difpofitions, le droit doit être perçu fur la plus forte difpofition.

Le confeil a jugé le 15 mars 1723, qu'il étoit dû deux droits de contrôle pour un Brevet d'aprentiffage, par lequel la communauté du métier avoit donné quittance de fes droits.

Par une autre décifion du 3 mai 1723, rendue fur un mémoire du fieur Dupuys notaire à Paris, il a été jugé qu'indépendamment du droit de contrôle fixé par l'article 23 du tarif pour le Brevet d'aprentiffage, il étoit dû un fecond droit lorfque les jurés du métier recevoient une fomme dont ils donnoient quittance par le même acte.

On appelle *Brevet d'apprentiffage judiciaire*, une reception d'apprenti qui fe fait devant le juge de police.

On appelle *Brevets de contrôle*, certains actes que délivrent en papier timbré les commis des fermes, pour attefter que le payement de certains droits a été fait par les conducteurs de certaines marchandifes ou qu'ils ont vifité ces marchandifes.

Suivant l'article 17 du titre 2 de l'ordonnance de 1687 les voituriers font tenus fous peine de cent livres d'amende & de confifcation de leurs marchandifes, de repréfenter à tous les bureaux de leur route leurs acquits pour y faire mettre le vu, & de les laiffer aux commis du dernier bureau : enfuite ceux-ci après avoir vifité les marchandifes, doivent délivrer gratis aux voituriers un Brevet de contrôle.

Ces précautions ont pour objet d'empêcher la fraude, & l'acquit fe retient afin que les fermiers puiffent vérifier s'il contient les mêmes fommes que celles dont les regiftres des receveurs font chargés : il eft par conféquent jufte de délivrer fans frais le Brevet de contrôle.

Suivant l'article 18 du même titre, les voituriers font pareillement tenus de repréfenter fur leur route leurs acquits à la première réquifition des commis ou gardes qui peuvent les retenir & délivrer à la place un Brevet de contrôle auffi fans frais : mais l'ouverture des ballots & la vifite des marchandifes ne peuvent être faites ailleurs que dans les bureaux.

BREVET, fe dit d'une forte d'acte non fcellé qu'expédie un fecrétaire d'état, & par lequel le roi accorde à quelqu'un un don, une penfion, un titre de dignité ou quelqu'autre grace. C'eft dans ce fens qu'on dit que le roi a accordé à quelqu'un *un Brevet de lieutenant-colonel ; un Brevet de maréchal de camp ; un Brevet de penfion fur l'ordre de faint Louis*, &c.

On appelle *ducs à Brevet*, ceux qui n'ont que des Brevets de la dignité de duc.

On appelle *Brevet de retenue* ou *d'affurance*, une certaine fomme que le roi affure à la perfonne nommée par le Brevet, laquelle doit être payée par celui qui poffédera une telle charge ou un tel gouvernement après la mort ou la démiffion du titulaire actuel.

Le roi Louis XIV ayant accordé au marquis du Tilladet capitaine des cent fuiffes de la garde un Brevet de cent mille livres d'affurance fur fa charge, les créanciers de cet officier fe pourvurent après fa mort pour obtenir cette fomme comme un effet de fa fucceffion, & prétendirent qu'elle devoit leur être payée par le marquis de Courtenvaux pourvu alors de la charge, & de laquelle il avoit obtenu la furvivance tandis que le marquis de Tilladet vivoit encore. Le marquis de Courtenvaux répondit que le Brevet de retenue portoit que les cent mille livres feroient payées aux fieurs Villeromard, le Clerc & la

Jonchere qui avoient avancé une pareille fomme au Marquis de Tilladet pour être employée
à l'acquifition de fa charge : que celui-ci s'étant
dans la fuite libéré envers ces trois créanciers,
il lui avoit été libre d'anéantir le Brevet de retenue, ce qu'il avoit fait : que d'ailleurs il avoit
toujours été établi pour maxime fur le fait des
charges de la maifon du roi, qu'une furvivance
éteignoit un Brevet d'affurance, &c.

Sur cette conteftation, il fut rendu le 17 novembre 1692 un arrêt de règlement dont voici
le difpofitif :

« Le roi étant en fon confeil en conféquence
» du payement fait par ledit fieur de Tilladet de
» la fomme de cent mille livres aux fieurs de
» Villeromard, le Clerc & la Jonchere, dé-
» nommés audit Brevet du 23 janvier 1679, a
» déclaré & déclare que ledit Brevet eft de-
» meuré nul & caduc à l'égard des héritiers,
» créanciers & ayans caufe dudit fieur Tilladet ;
» au moyen de la démiffion par lui faite ès mains
» de Sa Majefté de fa charge de capitaine des
» cent-fuiffes, à condition de furvivance ac-
» cordée par Sa Majefté audit fieur de Cour-
» tenvaux ; ce faifant, a débouté les créanciers
» dudit fieur de Tilladet des fins & conclufions
» de leurs requêtes, leur faifant défenfes de fai-
» re pour raifon de ce aucunes demandes ni
» pourfuites contre ledit fieur de Courtenvaux.
» Et voulant à cette occafion Sa Majefté décla-
» rer plus particulièrement quelle eft fa volonté
» fur les Brevets d'affurance des fommes qu'il
» lui plaît accorder fur les charges de fa maifon
» & autres charges ou gouvernemens, Sa Ma-
» jefté a déclaré & déclare, que tous Brevets

» d'affurance qui ont été ou pourront être ci-
» après accordés fur le prix defdites charges ou
» gouvernemens, feront & demeureront nuls
» au moyen des furvivances qui en ont été, ou
» feront expédiées fur la démiffion des titulai-
» res, fans que leurs enfans, hériters ou ayans
» caufe y puiffent rien prétendre, ni que ceux
» qui auront obtenu les furvivances, puiffent
» être troublés ni inquiétés pour raifon de ce
» par les cohéritiers & créanciers, lefquels fe
» trouveroient compris & dénommés èfdits Bre-
» vets pour les fommes qu'ils auront prêtées
» pour l'acquifition defdites charges ou gouver-
» nemens : lefquelles fommes leur feront payées
» fi elles fe trouvent dues lors de la démiffion
» des titulaires, à condition de furvivance ou
» lors de leur décès, fans que les furvivanciers
» puiffent fous prétexte de la furvivance à eux
» accordée, prétendre fe difpenfer de payer lef-
» dites fommes. Fait au confeil d'état du roi, Sa
» Majefté y étant, tenu à Verfailles le dix-fep-
» tième jour de novembre 1692. *Signé* Phely-
» peaux.

L'exécution de ce règlement fut ordonnée
par un autre arrêt du confeil dont nous allons
pareillement rapporter les difpofitions comme
formant le dernier état de la jurifprudence fur
cette matière :

» Le roi ayant par arrêt de fon confeil du 17
» novembre 1692, en forme de règlement fur
» les Brevets d'affurances des fommes que Sa
» Majefté accorde fur les charges de fa maifon
» & autres charges de pareille nature ou gou-
» vernemens, ordonné que tous Brevets d'affu-
» rance qui ont été ou pourroient être ci-après

» accordés fur le prix defdites charges où gou-
» vernemens, feront & demeureront nuls aux
» moyens des furvivances qui en ont été ou fe-
» ront expédiées fur la démiffion des titulaires,
» fans que leurs enfans, héritiers ou ayans caufe
» y puiffent rien prétendre, ni que ceux qui au-
» ront obtenu les furvivances puiffent être trou-
» blés ni inquiétés pour raifon de ce, par les co-
» héritiers, créanciers ou autres, à l'exception
» néanmoins des créanciers, lefquels fe trouve-
\» roient compris & dénommés efdits Brevets,
» pour les fommes qu'ils auront prêtées pour
» l'acquifition defdites charges ou gouverne-
» mens ; lefquelles fommes leur feront payées,
» fi elles fe trouvent dues lors de la démiffion des
» titulaires ou lors de leur décès, fans que les
» furvivanciers puiffent fous prétexte de la fur-
» vivance à eux accordée, prétendre fe dif-
» penfer de payer lefdites fommes. Et Sa Ma-
» jefté étant informée que nonobftant qu'elle ait
» fuffifamment expliqué fes intentions en faveur
» des créanciers nommés dans lefdits Brevets,
» on pourroit néanmoins en y donnant plufieurs
» interprétations douter que Sa Majefté ait en-
» tendu conferver auxdits créanciers leur droit
» pour les fommes portées par lefdits Brevets,
» nonobftant que les titulaires & les furvivan-
» ciers vinffent à décéder ou à fe démettre fans
» les avoir acquittées ; Sa Majefté a réfolu pour
» affurer davantage lefdits créanciers, d'inter-
» prêter en tant que de befoin ledit arrêt. A
» quoi voulant pourvoir : Sa Majefté étant en
» fon confeil, a ordonné & ordonne que l'arrêt
» du 17 novembre 1692 fera exécuté felon fa
» forme & teneur & conformément à içelui, &

» en l'interprêtant en tant que de befoin, a dé-
» claré & déclare, veut & entend que tous
» Brevets d'affurance de fommes qui ont été &
» feront ci-après expédiés, fur le prix des char-
» ges de fa maifon & autres charges de pareille
» nature ou gouvernemens, foient & demeu-
» rent nuls & caducs, au moyen des provifions
» ou Brevets qui ont été ou feront,expédiés à
» condition de furvivance fur la démiffion des
» titulaires, fans que leurs enfans, héritiers ou
» ayans caufe y puiffent rien prétendre ni que
» ceux qui auront obtenu la furvivance puiffent
» être troublés ni inquiétés pour raifon de ce
» par les cohéritiers, créanciers ou autres, à
» l'exception toutefois des créanciers compris
» & dénommés efdits Brevets pour lés fommes
» qu'ils auront prêtées pour l'acquifition defdi-
» tes charges ou gouvernemens, lefquelles fi el-
» les fe trouvent dûes lors de la démiffion des
» titulaires ou lors de leur décès, feront payées
» auxdits créanciers ou à ceux qui auront leurs
» droits, fans que les pourvûs en furvivance
» puiffent fous prétexte de la furvivance à eux
» accordée prétendre fe difpenfer de payer lefdi-
» tes fommes : ordonne en outre Sa Majefté,
» veut & entend que fi lefdites dettes ainfi éta-
» blies par fes Brevets, fe trouvent encore exif-
» tantes & non acquittées lors de la démiffion ou
» lors du décès des poffeffeurs defdites charges
» ou gouvernemens, tant titulaires que furvi-
» vanciers, aucun ne puiffe en être pourvu de
» nouveau qu'après le payement actuel aux
» créanciers dénommés efdits Brevets ou à ceux
» qui auront leurs droits des fommes pour lef-
» quelles ils y auront été compris, & qui pour-

» ront alors leur être dues, voulant qu'il ne
» foit expédié aucunes provifions ou Brevets
» defdites charges ou gouvernemens, qu'après
» qu'il fera apparu de la quittance defdites fom-
» mes. Fait au confeil d'état du roi, Sa Majefté
» y étant, tenu à Verfailles le vingt-cinquième
» jour de janvier 1694. *Signé* Phelypeaux.

Les deniers provenant d'un Brevet de retenue doivent fe partager dans la fucceffion du brevetaire comme le refte de fon mobilier, & ils
font foumis aux mêmes régles.

Le fieur Langlois maitre d'hôtel du roi avoit
obtenu fur fa charge un Brevet de retenue de
cinquante mille livres qu'il devoit toucher lui-
même dans le cas où il fe feroit démis de fa
charge, & s'il en étoit encore revêtu lors de
fon décès, le Brevet portoit que cette fomme
appartiendroit à fa veuve & à fes héritiers. Ce
particulier fit un teftament par lequel il légua
les cinquante mille livres dont il s'agit. L'héritier du fang le réclama & foutint que le fieur
Langlois n'avoit pas pu en difpofer de manière
à rendre inutile la claufe inférée dans le Brevet:
mais le teftament & le legs de cinquante mille
livres furent confirmés par arrêt du parlement
du 30 janvier 1711.

En matière bénéficiale, on appelle *Brevet de
joyeux avénement* (*), une forte de mandat,

_____

(*) *Forme d'un Brevet de joyeux avenement.* Louis,
par la grace de dieu, roi de France & de Navarre: a notre
très-chei & bien-amé coufin, évêque duc de Langres, pair
de France, confeiller en nos confeils; ou fon grand vicaire; & à nos chers & bien amés les doyen, chanoines
& chapitre de la cathédrale de Langres, tant conjointe-
réferve

réferve & grâce expectative dont le roi nouvellement venu à la couronne, a droit d'ufer fur
une prébende de chaque cathédrale, & fur les
dignités, & prébendes de certaines collégiales,
en préfentant un fujet aux prélats ou chapitres
pour être par eux pourvu du premier bénéfice vacant par mort après la fignification du
Brevet.

---

ment que féparement, falut : ayant égard aux témoignages
qui nous ont été rendus de bonnes vie, mœurs, piété,
fuffifance & capacité de M. Louis Fricheman de Rofamberg, clerc tonfuré du diocèfe de Langres ; Nous de l'a-
vis de notre très-cher & très-amé oncle, le duc d'Orléans,
régent de notre royaume, nous avons nommé & préfenté,
nommons & préfentons par ces préfentes fignées de notre
main, ledit Fricheman de Rofamberg, pour être par nous
pourvu de la première chanoinie & prébende qui viendra
ci-après à vaquer en votre églife à nous due & apparte-
nante à caufe de notre joyeux avenement à la couronne :
fi vous prions, & néanmoins mandons & ordonnons que
ladite chanoinie ou prébende qui viendra à vaquer en votre
églife vous ayez à conférer audit Fricheman de Rofamberg, & en icelle le recevoir, ou procureur pour lui, &
l'en faire jouir enfemble, des prérogatives, prééminences,
droits, fruits, profits, revenus & émolumens qui y appartiennent, pleinement & paifiblement, ceffant & faifant ceffer
tous troubles & empêchemens au contraire, lui donnant
à cette fin place au chœur de votre églife, & voix &
opinion délibérative en votre chapitre ; les folemnités
en tel cas requifes, gardées & obfervées, à peine de
nullité de tout ce qui feroit fait au préjudice des préfentes. Car tel eft notre plaifir. Donné à Paris, ce treizième jour de février mil fept cent feize, & de notre règne le premier. Signé, Louis. Par le roi, le duc d'Orléans,
préfent, régent. Et plus bas, Phelippeaux, fcellé du
grand fceau de cire jaune.

Ce Brevet eft fouvent accompagné de lettres-patentes.

Et l'on appelle *Brevet de serment de fidélité* (*) ;

---

telles que celles que l'on rapportera à la suite du Brevet de serment de fid. lité.

Lorsque le Brevet est pour une église collégiale on l'adresse au doyen ou autre chef & au chapitre tant conjointement que séparement.

(*) *Forme d'un Brevet de serment de fidélité.* Aujourd'hui septiéme du mois d'avril 1748, le roi étant à Versailles, voulant gratifier & traiter favorablement le sieur Marie-Louis-François de Manse, prêtre du diocèse de Paris, sur les témoignages qui lui ont été rendus de ses bonnes vie, mœurs, piété, suffisance & capacité ; sa majesté lui fait don de la première chanoinie & prébende qui viendra à vaquer & qui lui sera due dans l'église cathédrale de Montpellier, à cause du serment de fidélité qu'à prêté ou doit prêter celui qui a été nommé à l'évêché de Montpellier, m'ayant sa majesté commandé d'en expédier le présent Brevet qu'elle a pour assurance de sa volonté signé de sa main, & fait contresigner par moi conseiller secrétaire d'état, & de ses commandemens & finances. Signé Louis, & plus bas Phelippeaux.

Nous soussigné aumônier, conseiller du roi, certifions que monseigneur François Renault de Villeneuve, évêque de Montpellier, a prêté entre les mains de sa majesté le serment de fidélité usité. En foi de quoi nous avons signé les présentes, & y apposé le cachet de nos armes. Fait à Fontainebleau le 17 octobre 1748. Signé, l'abbé de Raigecourt aumonier du roi.

Lettres patentes sur Brevet de serment de fidélité de l'évêché de Montpellier.

Louis, &c. A notre amé & féal conseiller en nos conseils, le sieur évêque de Montpellier, & à nos chers & bien amés les doyen, chanoines & chapitre de l'église cathédrale dudit lieu, tant conjointement que séparement, Salut : étant bien informé des bonne vie & mœurs, piété, suffisance & capacité du sieur Marie-Louis-François de Manse, prêtre du diocèse de Paris, pour ces causes en confirmant le Brevet par nous accordé audit sieur de Manse le septième du mois

une autre forte de mandat par lequel le roi enjoint à l'évêque dont il a reçu le ferment de fidélité, de conférer la première prébende qui viendra à vaquer dans l'eglife cathédrale, à l'eccléfiaftique défigné par le Brevet.

Le Brevet de Joyeux avénement a affez de
rapport avec celui de premières prières que
l'empereur d'Allemagne adreffe à tous les collateurs de l'empire. Il y a néanmoins cette
différence entre les premières prieres & les
Brevets de joyeux avènement, que les premières prières contiennent un décret irritant
qui annulle les provifions accordées au préjudice du nommé, au lieu que les Brevets de
joyeux avenement ne contiennent point de décret irritant.

d'avril dernier, nous vous le nommons & préfentons par
ces préfentes fignées de notre main, pour etre par nous
pourvu de la première chanoinie & prébende qui viendra
à vaquer en votre églife, à nous due à caufe du ferment
de fidélité, que vous, dit fieur évêque, nous avez prêté
pour raifon de votre évêché, ainfi qu'il paroît par l'acte
ci avec ledit Brevet attaché fous le contrefcel de notre
chancellerie; voulant que ledit fieur de Manfe en jouiffe
aux honneurs, autorites, droits, fruits, profits, revenus
& émolumens y appartenans, tels & ainfi qu'en aura joui
ou dû jouir le dernier titulaire. Si vous prions & néanmoins
mandons & ordonnons de recevoir ledit fieur de Manfe,
ou procureur pour lui en ladite chanoinie & prébende &
l'en faire jouir & ufer pleinement & paifiblement, lui donnant place au chœur de votre églife, & voix délibérative
en votre chapitre, les folemnités en tel cas requifes, gardées & obfervées. Car tel eft notre plaifir. Donné à Fontainebleau le dix-huitième jour du mois d'octobre, l'an de
grâce mil fept cents quarante-huit & de notre règne le
trente-quatrième. Signé, Louis, & plus bas Phelippeaux.

Le droit dont ufe le roi en accordant des Brevets de joyeux avénement eft regardé comme attaché effentiellement à la couronne, & comme une fuite de la protection que le fouverain accorde aux églifes du royaume.

Les auteurs qui ont écrit fur cette matière ne font pas d'accord touchant l'origine de l'exercice du droit du roi. Suivant Dubois, Bouchel & plufieurs autres, l'expectative des brevetaires de joyeux avénement n'a été introduit qu'en 1577 : mais d'autres prétendent que Charles V étoit en poffeffion de ce droit & que Charles VIII en a ufé. On trouve auffi dans les preuves des libertés de l'églife gallicane, un arrêt du parlement de l'année 1494, lors duquel M. le premier préfident excita le cardinal archevêque de Lyon à maintenir auprès du faint fiege les droits du roi à cet égard. C'eft pourquoi ceux qui ont voulu fixer l'origine du droit de joyeux avénement aux lettres-patentes de Henri III du 9 mars 1577, n'ont pas fait attention que ces lettres n'introduifent point un droit nouveau, qu'elles ne font que confirmer celui qui étoit déjà établi, & auquel on vouloit donner atteinte.

Sous le règne de Henri IV, les chanoines & chapitres des églifes cathedrales & collégiales du royaume ayant fait difficulté de recevoir ceux que le roi avoit nommés aux prébendes en vertu du droit réfultant de fon avénement à la couronne, ce refus donna lieu à la déclaration du 8 feptembre 1608, enregiftrée au grand confeil le 30 mars 1609. Par cette loi il fut ordonné que tous ceux auxquels le roi auroit accordé des Brevets de prébende à caufe

de son avènement à la couronne, seroient pourvus des prébendes qui viendroient à vaquer
par mort lorsque les Brevets auroient été insinués & signifiés aux chapitres. Il étoit défendu
par la même déclaration de nommer après l'insinuation aucune personne à ces prébendes au
préjudice des brévetaires : mais cette clause irri-
tante n'est point observée au grand conseil où
l'on est dans l'usage de maintenir les résignatai-
res au préjudice des brévetaires de joyeux avènement, quoique l'insinuation & la signification
des Brevets soient antérieures aux résignations.

Par une déclaration du 15 mars 1646 le roi
déclara que son intention n'avoit point été d'é-
tendre les Brevets de joyeux avènement au-délà
de ce qui avoit été réglé par l'édit de 1629,
& en conséquence il annulla tous ceux qui auroient pu & pourroient être expédiés sur les
dignités des cathédrales : mais le grand conseil
par son arrêt d'enregistrement régla que les
Brevets dont il s'agit auroient lieu sur les collégiales où il y auroit à la collation de l'ordinaire
plus de dix prébendes outre les dignités.

Enfin la jurisprudence a été fixée sur ce point
par la déclaration du 28 février 1726, enregistrée au grand conseil le 18 mars suivant. Voici
les termes de cette loi :

» Voulons & nous plaît que notre droit de
» joyeux avènement ait lieu, tant sur les pré-
» bendes des églises cathédrales, que sur les
» dignités & prébendes des églises collégiales, où
» il y avoit ci-devant plus de dix prébendes, outre
» les dignités, sans que les réductions du nom-
» bre des prébendes desdites églises collégiales
» faites sans notre exprès consentement porté

» par nos lettres-patentes , puiſſent empêcher
» l'exercice dudit droit de joyeux avènement
» & l'exécution des Brevets qui ont été & feront
» par nous accordés : voulons que les porteurs
» deſdits Brevets ſoient par vous maintenus &
» gardés , nonobſtant leſdites réductions & au-
» tres choſes à ce contraires , auxquelles nous
» avons , en tant que beſoin eſt , ou ſeroit , dé-
» rogé & dérogeons par ces préſentes , & feront
» au ſurplus les déclarations ſur ce données , &
» votre arrêt d'enregiſtrement de la déclaration
» du 15 mars 1646 exécutés ſelon leur forme &
» teneur «.

Il faut obſerver que par cette déclaration du
15 mars 1646 , le roi veut que la clauſe irri-
tante appoſée aux Brevets & dont parle la déclaration du 8 ſeptembre 1608 demeure nulle ,
& qu'à l'avenir il n'en ſoit plus uſé en quelque
manière que ce ſoit.

Il réſulte de ces lois poſitives que le roi par
ſon avénement à la couronne a le droit de nommer dans chaque égliſe cathédrale à la première
prébende vacante ſoit que l'evêque ou le chapitre ſoit collateur ; & à la première dignité
ou prébende vacante dans chaque égliſe collégiale , pourvu qu'outre les dignités , cette égliſe
ſoit compoſée de plus de dix prébendes à la
collation de l'évêque.

Ainſi il faut conclure que quoiqu'une égliſe
collégiale ſoit compoſée de plus de dix prébendes outre les dignités , elle n'eſt point ſujette
au droit de joyeux avénement , ſi ces prébendes
& dignités ne ſont pas à la collation de l'ordinaire.

Si la réduction des prébendes d'une égliſe collégiale au nombre de dix, outre les dignités, a été faite depuis 1640, elle ne peut point préjudicier au droit de joyeux avénement, lequel doit avoir lieu quand même la réduction auroit été autorisée par lettres-patentes enregistrées au parlement de Paris. C'est ce que le grand conseil a jugé le 6 mars 1731 en faveur du sieur André Assolent, prêtre, brèvetaire de joyeux avénement sur le chapitre de l'église collégiale de saint Genès de Clermont, où il y avoit originairement & avant 1640 une dignité & quinze prébendes dont cinq avoient été supprimées en 1632 par lettres-patentes enregistrées au parlement de Paris. Cet arrêt a reçu le chapitre partie intervenante, & sans avoir égard à l'intervention, a maintenu & gardé le sieur Assolent, brèvetaire, dans la possession du bénéfice contentieux, avec restitution de fruits & dépens.

Les Brevets de joyeux avénement ont lieu sur les collégiales composées originairement de plus de dix prébendes outre les dignités, quoique la collation soit alternative entre l'évêque & le chapitre. C'est ce qu'à jugé le grand conseil par un arrêt du 6 décembre 1729, lequel a déclaré le chapitre de l'église collégiale de l'Isle Jourdain, diocèse de Toulouse, sujet au Brevet de joyeux avénement, & en conséquence a condamné ce chapitre à donner au sieur Ribault, brèvetaire de joyeux avénement, la première prébende qui viendroit à vaquer. Par la bulle de fondation, le chapitre dont il s'agit est composé de douze prébendes ou canonicats dont la collation est alternative entre l'archevêque de Toulouse & le chapitre.

Dans les chapitres des cathédrales où la collation des canonicats est alternative entre le roi &
le chapitre, le tour du chapitre est sujet au Brevet
de joyeux avénement. Le grand conseil l'a ainsi jugé par arrêt du 24 juillet 1720, rendu en faveur du
sieur Flechier, brèvetaire de joyeux avénement,
contre le sieur de saint-Martin pourvu par le
chapitre de l'église cathédrale de Nismes dans
son tour. Par la bulle de sécularisation de cette
église donnée par Paul III. En 1539, revêtue
de lettres-prtentes, & confirmée par différens
arrêts, le nombre des dignités est fixé à six, &
celui des canonicats ou prébendes à quatorze.
La première dignité qui est celle de prevôt est
à la collation du roi ; les deux autres immédia-
tes sont à la collation de l'évêque, & les trois
dernières sont conférées par les trois premiers
dignitaires assemblés ; & la collation des canonicats est alternative entre le roi & le chapitre.

On juge au grand conseil que les églises des
provinces unies ou réunies à la couronne, même depuis l'établissement des Brevets de joyeux
avénement, sont assujetties à cette expectative.
Dès qu'elles font partie du royaume, elles sont
soumises aux lois générales de l'état. Les clauses inférées dans la plupart des capitulations,
de conserver aux pays conquis leurs privilèges
& leurs usages, dérogent à cette règle pour les
privilèges positifs accordés ou autorisés par des
lettres-patentes de l'ancien souverain, & non
un simple usage de n'être point soumis à des lois générales du royaume de France, auxquelles ils n'é-
toient point assujettis sous une domination étrangère. Suivant ces principes, un brevetaire de
joyeux avénement fur l'église d'Arras, fut main-

tenu en possession de la prébende par un arrêt
du grand conseil rendu en 1648. Le chapitre
d'Arras se pourvut en cassation contre cet arrêt;
mais il fut débouté de sa demande par un arrêt
du conseil du 15 avril 1663. On a encore jugé
au grand conseil le 19 mai 1719 , que le roi
avoit droit de donner un Brevet de joyeux avénement sur l'église de Perpignan en Roussillon ;
& ce qu'il y a de plus singulier, c'est que le
sieur Xaupi brevetaire fut maintenu en possession d'un bénéfice qui avoit vaqué dans un mois
réservé au pape : L'auteur du traité des matières bénéficiales qui rapporte ces arrêts , dit que
le roi a donné des Brevets de joyeux avénement sur les églises de la Flandre réunie à la
couronne ; qu'une partie des églises d'Alsace
s'est soumise à ce droit & qu'il a lieu dans les
trois évêchés de Metz , Toul & Verdun. Dans
plusieurs de ces églises , le Brevet de joyeux
avénement tient la place du droit des premières
prières que les empereurs y exerçoient autrefois.

Quoique l'expectative des brèvetaires de serment de fidélité ait pour fondement le serment
de fidélité & l'hommage que tous les évêques
doivent au roi pour leur promotion à l'épiscopat , il n'a cependant été établi en France que
par des letttres-patentes du mois d'avril 1599
enregistrées au grand conseil.

Le droit de serment de fidélité étant person-
nel, n'est dû que par l'évêque , & il ne peut
s'en acquitter que sur les bénéfices dont il a la
collation ; à la différence du droit de joyeux
avénement qui est réel & s'acquitte par les chapitres.

Les chapitres qui font en poffeffion légitime & immémoriale de conférer fans le concours de l'évêque, les canonicats ou prébendes de leurs églifes, font exempts de l'expectative du Brevet de ferment de fidélité. C'eft ce que le grand confeil a jugé par arrêt du 17 feptembre 1675 rendu en faveur du chapitre de l'églife de Metz contre le fieur Claude Henault brevetaire de ferment de fidélité fur cette églife, à caufe de la tranflation de M. Georges d'Aubuffon de la Feui lade de l'archevêché d'Embrun à l'évêché de Metz.

Mais quand les prébendes font à la nomination de l'évêque & du chapitre conjointement, & que les lettres-patentes du roi accordées fur le Brevet font adreffées à l'évêque & au chapitre, alors comme l'évêque a plus de droit dans la collation que le chapitre qui fouvent dans ce cas n'eft regardé que comme patron, l'inftitution appartenant à l'évêque outre fon droit de co-patron, on juge que le chapitre peut être grévé du Brevet de ferment de fidélité. C'eft ce qui réfulte d'un arrêt du grand confeil du 13 mars 1686 rendu en faveur de Mathieu de Lefpés brevetaire du ferment de fidélité de M. de Prielle évêque de Bayonne. On trouve au journal du palais un arrêt femblable du 29 août 1670, par lequel Robert Landrieu fut maintenu dans la poffeffion d'une prébende de l'églife de faint-Flour comme brevetaire du ferment de fidélité de M. de la Motte Houdancourt.

Lorfque les évêques n'ont point dix canonicats à leur collation, ils ne font point obligés de conférer aux brévetaires du ferment de fidélité. On a ainfi préjugé la queftion au grand confeil par un arrêt du 11 septembre 1691, qui ordonne que M. l'évêque de Lescar en Béarn justifiera dans trois mois qu'il n'a point dix canonicats à sa nomination; & à faute de ce faire, le condamne de conférer la première prébende qui vaquera au brévetaire du serment de fidélité. Cet arrêt est rapporté dans les arrêts notables de M. Augeard.

L'évêque qui confère les prébendes d'un côté du chœur ou celles qui vaquent dans certains mois, doit acquitter le serment de fidélité sur la première prébende vacante dans sa partition.

Le brévetaire de joyeux avénement ou de serment de fidélité, doit faire signifier son Brevet par un notaire apostolique au collateur qui est chargé par le Brevet de lui conférer une prébende, & faire insinuer la signification au greffe des insinuations ecclésiastiques dans le mois de la date de la notification. C'est ce qui résulte de l'édit des insinuations ecclésiastiques du mois de décembre 1691.

Si la notification se faisoit par tout autre qu'un notaire apostolique elle seroit nulle. Cependant il faut observer que cette nullité ne peut valablement être opposée aux brévetaires que par les collateurs mêmes, ou par les notaires apostoliques, & non par un pourvu en cour de Rome, surtout lorsque le collateur au lieu de se plaindre, intervient en faveur du brévetaire. La raison en est que la formalité dont il s'agit n'a été établie qu'en faveur des collateurs & de leurs collataires, & non contre eux. Ainsi quand les collateurs veulent acquitter la dette dont ils sont grevés, personne ne peut les en empêcher ni exciper d'un droit établi en leur faveur. C'est ce que le grand conseil a jugé par arrêt du 31 mai 1728 , rendu pour un canonicat de Saint-Malo en faveur de Vital Porée , brévetaire de joyeux avénement , contre Thomas Boulain pourvu en cour de Rome dans un mois du pape.

Le Brevet de joyeux avénement doit être préféré à celui de ferment de fidélité , parce que les lettres-patentes pour l'établissement du premier ont été enregistrées plus de vingt ans avant celles du second , & parce que la marque de la joie publique pour l'avénement d'un prince à la couronne doit être préférée à la reconnoissance d'un particulier qui a prêté le ferment entre les mains du roi.

Les Brevets de joyeux avénement & de ferment de fidélité ne doivent point contenir de décret irritant : c'est pourquoi les provisions des prébendes données au préjudice de ces brévetaires , même après la signification du Brevet , mais avant la réquisition , ne rendent pas les provisions nulles. L'usage du grand conseil est , en cas de contravention au Brevet , de condamner le collateur à conférer au brévetaire la première prebende vacante par mort ; & en cas d'une seconde contravention , de le condamner à payer au brévetaire une pension égale au revenu de la prébende , jusqu'à ce qu'il ait satisfait à l'expectative , comme cela se pratiquoit pour les mandats quand il n'y avoit point de décret irritant.

Deux brévetaires , l'un du joyeux avénement, l'autre du ferment de fidélité , ayant requis la tréforerie de l'église cathédrale de Coutances , que l'évêque avoit conférée au nommé Blanchet avant la réquisition des brévetaires , ils demandèrent que l'évêque fût condamné à leur conférer la première prébende vacante , & cependant de leur faire une pension égale au revenu de la prébende. Par l'arrêt rendu au grand conseil le 5 juillet 1672 , Blanchet fut maintenu en possession de la tréforerie , & l'évêque de Coutances fut condamné à conférer au brévetaire du ferment de fidélité la première prébende. Ainsi on jugea , en refusant la pension à ce brévetaire, que les dignités des églises cathédrales ne font pas fujettes à l'expectative du ferment de fidélité. Le brévetaire de joyeux avénement qu'on auroit dû préférer fuivant la règle générale à celui du ferment de fidélité , ne fut débouté de fa requête que parce qu'on lui avoit objecté qu'il ne s'étoit point fait évincer contradictoirement d'une prébende qu'il avoit requife , & qu'il avoit paru renoncer à fon Brevet en s'engageant dans le traité des aides ; ce qui ne convient point à un eccléfiaftique. Cet arrêt eft dans le premier volume du journal du palais & dans le troifième volume du journal des audiences.

Dans le cas de concurrence entre un indultaire du parlement & un brévetaire de joyeux avénement ou de ferment de fidélité , l'indultaire du parlement eft préféré , parce qu'il y a un décret irritant des collations faites au préjudice des indultaires, qui ne fe trouve pas dans le Brevet de joyeux avénement ou de ferment de fidélité.

On l'a ainfi jugé au grand conseil le 4 mars 1717 au profit de M. Nouet , tenant l'indult de M. Nouet fon père, fecrétaire de la cour , contre le fieur Laurencin, brévetaire de joyeux avénement.

Il n'en eft pas de même des gradués , quoique

leur droit soit plus ancien que celui des brévetaires, & que les provisions données à leur
préjudice puissent être annullées.

Cet usage different du grand conseil pour la
préférence des indultaires sur les brévetaires &
sur les gradués, est apparemment fondé sur ce
qu'on a cru que les expectatives données par les
universités doivent céder à toutes celles que le
roi accorde ; & qu'entre les expectatives royales, celles où il y a un décret irritant doivent
l'emporter sur les autres.

Quoique la dette qui dérive du Brevet de
serment de fidélité soit personnelle à l'évêque,
cependant s'il ne l'acquitte point, elle doit être
acquittée par son successeur. C'est ce qui résulte
de la déclaration du 25 octobre 1752, dont voici
la disposition :

« L'archevêque ou évêque successeur, sera
» tenu d'acquitter la nomination faite pour raison
» du serment de fidélité de son prédécesseur,
» pourvu que ladite nomination ait été bien &
» dûment notifiée, avec les formalités à ce re-
» quises à sondit prédécesseur & non autrement.
» Voulons audit cas, que l'impétrant de ladite
» nomination ainsi notifiée ait la préférence avant
» celui qui sera nommé pour raison du serment
» de fidélité dudit successeur ».

Il faut que les brévetaires qui requièrent un
bénéfice aient les qualités requises pour le posséder.

Ceux qui sont pourvus de canonicats en vertu
de Brevets de joyeux avénement ou de serment
de fidélité, sont tenus de se conformer aux statuts & usages du chapitre, sans pouvoir prétendre
dre que l'autorité & la faveur de ces Brevets

les en dispensent. C'est ce que le grand conseil a jugé par arrêt du 18 juillet 1719 en faveur du chapitre de l'église de Saint-Bernard de Romans en Dauphiné, contre le sieur Louis Chanu brévetaire de joyeux avénement. La raison de cette décision est que le roi n'exerce & ne prétend exercer dans ces cas que le droit du collateur ordinaire.

Observez néanmoins que les statuts faits par les chapitres postérieurement à l'établissement du droit des brévetaires, ne peuvent point préjudicier à ceux-ci, à moins que ces statuts n'aient été autorisés par des lettres-patentes enregistrées au grand conseil.

Le parlement de Paris n'ayant point enregistré les lettres-patentes qui établissoient le droit des brévetaires de joyeux avénement & de serment de fidélité, la connoissance des contestations pour l'exécution de ces Brevets est restée au grand conseil.

Il y a plusieurs églises du royaume dont le roi est chanoine. Quand il y fait sa premiere entrée, on lui met une aumusse sur le bras, & l'ecclésiastique entre les mains duquel il remet cette aumusse a une expectative pour la première prébende vacante. Le parlement de Paris connoît de ces expectatives & les confirme, parce qu'elles sont fondées sur des traités particuliers ou sur des usages très-anciens.

Brodeau sur Louet rapporte l'exemple de plusieurs chapitres dans lesquels le roi de France exerce ce droit de première entrée, & les arrêts du parlement qui le confirment.

L'évêque de Poitiers à son entrée à l'épiscopat, peut nommer à quelques églises collégiales

de son diocèse, un ecclésiastique pour être pourvu de la première prébende qui vaquera par la
mort d'un chanoine. Le parlement qui a la connoissance des différends qui naissent sur cette
expectative, juge que les provisions données au
préjudice de l'expectant ne font pas nulles ; mais
il condamne les collateurs à donner au clerc
nommé par l'évêque une pension égale au revenu
de la prébende.

On appelle *Brevet dérogatoire*, un Brevet par
lequel le roi déroge à une loi en faveur de quelqu'un. Un curé, par exemple, qui n'a pas desservi
pendant quinze ans, ne peut, suivant l'édit de
1671, retenir une pension s'il vient à résigner
son bénéfice : mais le roi accorde quelquefois
par un Brevet dérogatoire à l'édit, la dispense
d'une partie de ce temps de quinze années.

*Voyez la déclaration du 7 décembre 1723 ; le
traité des connoissances nécessaires à un notaire ;
l'instruction sur les conventions ; le parfait notaire ; le tarif du 29 septembre 1722 ; le dictionnaire des domaines ; les arrêts du conseil des 17
novembre 1692, & 25 janvier 1694 ; Dubois,
maximes du droit canonique ; la bibliothèque canonique de Bouchel ; le Bret, traité de la souveraineté ; les lois ecclésiastiques de France ; Regnauld-
din, traité de l'indult ; Brodeau sur Louet ;
Drapier, des bénéfices ; les mémoires du clergé ; le
recueil de jurisprudence canonique ; la déclaration
du 8 septembre 1608 ; l'édit du mois de janvier
1629 ; les déclarations des 15 mars 1646, & 28
février 1726 ; Chopin, de sacra polit. le traité des
droits du roi sur les bénéfices ; les lettres-patentes
du mois d'avril 1599 ; le journal du palais ; les
arrêts d'Augeard ; l'édit du mois de décembre 1691 ;*

le

le journal des audiences ; le dictionnaire de droit canonique, &c. Voyez auffi les articles ACTE, APPRENTI, CONTRÔLE, RÉCEPTION, INDULT, INSINUATION, NOTAIRE APOSTOLIQUE, COLLATEUR, ÉVÊQUE, CHAPITRE, CONCOURS, RÉSIGNATION, PERMUTATION, GRADUÉ, DÉVOLUT, PROVISIONS, MANDAT, DIGNITÉ, PRÉVENTION.

BREVIAIRE. Livre d'églife qui contient pour chaque jour de la femaine & pour chaque fête l'office du jour & de la nuit.

Le Bréviaire eft compofé des prières qu'on récite dans l'églife à diverfes heures du jour : favoir, l'office de la nuit, que l'on appelle *matines*, que l'on récitoit autrefois la nuit ; ufage qui s'eft encore confervé dans quelques cathédrales & dans la plupart des ordres religieux : *laudes*, qu'on difoit au lever du foleil, *prime*, *tierce*, *fexte* & *none*, ainfi nommées des heures du jour où on les récitoit, fuivant l'ancienne manière de compter ces heures : *vêpres*, qui fe difoient après foleil couché. On a depuis ajouté *complies*, mais fans les féparer abfolument des vêpres, afin de rendre à Dieu un tribut de prières fept fois par jour, pour fe conformer à ce paffage du pfalmifte : *Septies in die laudem dixi tibi.* L'ufage de réciter des prières à ces diverfes heures de la nuit & du jour eft très-ancien dans l'églife : on les appeloit en occident *le cours;* on leur a donné depuis le nom de *Bréviaire*, foit que l'ancien office ait été abrégé, foit que ce recueil foit comme un abrégé de toutes les prières.

Le docteur Mege tire l'origine du nom de Bréviaire de la coutume qu'avoient les anciens

moines de porter dans leurs voyages de petits
livres qui contenoient les pfeaumes, les leçons
& ce qu'on lifoit en chaire : le tout extrait des
grands livres d'églife ; & le P. Mabillon affure
qu'il a vu dans les archives de Cîteaux deux
pareils livrets qui n'avoient pas plus de trois
doigts de large, écrits en très-petits caractères,
avec des abréviations, où très-peu de fyllabes
exprimoient une période entière.

Le Bréviaire eft compofé de pfeaumes, de
leçons tirées de l'écriture, ou des homélies des
pères, ou des hiftoires des faints ; d'hymnes,
d'antiennes, de répons, de verfets, d'oraifons
convenables au temps, aux fêtes & aux heures.
Les églifes ayant chacune rédigé les offices qui
étoient en ufage chez elles, il en eft réfulté de
la différence entre les Bréviaires ; il s'eft même
gliffé dans plufieurs, quantité de fauffes légendes
des faints : mais la critique qui s'eft fi fort per-
fectionnée depuis un fiècle, en a purgé la plupart. Les conciles de Trente, de Cologne ; les
papes Pie V, Clément VIII & Urbain VIII ont
travaillé à cette réforme ; & aujourd'hui les
églifes de France en particulier, ont des Bréviaires compofés avec beaucoup de foin &
d'exactitude. Celui qu'on appelle *Bréviaire Ro-*
main n'eft point l'ancien Bréviaire de l'églife de
Rome, mais un Bréviaire que les cordeliers
récitoient dans la chapelle du pape & que Sixte
IV adopta. Plufieurs de fes fucceffeurs ont voulu
en faire un Bréviaire univerfel pour toute l'églife ;
mais ce projet eft demeuré fans exécution. Le
cardinal Quignonez s'étoit auffi propofé de le
fimplifier en fupprimant le petit office de la
vierge, les verfets, les répons & une grande

partie de la vie des faints. Son projet n'a pas non plus eu lieu.

Les principaux Bréviaires après celui de Rome & ceux des églifes particulières, font ceux des bénédictins, des bernardins, des chartreux, des prémontrés, des dominicains, des carmes, de Cluni & le Bréviaire mozarabique dont on fe fert en Efpagne. Celui des francifcains eft le même que le romain, à l'exception de quelques fêtes propres & particulières à cet ordre.

Le Bréviaire des Grecs, qu'ils appellent *horologium*, eft à-peu-près le même dans toutes leurs églifes & monaftères. Ils divifent le pfeautier en vingt parties, qu'ils nomment paufes ou repos, & chaque paufe eft fubdivifée en trois parties; en général, le Bréviaire grec confifte en deux parties, dont l'une contient l'office du foir, & l'autre celui du matin.

L'ufage de réciter le Bréviaire en particulier étoit originairement de pure dévotion : non-feulement des eccléfiaftiques, mais même des laïques l'ont pratiqué quand ils ne pouvoient pas affifter à l'office dans l'églife : mais on ne trouve pas de loi ancienne qui y oblige les eccléfiaftiques. La première eft le décret du concile de Bâle, fuivi de celui de Latran fous Jules II & Léon X; encore ne regardent-ils expreffément que les bénéficiers : mais les cafuiftes penfent en général, que tous les eccléfiaftiques promus aux ordres facrés ou poffédant des bénéfices, font tenus de réciter le Bréviaire fous peine de péché mortel ; & quant à ces derniers, qu'ils font obligés à la reftitution des fruits de leur bénéfice proportionnément au nombre de fois qu'ils ont manqué à réciter leur Bréviaire.

Quoiqu'en général les évêques aient droit de réformer les Bréviaires de leurs diocèses, ils ne le peuvent cependant pas en France sans le consentement de leurs chapitres & sans lettres-patentes du roi dûment enregistrées. Le parlement rendit un arrêt en 1602 contre l'évêque d'Angers qui avoit voulu introduire un nouveau Bréviaire dans son diocèse sans en avoir obtenu la permission du roi & sans avoir consulté son métropolitain.

Il y a un autre arrêt du 27 février 1603, qui juge qu'un évêque ne peut rien innover de sa seule autorité, relativement aux Bréviaires & autres livres d'usage de son diocèse.

BRIGADIER. C'est le titre que porte dans les régimens de cavalerie, de dragons & de hussards, un bas officier qui suit immédiatement les maréchaux-des-logis d'une compagnie.

Suivant les trois ordonnances du roi du 25 mars 1776, concernant la cavalerie, les dragons & les hussards, il doit y avoir dans chaque compagnie des régimens de ces trois sortes de troupes, huit Brigadiers.

La paye de chaque Brigadier de cavalerie & de dragons est fixée à dix sous quatre deniers par jour, & celle de Brigadier de hussards à dix sous.

Tout Brigadier de cavalerie, de dragons ou de hussards que son âge, ses infirmités ou ses blessures ont mis hors d'état de continuer ses services, a le droit de choisir un asyle à l'hôtel royal des invalides, ou de se retirer en tel lieu du royaume que bon lui semble pour y jouir d'une pension annuelle de cent vingt-six livres pour récompense militaire.

Obfervez toutefois que s'il n'avoit pas fervi pendant huit ans en qualité de Brigadier, fa penfion ne feroit que de quatre-vingt-dix livres comme celle des cavaliers, dragons ou huffards qui ont obtenu la récompenfe militaire. Au furplus le roi s'eft réfervé de difpenfer de l'obligation de huit années de fervice les fujets qui auront reçu des bleffures confidérables à la guerre.

Tout Brigadier qui obtient la penfion de récompenfe militaire, doit être habillé d'un uniforme neuf en quittant fon régiment, & il doit lui être payé trentre-fix livres tous les huit ans pour le renouveler.

Lorfqu'un Brigadier ayant trente ans de fervice, fe retire avec la penfion de récompenfe militaire dans une province où la taille réelle a lieu, il doit jouir de l'exemption de la taille induftrielle & de toute autre impofition perfonnelle pour raifon du trafic, induftrie & exploitation auxquels il juge à propos de fe livrer. Si la taille n'eft pas réelle dans la province où le Brigadier vétéran fe fera retiré, il doit être exempt de la taille ou fubvention perfonnelle & induftrielle, ainfi que de toute autre impofition perfonnelle, quand même il feroit commerce. Au furplus, le Brigadier vétéran qui exploite fes héritages ou qui prend des biens d'autrui à ferme, eft tenu de payer la taille d'exploitation & les autres impofitions acceffoires de cette taille ; enfin, il n'eft difpenfé ni du vingtième ni des autres charges réelles que fupportent les propriétaires des fonds & droits réels. Telles font les difpofitions des articles 8, 9, 10, 11, 12 & 13 du titre 8 de l'ordon-

nance du roi, portant règlement fur l'adminiftration de tous les corps, tant d'infanterie que
de cavalerie, dragons & huffards. Cette ordonnance qui eft auffi du 25 mars 1776, comme les
trois premières dont nous avons parlé, eft une
des belles lois qui aient été promulguées fur la
partie militaire.

BRIGADIERS DES COMPAGNIES D'ORDON-
NANCE DE LA GENDARMERIE. Suivant les or-
nances des 5 juin 1763 & 17 avril 1772, il
devoit y avoir dans chaque compagnie trois
Brigadiers & trois fous-Brigadiers ; mais par une
autre ordonnance du 24 février 1776, l'office
de fous-Brigadier fe trouve fupprimé, & le roi
a établi dans chaque compagnie huit Brigadiers
dont les appointemens font réglés ; favoir, ceux
des deux plus anciens de ces Brigadiers, à huit
cens cinquante livres par an, & ceux des autres
à fept cens cinquante livres.

. Les deux plus anciens Brigadiers de chaque
compagnie ont le grade de capitaine, & doivent
jouir de tous les avantages qui font attachés à
ce grade : les autres Brigadiers ont rang de lieutenans de cavalerie.

BRIGADIERS DES DEUX COMPAGNIES DES
GENS D'ARMES ET CHEVAUX-LÉGERS DE LA
GARDE. Une ordonnance du roi du 15 décembre
1775 concernant ces compagnies, a réglé qu'il
y auroit à l'avenir dans chacune quatre Brigadiers. Il fervent par femeftre, & ils ont rang de
lieutenans de cavalerie.

BRIGADIERS DES GARDES DU CORPS DU
ROI, DES GARDES DU CORPS DE MONSIEUR,
ET DES GARDES DU CORPS DE MONSEIGNEUR
LE COMTE D'ARTOIS. Suivant l'ordonnance du

15 décembre 1775, il doit y avoir vingt Brigadiers dans chaque compagnie des gardes du corps de sa majesté. Cette ordonnance a supprimé les sous-brigadiers & le service qu'ils faisoient doit être fait actuellement par les Brigadiers.

La commission de capitaine de cavalerie est attribuée au grade de Brigadier des gardes du corps du roi, & les appointemens de chacun de ces officiers sont fixés à seize cens livres par an.

Suivant les ordonnances des 13 juillet 1771 & 10 mars 1774, les Brigadiers & sous-Brigadiers des gardes du corps de MONSIEUR, & de *monseigneur* le comte d'Artois ont le rang de lieutenant de cavalerie, & après quinze années de service il doit leur être expédié des commissions de capitaine.

BRIGADIER DES ARMÉES DU ROI. C'est le titre d'un officier créé sous le règne de Louis XIV & dont les fonctions sont subordonnées au maréchal de camp.

Le titre de Brigadier n'étoit d'abord qu'une commission & non une charge ni proprement un grade dans l'armée : mais en 1667, quand la guerre commença, le roi fit expédier divers brevets de Brigadiers de cavalerie, dont il honora plusieurs officiers ; & c'est alors que furent institués les Brigadiers par brevet. Le roi ayant été fort satisfait de ces Brigadiers de cavalerie, en mit aussi dans l'infanterie l'année suivante, c'est-à-dire en 1668.

Le Brigadier d'infanterie dans une bataille est à cheval pour pouvoir se porter plus vîte aux divers bataillons de sa brigade dont il doit or-

donner tous les mouvemens. Il y a des Brigadiers non-feulement dans la cavalerie légère &
dans l'infanterie, mais encore dans les dragons
& dans la gendarmerie : ceux de la gendarmerie,
au moins ceux qui étoient capitaines-lieute-
nants des quatre premières compagnies précé-
doient dans les promotions ceux de la cavalerie
légère : mais cet ufage n'eft plus. Il n'eft pas néceffaire d'avoir paffé par la charge de colonel
ou de meftre-de-camp pour parvenir au titre
de Brigadier ; le roi a fouvent promu à ce grade
des capitaines aux gardes, des officiers de gendarmerie, des officiers des gardes du corps, des
officiers des gendarmes de la garde, des officiers des chevaux-légers & des moufquetaires,
des officiers d'artillerie, des ingénieurs & des
lieutenans-colonels. Ces officiers font leur chemin comme les autres, c'eft-à-dire que de Brigadiers ils deviennent maréchaux de camp &
lieutenans-généraux par leurs fervices.

Louis XIV attacha auffi à la qualité de Brigadier des honneurs militaires.

Le Brigadier qui eft logé dans le camp & y a
fa brigade, doit avoir une garde compofée d'un
caporal & de dix hommes de fa brigade : mais
comme cette garde n'eft que pour fes équipages,
elle ne prend les armes pour qui que ce foit, &
elle fe met feulement en haie, fans armes, lorfque le Brigadier entre ou fort. S'il eft dans une
place fous un autre commandant, il n'a pas
même de fentinelle.

Lorfqu'un Brigadier d'infanterie a un ordre
pour commander en chef un corps, il doit avoir
la même garde qu'un maréchal de camp employé, c'eft-à-dire quinze hommes & un fer-

gent. C'eft ce que portent les articles 573 &
574 de l'ordonnance du 17 février 1753.

Quand le Brigadier vifite un pofte, l'officier
tient fa garde en haie, fe repofant fur les armes
l'officier à la tête, fon efponton près de lui, c'eft
ce que porte l'article 432 de l'ordonnance citée.

Un officier tandis qu'il n'eft que Brigadier eft
pour l'ordinaire obligé de garder fon régiment,
s'il en avoit un avant d'être parvenu à ce
grade.

Par ordonnance du 30 mars 1668, le roi
donna aux Brigadiers d'infanterie la même autorité fur les troupes d'infanterie que ceux de
cavalerie ont fur celles de cavalerie.

Par celle du 10 mars 1673 il a été réglé que
tout Brigadier qui aura lettres de fervice, commandera à tous colonels ou meftres de camp
tant d'infanterie que de cavalerie ; que dans une
place fermée celui d'infanterie commandera à
celui de cavalerie ; mais que dans un lieu ouvert & à la campagne, celui de cavalerie commandera à celui d'infanterie.

L'ordonnance du 30 juillet 1695 y ajoute le
brigadier des dragons auquel elle donne le même
rang qu'à celui de cavalerie & ordonne qu'ils
rouleront enfemble fuivant leur ancienneté.

Par ordonnance du premier avril 1696, il a
été réglé que les Brigadiers qui auront leur
commiffion du même jour, garderont toujours,
comme colonels, le rang que le régiment leur
donne & marcheront comme Brigadiers fuivant
l'ancienneté de leur commiffion de colonels ; &
par celle du 20 mars 1704, fa majefté expliquant mieux fon intention à l'égard des colonels
d'infanterie qui ont paffé foit dans la gendarme-

rie, foit dans des régimens de cavalerie ou dragons, elle a ordonné que les Brigadiers d'infanterie, de cavalerie ou de dragons marcheront entr'eux du jour de leur commiſſion de colonels ou de meſtres de camp d'infanterie, de cavalerie ou de dragons ſans avoir égard au changemens des corps, ni au tems où ils feront entrés dans celui où ils ſe trouveront.

Suivant l'ordonnance du premier mars 1768, s'il ſe trouve dans le même diſtrict ou dans la même place pluſieurs officiers généraux ou Brigadiers employés, le commandement appartient à l'officier général ſupérieur ou plus ancien en grade, en forte néanmoins que ſi un Brigadier doit avoir le commandement, celui d'infanterie ait la préférence ſur celui de cavalerie ou de dragons.

Les Brigadiers employés dans les provinces par lettres de ſervice ont la même autorité dans les places du diſtrict de leur commandement que les gouverneurs ou lieutenans de roi de ces places, & ceux-ci ſont tenus ſous peine de déſobéiſſance, de ſe conformer à ce que ceux-là leur peſcrivent concernant le ſervice des troupes.

Les Brigadiers n'ont aucun commandement à prétendre en cette qualité lorſqu'ils n'ont point de lettres de ſervice.

Toutes ces diſpoſitions ſont fondées ſur les articles 4, 5 & 14 du titre premier de l'ordonnance citée.

Voyez *les ordonnances du roi des 17 avril & 9 juin 1772, 5 juin 1763, 15 décembre 1775, 24 février 1776; 13 juillet 1771, 10 mars 1774, 30 mars 1668, 10 mars 1673, 30 juillet 1695, premier avril 1696, 20 mars 1704, 17 février 1753, premier mars 1768, 25 mars 1776, &c.* Voyez auffi les articles CAVALERIE, DRAGONS, INFANTERIE, HUSSARDS, GENDARMERIE, GARDES DU CORPS, CAPITAINE, LIEUTENANT, MARÉCHAL DES LOGIS, &c.

BRIS DE NAVIRE. Voyez NAUFRAGE.

BRIS DE PRISON. Fracture faite aux portes, aux murs, &c. d'une prifon.

Plufieurs lois du digefte avoient prononcé chez les Romains la peine de mort contre le Bris de prifon : mais ces lois étoient mauvaifes, parce qu'il n'y avoit nulle proportion entre la peine & le délit.

C'eft peut-être fur le fondement de. ces lois que le parlement rendit le 4 mars 1608 un arrêt de règlement portant que les prifonniers qui feroient *effraction aux murailles ou aux portes des prifons feroient pendus fans autre forme ni figure de procès, à une potence qui pour cet effet feroit plantée au milieu du préau de la conciergerie.*

Peut-être auffi que des circonftances particulières firent rendre cet arrêt qui ne paroît pas avoir été exécuté & qui quand il l'auroit été ne pourroit plus l'être aujourd'hui.

En effet, l'article 25 du titre 17 de l'ordonnance criminelle de 1670, veut qu'on faffe le procès à ceux qui fe font rendus coupables de Bris de prifon ; ainfi on ne peut plus les punir *fans forme ni figure de procès.* On conçoit d'ailleurs que la peine de mort prononcée par l'arrêt cité eft trop rigoureufe : car fi l'on puniffoit ainfi des délits de cette efpèce que pourroit-on faire des affaffins ? Auffi paroît il établi maintenant parmi nous que la peine du Bris de prifon eft purement arbitraire & qu'elle dépend des circonstances & de la qualité du fait. C'est pourquoi celui qui brise les prisons en faisant violence au geolier ou au guichetier doit être puni plus sévèrement que celui qui a fait une fracture en cachette par le moyen de quelques ferremens qu'on lui a fournis.

Dans le procès-verbal de l'ordonnance de 1670, M. le premier président dit sur l'article 25 du titre 17 qu'il y avoit des parlemens, tels que celui de Bretagne, où l'on punissoit avec sévérité la simple évasion des prisonniers quoique faite sans Bris de prison; mais que le parlement de Paris ne punissoit pas la simple évasion & même qu'il n'infligeoit qu'une peine légère pour le Bris de prison.

La fuite de celui qui s'est rendu coupable de Bris de prison, établit contre lui une indice considérable & fait présumer qu'il a commis le crime pour lequel il étoit détenu prisonnier. Mais si l'accusé qui s'est ainsi évadé vient à se représenter en justice ou à être réintégré dans les prisons, il n'y a plus lieu à la présomption qu'il est coupable du délit principal qui avoit donné lieu à sa détention, & il se trouve dans le cas où il étoit auparavant pour raison de ce délit.

Quand l'accusé brise les prisons après avoir été condamné définitivement, on ne le punit pas de nouveau pour le Bris de prison lorsqu'il vient à être repris, surtout si la peine à laquelle il a été condamné est plus considérable que celle que mérite le Bris de prison. C'est ce qui a été jugé par arrêt du parlement de Normandie du 6 juillet 1633, rapporté par Basnage, & dont

voici l'efpèce : fur l'appel d'un particulier condamné à mort le parlement ne prononça que la
peine des galères à perpétuité & renvoya le
coupable dans les prifons du premier juge pour
faire exécuter l'arrêt. Le prifonnier ayant brifé
fes fers & ayant été repris dans la fuite les juges
inférieurs le condamnèrent de nouveau à mort :
fur fon appel quelques-uns des juges fupérieurs
penfèrent qu'on devoit augmenter la peine des
galères à perpétuité, & qu'ainfi il falloit condamner le coupable à la mort : mais les autres
jugèrent que le Bris de prifon ne méritant qu'une
peine inférieure à celle des galères à perpétuité,
celle-ci ne devoit pas être augmentée, & cet
avis prévalut.

Lorfque la tentative de brifer la prifon n'a
pas été fuivie de l'exécution, on ne punit que
légèrement cette efpèce de délit : mais fi avec
une telle tentative, il y avoit confpiration contre la vie du geolier, ou un complot formé
entre les prifonniers, on prononceroit une peine
relative aux circonftances. Farinacius prétend
que le prifonnier qui en cas pareil révèle le
complot avant qu'il foit exécuté, ne doit point
être puni.

Le même criminalifte penfe que le prifonnier
qui briferoit les prifons pour éviter les mauvais
traitemens d'un geolier, ne feroit point dans le
cas d'être puni comme coupable de Bris de prifon, furtout fi le prifonnier étoit une perfonne
du fexe a l'honneur de laquelle le geolier fe fût
permis d'attenter.

Il faut en dire autant de celui qui briferoit
les prifons pour éviter d'être la victime d'un incendie, d'une inondation, de la pefte ou de
quelqu'autre danger prochain.

- Suivant Julius Clarus, le priſonnier qui après s'être évadé rentreroit de lui même en priſon, mériteroit d'être excuſé.

Pluſieurs auteurs penſent auſſi que le priſonnier retenu injuſtement ne mérite aucune punition lorſqu'il vient à briſer les priſons pour s'évader. Pluſieurs criminaliſtes prétendent même que celui qui eſt ainſi retenu injuſtement peut bleſſer & même tuer le geolier pour ſe ſauver, lorſqu'il ne peut autrement éviter la mort, ſans que dans ce cas on puiſſe infliger au coupable la peine ordinaire de l'homicide. Mais il faut pour cela le concours de deux circonſtances : l'une que la procédure ou le jugement ſoient évidemment iniques ; l'autre que le priſonnier ſe trouve dans un danger imminent de perdre la vie, & qu'il ne puiſſe la conſerver que par ce moyen. ·

Les fauteurs & complices de ceux qui briſent les priſons pour s'évader, encourent la même peine que les principaux auteurs du délit.

Ceux qui fourniſſent aux priſonniers des ferremens avec leſquels ils font quelque rupture ou effraction, doivent être punis comme s'ils s'étoient eux-mêmes rendus coupables du crime de Bris de priſon. C'eſt ce que porte l'article 436 de l'ordonnance d'Abbeville pour le Dauphiné.

Le cardinal de Sourdis, archevêque de Bordeaux, ayant employé un maçon pour démolir un autel dans l'égliſe cathédrale, le parlement, ſur la plainte des chanoines, fit empriſonner le maçon : mais le cardinal rompit la priſon & l'en tira. Ce prélat fut en conſéquence décrété de priſe de corps en 1615, par le parlement.

Maximilien Boſquet, curé de S. Nicolas de

la cité d'Arras, fut condamné par le conseil d'Artois le 26 mars 1681, à recevoir la réprimande par M. le premier président, & à une aumône de 10 livres applicable aux prisonniers, parce qu'il avoit engagé ses paroissiens à briser les portes des prisons du chapitre d'Arras.

Si le prisonnier n'étoit détenu que pour dettes civiles, les complices de l'effraction faite pour le sauver, doivent, indépendamment de la peine du Bris de prison, être condamnés à payer les créanciers à la requête desquels le débiteur étoit emprisonné.

Lorsque dans le cours d'une procédure criminelle un accusé brise les prisons, on est obligé d'instruire contre lui un procès particulier relatif à ce nouveau délit. C'est ce qui a été jugé par arrêt du parlement de Paris du 14 août 1736 rapporté par Lacombe dans son traité des matières criminelles. Cet arrêt a déclaré nulle une procédure criminelle faite par le juge de la ville d'Eu parce qu'il n'avoit pas instruit le crime de Bris de prison par information, &c. comme les autres crimes. L'accusé avoit été repris après s'être évadé, & le juge s'étoit contenté de l'interroger sur le Bris de prison sans faire une plus ample instruction à cet égard.

Pour instruire une procédure au sujet d'un Bris de prison, le juge doit se transporter sur les lieux & y dresser son procès-verbal pour constater l'endroit par où le prisonnier s'est sauvé, & de quelle manière cela s'est passé : il entend sur tout cela la déposition du concierge ou geolier, des guichetiers & des autres personnes qui peuvent avoir connoissance du fait.

En conséquence de ce procès-verbal, on doit

décréter l'accusé, l'assigner ensuite à quinzaine & à huitaine, rendre le règlement à l'extraordinaire, & observer les autres formalités que prescrit pour les contumaces le titre 17 de l'ordonnance de 1670.

Observez que la procédre relative au Bris de prison ne doit retarder ni l'instruction, ni le jugement de la première accusation, sur-tout si cette première accusation est pour un crime capital dont la preuve soit acquise.

Voyez *la loi* 1. ff. de effractor. & expilat. *la loi* 38, parag. ult. ff. de poenis; *la loi* 13, parag. 5, ff. de re militari; *la loi* 13, ff. de custodia reorum; Farinacius, praxis & theoria criminalis; Julius Clarus practica criminalis; *le traité de la justice criminelle de France*; *la collection de jurisprudence*; *Théveneau, sur les ordonnances du royaume*; *l'arrêt de règlement du 4 mars 1608*; *l'ordonnance criminelle du mois d'août 1670*; *Lacombe, traité des matières criminelles*; *Basnage, sur la coutume de Normandie*, &c. Voyez aussi les articles GEOLIER, PRISONNIER, CONTUMACE, CAS ROYAL, &c.

BUISSONNIERS. Ce sont des gens préposés par l'Hôtel de Ville de Paris à l'effet de veiller sur les bords de la seine & des autres rivières qui y affluent, à ce qu'il ne se passe rien qui puisse en déranger le cours, & mettre obstacle à la navigation. Sans doute qu'on les appelle *Buissonniers*, parce que les bords des rivières sont ordinairemens garnis de buissons, & que c'est le long de ces buissons que doit se porter particulièrement leur attention.

L'article 8 du chapitre premier de l'ordonnance du mois de décembre 1672, concernant

la

la juridiction du prévôt des marchands & des
échevins de Paris, parle des Buissonniers & des
huissiers de la ville qu'on nomme autrement
sergens *de la marchandise.* Cette ordonnance
porte que les uns & les autres seront tenus de
donner avis au prévôt des marchands & aux
échevins des entreprises qu'ils découvriront
contraires aux règlemens ; qu'ils rapporteront
de six en six mois au greffe de la ville les procès-
verbaux de leurs visites sur l'état des rivières ;
qu'ils feront savoir s'il s'est fait des attérissemens ;
si les vannes, gors, pertuis & arches sont de
largeur convenable ; si les ponts, les moulins &
les pieux sont en bon état ; s'il n'y a point d'*or-
billons* & de *coursons* au fond de l'eau qui puissent endommager les batteaux ; s'il ne se pratique rien de nuisible sur les bords & dans le lit
des rivières, &c. & il est dit que si ces officiers
manquent de justifier de leur vigilance, le prévôt & les échevins leur substitueront d'autres
personnes dans les lieux où il sera nécessaire.

Les sergens de la marchandise dont il est parlé
par cette ordonnance, sont les quatre huissiers-
audienciers-commissaires de police de l'hôtel-
de-ville de Paris. Ce sont eux qui nomment les
Buissonniers : ce droit leur avoit été disputé ;
l'ancien titre de leur établissement qui seul auroit pu faire connoître leur droit étoit perdu ;
mais ils avoient pour eux l'usage & la possession,
& cela fut déclaré suffisant par un arrêt du 17
juin 1752, rendu contre le bureau de la ville
qui leur disputoit ce droit de nomination.

Les Buissonniers proprement dits sont comme
les émissaires des sergens de la marchandise ;
aussi ces Buissonniers regardés autrement comme

Tome VI. M m

leurs fubftituts, ne font-ils aucune fonction en
préfence de ceux dont ils tiennent leur commif-
fion.Mais comme en leur abfence ils font dans le
cas de dreffer des procès-verbaux, on exige
d'eux une preftation de ferment qui fe fait au
bureau de l'hôtel de ville.

Les fergens dont nous parlons ont des droits
de buiffonnage qui leur font attribués par différens règlemens, confirmés par l'arrêt du 17
juin 1752 rendu contre le bureau de l'hôtel de
ville & par deux autres arrêts des 30 juin &
premier feptembre de la même année. Les droits
qu'ils perçoivent font ce qu'on appelle droits de
courbage fur les bateaux & fur les *courbes* de chevaux montant ou defcendant par la rivière de
Seine. Ces droits font de cinq deniers pour chaque nacelle chargée ou vide ; de dix deniers pour
chaque bateau grand ou petit ; de dix autres deniers fur chaque courbe de chevaux *montans* ou
avalans bateaux ou *nacelles*, tant fur la Seine que
fur les autres rivières qui y font affluentes.Mais
lorfque les nacelles ou les bateaux paffent de
de l'Aine à l'Oife, ou de l'Oife à la Seine, il eft
du 30 deniers par bateau, & la moitié par chaque nacelle ; & fi les nacelles & les courbes de
chevaux viennent des rivières de Marne, Oife,
Loing, Yonne & Aube & vont dans la Seine
ou s'en retournent par la Seine paffant par ces
rivières, ces nacelles & ces courbes ne doivent
que double droit tant en montant qu'en defcendant, & ce droit eft de dix deniers par nacelle,
& de vingt deniers par bateau. Le droit eft tri-
ple lorfque les bateaux, les nacelles & les courbes de chevaux viennent de l'Aîne à l'Oife, &
de l'Oife à la Seine, ou qu'ils remontent de la

Seine à ces rivières : ainsi le droit est alors de quinze deniers par nacelle , de trente par bateau & d'autres trente deniers par chaque courbe de chevaux.

Il est permis aux Buissonniers pour le payemént des droits dont il s'agit , de procéder par voie de saisie sur les bateaux & les courbes de cheveaux. Les conducteurs sont tenus de représenter leurs lettres de voiture, & les marchands avant de payer ces conducteurs doivent se faire représenter la quittance des droits de buissonnage, à peine d'en demeurer responsables.

On disputa en 1752 le droit de buissonage & de courbage au sujet des galiotes de Séve & de Saint-Cloud : ceci donna lieu à un arrêt du 8 mai 1762 , par lequel il fut dit que les quatre huissiers du bureau de la ville, appelés *Buissonniers* continueroient de percevoir les droits dans lesquels ils avoient été confirmés par les arrêts des 17 , 30 juin & premier septembre 1752 , & qu'ils en seroient payés par les fermiers des galiotes de Séve & de Saint-Cloud comme de tous autres voituriers, propriétaires ou fermiers de *bateaux , coches par eau , galiotes , bachots & nacelles parcourant les rivières , chargés ou vides , & exportant personnes ou marchandises , &c.*

Les Buissonniers sont comme les commis des sergens de la marchandise , & ils reçoivent pour ceux-ci les droits de buissonnage , à peu près comme les commis reçoivent pour l'adjudicataire les droits qui lui reviennent.

Voyez *l'ordonnance pour l'hôtel de ville de Paris de 1415 & celle de 1672 ; la collection de jurisprudence , &c. (Article de M. DAREAU , avocat , &c.)*

BULLAIRE. On appelle ainſi un recueil de Bulles. *Voyez* BULLE.

BULLE. C'eſt une lettre du pape expédiée en parchemin avec un ſceau de plomb où ſont les images de ſaint Pierre & de ſaint Paul.

La Bulle eſt la troiſième ſorte de reſcrit apoſtolique qui eſt le plus en uſage, ſoit pour les affaires de juſtice, ſoit pour les affaires de grâce. Les deux autres ſortes de reſcrits ſont le bref & la ſignature.

Les Bulles peuvent être comparées aux édits, lettres-patentes & proviſions des princes ſéculiers. Si les Bulles ſont lettres gracieuſes, le plomb qui ſert à les ſceller eſt pendant en lacs de ſoie ; & ſi ce ſont des lettres de juſtice & exécutoires, le plomb eſt pendant à un cordeau de chanvre. Elles ſont écrites en latin avec un caractère rond ou gothique. Le bref au contraire eſt écrit en caractère net & ordinaire.

On peut diſtinguer quatre parties dans la forme de la Bulle ; la narration du fait, la conception, les clauſes & la date. Dans la ſalutation le pape prend la qualité de ſerviteur des ſerviteurs de Jeſus-Chriſt.

Dans les Bulles ou conſtitutions concernant la diſcipline eccléſiaſtique, le pape doit obſerver les règles preſcrites à tous les légiſlateurs ; c'eſt-à-dire, qu'il faut que les diſpoſitions en ſoient juſtes, utiles, claires ; qu'elles n'aient pour but que le bien général de l'égliſe ; qu'elles ne donnent point d'atteinte aux uſages légitimement établis & aux canons des conciles qui ſont obſervés ; qu'elles conviennent aux temps & aux lieux.

Les ultramontains prétendent que quand les

Bulles & les brefs ont été affichés au champ de
Flore la loi eft fuffifamment promulguée, & que
tous les fidèles font obligés de s'y foumettre,
même hors de l'Italie. On n'a point admis parmi nous une maxime fi contraire aux véritables
principes : car comment peut-on dire qu'on foit
obligé de fuivre une loi qui eft inconnue ou
que l'on ne connoît que d'une manière indi-
recte & fans une légitime publication ? D'ailleurs fuivant les règles du droit canonique, il
faut que la loi ne contienne rien de contraire
aux coutumes légitimes de chaque nation, &
qu'elle convienne aux temps, aux lieux & aux
perfonnes. Comment le pape qui n'eft point fur
les lieux peut-il favoir ce qui convient à chaque
Nation ? Ne devroit-il pas appréhender s'il obligeoit de fuivre aveuglément toutes fes décifions,
de détruire au lieu d'édifier, & de troubler le
repos & la tranquillité publique par des nouveautés, au lieu de procurer la paix qui doit
être le but de toutes fes lois ? c'eft pourquoi
l'on ne regarde comme loi en France les Bulles
& les conftitutions des papes que quand elles
ont été folemnellement publiées par les archevêques & les évêques chacun dans fon diocèfe.

Par arrêt de réglement du parlement de Paris
du 9 mai 1703, il eft défendu aux archevêques
& évêques de publier dans leurs diocèfes, &
aux particuliers de diftribuer de quelque manière que ce foit & de faire imprimer les Bulles,
brefs, conftitutions & autres décrets émanés
de la cour de Rome fous quelques titres qu'ils
paroiffent, à moins que ces pièces ne foient
autorifées par des lettres-patentes enregiftrées
au parlement. Cela eft ainfi réglé afin de con-

ferver les droits du roi, qui peut en qualité de protecteur de l'églife Gallicane, veiller à ce qu'on ne donne point d'atteinte à fes libertés, ni aux droits temporels de fa couronne.

Voici ce qui a donné lieu à l'arrêt de réglement qu'on vient de citer. M. l'évêque de Clermont avoit fait une ordonnance par laquelle il condamnoit le fameux cas de confcience dont des efprits inquiéts voulurent fe fervir pour troubler la paix de l'églife. En cela on ne pouvoit que louer le zèle & la vigilance de ce prélat ; mais ce qu'il y avoit de mauvais, c'eft qu'il défendit la lecture de cet ouvrage pour fe conformer à une Bulle du pape qui l'avoit déja condamné. Il ordonna que cette Bulle fût imprimée à la tête de fon mandement, & que le tout fût exécuté felon fa forme & teneur, lu, publié & affiché par-tout où befoin feroit. M. de Fleury pour lors avocat général fe plaignit au parlement de cette entreprife qui bleffoit également l'autorité du roi & les libertés de l'églife Gallicane. La cour reçut M. le procureur général appelant comme d'abus du mandement de M. l'évêque de Clermont ; on défendit de le lire, de le publier & de l'afficher ; on ordonna que les exemplaires en feroient fupprimés & l'on fit le réglement dont on vient de lire le difpofitif.

Ce réglement ne fait proprement que renouveler des réglemens précédens. Il y en a un dans le journal du palais du 6 mai 1665, qui défend aux imprimeurs d'imprimer & à toutes autres perfonnes de publier des Bulles ou des brefs de cour de Rome qui n'ont point été autorifés par des lettres-patentes vérifiées au parlement. On voit dans le quatrième volume du journal des audiences que l'on renouvela le même réglement à l'occasion d'un bref que le pape avoit mis entre les mains du général des jéfuites avec ordre de l'adreffer aux provinciaux de fon ordre en France pour le certifier véritable.

Enfin le pape ayant excommunié en 1768 le confeil du féréniffime infant duc de Parme, petit-fils de France, M. Seguier avocat général fit à ce fujet un requifitoire dont nous allons rapporter la fubftance, parce que les principes relatifs à la matière dont il s'agit y font préfentés avec autant d'éloquence que de folidité : on y trouve d'ailleurs tout ce qu'il importe de favoir au fujet de la Bulle *in cœna domini* (*).

« Tout ce qui peut porter, dit ce magiftrat,

(*) Bulle fameufe dont la lecture fe fait ou du moins fe faifoit encore il y a quelques années publiquement & annuellement à Rome le jour de la cêne, c'eft-à-dire, le jeudi-faint par un cardinal diacre en préfence du pape, accompagné des autres cardinaux & des évêques. Cette Bulle eft l'ouvrage de plufieurs fouverains pontifes. Elle regarde principalement la matière de la puiffance éccléfiaftique & civile, & prononce excommunication contre ceux qui appellent au concile général, des décrets, fentences & autres ordonnances des papes, contre ceux qui favorifent ou protégent les appelans, contre toutes les univerfités, collèges & chapitres, qui enfeignent ou qui croyent que le pape eft foumis au concile général. Plufieurs articles concernent les hérétiques, les pirates, ceux qui falfifient les lettres apoftoliques, qui maltraitent les prélats, qui troublent on veulent reftreindre les jurid̄ictions eccléfiaftiques, ou qui ufurpent les biens de l'eglife. Il y en a un par lequel l'excommunication eft prononcée contre tous les princes & autres qui exigeront des eccléfiaftiques quelque contribution que ce puiffe être.

» la plus légère atteinte, soit directe, soit indi-
» recte à la puissance souveraine de nos rois &
» à la conservation des libertés de l'église Gal-
» licane ; tout ce qui s'élève contre les maximes
» consacrées sur cette matière ; enfin tout ce
» qui intéresse l'ordre & la tranquillité publique
» doit sans doute animer notre zèle & exciter
» notre vigilance, & nous nous flattons que la
» cour nous rend la justice d'être bien persuadée
» que notre activité n'aura jamais de bornes,
» toutes les fois que les intérêts du roi ou de
» l'Etat se trouveront compromis.

» L'imprimé dont nous venons lui rendre
» compte en ce moment est intitulé : *sanctissimi*
» *Domini nostri Clementis PP. XIII. Litteræ in*
» *forma brevis, quibus abrogantur & cassantur,*
» *ac nulla & irrita declarantur nonnulla edicta in*
» *ducatu Parmensi & Placentino edita, libertati,*
» *immunitati & jurisdictioni ecclesiasticæ præjudi-*
» *cialia. Romæ M D CC LXVIII. Ex typographia*
» *reverendæ cameræ apostolicæ.*

» Quoique ce titre annonce qu'un pareil acte
» d'autorité de la cour de Rome n'ait pas été
» fait pour recevoir son exécution dans le royau-
» me, & qu'il paroisse ne pouvoir intéresser
» que les sujets d'une puissance étrangère ; ce-
» pendant les liens du sang qui attachent le prince
» qui gouverne les duchés de Parme & de Plai-
» sance à la maison de France, les principes
» généraux qui font la base des condamnations
» prononcées par ces lettres pontificales, les
» maximes opposées à cette ancienne pureté
» des canons qui constituent ce que nous appe-
» lons nos libertés, qu'on y établit, les consé-
» quences contraires aux droits de tous les sou-

» verains qui en réfultent, ce que nous devons
» au roi, au public, à nous-mêmes; enfin le
» dépôt facré de l'ordre & de la tranquillité pu-
» blique qui nous eft confié, tout nous engage
» à propofer à la cour de prévenir par fa fageffe
» les troubles qu'on chercheroit à occafionner
» à la faveur d'un imprimé de cette nature, s'il
» fe répandoit dans le royaume fans aucune
» réclamation.

» Et comment pourrions-nous garder le filence
» à la vue des fauffes maximes que ces lettres
» reproduifent ? Perfonne n'ignore aujourd'hui
» l'étendue des prétentions de la cour de Rome;
» elle a cherché dans tous les temps à les faire
» valoir, & elles font toutes pricipalement con-
» fignées dans les Bulles différentes qui ont pré-
» cédé ou fuivi la Bulle appelée *in cœna Domini*,
» à raifon du jour où elle fe publie à Rome tousles
» ans. Perfonne n'ignore que depuis le pape Jules
» II elle a été augmentée & amplifiée, fuivant
» les temps & les circonftances & au gré de la
» politique romaine. C'eft dans cette Bulle du
» pape Jules II & dans celles du même genre
» que fe trouve le fiége des principes qu'on veut
» renouveler aujourd'hui ; & de peur que l'on
» n'en doute les lettres en forme de bref fe réfè-
» rent nommément à la publication qui fe fait
» tous les ans à Rome de la Bulle *in cœna Domini.*

» La réclamation contre ces Bulles différentes
» fut générale. L'article 17 de nos libertés rejette
» expreffément *les claufes inférées en la Bulle in*
» *cœna Domini, & notamment celles du temps du*
» *pape Julles II, & depuis, qui n'ont lieu en France*
» *pour ce qui concerne les libertés & privilèges de*
» *l'églife Gallicane & droits du roi ou du royaume.*

» Toutes les autres puissances catholiques ont
» suivi le même exemple. L'empereur Rodolphe,
» l'archevêque de Mayence, l'Espagne, Naples
» & Vénise les ont également rejetées. En 1536
» il parut un petit livre imprimé en France,
» intitulé *Bulla cœnæ Domini* avec un commen-
» taire de *Rebuffe*. Nos prédécesseurs en infor-
» mèrent le roi, parce que cette Bulle conte-
» noit, disoient-ils, *des clauses étranges contre son*
» *autorité & contre ses cours de parlement ; & que*
» *c'étoit la publier en quelque sorte que de l'impri-*
» *mer & exposer en vente sous cette forme.* La cour
» de Rome fit plusieurs tentatives pour la faire pu-
» blier en Erance. Elle parut en 1580 sous le titre
» de *litteræ processus S. D. N. D. Gregorii P P.*
» *XIII. lecta die cœnæ Domini anno 1580 ;* &
» par arrêt du 4 octobre de la même année vous
» en avez défendu la publication. On forma de
» nouvelles tentatives en 1641 ; elle reparut
» fous le titre de *constitutio super præservatione*
» *jurium sedis apostolicæ* , en date du 16 juin
» 1641. M. le procureur général se plaignit de
» ce qu'elle donnoit une nouvelle autorité à
» la Bulle *in cæna Domini* dont on s'étoit
» toujours plaint, faisoit préjudice à tous les
» souverains, changeoit les loix & les ordres
» du royaume, ôtoit les privilèges, préroga-
» tives & prééminences de la couronne, abolis-
» soit les libertés de l'église Gallicane, & sous
» prétexte de conserver les droits du saint siège
» entreprenoit sur le temporel des rois; & d'au-
» tant qu'elle pouvoit être publiée sans attendre
» les ordres du roi, en quoi son autorité seroit
» violée, il requit qu'il y fût pourvu. La cour
» par arrêt du 18 septembre de la même année,

» fit défenfes de publier cette Bulle nouvelle,
» fous peine contre ceux qui la publieroient,
» d'être déclarés rebelles au roi & criminels de
» lèfe-majefté.

» Ce font ces Bulles différentes que l'on re-
» produit aujourd'hui par les lettres en forme de
» bref qui nous ont été communiquées. On y
» contefte comme dès-lors au fouverain tout ce
» qui appartient à l'exercice de la puiffance tem-
» porelle, le droit de régler les difpofitions en
» faveur des gens de main - morte, celles de
» ceux qui veulent entrer en religion. On pré-
» fente les immunités des biens eccléfiaftiques
» comme des avantages qui appartiennent à l'é-
» glife de droit divin, indépendamment de toute
» conceffion des princes, &c.

» Et encore que Dieu n'ait accordé à S. Pierre
» & à fes fucceffeurs aucun pouvoir fur la puif-
» fance qu'il a donnée aux princes pour le gou-
» vernement de leurs états, le pape caffe, an-
» nulle & abolit par la plénitude de fa puiffance,
» tout ce que le prince de Parme & de Plai-
» fance a ordonné, & il fait défenfes aux Sujets
» d'obéir à leur fouverain. Ces lettres pontifi-
» cales déclarent *que ceux qui ont publié, pro-*
» *mulgué, appuyé & exécuté & fait exécuter*
» *lefdits édits ou fait acte en conféquence, leurs*
» *fauteurs & adhérens, ceux qui ont reconnu &*
» *reconnoiffent la puiffance illégale des magiftrats*
» *fufdits, juges, officiers, confervateurs & au-*
» *tres, fur les perfonnes & biens eccléfiaftiques &*
» *généralement tous ceux qui y ont participé,*
» *foit qu'ils foient défignés, foit qu'ils ne le foient*
» *pas, même ceux dont il feroit befoin de faire*
» *une mention expreffe ont encouru les cenfures*

» eccléfiaftiques portées par les faints canons, les
» décrets des conciles généraux, les conftitutions
» apoftoliques, & nommément la Bulle qu'on lit le
» jeudi faint, qu'ils font déchus de tous leurs privi-
» lèges & qu'ils font hors d'état de recevoir l'abfo-
» lution, jufqu'à ce qu'ils aient rétabli les chofes
» pleinement & en entier dans leur ancien état ou
» fait une fatisfaction convenable à l'églife & au
» faint fège.

» Enfin ce bref finit par une claufe qui ordonne:
» qu'attendu qu'il n'y a pas de fûreté de le publier
» dans les duchés de Parme, Plaifance & Guaftale,
» il fera affiché aux portes de l'églife de S. Jean de
» Latran, de la Bafilique de S. Pierre, de la chan-
» cellerie romaine & autres lieux accoutumés, &
» que cette publication & affiche obligera tous ceux
» qui y font intéreffés, comme fi lefdites lettres
» avoient été fignifiées à chacun d'eux en parti-
» culier.

» On fe perfuadera difficilement que dans un
» fiècle où les droits des fouverains font fi évidem-
» ment reconnus & fi univerfellement refpectés
» on puiffe en impofer aux princes & à leurs fu-
» jets. Ce feroit en quelque façon paroître douter
» du droit des fouverains fur cette matière que
» de nous arrêter à vous établir les principes ;
» ils font évidens par eux-mêmes, ce font au-
» tant de vérités primitives que l'intérêt perfon-
» nel peut combattre, mais que la prévention
» des auteurs ultramontains n'a jamais pu altérer.

» Que d'autorités ne pourrions-nous pas rap-
» porter en ce moment ; mais des principes auffi
» anciens que l'églife, auffi étendus que les états
» qui profeffent notre fainte religion, auffi conf-
» tans que cette religion elle-même, & dont on

» peut retrouver les monumens dans tous les
» états catholiques, ces principes n'ont pas be-
» soin d'être appuyés de preuves devant des
» magistrats qui en sentent toute la vérité, qui
» connoiffent nos libertés, qui en sont pénétrés,
» qui les ont défendus si souvent, & qui les re-
» garderont toujours comme le rempart le plus
» affuré contre les entreprifes de la cour de
» Rome.

» Quelles dangereufes conféquences ne réful-
» teroit-il pas des maximes contraires ? Si tous
» les décrets émanés de la cour de Rome, difoit
» un de nos prédéceffeurs, (M. Joly de Fleury
» en 1716) avoit force de loi dans tous les états
» catholiques, fans le fecours de la puiffance
» féculière, les cenfures, les excommunications,
» les interdits, les entreprifes fur le temporel
» & fur l'autorité des rois & tout ce qui porte-
» roit le caractère du pape, feroit donc une loi
» fouveraine à laquelle tous les fidèles feroient
» affujettis, & l'autorité des princes & des magif-
» trats deviendroit impuiffante pour arrêter le
» cours des nouveautés qui s'établiroient fans
» eux & malgré eux dans leurs propres états.

» Nous dirions encore avec lui que ce feroit
» en vain que nos rois auroient refufé de rece-
» voir plufieurs Bulles des papes qui ne s'accor-
» doient pas avec nos maximes ; que ce feroit
» en vain que nos pères auroient protefté contre
» tant de décrets & fur-tout contre la Bulle *in*
» *cœna Domini*, dont la cour a fi folemnelle-
» ment défendu l'impreffion & l'exécution dans
» le royaume. Tant de précautions deviendroient
» inutiles, & la fageffe ainfi que la prévoyance
» de nos ancêtres feroient impuiffantes pour notre
» tranquillité.

» Quel peut donc être l'objet d'un acte aussi
» étrange ? Les sentimens de respect que nous
» avons pour le pape dont il est émané ne per-
» mettent pas de penser qu'il adopte des maxi-
» mes si contraires à celles de l'évangile, qu'il
» veuille faire revivre des droits aussi chiméri-
» ques que déplorables, & qu'il cherche à ren-
» trer dans des démêlés capables d'attirer, non-
» seulement sur ses propres états toutes sortes de
» malheurs, mais ce qui toucheroit encore plus
» son cœur, capables de nuire à la religion ca-
» tholique, si on pouvoit croire qu'elle auto-
» risât de pareils attentats. Détournons nos
» regards de pareilles idées.

» Quelque intrigue sourde agite des esprits
» inquiets attachés ou dévoués à la politique
» romaine & à celle d'une société qui a terni &
» même flétri tout l'éclat de cette cour. Elle est
» déchue de sa splendeur ancienne cette société
» coupable : elle est bannie de plusieurs royau-
» mes : elle est prête à rentrer dans le néant :
» elle n'ose attaquer les souverains puissans des
» trois états où elle n'existe plus : elle attaque
» un prince également cher à ces souverains.
» Elle voudra peut-être engager la cour de
» Rome à prétexter des droits chimériques sur
» les états de ce prince, elle tentera de troubler
» la bonne intelligence qui règne entre les puis-
» sances catholiques & le pape, & par ce dé-
» sordre elle se flatte de reculer sa perte ou d'en
» rendre l'époque mémorable dans les annales des
» empires.

» Telle est l'idée que l'on peut se former de
» ce coup hasardé, de cette insulte gratuite faite
» à un prince dont la cause en ce moment est
» celle de tous les souverains.

» Pareille chofe à peu près, mais dans des
» circonftances moins intéreffantes, eft arrivée
» en 1715 à l'occafion des lettres monitoriales
» pour la Sicile ; vous en avez pris connoiffance
» par la confidération du danger que ces entre-
» prifes de la cour de Rome portent à toutes les
» puiffances ; & par arrêt du 15 janvier 1716
» vous les avez fupprimées.

» Trop de motifs fe réuniffent ici pour ne pas
» nous engager de même à nous élever contre
» les lettres en forme de bref données le 30
» janvier de la préfente année contre les duchés
» de Parme & de Plaifance.

» Nous ne croyons pas devoir nous contenter
» de requérir la fuppreffion de ces lettres en
» forme de bref, ce ne feroit pas porter affez
» loin les précautions que de fe borner à en dé-
» fendre la diftribution dans le royaume fous les
» peines ordinaires ; la tentative téméraire &
» hardie que nous ne pouvons attribuer qu'aux
» officiers de la cour de Rome, la critique même
» qu'ils ont ofé faire de l'*exequatur* qui eft la loi
» de tous les pays & finguliérement de la France,
» nous détermine à vous propofer de la remettre
» en vigueur dans le reffort de la cour, comme
» elle y eft dans celui des différens parlemens du
» royaume, où conformément à l'article 77 de
» nos libertés, *toutes Bulles & expéditions venant*
» *de cour de Rome fans exception doivent être vifi-*
» *tées, pour favoir fi en icelles il n'y auroit aucune*
» *chofe qui portât préjudice en quelque manière que*
» *ce fût aux droits & libertés de l'églife Gallicane*
» *& à l'autorité du roi.*

» Cette précaution fera un préfervatif affuré
» contre toutes les voies qui ont été prifes en

» différens temps à Rome pour assujettir insen-
» siblement les particuliers par des clauses nou-
» velles, soit aux Bulles *in cæna Domini*, soit
» à d'autres qui contrediroient nos maximes.
» En sorte que nous proposerons à la cour de
» se renfermer en cette occasion dans les termes
» exacts du principe qui ne souffre d'autre ex-
» ception que celle des brefs de pénitencerie,
» lesquels ne peuvent avoir pour objets que le
» for intérieur de ceux qui les obtiennent.

» Ce sont les motifs des conclusions que nous
» avons prises par écrit & que nous laissons à la
» cour avec les lettres en forme de Bref qui nous
» ont été communiquées. »

Sur ce requisitoire, le parlement de Paris rendit l'arrêt suivant :

« La cour, toutes les chambres assemblées, a
» ordonné & ordonne que ledit imprimé sera &
» demeurera supprimé ; fait défenses à toutes
» personnes de quelqu'état, dignité & qualité
» qu'elles soient, soit laïques, soit ecclésiasti-
» ques, séculières ou régulières, imprimeurs,
» libraires, colpolteurs ou autres de faire impri-
» mer, distribuer, vendre ou autrement donner
» publicité audit imprimé, à peine d'être pro-
» cédé extraordinairement contr'eux, comme
» rébelles au roi & criminels de lèse-majesté :
» enjoint à tous ceux qui en auroient des exem-
» plaires de les apporter au greffe de la cour
» pour y être supprimés ; ordonne que les loix
» & ordonnances du royume, arrêts & régle-
» mens de la cour, notamment les arrêts des 4
» octobre 1580 & 18 septembre 1641 seront
» exécutés selon leur forme & teneur ; en con-
» séquence fait inhibitions & défenses à tous
» archevêques,

» archevêques, évêques, officiaux & autres,
» comme auſſi à toutes perſonnes de quelque
» qualité & condition qu'elles ſoient, de rece-
» voir, faire lire, publier & imprimer ni autre-
» ment mettre à exécution aucunes Bulles, brefs,
» reſcrits, décrets, mandats, proviſions, ſigna-
» tures ſervant de proviſions ou autres expédi-
» tions de cour de Rome, même ne concer-
» nant que les particuliers, à l'exception néan-
» moins des brefs de pénitencerie pour for inté-
» rieur ſeulement ſans avoir été préſentés en la
» cour, vus & viſités par icelle, à peine de nul-
» lités deſdites expéditions & de ce qui s'en
» ſeroit enſuivi. Ordonne en outre que le pré-
» ſent arrrêt ſera par le procureur général du
» roi envoyé aux archevêques & évêques étant
» dans le reſſort de la cour, & à ſa requête ſigni-
» fié pour cette ville de Paris, aux recteur &
» ſuppôts de l'univerſité, doyen & ſyndic de la
» faculté de Théologie, comme auſſi à ladite
» requête du procureur général du roi, pour-
» ſuite & diligence de ſes ſubſtituts ſur les lieux,
» aux recteur & ſuppôts des autres univerſités,
» doyens & ſyndics des facultés de théologie du
» reſſort, pour être le préſent arrêt inſcrit ſur
» les regiſtres deſdites univerſités & facultés de
» théologie ; & qu'à l'égard des autres com-
» munautés ſéculières ou régulières & tous au-
» tres, l'affiche du préſent arrêt vaudra ſignifica-
» tion ; leur enjoint de s'y conformer ſous telles
» peines qu'il appartiendra. Ordonne que le
» préſent arrêt ſera imprimé, publié & affiché
» par-tout où beſoin ſera ; & copies collation-
» nées d'icelui envoyées aux bailliages & ſéné-
» chauſſées du reſſort pour y être lu, publié &

» regiſtré : enjoint aux ſubſtituts du procureur
» général du roi d'y tenir la main & d'en certi-
» fier la cour dans le mois. Arrêté en outre que
» le premier préſident ſera chargé de porter au
» roi le préſent arrêt , & de le ſupplier très-
» humblement de vouloir bien prendre les me-
» ſures que ſa ſageſſe pourra lui inſpirer , pour
» rendre uniforme dans ſon royaume les formes
» à obſerver pour procurer l'exécution des expé-
» ditions venant de cour de Rome , conformé-
» ment aux loix & maximes du royaume. Fait
» en parlement toutes les chambres aſſemblées
» le 26 février 1768. »

Il réſulte de ce qu'on vient de lire que quoique
nos rois n'entreprennent point de décider les
queſtions de foi , donvils laiſſent le jugement aux
évêques, on ne peut publier aucune Bulle dog-
matique , ſans lettres-patentes vérifiées au parlement ; 1°. parce que ces Bulles dogmatiques
peuvent contenir des clauſes contraires aux
droits de la couronne & de l'égliſe de France ;
2°. parce que les ſouverains devant travailler,
ſuivant l'étendue de leur pouvoir , à faire exécuter ce que l'égliſe décide par rapport à la doctrine , il eſt à propos que ces déciſions ſoient publiées par ordre du roi , afin qu'elles ſoient
regardées comme des loix de l'état. Il faut cependant diſtinguer deux temps, dans leſquels les
lettres-patentes, pour permettre la publication
des Bulles dogmatiques, peuvent être expédiées:
car ſi les lettres-patentes précèdent l'acceptation
des paſteurs, la permiſſion, & même les ordres
de publier les Bulles , ne ſont que conditionels,
c'eſt à-dire, qu'il eſt permis & enjoint de les
publier, en cas que ceux qui ſont les juges de la

» archevêques, évêques, officiaux & autres,
» comme aussi à toutes personnes de quelque
» qualité & condition qu'elles soient, de rece-
» voir, faire lire, publier & imprimer ni autre-
» ment mettre à exécution aucunes Bulles, brefs,
» rescrits, décrets, mandats, provisions, signa-
» tures servant de provisions ou autres expédi-
» tions de cour de Rome, même ne concer-
» nant que les particuliers, à l'exception néan-
» moins des brefs de pénitencerie pour for inté-
» rieur seulement sans avoir été présentés en la
» cour, vus & visités par icelle, à peine de nul-
» lités desdites expéditions & de ce qui s'en
» seroit ensuivi. Ordonne en outre que le pré-
» sent arrrêt sera par le procureur général du
» roi envoyé aux archevêques & évêques étant
» dans le ressort de la cour, & à sa requête signi-
» fié pour cette ville de Paris, aux recteur &
» suppôts de l'université, doyen & syndic de la
» faculté de Théologie, comme aussi à ladite
» requête du procureur général du roi, pour-
» suite & diligence de ses substituts sur les lieux,
» aux recteur & suppôts des autres universités,
» doyens & syndics des facultés de théologie du
» ressort, pour être le présent arrêt inscrit sur
» les registres desdites universités & facultés de
» théologie ; & qu'à l'égard des autres com-
» munautés séculières ou régulières & tous au-
» tres, l'affiche du présent arrêt vaudra significa-
» tion ; leur enjoint de s'y conformer sous telles
» peines qu'il appartiendra. Ordonne que le
» présent arrêt sera imprimé, publié & affiché
» par-tout où besoin sera ; & copies collation-
» nées d'icelui envoyées aux bailliages & séné-
» chaussées du ressort pour y être lu, publié &

» regiſtré : enjoint aux ſubſtituts du procureur
» général du roi d'y tenir la main & d'en certi-
» fier la cour dans le mois. Arrêté en outre que
» le premier préſident ſera chargé de porter au
» roi le préſent arrêt, & de le ſupplier très-
» humblement de vouloir bien prendre les me-
» ſures que ſa ſageſſe pourra lui inſpirer, pour
» rendre uniforme dans ſon royaume les formes
» à obſerver pour procurer l'exécution des expé-
» ditions venant de cour de Rome, conformé-
» ment aux loix & maximes du royaume. Fait
» en parlement toutes les chambres aſſemblées
» le 26 février 1768. »

Il réſulte de ce qu'on vient de lire que quoique
nos rois n'entreprennent point de décider les
queſtions de foi, dontils laiſſent le jugement aux
évêques, on ne peut publier aucune Bulle dog-
matique, ſans lettres-patentes vérifiées au parlement; 1º. parce que ces Bulles dogmatiques
peuvent contenir des clauſes contraires aux
droits de la couronne & de l'égliſe de France ;
2º. parce que les ſouverains devant travailler,
ſuivant l'étendue de leur pouvoir, à faire exécuter ce que l'égliſe décide par rapport à la doctrine, il eſt à propos que ces déciſions ſoient publiées par ordre du roi, afin qu'elles ſoient
regardées comme des loix de l'état. Il faut cependant diſtinguer deux temps, dans leſquels les
lettres-patentes, pour permettre la publication
des Bulles dogmatiques, peuvent être expédiées:
car ſi les lettres-patentes précèdent l'acceptation
des paſteurs, la permiſſion, & même les ordres
de publier les Bulles, ne ſont que conditionels,
c'eſt à-dire, qu'il eſt permis & enjoint de les
publier, en cas que ceux qui ſont les juges de la

doctrine, en trouvent les décisions conformes à la foi de l'église ; si, au contraire, les lettres-patentes n'ont été expédiées qu'après l'acceptation du corps des pasteurs, les ordres qu'elles contiennent de faire lire, publier & exécuter la Bulle font absolus.

Quant aux affaires des particuliers, il y a des provinces en France, telles que l'Artois, la Flandre, la Franchecomté & la Provence où il faut des lettres d'attache pour prendre possession des bénéfices sur des provisions de cour de Rome.

Par l'arrêt qu'on vient de rapporter, le parlement de Paris avoit établi la même jurisprudence pour son ressort : mais le roi par ses lettres-patentes du 18 janvier 1772, enregistrées pendant l'exil du parlement, ordonna qu'il seroit sursis à l'exécution de cet arrêt en ce qu'il faisoit *inhibition & défense à tous archevêques, évêques, officiaux & autres, & à toutes personnes de quelque qualité & condition qu'elles fussent, de recevoir, faire lire, publier & imprimer ni autrement mettre à exécution aucunes Bulles, brefs, rescrits, décrets, mandats, provisions, signatures servans de provisions, & autres expéditions de cour de Rome, à l'exception néanmoins des brefs de pénitencerie pour le for intérieur seulement, sans avoir été présentés en la cour, vus & visités pour icelle, à peine de nullité desdites expéditions, & de tout ce qui s'en seroit ensuivi.* En conséquence, sa majesté régla que jusqu'à ce qu'elle eût notifié ses intentions, il en seroit usé par la suite comme avant l'arrêt du 26. février 1768. Or avant cet arrêt, les provisions de bénéfices, les brefs de pénitencerie, & les autres expéditions qui s'obtiennent à Rome pour les affaires ordinaires suivant la jurisprudence du

royaume, s'exécutoient dans le reſſort du parlement de Paris ſans qu'il fût beſoin de lettres-patentes ni d'arrêt.

Enfin la déclaration du 8 mars 1772 a fixé la
juriſprudence ſur cette matière en ces termes.

» Voulons & nous plaît qu'aucunes Bulles,
» brefs, reſcrits, conſtitutions, décrets & au-
» tres expéditions de cour de Rome ne puiſſent
» être publiés ou exécutés dans nos états ſans
» être revêtus de nos lettres-patentes enregiſ-
» trées en nos cours, & en ce qui touche les
» proviſions de bénéfice & autres expéditions
» concernant les particuliers, voulons qu'elles
» ne puiſſent être exécutées ſans avoir été vues
» & viſitées par nos cours de parlement ſans
» frais, ſi ce n'eſt ceux du greffe, que nous avons
» fixés à quatre livres ſeulement : voulons qu'il en
» ſoit uſé de la même manière pour l'enregiſtre-
» ment des lettres-patentes qui ſeront obtenues en
» exécution de l'édit du mois de novembre 1719,
» & que les frais d'expéditions de l'arrêt d'enre-
» giſtrement d'icelles, qui ſera délivré a l'im-
» pétrant, ne puiſſent excéder ladite ſomme de
» quatre livres; exceptons néamoins de ladite
» viſite toutes Bulles, brefs ou indults concer-
» nant le for intérieur ſeulement, même les diſ-
» penſes de mariage, toutes leſquelles expédi-
» tions pourront être exécutées ſans lettres-pa-
» tentes émanées de nous, ou *viſa* préalable de
» nos cours de parlement, ſans préjudice des
» appels comme d'abus qui pourroient en être
» interjetés, & ſur leſquels il ſera ſtatué en la
» maniere accoutumée. Exhortons les arche-
» vêques & évêques, & néanmoins leur enjoi-
» gnons de nous avertir des clauſes contraires
» aux loix, maximes & uſages de notre royaume

» qui pourroient être insérés auxdites dispenses
» de mariage : n'entendons au surplus rien inno-
» ver à ce qui se pratique dans nos Provinces de
» Flandres & d'Artois. Si donnons en mande-
» ment , &c.

On peut opposer contre une Bulle que le tout
n'est pas de même écriture ; qu'il y a des ratures;
que cette Bulle est subreptice & obreptice ;
qu'on y a ajouté quelque chose ; qu'on a fait
parler le pape en termes pluriers , comme *vobis
joanni* , &c. que dans la provision d'un bénéfice
régulier l'ordre n'a pas été exprimé ; qu'elle est
écrite en mauvais latin ; qu'elle est imparfaite,
comme s'il n'y a qu'une lettre du nom ou surnom
écrite ; qu'elle n'a point de datte ; que le stile de
la chancellerie y a été omis. Le défaut de vrai-
semblance peut aussi être objecté : on peut encore
opposer que dans la Bulle il est exprimé que le
pape l'a rendue *de son propre mouvement;* ce qui
forme un moyen d'abus. Mais pour les mots grat-
tés, si la ligne qui a été écrite est de la même
écriture & de la même main que le reste de la
Bulle , il n'y a aucun soupçon de fausseté , en quelque endroit de la Bulle que ces mots se ren-
contrent.

Le *perindè valere* est une seconde expédition
des Bulles qui contiennent la réformation des
fautes survenues dans les rescrits & provisions
des bénéfices expédiés par Bulles.

Les Bulles pour les bénéfices , suivant le privilège des françois , doivent être datées de l'arrivée du courier.

Si la cour de Rome faisoit refus d'expédier
des Bulles sur une permutation d'abbaye , la possession prise , en vertu d'un arrêt , seroit valable
même pour la collation des bénéfices; c'est ce

qui réfulte d'un arrêt du grand confeil du 12 mars 1646, rapporté au journal des audiences.

Par un autre arrêt du grand confeil du 18 août 1692, il a été pareillement jugé que le nommé par le roi à une abbaye, & qui en avoit pris poffeffion en vertu d'un arrrêt du grand confeil, en avoit pû conférer les bénéfices nonobftant le refus qui lui avoit été fait à Rome de fes Bulles; pour avoir été de l'affemblée du clergé en 1682.

Les règles de chancellerie qui portent que les Bulles ne peuvent pas fe lever fans le confentement du réfignant n'ont point lieu en France.

Le ftile de la cour de Rome eft que les provifions de tous les bénéfices dont le revenu excéde vingt-quatre ducats, doivent être expédiées par Bulles & que les fimples fignatures ou fuppliques ne fuffifent pas. C'eft pourquoi il y a une règle de chancellerie, par laquelle il eft ordonné d'exprimer le véritable revenu du bénéfice qu'on impétrera, & ceux dont on fera déjà pourvu, à peine de nullité des provifions; mais la France n'a point voulu fe foumettre à cette règle. C'eft pourquoi à l'exception des bénéfices taxés dans les livres de la chambre apoftolique, nous nous fommes confervés dans l'ancien droit de n'exprimer le revenu que de cette manière : *cujus & illi forfan annexorum fructus 24 ducatorum auri de camerâ, fecundùm communem eftimationem, valorem annuum non excedunt.*

Les nommés par le roi aux bénéfices confiftoriaux font obligés de prendre des Bulles dans les neuf mois de la datte du brevet. C'eft ce qui réfulte des déclarations des 15 décembre 1711, 4 mars 1715 & 14 octobre 1726.

Il y a eu des lettres patentes femblables

adreſſées aux cours ſupérieures des pays de Flandres, Haynaut, Alſace, comté de Bourgogne, Rouſſillon & au conſeil provincial d'Artois, parce que le grand conſeil ne connoît point des affaires qui regardent les bénéfices conſiſtoriaux dont le chef-lieu eſt ſitué dans ces provinces.

Toutes les proviſions des bénéfices des évêchés de Metz, Toul & Verdun s'expédient par Bulles, à moins que leur revenu ne ſoit au-deſſous de vingt-quatre ducats, & l'on paye les droits même pour les bénéfices dont on obtient de nouvelles proviſions ſur celles que le roi accorde en vertu de l'indult de Clement IX.

En Bretagne l'uſage eſt à préſent qu'on n'eſt obligé de lever des Bulles que dans les mêmes cas où l'on en doit lever pour tous les autres bénéfices du royaume.

On eſt obligé dans le royaume de faire expédier des Bulles pour les prieurés conventuels *actu* & pour les premières dignités des cathédrales. Si l'on en pouvoit retirer les ſignatures des mains des officiers de cour de Rome, elles ſeroient auſſi bien reçues en France que pour les autres bénéfices; mais ils ne remettent point les ſignatures de ces bénéfices aux banquiers, à moins qu'ils ne leur donnent caution de payer les frais des Bulles.

Les abbayes & prieurés conventuels des moniales s'expedient auſſi par Bulles.

A l'égard des prieurés qui ne ſont conventuels que *habitu non actu à 40 annis & ultrà*, les officiers de cour de Rome ne peuvent obliger les François d'en faire expédier les proviſions par Bulles.

Si l'on avoit omis d'exprimer dans la Bulle le vice de la naiſſance ou le défaut d'âge, elle doit être tranfcrite de nouveau excepté en deux cas : l'un lorfque durant ce tems l'impétrant a atteint l'âge néceffaire qu'on a omis d'exprimer dans la Bulle ou dans la fignature : l'autre lorfque le père de l'impétrant rétablit par un mariage fubféquent le vice de naiffance non exprimé.

Voyez *les lois eccléfiaftiques de France ; l'arrêt de règlement du parlement de Paris du 9 mai 1703 ; les libertés de l'églife gallicane ; les lettres patentes du 18 janvier 1772 ; le dictionnaire de droit canonique ; la bibliothéque canonique ; le journal des audiences ; les arrêts d'Augeard, les mémoires du clergé ; les preuves des libertés de l'églife gallicane ; le recueil de jurifprudence canonique ; les déclarations des 15 décembre 1711, 4 mars 1715, & 14 octobre 1726*, &c. Voyez auffi les articles DÉCRET, RESCRIT, CONSTITUTION, FULMINATION, DATE, BÉNÉFICE, VISA, PROVISIONS, PAPE, PÉNITENCERIE, LIBERTÉS DE L'ÉGLISE GALLICANE, ANNATE, CONVENTUALITÉ, COMMENDE, RÉSIGNATION, PATRONAGE, &c.

Fin du Tome fixième.

A V I S.

ON foufcrit maintenant pour le Répertoire univerfel & raifonné de Jurifprudence, chez le fieur Panckoucke, propriétaire de cet ouvrage. Il recevra des foufcriptions jufqu'à ce que les tomes fept & huit foient publiés. Comme les volumes fe multiplient & qu'un mois peut n'être pas fuffifant pour en faire l'examen, chaque Soufcripteur aura déformais trois mois pour cet effet. Si après ce temps l'ouvrage ne lui convient pas, il pourra le rapporter au Libraire qui lui rendra fon argent. Cette condition aura lieu en tout temps en faveur des acheteurs, même après que la foufcription fera fermée.

www.ingramcontent.com/pod-product-compliance
Lightning Source LLC
Chambersburg PA
CBHW031348210326
41599CB00019B/2693